3D数字化教材

体育与健康

徐之军　刘汉卿 / 主编

山东人民出版社 · 济南
国家一级出版社　全国百佳图书出版单位

图书在版编目（CIP）数据

体育与健康 / 徐之军，刘汉卿主编；田托，李超，赵岸副主编 .— 济南：山东人民出版社，2023.5
ISBN 978-7-209-14444-5

Ⅰ . ①体… Ⅱ . ①徐… ②刘… ③田… ④李… ⑤赵… Ⅲ . ①体育－教材 ②健康教育－教材 Ⅳ . ①G807.4 ②G479

中国国家版本馆CIP数据核字（2023）第052746号

体育与健康
TIYU YU JIANKANG

主　编　徐之军　刘汉卿
副主编　田　托　李　超　赵　岸

主管单位　山东出版传媒股份有限公司
出版发行　山东人民出版社
出 版 人　胡长青
社　　址　济南市市中区舜耕路517号
邮　　编　250003
电　　话　总编室（0531）82098914
　　　　　市场部（0531）82098027
网　　址　http://www.sd-book.com.cn
印　　装　日照报业印刷有限公司
经　　销　新华书店

规　　格　16开（185mm×260mm）
印　　张　23.75
字　　数　460千字
版　　次　2023年5月第1版
印　　次　2023年5月第1次
ISBN 978-7-209-14444-5
定　　价　48.00元

编 委 会

主　任　贺志强　李　艳

主　编　徐之军　刘汉卿

副主编　田　托　李　超　赵　岸

参　编　段甜甜　杨新荣　窦志红　尹进刚　安宏图
刘胜利　王彩霞　肖守利　杨　柳　唐雷超
王　宇　王　晓　李树青

前　言

为全面贯彻落实教育部颁布的《全国普通高等学校体育课程教学指导纲要》，中共中央办公厅、国务院办公厅印发的《关于全面加强和改进新时代学校体育工作的意见》，以及中共中央、国务院《关于深化教育改革全面推进素质教育的决定》等文件精神，使学生更好地学习和锻炼，强身健体，增强意志品质，我们编写了这本教材。希望通过合理的体育与健康教育以及科学的体育锻炼，培养学生终身参与体育锻炼的行为和习惯，更好地推动高等职业院校体育教学改革。

本教材的特点体现在以下几个方面：

1. 坚持正确的思政育人导向

本教材积极探索体育课程的思政教学模式，把“立德树人”作为教育根本任务和综合教育理念，积极挖掘课程思政元素，并将其融入体育教育教学活动中。在每个项目中都设置“思政园地”版块，结合体育课程的特点融入正确的价值观念、体育精神等，充分发挥课程育人的功能。通过体育课堂教学，提升思想政治教育的亲和力和针对性，满足学生成长的发展需求和期待，促进高职学生综合素质的全面发展。

2. 秉持先进的育人理念，积极创新教学方法

本教材在内容选编上坚持以人为本的教育理念，从学生的实际情况出发，突出学生的主体地位，打破以往教师在讲台上讲述、在运动场上示范的常规教学方法，通过制作并加入3D数字化资源、微视频等，激发学生对体育运动的兴趣和求知欲，促使他们积极主动地参与到体育运动中来，并掌握一些平时难以认识到或很少接触到的动作要点和技能。

3. 时代性与目的性相结合

针对高等职业教育快速发展的现实，结合体育教育的作用和功能，本教材在

内容方面拓展了一些理论知识，增加了一些运动项目。在每个项目中，设置了知识导航和思维导图，以帮助学生更全面系统地掌握相关知识。在体育专项技能部分，每个项目中增加了学习自评和任务拓展，帮助学生及时掌握自身的情况，激发内在学习动力。同时，教材将一些具有时代性、新颖性的体育项目纳入体育教学中，力求体现体育运动及教学实践的时代性。本教材是高职体育教学的有效载体，是教师教学和学生学习的重要依据。

4. 课堂教学与持续发展相结合

本教材既注重体育理论知识的讲解，将各种体育活动规范为科学的、条理的、循序渐进的体育运动，也注重培养学生参与体育运动的能力，帮助学生正确评价自身体质健康状况。可以说，本教材将可读性与趣味性相结合，集教育、健康、休闲娱乐于一体，帮助学生掌握科学的锻炼方法，养成良好的锻炼习惯。

在编写过程中，本教材借鉴了国内外一些著名学者的研究成果，吸收了国内外部分专业网站的相关内容，得到了参编人员所在院校的大力支持和帮助。同时，本教材的编写还得到了鲁东大学邱建国教授等的指导，在此表示感谢。本教材的出版，得到了山东人民出版社的大力支持，感谢编辑老师的辛勤付出。

在教材编写过程中，由于编写人员水平有限，编写时间仓促，书中难免存在遗漏和不妥之处，敬请读者批评指正，以便不断修订和完善。

编　者

目　录

体育专项技能部分

休闲体育运动部分

引论　以二十大精神引领新时代大学生体育与健康教育高质量发展

习近平总书记在党的二十大报告中将“建成教育强国、科技强国、人才强国、文化强国、体育强国、健康中国”作为我国二〇三五年发展的总体目标的重要内容予以规划，并强调，要“广泛开展全民健身活动，加强青少年体育工作，促进群众体育和竞技体育全面发展，加快建设体育强国”，提出要“推进健康中国建设”，“人民健康是民族昌盛和国家强盛的重要标志。把保障人民健康放在优先发展的战略位置，完善人民健康促进政策”。大学生身心健康、体魄强健是中华民族旺盛生命力的重要体现，大学生体育与健康教育是实现大学生全面发展的重要途径，是实现体育强国、健康中国目标的重要组成部分。

学习贯彻习近平新时代中国特色社会主义思想和党的二十大精神，要明确新时代大学生体育与健康教育的总体要求。新时代大学生体育与健康教育，要树立健康第一的教育理念，坚持立德树人，加强学校体育工作，面向全体学生开齐开足体育与健康课，完善教学模式，保证大学生体育活动的时间与质量，让学生在体育锻炼中增强体质、健全人格、锤炼意志，推进大学生健康成长、全面发展，为实现“体育强国”和“健康中国”的目标作出应有的贡献。

贯彻落实党的二十大关于加快建设体育强国和健康中国的重要论述，要努力探索新时代大学生体育与健康教育高质量发展的新路径。

一是严格体育与健康课程开设刚性要求，进一步完善体育与健康教育教学模式。在专业人才培养方案中明确大学生体育课程学习时长，实施开展体育俱乐部、体育专项课教学模式，逐步完善“健康知识+基本运动技能+专项运动技能”的体育与健康教育教学模式。加强体育与健康教育课程思政建设，深挖思政元素，修订课程标准，建设课程思政教学资源库。持续推进线上线下混合式教学模式，加强教学资源建设。

二是进一步推进传统体育文化创造性转化、创新性发展。组建传统武术社团或俱乐部，全面推广太极拳、八段锦等中华传统武术项目；将传统风筝和现代竞技风筝运动等具有潍坊地域特色的体育项目列入体育选修课程；深入开展“传承的力量——学校体育艺术教育弘扬中华优秀传统文化成果展示活动”等，让中华传统体育在校园绽放光彩。

三是建立校内竞赛、校际联赛、选拔性竞赛为一体的体育竞赛体系。每年举办一届综合性运动会或体育节，组织开展系列赛事活动。通过竞赛活动选拔培养学校体育竞技后备人才，促进校内体育赛事发展，形成以建设高水平运动队为引领、各类特色竞赛活动齐头并进的体育竞赛体系。积极探索与体校、行业协会、社会体育俱乐部等机构的合作，共同开展体育教学、训练、竞赛，促进竞赛体系深度融合。

四是探索建设“互联网+”“物联网+”智慧体育与健康教育管理平台，实现学校体育教学、课外锻炼、体育场馆全流程管理和大数据分析。利用智能设备开展学生体质健康测试和干预提升工作，创新校园体育公共服务模式。充分利用现代信息技术手段和国家教育资源应用平台，做好体育与健康课程信息化教学设计，促进信息技术和体育与健康教学的深度融合，线上和线下教学的深度融合，不断提升体育与健康课程的信息化教学水平。

运动健康知识部分

项目一　体育与健康意识的培养

知识导航

健康是一个综合的概念，人们谈论的健康一般指人的体质健康。体质是人体的状态和适应能力，是在先天遗传和后天获得的基础上表现出来的人体形态结构、生理功能、身体素质、适应能力和心理因素等方面的综合特征。体质是人的运动能力、劳动工作能力乃至全部生命活动的物质基础。世界卫生组织在1948年提出，健康不仅仅是免于疾病和衰弱，而且是保持体格方面、精神方面和社会适应方面的完美状态，即“健康三维观”。1989年，世界卫生组织又提出了健康的新概念：除了躯体健康、心理健康和社会适应良好外，还要加上道德健康，具备这四个方面的健康才算是完全健康。这是目前国际社会最具权威性的健康概念。这一概念将人的健康分为生理健康、心理健康、社会适应能力、道德健康四个方面。

生理健康指人体的结构完整和生理功能正常。生理健康是其他方面健康的基础。

心理健康指人的内心世界充实，处世态度和谐安宁，与周围环境保持协调。一是自我人格完整，心理平衡，有较好的自控能力，有自知之明；二是有正确的人生目标，不断追求和进取，对未来充满信心。

社会适应是人在社会生活中的角色适应，包括职业角色、家庭角色以及在工作、学习、社交中的角色转换与人际关系等方面的适应。

道德健康指要具备良好的道德品行，主要表现在：不会为了自己的需要而伤害他人，能够分辨真伪、善恶、荣辱、美丑等，能够按照社会认可的道德行为规范、准则来约束、支配自己的行为。

思政园地

体育运动就像吃饭、睡觉一样，是生活的一部分！

说起钟南山，我们会想到他是中国工程院院士、著名呼吸病学专家、“共和国勋章”

获得者等，会想到“国士无双”“国之战士”等评价。事实上，除了这些与医学相关的信息，钟南山还有另一个“身份”——运动健将。

疫情期间，很多奋斗在一线的人会被病魔以及繁忙的工作所打倒，然而终南山院士依然精神抖擞，从而可以看出他强大的免疫力。这主要得益于他每天坚持锻炼。在他看来，体育运动应该像吃饭、睡觉一样，是生活的一部分。

钟院士在很多场合都提到过，他最推崇的养生秘诀就是运动。他一直身体力行，长期坚持运动。80多岁的钟南山院士，身材挺拔而健硕，身体状态丝毫不逊色于年轻人，充满活力和激情。

在日常繁重的医疗以及科研工作之余，他依旧保持着每周运动3次、每次不少于一个小时的运动习惯。钟南山爱运动，这一点很多人并不陌生。之前，他的健身照就在网络上刷屏：撸铁、跑步、游泳、打篮球……健硕的身材、流畅的肌肉线条，只看状态，谁会相信这是一位80多岁的老人呢？

钟南山院士一直坚持运动，在他的家庭健身房里，跑步机的使用率是最高的。每次锻炼，钟院士都是先在跑步机上快走或慢跑，然后进行其他的训练流程。虽然运动几十年如一日，但钟院士从不强求一定要做到多少运动量。“做完目标的量就不做了，不是做不动了，而是适可而止，我这个年纪保持体能很重要，主要是为了增强体质，”钟南山院士说，“现在很多年轻人，正是因为没有养成正确的生活方式，身体才会出现各种疾病，器官才会衰老得快。”在钟院士身上我们看到，运动的确对身体健康起着关键作用。

钟南山院士提出：跑步是提升上班族和青少年学生身体素质和抵抗力的最佳方法之一。一定要坚持锻炼，增加身体抵抗力。你的免疫力就是你身体的最强防线！坚持锻炼身体，有助于提高机体的免疫力，激活身体的免疫细胞，这样患病的概率就会大大降低。他建议大家有空就多做运动，健康的生活方式会让我们终身受益。他希望年轻人在做好本职工作之余，要坚持体育锻炼，保持健康的生活方式，每个人都能够做到：每周运动3次，每次1小时，健康工作50年！

思维导图

学习任务一　影响健康的因素

人的健康和疾病首先受到遗传等先天因素的影响，但是在现代社会，越来越多的环境、社会、心理和生活方式等后天因素成为影响健康的重要因素。

一、人体生物学因素

人体是一个极为复杂的有机体。在影响和制约人体健康的诸多生物学因素中，主要有遗传和心理两方面的因素。

（一）遗传因素

我们通常将后代形成的与亲代相似的多种特征称为遗传特征。遗传不仅使后代在形态、体质以及性格、智力、功能等方面与亲代相似，而且会把亲代的许多隐性的或显性的疾病传给后代。遗传病不仅种类多，而且发病率高（约占一般病的20%），不仅影响个体终身，还是个重要的社会问题。世界上许多国家都在大力发展康复医学，帮助遗传病患者恢复健康。

（二）心理因素

1. 消极的心理因素能引起多种疾病

我国古代哲学家范缜认为，“形存则神存，形谢则神灭”，这句话强调了身体是心理的载体。我国古代经典中医医书《黄帝内经·素问》中就有“怒伤肝，悲胜怒；喜伤心，恐胜喜；思伤脾，怒胜思；忧伤肺，喜胜忧；恐伤肾，思胜恐”的记载，可见身体与心理之间的平衡与和谐对维持人体健康是至关重要的。现代医学心理学的研究也证明，许多疾病的发生、发展与心理因素有关，如心血管病、高血压、肿瘤等。大量临床实践也证明，消极的情绪（如悲伤、恐惧、紧张、愤怒、焦虑等）能引起各器官系统的功能失调，导致失眠、心动过速、血压升高、尿急、月经失调等症状出现。

2. 心理因素在治疗中的作用

心理因素在治疗中的作用主要表现在两个方面：一方面，在疾病治疗中要打消顾虑，树立与疾病作斗争的坚强信念，积极与医护人员配合，以保证治疗效果；另一方面，由心理因素、情绪因素引发的疾病要坚持“心理治疗”，即消除致病的消极心理因素。

二、环境因素

（一）自然环境

人在优美的自然环境中，精神振奋、呼吸畅通、内分泌协调，这些对人的身心健康无疑是十分有利的。大自然中有人类需要的各种营养物质，但也有对人体健康有害的物质，如广泛存在的有害微生物（细菌、病毒）、空气中的污染物、溶于水的有害成分等。另外，气候的突然变化，如酷暑、严寒以及气压、空气湿度异常等，也会影响人体健康。

（二）社会环境

社会是人类生存和发展最基本、最重要的环境。一方面，人们享受着社会生产力发展带来的成果；另一方面，社会生产的发展也会对人体健康造成危害。例如，现代工业在发展的同时带来的废水、废气、废渣、噪声等，越来越多地影响人体健康。

三、生活方式因素

人的生活方式是社会及其组成人群中占优势的社会和个人的卫生规范，是人们长期受一定民族、文化、经济、习俗、规范及家庭因素影响而形成的一系列生活意识、生活习惯和生活制度。

在现代社会，人们越来越清楚地认识到，不良的行为方式和生活方式是影响人类健康的重要原因。世界卫生组织曾经对发达国家疾病谱和死亡谱的变化进行过详细调查。调查发现，20世纪70年代以后，在发达国家中，导致死亡的主要疾病已变成心脑血管病、恶性肿瘤、意外死亡及环境污染所致疾病等，而这些疾病的起因都与人们滥用酒精、药物，过度饮食，缺乏体育锻炼，吸烟、吸毒和性淫乱等不良生活方式和行为有关。目前，发展中国家的疾病主要由贫困造成的恶劣生活条件、不良卫生行为和习惯所致。

四、卫生保健设施因素

保健是包括对疾病患者进行治疗在内的康复训练、普查疾病、促进健康、预防疾病、预防伤残及健康教育等在内的一系列活动的总和。健全的社会保健制度是维护和促进健康的重要保障。社会保健制度涉及多个方面，其中最重要的是建立健全初级卫生保健制度。初级卫生保健是最基本的卫生保健制度，它的特点是能针对本区域人群中存在的主要卫生问题，相应地提供增进健康、预防疾病、治疗伤病及促进身心健康等方面的卫生服务。

五、体育锻炼因素

人体在适宜的运动过程中，机体将产生一系列适应性的良性变化，从而达到健身防病的目的。然而，运动量过大则可能因为身体承受不了而受到伤害；运动量过小，又达不到刺激体内各组织器官的目的，无法提高其生理功能。因此，要想获得理想的健身效果，体育锻炼应坚持适宜负荷原则。

六、饮食因素

饮食对健康的影响是多方面的。合理的饮食，能够为人体的生命活动提供全面、丰富的营养；反之，不合理的饮食则会带来疾病。例如，碘缺乏会导致甲状腺肿大；辛辣食品摄入过多，会使人上火并有损肌肤；饮酒过多、过频，会增加肝脏负担；饮食过度会导致肥胖，容易引起糖尿病、高血压、高血脂、心脏病等。

学习任务二 体育锻炼与健康

从健康的角度看，体能是机体适应环境的能力，是人体各器官系统的技能在身体活动中表现出来的基本能力，与健康有关的体能包括心肺耐力、柔韧性、肌肉力量和肌肉耐力以及身体成分等。

一、心肺耐力

心肺耐力是人体从事持续性身体活动时循环系统和呼吸系统的供氧能力。心肺耐力是发展各项身体机能的基础，是评价一个人健康状况和机能水平最重要的指标之一。

心肺耐力综合反映人体摄取、转运和利用氧气的能力。通过系统的心肺耐力练习，可以使心脏变得强壮，每搏动一次可以泵出更多的血液，心率就会降低。一般来说，人体在运动中所能达到的最大心率为：220－年龄（次/分钟）。非病态情况下安静心率低，意味着在运动中能够动用的心率“储备”就越丰富，心脏就有足够的能力应对更强的运动负荷，在大强度运动后心率恢复得也比较快。比如，优秀长跑运动员的安静心率能够降到每分钟40次左右。心肺耐力强的人，不仅能够保持长时间的运动且不会很快感到疲倦，而且能够使自己平日的学习、工作更有效率。此外，从健康的角度来看，拥有良好的心肺耐力可以降低各种心血管疾病的发病率。

（一）改善心肺耐力的练习方法

改善心肺耐力，需要进行有氧运动，运动时身体达到某种适当的耗氧水准且持续足够长的时间，能够有效刺激呼吸系统和循环系统，增强其摄取和运输氧气的机能。在进行有氧运动时，人体的氧气供应充足，此时体内营养物质代谢彻底，最终分解为二氧化碳和水。研究表明，动员全身大肌肉群进行有规律的长时间有氧运动（如耐力跑、跳绳、游泳、有氧健身操、长距离骑自行车和登山等），对增强心肺耐力的效果最为显著。

（二）心肺耐力练习注意事项

进行心肺耐力练习时，需要注意个体差异。在进行有氧运动时，每个人都需要有适合自己的运动强度。同时，运动时参与的肌肉越多，身体的耗氧量越高，锻炼效果越好。剧烈运动或局部运动，不仅容易引发身体疲劳，使运动难以持续足够长的时间，而且难以保证足够的氧气消耗量，达不到对心肺循环系统的刺激效果，不利于心肺耐力的增强。

二、柔韧性

柔韧性是身体各个关节的活动幅度以及韧带、肌肉等组织的伸展能力。爱运动的人往往比不爱运动的人拥有更好的柔韧性。青少年时期是柔韧性发展的关键时期。柔韧性不足，会引发如关节炎、驼背（脊柱向后拱起）及更多的腰背痛等病症。经常进行柔韧性练习，可以改善肌肉与韧带机能，有助于掌握运动技能，使动作更优美，同时有利于维持运动姿势的平衡，使身体活动更协调。

（一）改善柔韧性的练习方法

改善柔韧性的方法有动力性拉伸和被动性拉伸。柔韧性练习主要包括主动性拉伸练习和被动性拉伸练习。主动性拉伸练习主要是依靠自身力量拉长肌肉、肌腱和韧带等，增加关节的活动幅度以及韧带和肌肉的伸展能力；被动性拉伸练习是主要依靠外在力量进行的拉伸练习。此外，柔韧性练习还可以分为动力性拉伸练习和静力性拉伸练习。动力性拉伸练习对身体柔韧性的促进效果较好，但容易导致肌肉损伤；而静力性拉伸练习导致肌肉损伤的可能性较小。因此，在日常的柔韧性练习中，要注意将动力性拉伸练习和静力性拉伸练习结合起来进行。

（二）发展柔韧性的练习方法

发展柔韧性，首先要坚持每天进行柔韧性练习，并在练习过程中保证每个动作标准规范，才能产生应有的效果。其次，要进行不同部位的柔韧性练习，如进行颈部、肩部、背部、上肢、下肢等不同身体部位的拉伸练习。运动前进行动力性拉伸练习，可以提高运动表现；运动后进行静力性拉伸练习，能够促进机体快速恢复。再次，在柔韧性练习中要注意变换不同的方法。不同的姿势会产生不同的拉伸效果，所以经常变换姿势与角度进行拉伸练习，可以更好地发展柔韧性。最后，柔韧性练习最好在有氧运动之后进行，因为此时体温增高，能够增加韧带和肌肉的延展性，增大关节的活动范围，进而降低运动损伤的概率。

三、肌肉力量和肌肉耐力

肌肉力量是机体依靠肌肉收缩克服和对抗阻力来完成运动的能力。肌肉耐力是肌肉长时间收缩的能力，常用肌肉克服某一固定负荷的最多次数（动力性运动）或最长时间（静力性运动）来表示。肌肉力量和肌肉耐力是支撑人体运动的基础，肌肉力量为完成动作提供保障，而肌肉耐力则可保证动作的持久性。

良好的肌肉力量和肌肉耐力，有助于保持正确的身体姿势，进而改善身体形态；有助于增强身体保护能力，预防关节损伤、肌肉疼痛和身体疲劳；有助于减少有关肌肉和关节的慢性病，提高生理机能，促进健康；有助于缓解精神压力，增强自信心。此外，肌肉力量和肌肉耐力也是速度、灵敏性、平衡能力、爆发力等多项体能发展的基础。

随着年龄的增加，人体的基础代谢率逐步下降，能量消耗也日趋减少，体重和体脂含量会慢慢增加。进行有规律的肌肉力量和肌肉耐力练习，可以提高人体的基础代谢水平，增加身体成分中的肌肉含量，降低体脂含量，比节食和服用减肥药物更有利于健康。此外，肌肉力量和肌肉耐力练习还可以对骨骼产生有效刺激，促进骨钙沉积，预防骨质疏松症的发生。

（一）改善肌肉力量和肌肉耐力的练习方法

抗阻力练习可以有效增强肌肉力量和肌肉耐力，即利用对抗负重的方式进行运动。根据阻力来源的不同，抗阻力练习可分为两种：一是利用自身重量作为阻力进行练习，此种练习需要一般器材即可，因此比较容易实施，如俯卧撑、引体向上、双杠臂屈伸等；二是利用健身器械进行练习，此种练习可以实施大幅度、多角度以及渐进式阻力锻炼，对于人体局部肌群的锻炼效果最佳，如杠铃卧推、负重深蹲、哑铃飞鸟等。

（二）肌肉力量和肌肉耐力练习注意事项

进行肌肉力量和肌肉耐力练习前，首先要做好热身运动并掌握相关技巧，否则容易受伤。其次，在利用器械进行练习时，应根据锻炼目的选择合适的重量负荷。如果你想尝试较大的重量负荷，一定要寻求同伴的辅助和保护，避免受伤。最后，在力量训练间歇，应注意充分休息并补充优质的蛋白质，促进肌肉生长。

四、身体成分

身体成分是组成人体的各种化学成分的总和，是人体总重量中不同身体组成成分的构成比例。身体成分既能反映人体的体质状况、体型特征和身材大小，也是准确衡量肥胖程度的参考依据，通常以体内脂肪含量为参照。体脂百分比是评价身体成分的常用指标。当男性的体脂百分比处于10%～25%，女性的体脂百分比处于15%～27%时，与体脂有关的各种疾病的发生率会较低，此时的体脂范围被称为最佳范围。体脂百分比过高，容易引发冠心病、糖尿病、高血压等生活方式病。但是，体脂百分比并非越低越好，过低往往与营养不良和肌肉功能减弱有关，也会出现各种健康问题。体内脂肪含量过少，会影响脂溶性维生素的运输。女性的体脂百分比过低，则会导致食欲不振、月经不调等身体不良状况的发生。

表1-1　男性与女性的体脂百分比对比

体脂含量的分类	男	女
最佳体脂	10%～25%	15%～27%
较高体脂	26%～30%	28%～30%
高体质	31%～40%	31%～40%
极高体脂	≥40%	≥40%

需要指出的是，体脂百分比需要通过专门的仪器进行精确测量，在日常生活中，我们常来用身体质量指数（Body Mass Index，简称BMI）来估算身体成分。BMI是评估体重与身高比例的参考指数，是国际上常用的衡量人体胖瘦程度以及是否健康的参考标准之一。

BMI的计算公式如下：

$$BMI=\frac{体重(kg)}{身高(m)的平方} \qquad (BMI的单位是：kg/m^2)$$

根据世界卫生组织（WHO）的判断标准，BMI值处于24～27.9为偏胖，处于28～31.9为肥胖（见表1-2）。

表1-2　BMI评价标准、WHO标准与相关疾病发病危险性的关系

BMI评价标准	WHO标准	相关疾病发病危险性
偏瘦	＜18.5	低（但其他疾病危险性增加）
正常	18.5～23.9	平均水平
偏胖	24～27.9	增加
肥胖	28～31.9	中度增加
重度肥胖	32～39.9	严重增加
极重度肥胖	≥40.0	非常严重增加

（一）改善身体成分的方法

对大部分人而言，改善身体成分就意味着降低体脂百分比。有两种方法可以达成这一目的。一是要控制饮食，减少能量摄入。但前提是保证各种营养素的均衡齐全，所以最好保持高蛋白、低糖、低脂肪的饮食结构。二是增加肌肉含量。这样不仅可以使你身材优美、姿态挺拔，还能够增加基础代谢率，更有助于减少体脂。当然，增加肌肉含量需要科学地进行体育锻炼。这两点就是我们经常讲的“管住嘴，迈开腿”。

（二）改善身体成分的注意事项

虽然大部分人的身体成分问题是体脂含量过高，但因为“越瘦越美”的错误审美观和缺乏锻炼，导致一些同学体脂含量不足或者肌肉含量过低，这同样会影响身体健康。因此，处于生长发育期的大学生，要树立正确的体重控制观念，保持合理的身体成分比例，不能过度节食。

此外，在身体的各种成分中，肌肉含量过低会引起人体免疫力下降；水分过多会导致身体浮肿甚至水中毒，而水分不足则会导致皮肤干燥起皱，影响健康甚至威胁生命；骨骼中钙含量充足可有效预防中老年骨质疏松，但钙含量过高则有可能是体内有结石或骨质增生所致，过低则会增加骨折的风险。

学习任务三　高职院校实施终身体育的方法

一、终身体育的概念与特征

（一）终身体育的概念

终身体育是指人在一生中所接受体育教育和参与体育锻炼的总和。终身体育是根据人体发展变化规律、身体锻炼的作用，以及现代社会发展对人提出的要求所确定的，是在国际终身教育思想的启迪下逐步形成和发展的。终身教育强调教育和训练过程不应随着学校学习的结束而结束，而要贯穿生命的全过程。终身体育，强调个体生命整个过程中不同时期（婴幼儿期、学前儿童期、青少年期、中年期、老年期）的体育，即体育健身贯穿于生命的全过程。

（二）终身体育的特征

1. 体育锻炼时间的终身性

终身体育的思想，突破了传统的学校体育目标中过分强调学习和掌握运动技能的观念，使学校体育得以进一步发展和延续。传统的观念把人接受体育教育的时间局限在青少年在校学习期间，把学校的体育锻炼局限于体育知识、运动技能的学习和掌握。而终身体育则要求根据个体生长发育、发展和衰退的规律以及阶段性特征进行科学的身体锻炼，强调人们要始终把体育作为生活中不可缺少的组成部分。

2. 体育锻炼群体的全民性

终身体育具有全民性，指接受终身体育的人的范围十分广泛：在对象上，有儿童、青少年、中年人和老年人等；在范围上，有学校体育、家庭体育、社会体育等。以终身体育为指导开展群众体育活动，是现代体育科学化、社会化的趋势之一，其实质也是群众体育普及的进一步发展。国外终身体育论者强调，生活在当今社会的每一个人，都要学会生存，而要学会生存则离不开体育。生存发展是时代的主流，会生存，必须坚持运动锻炼和身体保健，这是现代社会给每个人提出的新课题。所以，体育要为学习、工作后的生活和闲暇时间做好准备，要把体育与生活紧密联系在一起，让每一个会生存的人在参与体育活动中终身受益。

3. 体育锻炼目的的实效性

终身体育的最终目的是维护和改善人的生活质量，增进健康，延年益寿。人们可以通过终身体育来完善个人适应社会的发展需要，即终身体育是以适应个人发展和社会发展为着眼点的。人们为了改善和提高生活质量，可以根据自己的条件选择适合自己的体育活动方式，需要什么就学什么，怎样对自己有益就怎样学。总之，体育健康知识学习和身体锻炼要具有明确的目的性：学是为了用，练是为了终身受益。

二、培养终身体育意识

21世纪是一个“知识爆炸”、科学技术和社会生产力迅猛发展的世纪。从事脑力劳动的人越来越多，劳动方式和特点与过去相比有了明显的变化，主要表现为长时间从事单调与枯燥的工作，思想高度集中，精神高度紧张，很容易疲劳。而且随着改革的不断深入，竞争越来越激烈，一方面工作压力加大，另一方面空闲时间进一步增加。人们越来越重视生活质量，在闲暇时间通过体育锻炼来提高身体的机能，保持积极向上的精神状态，防止“文明病”，延缓衰老。所有这些都对当代大学生提出了新的要求。同时，人的社会属性也决定了未来人才培养的要求和人们对体育价值与功能的认识进一步深化，决定了未来学校体育的发展走向将以终身体育为主线，培养学生在各种环境下独立进行自我健身和自我发展的意识和能力，养成终身从事锻炼的习惯，以适应社会发展的需要。

三、实施终身体育的基本途径及要求

(一) 高职院校实施终身体育的基本途径

高职院校实施终身体育的基本途径主要有四个方面：体育课、课外体育活动、体育竞赛活动和拓展性体育活动。

1. 体育课

体育课是学校教学计划的重要组成部分，是学校体育教育的中心环节，也是培养终身体育意识和终身体育能力的有效途径。

2. 课外体育活动

课外体育活动主要包括早操、课余体育活动、课余体育训练、体育节等，它是体育课的延续和补充，是高职体育教学过程不可缺少的环节。丰富多样的课外体育活动，对巩固提高体育课教学效果、增强体质，以及培养自我体育意识、满足个性体育需要等，都能起到良好的促进作用。在课外活动中，学生可以运用已经学习的体育健康知识和运动技能，根据自身的兴趣爱好及身体条件自主地选择运动项目和方式，以实现身心的协调发展。

3. 体育竞赛活动

体育竞赛活动是丰富校园文化生活、增强集体凝聚力的有效形式。体育竞赛的内容包括体育健康知识竞赛和体育运动能力竞赛两个部分，其组织形式可分为体育健康知识问答竞赛、学校运动会、单项比赛、健身运动游戏等。体育竞赛对激发学生体育兴趣和促进自我体育锻炼具有较好的作用。

4. 拓展性体育活动

拓展性体育活动主要是根据学生个体的兴趣和身体条件，拓展其某种运动能力的活动。拓展性体育活动的内容主要有攀岩、野外生存、定向越野等。拓展性体育活动对学生体验自然、磨炼自我、锻炼意志，满足自我体育需要，提高适应环境的能力和增进健康都很有意义。

（二）高职院校体育锻炼指导的基本要求

1. 树立终身健身的体育观

人类的活动具有很强的目的性和创造性。高职学生处于接受知识的关键阶段，分析问题、认识问题的能力还不是很高。因此，教师应讲清道理，使学生明白：只有拥有健康的身体，才能有足够的精力去追求自己的理想和目标。体育教学使学生进一步了解运动的规律，认识运动对身心健康、身体发育、功能发展的促进作用，进而树立正确的健身观。对学生来说，如果把体育锻炼只当作一种外在的压力，就不可能激发自觉锻炼的兴趣，也不可能使体育锻炼转化为日常生活中不可缺少的一部分，也就难以达到健身的目的，更难以实现终身体育的目标。

2. 注重终身体育能力的培养

过去，学校体育过多重视运动技能的学习和掌握，学生在学校经过十几年的体育学习后，许多人仍然不会自我健身，不会运用适当的运动方法，不能掌握适当的运动负荷来达到健身的目的，以致对健身失去兴趣。这种现象的出现，与学校体育的教育教学忽视培养学生的健身能力和运动习惯是分不开的。终身体育追求的是连续性和一贯性，而自我体育锻炼能力是实现终身体育锻炼的基点。高职院校体育教学的重点是培养学生自我体育锻炼的能力和习惯。

3. 重视个性化体育需要的培养

学校要尽可能组织和开展丰富多样的体育活动，以满足不同学生的个性发展和个体需要。学生参加体育锻炼的积极性，最初往往不是来自兴趣，而是来自个体的某种需要。兴趣常常是由需要引发的，学生的体育锻炼需要多种多样，有的是为了健身和增强体质，有的是为了缓解紧张的学习和精神压力，有的是为了掌握某项运动技能，有的是为了宣泄情感，有的是探险猎奇等，而体育运动要满足学生种种个性化、多样化的需要。

项目二　体育赛事编排与欣赏

知识导航

体育竞赛是各种体育运动项目比赛的总称，是参与者以争取优胜为目的、以运动项目（或某些身体活动）为内容，根据规则进行个人或集体的体力、技艺、战术、心理、智力等多方面相互较量的比赛形式。按其规模和性质，体育竞赛可分为综合性运动会、单项锦标赛、等级赛、联赛、邀请赛、选拔赛、表演赛等。

观赏竞技体育比赛是现代人文化生活的重要内容。竞技体育运动吸引着数亿人去关心它、欣赏它。体育竞赛的最大魅力在于永恒的竞争，而这种竞争具有规范性、公平性、真实性、娱乐性、新奇性、健美性和向上性。正像现代奥运会创始人顾拜旦说的那样：“奥运会最重要的不是赢，而是参与。对人生而言，重要的绝不是凯旋，而是奋力拼搏。”正是铭记了这种精神，运动员们才能更加强盛、更加雄壮、更加有勇气，这也大大增加了体育赛事的观赏性。

思政园地

“中国奥运第一人”——刘长春

2008年的北京夏季奥运会实现了中国人的百年奥运梦想，14年之后，北京冬奥会如期举行。作为历史上的首座双奥之城，北京再次惊艳了全世界。如今，中国已经成为世界公认的体育大国，中国国旗一次次在奥运赛场上升起。然而，在一百多年前的中国，这些都是可望而不可即的。

1908年，天津《青年杂志》发出了“奥运三连问”——中国何时能够派运动员参加奥运会？我们的运动员何时能够得到一枚奥运金牌？我们的国家何时能够举办奥运会？在当时，这些疑问叩击着每个中国人的奥运梦。

1932年，第10届奥运会在美国洛杉矶举行。在奥林匹克运动场上，第一次有中国运动员参赛。开幕式上，刘长春作为中国代表队的唯一一位运动员，高举着中华民国的国旗，体现着中国人的尊严。

1931年“九·一八”事变后，日本侵占了中国的东北，建立了伪满洲国政权。日本为了巩固伪满洲国的地位，想要借助奥运会来迫使世界各国承认伪满洲国的存在。当时的刘长春已经是中国小有名气的短跑运动冠军，在未征得刘长春本人的同意下，伪满洲国政府在报纸上刊登了刘长春即将代表伪满洲国参加第10届洛杉矶奥运会的消息。消息刊登后，全国民众纷纷提出抗议，在当时，奥运会的参赛问题已经与国家和民族尊严牢牢地联系在了一起。

为了对抗日本伪满洲国政权，爱国人士刘长春坚决反对代表伪满洲国参加奥运会，并在当时的《大公报》上发表声明：“伪报所传，纯属虚构谎言。我乃中华民族炎黄子孙，绝不代表伪满洲国出席奥林匹克运动，苟余之良心尚在，又岂敢忘却祖国而为傀儡伪国作牛马！”

当时的民国政府并没有计划参加此次奥运会，但在各方的关切下，中国体育组织发紧急电报给国际奥委会，为刘长春报了名。经过20多天的海上航行，刘长春终于到达洛杉矶。当时没有训练的条件，再加上长途跋涉、水土不服等原因，刘长春未能在奥运会中取得理想的成绩。刘长春虽然输掉了比赛，但他迈出了中华民族向奥运赛场出发的第一步，也表达出一个落后国家追赶世界先进潮流的信念与意志。

思维导图

学习任务一　体育竞赛概述

一、体育竞赛与运动训练

在竞赛过程中，参赛者要充分发挥自身的体能、技能、战术能力、心理能力及运动智能，战胜对手，取得比赛的胜利。

体育竞赛与运动训练共同构成竞技体育工作，二者是对立统一、相辅相成的关系。运动训练要依据体育竞赛的相关制度与规则，以及体育项目的竞赛规律来制定训练计划、划分训练的周期及训练内容。运动员通过运动训练所获得的竞技能力水平，要以运动竞赛的形式展示出来，因此体育竞赛也是检验教练员和运动员训练成果的重要方式。

二、体育竞赛的构成要素

1. 参赛者

参赛者即参与体育竞赛的运动员，是体育竞赛的主体构成要素。参赛者的竞技水平决定着体育竞赛的举办水平。拥有高超竞技水平的参赛者，能够增添体育赛事的观赏度，提高体育赛事的影响力，进一步提高体育赛事的辐射范围。

2. 裁判员

在任何体育比赛中，裁判员都是不可或缺的角色，其作用是在比赛中负责维持赛场秩序，监督参赛者执行比赛规则。裁判员在执裁过程中必须秉持“公平、公正”的原则，按照运动项目的参赛规则进行判罚，不得随意偏袒任何一方参赛者，更不得与参赛双方产生利益纠葛。裁判员不公正的判罚则会让体育竞赛失去本来的意义。

3. 竞赛场地

竞赛场地即参赛者的比赛场地，不同运动项目有不同的规格要求。学校体育竞赛场馆、设备与器材是实现学校体育竞赛运行的必备物质条件。在体育竞赛准备期间，为确保竞赛的顺利进行，要合理安排不同运动项目的场地运用时间，并在同一时间段的比赛项目中合理设置比赛场地的空间范围，避免出现不同比赛项目相互干扰的情况。

4. 竞赛规则

竞赛规则是为保证体育竞赛的正常运行、为维护良好的竞赛秩序而制定的规范和准则。竞赛规则的执行对于体育竞赛的管理是尤为重要的。在体育竞赛正式开始之前，首先要组织裁判员进行体育运动项目的竞赛规则及赛事规程的学习，为裁判员在比赛中的执裁设立统一的方法与尺度，保障体育竞赛的公平性。除此之外，参赛者的报名条件要求、比赛场地及器材的规格也应在竞赛规则中逐一说明。

5. 竞赛目标

学校体育赛事竞赛目标的设立应以学校体育发展的总目标为依据。一般来说，学校体育赛事的竞赛目标包括：增进学生健康，使学生在比赛中灵活应用掌握的体育与健康知识、技能，培养学生参加体育运动的兴趣，养成良好的体育锻炼习惯；培养学生良好的心理品质；增强学生的人际交往能力，提高学生的合作意识及团体凝聚力；通过比赛的形式，提高学生现有运动技术水平，培养学生敢于拼搏、勇于超越自我、积极进取的乐观精神。

三、学校体育竞赛的特征

1. 参与的广泛性

相对于其他的省、市及国家级体育比赛而言，学校体育竞赛参赛者的竞技水平有别于其他高水平的比赛。学校体育竞赛面向的是全体在校学生，参与群体非常广泛，目的是鼓励学生通过体育竞赛展示个人的竞技运动水平。学校体育竞赛能够为不同年龄不同年级的学生提供竞赛平台，让学生从中体验比赛的乐趣。

2. 组织的趣味性

丰富学生的业余学习生活是学校组织体育比赛的目的之一。学校体育竞赛项目的设置，需要针对学生的兴趣、爱好设置灵活多样的体育项目，增加体育比赛的趣味性及娱乐性，以此来调动学生参与体育比赛的热情。

3. 形式的多样性

学校体育竞赛是面向全体学生开展的，其竞赛内容与形式是多样的。学校体育竞赛的形式，要以学校特色体育项目为基础，贯彻“一校一品”的指导理念，以体育竞赛的举办带动学校特色体育项目的发展，有计划地拓展体育竞赛的形式和内容，突出学校体育竞赛特色，将阳光体育运动融入大学生体育竞赛中，让学生在体育竞赛中获得体质的提升。

4. 管理的规范性

为实现学校体育竞赛的组织目标、规范竞赛秩序，学校体育竞赛管理也日益规范。为保证学校体育竞赛的顺利进行，全校的大型体育活动会要在赛前设置不同的职能部门，做好前期准备工作，并在体育比赛举办期间及时进行调控，确保体育竞赛的顺利进行。

5. 过程的教育性

学校体育竞赛是学校体育教育的一部分，同样承担着教育的功能。体育作为“五育”的重要组成部分，是实现立德树人根本任务的基础性工程，学校体育比赛的竞赛规则是对学生进行思想道德与行为规范的有效教育方式。通过参与体育竞赛，不仅有利于增强学生体质，而且有利于培养学生顽强拼搏的意志品质，增强学生的社会适应能力。

6. 举办的周期性

学校体育竞赛，比如校运动会，一般为每年举办一次。夏季运动会的举办时间为4～6月，秋季运动会的举办时间则为9～10月。体育竞赛的周期性也为运动员制订系统的训练计划提供了依据，周期性的系统训练有利于参赛者在比赛中发挥最大的竞技潜能。

四、体育竞赛的价值

1. 健身价值

体育竞赛是检验运动员和教练员训练成果的重要手段。为了在体育竞赛中获得优异成绩，必须进行科学系统的训练。这就意味着运动员要承受较大的运动负荷，而这些运动负荷会对运动员机体产生影响。科学研究表明，运动训练对人体的骨骼肌系统、心血管系统、呼吸系统及神经系统等都会产生一定的影响。机体在经历超负荷强度运动后会经历疲劳、恢复、超量恢复的过程，超量恢复阶段机体的机能水平将超过原有水平，在这样的恢复机制下，能够促使机体竞技能力水平不断提高，从而达到提高运动成绩的目的。因此，体育竞赛的健身价值，是通过运动训练来体现的。

2. 观赏价值

随着社会经济的发展，人们在满足物质生活条件的基础上，对精神生活层面也有了一定的追求。竞技体育比赛能够满足人们精神层面的需求。运动员在赛场上所展示的动作美、身体美、力量美、技术美等，给观赏者以美的享受，同时，运动员在赛场上所展示的拼搏精神，也让观众感受到了生命的力量。

3. 教育价值

从学校教育的角度看，体育竞赛能够实现锤炼学生意志、健全学生人格的综合育人功能；从体育教学的角度看，体育竞赛是对体育课堂知识技能的全面性考核，也是对体育课堂教学的延伸；从思想教育的角度看，学校体育竞赛是培养学生顽强拼搏精神的绝佳机会，也是培养学生组织纪律意识、规则意识的良好教育形式。

学习任务二　体育竞赛管理与编排

体育竞赛管理是为了提高竞赛工作的时效性，实现体育竞赛工作的目的，在体育竞赛工作的准备阶段、实施阶段等进行的计划、组织、协调、控制的一系列综合性活动。

一、竞赛的组织管理工作

（一）竞赛的组织方案

1. 指导思想。明确举办体育竞赛的目的及意义，使学校体育竞赛成为促进学生发展、提升校园体育文化的重要途径。

2. 组织机构。根据学校体育竞赛的需要，设立不同的组织机构，由相关的领导和职能部门负责人组成学校体育竞赛的组织委员会。

3. 实施方案。学校体育竞赛的实施方案，一般包括以下几项内容：体育竞赛的名称、举办日期、举办地点、报名参加体育竞赛的方法、面向的人群、竞赛项目的设置及参赛规则、奖励办法、开闭幕式的组织方案等。

（二）竞赛规程

学校大型体育竞赛的赛事规程，一般包含以下几项内容：

1. 要根据学校体育竞赛的组织方案，明确学校体育竞赛的名称、竞赛目的及竞赛任务。

2. 确定体育竞赛的主办及承办单位。

3. 明确体育竞赛的具体日期及比赛地点。

4. 确定体育比赛项目及参赛组别，并规定各比赛项目的场地、规格、器械要求等。

5. 确定参加体育竞赛的办法，包括各年级、各班级具体的参赛组别、参赛人数、参赛要求，并对运动项目的限报人数、参赛运动员的限报项数等进行明文规定。

6. 明确竞赛规则办法，包括各类体育竞赛项目的规则，各比赛项目的赛次及比赛器械的使用规定，参赛运动员的服装要求及号码簿的佩戴，运动员在检录处应出示的证件，以及对违反比赛规则参赛者的处理。

7. 明确体育竞赛的计分办法，包括对单项比赛、接力赛、全能比赛等项目的计分方法，对破纪录运动员的奖励办法，团体赛的计分方法以及对精神文明奖和优秀运动员的评选奖励办法等。

8. 明确体育竞赛中裁判员队伍的人数和要求。在赛前，要对裁判员进行统一的培训，并设置统一的执裁要求，以保证比赛的公平、公正。

9. 注意事项的特别说明。

（三）竞赛日程

1. 赛前日程

比赛开始前，要进行体育竞赛的日程编排。首先，要根据体育竞赛参赛者的报名人数和比赛的需要，提前预估各体育项目比赛的赛次，并以此为依据制定体育竞赛开始前的日程表。体育竞赛日程表制作完成后，应依据竞赛编排的实际需要，预估各体育项目的比赛时间，完善各比赛项目的竞赛日程，并在表中标明各比赛项目的比赛日期和比赛单元。

2. 临场赛程

体育竞赛的临场日程是在参赛者开始比赛后，根据参赛者报名的不同运动项目确定参赛者人数，对体育竞赛前的日程表进行调整，对运动员的参赛项目和所在组别等进行具体的规划。临场竞赛日程的调整，要以原定的竞赛日程为依据，在体育竞赛正式开始后，每天都要对第二天的竞赛日程进行编排，确保比赛的顺利进行。

二、田径运动项目的竞赛编排方法

（一）田径竞赛的编排原则

田赛运动项目包括田赛、径赛、全能运动等分项。作为学校体育运动会的主要比赛项目，田径运动是竞赛项目数量最多、学生参与人数最多的竞赛活动。

校运动会所设立的田赛项目一般包括跳跃及投掷项目。跳跃项目包括跳高、跳远、三级跳，投掷项目包括铅球、标枪、铁饼等。径赛项目一般包括100米、200米、400米短距离跑项目，800米、1000米、3000米中距离跑项目，以及5000米、10000米长距离跑项目；此外，还有跨栏跑、接力跑、男子全能项目、女子全能项目等。

1. 在学校田径项目比赛分组、分道及比赛次序的安排上，应遵循所有参赛者都能够公平参与比赛的基本原则。

2. 在进行比赛安排时，要尽可能将水平较高的参赛者平均分配到各预赛小组中，确保高水平的参赛者能够在决赛赛场中获得同场较量的机会。

3. 考虑到运动员会有兼报的情况，应尽量把相关的项目分时间段编排，减少运动员兼报比赛项目的冲突。

4. 在时间允许的范围内，应尽可能预留出项目之间的休息间隔时间，尤其是对于参加全能比赛项目的参赛者来说，在上一项比赛项目和下一项比赛项目之间，应至少留有30分钟以上的休息时间。

5. 考虑到跨栏项目需提前布置比赛场地，跨栏栏目一般作为比赛日的第一项进行，或者是安排在长距离跑之后进行。

6. 对于有可能被破纪录的比赛项目，一般分配到各比赛日的下午进行，以预留出颁奖时间。

7. 出于对比赛安全的考虑，在进行长距离跑项目时，最好不要安排标枪、链球等长投项目，也不要在同一时间内安排两个长投项目。

8. 接力赛一般安排在比赛的最后或者是比赛日的下午进行，避免运动员因兼报其他竞赛项目而影响参赛。

9. 在条件允许的情况下，可以把较为精彩的决赛项目安排在开幕式、闭幕式前后进行，以满足观众的欣赏需求。

（二）田径项目径赛编排方法

依据田径运动项目规则，在短距离跑、跨栏跑和接力跑以及中距离跑的800米项目中，若参赛人员超过8人，则需要进行预赛。在1500米、3000米的比赛中，如果参赛者人数超过15人，则需要进行预赛。如果5000米的参赛者人数超过19人，10000米的参赛人数超过27人，均需要进行预赛。

1. 预赛编排的方法

（1）根据参赛者的具体报名人数进行随机分组，以抽签的形式决定各小组的比赛顺序。

（2）在分组完成后，要对每一小组中是否有同一班级的运动员进行筛查，如发现同班级中的运动员抽到了同一组别，应尽量将同班级中的运动员协调到不同的组别中。

（3）在明确各比赛小组的前后顺序后，安排各小组中的运动员抽签选择比赛的道次。

（4）中距离及长距离跑中不分道的比赛项目，由参赛者抽签决定起跑的位置排序（从里道开始向外排列）。

（5）在确定好参赛者的组别、道次以及比赛的前后顺序后，应及时将参赛信息填入体育竞赛分组表中，并做好相关记录。

预赛结束后，应依据运动项目的规则制定决赛的录取办法，按预赛从高到低的成绩排序决定运动员的录取顺序。

在运动员的成绩录取过程中，若出现最后一个录取名额有两位参赛者成绩相等的情况，在条件允许的前提下，可允许两位参赛者同时进入接下来的比赛；如果条件不允许，则抽签决定最后一个参赛者的录取名额所属。

2. 决赛的编排方法

（1）在400米及以下（100米、200米、400米、4 × 100米、4 × 400米接力赛）的分道项目中，要按照运动员在预赛中的成绩进行道次的顺序排列。小组排名前四的运动员以抽签的方式决定3、4、5、6跑道的道次，小组排名中靠后的4名运动员，以抽签的形式随机抽取1、2、7、8跑道的道次。

（2）800米及以上不分道的运动项目中，按照预赛成绩进行蛇行排列分组，同样以随机抽签的形式决定起跑的位置排序。

（三）田径项目田赛的编排方法

1. 在跳跃类及投掷类的田赛项目中，如果运动员的参赛人数较多，需要进行预赛，在一般情况下，预赛各安排一组按照随机抽签的方式决定参赛运动员的试跳或试掷顺序。

2. 如果相同班级的运动员处于临近的排序上，应在条件允许的情况下将其调整到不相邻的排序位置上。

3. 按照运动员在预赛中的成绩安排决赛中的试跳或试掷顺序，试跳或试掷顺序与预赛中的排名相反。

4. 决赛中的最终比赛成绩由预赛及决赛中最好的一次成绩来判定。

三、球类运动项目的竞赛编排方法

球类项目运动竞赛的方法是按一定的组织形式和顺序，使参赛单位或个人能尽量机会均等地参加比赛。竞赛的主要方法有循环法、淘汰法、混合法及决定名次的方法等。

（一）循环法

循环法是让所有参赛队（人）相互之间都要轮流进行比赛的一种比赛方法，最后按各队（人）在全部比赛中胜负的场数、得分的多少来排定名次。这种比赛方法能使各参赛队（人）有较多比赛机会，有利于相互交流与学习，能比较客观地反映参赛队（人）的水平。这种方法下的比赛场次多、赛程长。

1. 单循环。所有参赛队（人）之间相互比赛一次称为单循环。按各队（人）胜负场次和积分排列名次。

单循环比赛轮次计算方法：各参赛队（人）均进行了一场比赛，称为一轮。如参赛队（人）数为单数，比赛轮次等于参赛队（人）数；参赛队（人）数为双数时，比赛轮次等于参赛队（人）数减1。

单循环比赛场次计算公式：

$$场次=[n\times(n-1)]/2 \quad （n为参赛球队数量）$$

单循环比赛的编排方法：无论参赛的队（人）数是奇数还是偶数，一律按偶数安排。若是奇数，可以加上一个“0”号，使之成为偶数，遇“0”的队（人）就轮空1次。第二轮开始，1号位置不变，其他号数按逆时针方向轮换一个位置即排出下一轮的比赛顺序。以此类推，排出各轮的比赛表（表2-1、表2-2）。

表2-1　6个队（人）的比赛轮次

第一轮	第二轮	第三轮	第四轮	第五轮
1—6	1—5	1—4	1—3	1—2
2—5	6—4	5—3	4—2	3—6
3—4	2—3	6—2	5—6	4—5

表2-2　5个队（人）的比赛轮次（遇“0”者轮空）

第一轮	第二轮	第三轮	第四轮	第五轮
1—0	1—5	1—4	1—3	1—2
2—5	0—4	5—3	4—2	3—0
3—4	2—3	0—2	5—0	4—5

2. 双循环。双循环是参赛的队（人）先后进行两次单循环的比赛方法，一般是在参赛队（人）少、时间充足的情况下采用此法增加参赛队（人）之间的比赛机会，最后按各

队在全部比赛中的胜负场数和积分排列名次。其编排方法与单循环相同，第2次循环也可以重新抽签。它的比赛轮次和场次是单循环的2倍。

3. 分组循环。分组循环是在参赛队（人）数较多而时间又有限时，为合理排出名次而常采用的一种方法。它是把参赛队（人）平均分成若干组，各组采用单循环方法排出各组名次，然后根据规程进行第二阶段的比赛，再次排出名次。分组循环时，为了分组合理，应设种子队，分别编在各个小组，以避免强队过于集中而失去小组出线的机会。

（二）淘汰法

淘汰法就是通过比赛逐渐淘汰成绩比较差的或失败的队（人），最后决出优胜者。采用这种方法的比赛有两种形式。一种是按照一定的顺序让参赛者一组一组的比赛，通过预赛、复赛和决赛淘汰掉较差的，比出优胜名次。田径、游泳、短道速度滑冰项目多采用这种比赛形式。另一种是球类和其他对抗性项目，按编排好的淘汰表一对一的比赛，胜者进入下一轮，直至最后决出冠亚军。

1. 单淘汰。单淘汰是指参赛的队（人）在比赛中失败一次即被淘汰，失去继续比赛的资格。它的优点是当参赛者较多时，能在较短的时间内完成比赛任务。其缺点是一次失败即遭淘汰，学习锻炼的机会少，比赛名次不一定能反映出各队（人）的水平。

编排方法：根据参赛队（人）数，按2的n次方设号码位置数。当参赛队（人）数非2的n次方时，应根据参赛队（人）数选择最接近的略大于2的n次方的数作为号码位置数，此时需要安排轮空（轮空数等于号码位置数减去参赛队数或人数），使参加第二轮比赛的队（人）数正好是2的乘方而不再有轮空（图2-1）。参赛队（人）数稍大于2的乘方数时，若安排轮空则轮空太多，可用“抢号”的方法来解决，即以最接近的稍小于2的n次方的数作为号码位置数，其中一部分运动员进行“抢号”。“抢号”就是两个队（人）在一个号码位置，要先进行一场比赛，胜者留在这个位置，负者被淘汰（图2-2）。

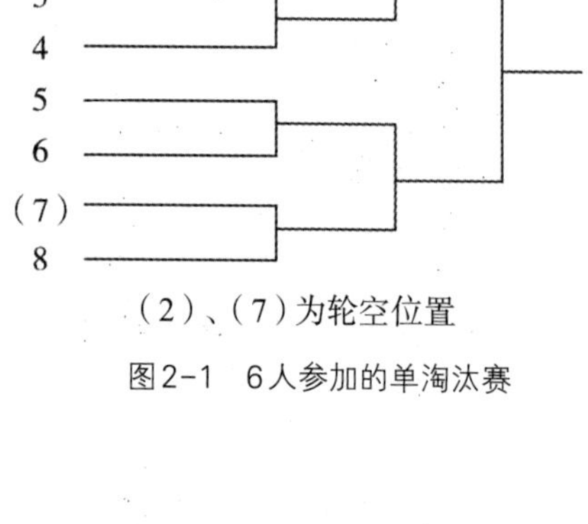

（2）、（7）为轮空位置

图2-1　6人参加的单淘汰赛

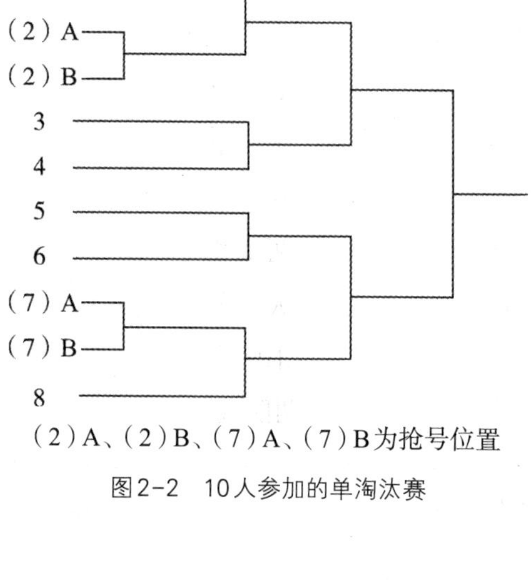

（2）A、（2）B、（7）A、（7）B为抢号位置

图2-2　10人参加的单淘汰赛

单淘汰赛的轮次数计算方法：所选用号码位置数为2的n次方，轮次数即为n轮。单淘汰赛的场次数计算方法：参赛队（人）数减1，即为比赛场次数。

2. 单淘汰赛中的附加赛。单淘汰赛只能确定第1、第2名，用附加赛的方法可以确定所有比赛各队（人）的名次。如进入前8名的运动员，每一轮的胜者与胜者、负者与负者之间进行比赛，直到排出全部名次（图2-3）。

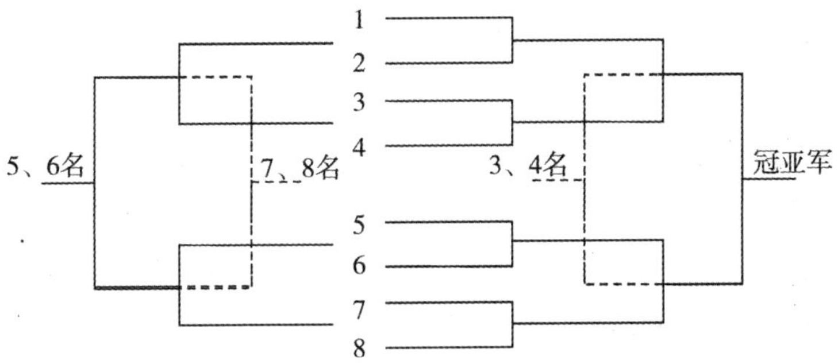

图2-3　淘汰附加赛

（三）混合法

混合法是指在一次比赛中采用循环赛和淘汰赛两种比赛方法。在混合法中，将比赛分为两个阶段。第一阶段如用循环赛，最好分成2、4、8组，以便第二阶段淘汰赛的编排。

第一阶段如分两组进行单循环比赛并排列名次后，第二阶段一般常采用交叉赛，即A组第1名对B组第2名，A组第2名对B组第1名，两名胜者决出第1、第2名，两名负者决出第3、第4名；两个小组第3、第4名可依此方法决出第5至第8名。

此外，也可在第二阶段采用同名次赛。如第一阶段分2个组循环比赛，那么在第二阶段，两小组第1名进行决赛决出第1、第2名，两小组第2名决出第3、第4名，其他名次也按上述方法排出。

（四）球类竞赛决定名次方法

篮球、排球、乒乓球单循环比赛成绩计算办法，一般在规程中规定胜一场得2分，负一场得1分，弃权为0分，积分高者名次列前。

篮球比赛中，如两队积分相等，则以两队之间成绩排列名次；如两队以上积分相等，则计算积分相同队之间的比赛成绩；如再相等，计算积分相同队之间的得失分率；如仍相等，则计算在组内所有比赛成绩的得失分率。

排球比赛中，如两队或两队以上积分相等，C值高者列前；如C值相等，Z值高者名次列前。

$$C=A（胜局总数）/B（负局总数）$$

$$Z=X（总得分数）/Y（总失分数）$$

足球循环比赛计分方法常采用胜一场得3分、平一场得1分、负一场得0分的形式，积分多者列前。在积分相等的情况下，以净胜球多少、进球总数多少直至最后由抽签来决定名次。计分方法与决定名次的有关条款应在竞赛规程中予以明确规定。

项目三　职业分类与体育锻炼

知识导航

现代科学技术在社会生活中的应用，使得人们的生产方式和生活方式都发生了极大的变化：繁重的体力劳动大大减少，脑力劳动的比重逐步增加。在动作技能上，过去那种大幅度、高强度的劳动动作，被由小肌肉群参与的小动作所取代；劳动过程中，要求人们灵活、准确、协调地控制生产，快速而准确地判断和处理许多仪表的数据，有时还要求屏住呼吸，注视屏幕或凝神细看。这些都使得劳动者长时间地高度集中，而这种集中要比单纯的肌肉活动对人体的要求更高，更容易使人疲劳，更需要进行生理上和心理上的调节。

体育对人的身心发展发挥着重要作用。第一，体育锻炼能促进大脑清醒、思维敏捷。长时间脑力劳动，会使人感到头昏脑涨，这是由于大脑供血不足和缺氧所致。而进行体育锻炼可使疲劳的大脑获得积极的休息，改善大脑的供血情况。另外，随着人的年龄增长，脑细胞会逐渐衰亡，大脑功能下降，但从事体育运动可以延缓这种衰老的过程。第二，体育锻炼能促进血液循环，提高心脏功能。因为运动可以提高心肌的运动耐力，有效增加心肌的收缩力，增加心脏的输出量，促进机体的新陈代谢。第三，体育锻炼能调节心理，使人朝气蓬勃、充满活力。从事体育活动，特别是从事那些自己感兴趣的运动项目，能使人心情舒畅、精神愉快。运动的激励还可以增强自尊心、自信心和自豪感，增添生活情趣。另外，运动还能调整某些不健康的心理和不良情绪，缓解现代社会所带来的精神压力，消除紧张情绪。第四，参加体育锻炼还能提高人体对外界的适应能力、应变能力，使人善于应对各种复杂多变的环境。

思政园地

“刮腻子”也能刮出世界冠军

马宏达出生于2000年，浙江温州人，就读于浙江建设技师学院。

2017年中考时，工匠出身的父亲建议成绩不理想的他学一门技术，这样走上社会还能“有口饭吃”。因为从小就对美术有兴趣，而且有点功底，老师推荐马宏达参加学院的世界技能大赛梯队选拔。选拔的消息一经发布，便有200多名同学踊跃报名。因为名额有限，需要经过一层层严格的考核选拔。

这个过程是艰苦的，每天与水泥、石膏板、砖块、瓷砖为伴，半天下来，训练服上就沾满了腻子粉和粉尘。很多同学吃不了这个苦，但是自信、执着的马宏达坚持了下来，成功进入学院的世赛团队，并确立了抹灰与隔墙系统项目方向。

马宏达非常善于学习，经常参与体育锻炼使得他能够保持良好的体能状态。在训练赛中，他总能比其他人更快地完成。然后，他就利用自己1.8米的身高优势，仔细观察旁边选手的操作工法和工具摆放习惯，取长补短，进一步完善自己的操作流程。

因为是全球性赛事，世界技能大赛的技术文件都是用英文表述的，这也对选手的英语水平提出了要求。每天训练结束后，马宏达都会继续跟着项目翻译老师认真学习，仔细做好笔记，丰富自己的词汇量，提升英语听读水平。最终，马宏达凭借执着专注、精益求精、一丝不苟、追求卓越等意志品质，在2022年世界技能大赛上获得抹灰与隔墙系统项目金牌，实现了中国队在该项目上金牌“零”的突破。

思维导图

学习任务一　职业体能分类与训练手段

一、开展职业岗位体能训练的作用

职业岗位体能训练是以身体练习为基本手段，根据职业人在从事职业工作和活动时对一般身体素质和基本活动能力的特殊需要而开展的，旨在保障身体活动水平、工作水平和社会适应能力的专门性教育途径和手段。开展职业实用性体能训练，可以充实和完善对职业活动有益的基本活动能力和身体素质储备，发展与职业相关的身体能力及相关能力，提高机体对不良劳动环境条件的耐受力和适应能力，保持和增进未来劳动者的健康。

二、职业岗位体能训练的途径与运用

（一）职业岗位体能训练的途径

1. 一般实用性练习。借助它，可以形成在一般职业活动条件下和可能出现的极端情况下需要的运动技能。

2. 职业实用性体操和职业实用性运动项目。职业实用性体操，不仅要符合职业活动的要求，而且必须预防职业活动对身体状况和姿势所造成的不良影响。职业实用性运动项目无论在操作方式还是在身体能力方面，均需与职业特点相适应。

3. 自然环境下的锻炼。自然环境下的锻炼，对提高机体适应力水平和抵抗特殊条件下职业活动的不良影响都是十分必要的。

4. 辅助性或针对性练习。根据职业活动对身体素质和技能的特殊要求，加强不同职业活动中身体活动方式的辅助性或针对性练习，可以提高职业活动时的身体素质与心理素质。

（二）职业岗位体能训练的运用

职业岗位体能训练的手段，主要采用一般体育运动和竞技运动中各种各样的身体练习动作，以及根据职业活动的特点进行改造和专门设计的练习动作。许多劳动类型是采用细小的动作、局部性的动作和区域性的动作，其本身无论如何都不能有效地发展身体运动能力。当然，职业实用性身体训练并不是一味地排斥模仿劳动活动的某些特点，但模仿并不是简单的在形式上对劳动动作的照搬，而主要是有针对性地练习对于职业而言必要的身体机能能力、运动能力及其他相关能力。这些练习直接决定着具体职业活动的效果。

三、职业岗位体能训练的基本内容

（一）根据职业岗位工作的身体姿势进行分类

根据职业岗位工作身体姿势的不同，可将职业划分为伏案型职业、站立型职业和综合型职业（见表3-1）。比如，伏案型职业包括文秘、金融、家电维修等职业，大多以脑力活动为主，在室内坐着进行较长时间的活动。若没有充沛的体力、精力和注意力，长时间的伏案工作容易导致精神紧张、身体酸痛等不良反应。对此，可进行颈部旋转运动、手臂旋转运动等定位运动，以及俯卧撑、对墙倒立等活动性练习予以缓解。

表3-1　按身体姿势进行分类的职业体能训练内容

职业类型	职业示例	工作特征	体能的特殊要求及不良影响	体能训练的主要手段
伏案型	文秘、金融、家电维修、计算机信息、财务会计、管理等	大多在室内较长时间坐着进行职业活动，以脑力劳动为主	能较长时间保持充沛的体力、精力和注意力，敏捷地进行相对静止状态的脑力劳动，长时间工作容易导致精神紧张、体力不支、代谢水平降低，颈部、背部酸痛，反应迟钝，肠胃功能降低等不良反应	定位运动：（1）颈部旋转运动，（2）手臂旋转运动，（3）双臂背后拉伸，（4）耸肩运动，（5）扩胸运动，（6）体侧运动，（7）体转运动，（8）扭髋运动；活动性练习：（1）俯卧撑，（2）对墙倒立，（3）仰卧举腿，（4）健身跑
站立型	警察、烹饪、机械制造、纺织、化工、建筑等	在特殊环境中工作，以站立或行走为主要身体姿势	需有较强的体魄、充沛的体力、良好的心理素质以及在不利环境中保持职业性工作的能力，长时间工作容易患静脉曲张、关节炎、髌骨和腰肌劳损、腰椎间盘突出症，甚至出现驼背、塌腰、屈膝等职业病	定位运动：（1）伸展运动，（2）体前屈运动，（3）抱膝运动，（4）旋转运动，（5）捶击双臂，（6）拍打双腿运动，（7）合脚掌压膝；活动性练习：（1）长跑，（2）仰卧起坐，（3）登山，（4）健身练习，（5）站立起踵，（6）拔背行走，（7）向后行走
综合型	地质、海洋、交通运输、营销、护理等	无固定身体姿势	具有充沛的体力，以适应连续工作的要求，对身体各部位的协调性和灵活性要求较高，长时间工作对身体的影响是多方面的，其疲劳多为全身性的	定位运动：（1）上肢运动，（2）下蹲运动，（3）体侧运动，（4）体转运动，（5）腹背运动，（6）全身运动；活动性练习：（1）立卧撑，（2）仰卧举腿，（3）游泳，（4）健身运动，（5）定向越野

资料来源于胡振浩、张溪、田翔：《职业体能训练》，北京：高等教育出版社，2008年。

（二）根据职业体能训练任务进行分类

不同职业活动的体能需求各不相同，因此其训练任务和内容也就相同。发展体能的体能需求，可采取有氧运动的相应训练手段，如游泳、慢跑、骑自行车等，最大心率控制在150～160次/分钟。表3-2列出了其他各种特殊体能训练需求的训练手段、活动方式与作用。

表3-2　按训练任务分类的职业体能训练内容

特殊体能需求	训练手段	活动方式与作用
塑造健美形体、发展腰背肌力量和颈部肌力量	健身运动、健美运动	健身与健美运动是根据职业工作中特殊身体素质的需求，利用器械设备，为发展身体腰背肌肉力量和颈部肌肉力量而进行的身体锻炼或训练。女性以有氧运动（平衡操、健美操、仰卧起坐等项目）为首选，并可考虑自身的体形，如瘦高者多做投掷、器械操等，矮胖者多练习跳远、短跑、单杠、引体向上等

续表

特殊体能需求	训练手段	活动方式与作用
发展手指的灵巧性，提高上肢的动、静力耐力，增强躯干肌的力量	综合运动	两手要网球，篮球运球、投篮，哑铃、实心球、橡皮减震器、体操凳和肋木练习，杠铃、壶铃练习，举重和搬运重物，投掷小球、推铅球等球类运动动作，运动准确性和灵活性练习，注意力游戏
反应速度、动作速度、防卫能力	跆拳道、防身术、安全教育	培养由外来暴力或自然因素引起的，在国家财产受到侵害或人身安全受到威胁时具有的迅速反应能力、应急能力、随机应变能力、安全防卫能力以及擒拿格斗技能，较熟练地掌握格斗技术
发展体能	有氧运动	运用身体大肌肉的有氧运动，如游泳、慢跑、骑自行车等，最大心率控制在150～160次/分钟。这类运动较不激烈，但对体能的提升很有帮助，最好每个星期至少3次，每次至少做20～30分钟，建议骑自行车上下班
抗眼疲劳	运动按摩	将无名指的指尖放在太阳穴上，轻轻地用力按压5次。然后合上双眼，将无名指及中指的指尖放在上眼睑处，由眼头位置开始轻轻按压至眼尾，重复动作7～8次，从而促进眼部血液循环，加快消除生理性疲劳，建议每隔1小时做一次
发展体能、培养团队意识	非隔网球类项目	非隔网性球类项目（如篮球、足球等）训练，在充分发展体能的同时，对培养团结协作精神、提高竞争能力和遵守行为规范的意识有积极作用，建议每周活动一次
工作耐力、运动减肥	跳绳运动	跳绳能增强人体心血管、呼吸和神经系统的功能，可以预防糖尿病、关节炎、肥胖症、骨质疏松、高血压、肌肉萎缩、高血脂、失眠症、抑郁症、更年期综合征等多种病症，也有利于女性的心理健康。从运动量来说，持续跳绳10分钟，与慢跑30分钟或跳健身舞20分钟相差无几，可谓耗时少、耗能大的有氧运动。在业余休闲时间，初学时，在原地跳1分钟，3天后即可连续跳3分钟，3个月后可连续跳10分钟，半年后每天可实行“系列跳”（如每次连跳3分钟，共5次），直到一次连续跳半小时。一次跳半小时，就相当于慢跑90分钟的运动量，是标准的有氧健身运动

资料来源于胡振浩、张溪、田翔：《职业体能训练》，北京：高等教育出版社，2008年

学习任务二　职业岗位体能训练的主要练习方法

一、一般身体素质练习

结合职业活动中力量素质、速度素质、耐力素质、柔韧素质和协调素质的练习方法，提高学生一般身体素质的主要练习方法有以下四种。

（一）发展上肢、肩带肌群力量的练习

发展上肢、肩带肌群力量的练习有：

1. 俯卧撑。俯卧，两足跟并拢，脚前掌着地，两手撑地与肩同宽，四指向前，收臀紧腹，连续臂屈伸。

2. 斜身引体。仰卧，两臂与肩同宽，手正握低单杠，收腹挺胸，屈两臂引体使胸部贴单杠，然后伸直两臂还原成仰卧开始姿势，如此重复进行。

3. 坐撑举腿。坐立，两手体后撑，两腿屈膝并拢，向上交替或同时举两腿。

4. 立卧撑。由直立姿势开始，下蹲两手撑地，伸直腿成俯撑，然后收腿呈蹲撑姿势，再还原成直立。

（二）灵敏性练习

灵敏性练习的方法有：

（1）各种游戏；（2）各种不同方向的变向跑；（3）进行篮球、足球或手球比赛；（4）垫上前滚翻、后滚翻、横滚、向左右侧滚、跪跳起等；（5）各种跳绳；（6）各种越障碍跑、跳、钻活动；（7）两人一组，面对面站立，互相摸对方的背部，要求积极主动地摸对方，同时尽量不让对方摸着自己；（8）两人一组，一人连续做各种动作，另一人模仿做同样的动作。

（三）柔韧性练习

柔韧性练习的方法有：

（1）两手手掌相对，手指接触并互相压振；（2）手腕绕环，脚腕绕环，腰及肩绕环；（3）两臂上下摆振；（4）直体体前屈，手摸脚尖或摸地；（5）手扶肋木做各种压肩、压腿等；（6）跪坐在脚跟上，压踝关节；（7）坐在地上做各种压伸动作。

（四）协调性练习

协调性练习的方法有：

（1）各种身体练习的组合练习，（2）专项技术的组合练习。

二、力量素质练习

（一）发展上肢、肩带肌群力量

发展上肢、肩带肌群力量，可做以下练习：

（1）各种方式的俯卧撑及俯卧撑移动；（2）横梯悬垂移行、双杠支撑移行、双杠上下追逐跑；（3）各种方式的推举哑铃；（4）双杠支撑摆动臂屈伸；（5）单杠引体向上，只用手或手脚并用爬绳（杆）；（6）利用肋木做各种拉引动作；（7）绕腕练习——手持哑铃于体前或体侧，做绕“8”字练习；（8）哑铃快速推举、头后举、前平举、绕肩、前臂屈伸、手腕屈伸；（9）转臂练习——手持哑铃于体侧做旋内、旋外练习。

（二）发展腹、背肌群力量

发展腹、背肌群力量，可做以下练习：

（1）徒手或利用器械做各种方式的仰卧起坐；（2）仰卧两头起、仰卧起坐；（3）利用各种器械做各种方式的收腹举腿；（4）各种方式的提拉重物；（5）传接球练习——两人背靠背分腿站立，其中一人手拿实心球，两人同时向一个方向转体，将球传给另一个人，轮换做；（6）屈伸练习——肩负杠铃分腿站立，做屈伸练习；（7）俯卧挺身练习——俯卧于垫上，两手相握放于背后，头部和上体后仰；（8）负重转体——肩负杠铃分腿站立，身体向左右旋转。

（三）发展下肢肌群力量

发展下肢肌群力量，可做以下练习：

（1）立定跳远、跨步跳、多级跳、纵跳摸高；（2）各种方式的跳绳；（3）徒手或越过障碍物的各种方式的单、双脚跳；（4）负重深蹲起，下蹲较慢，起立加快；（5）负重半蹲提踵；（6）负重跨步走；（7）负重半蹲跳；（8）跳台阶练习。

（四）发展全身肌群力量

发展全身肌群力量，可做以下练习：

（1）立卧撑；（2）举重物，女生12.5千克，男生20千克；（3）各种方式的投掷沙袋、实心球，女生1.5千克，男生2千克；（4）低单杠和高单杠连续翻身。

三、速度素质练习

（一）反应速度

提升反应速度，可做以下练习：

（1）听口令、看信号的各种起跑，如站立、蹲式、背向跳起落下后马上起动；（2）听哨音变速跑，快速冲跑10～15米；（3）听口令变向跑——在快速移动中听信号后突然变向冲跑10米；（4）听口令快速转身跑，反复几次；（5）听口令、看信号后突然作出相应的动作，如教练员喊1、2、3、4中的某一个数字时，运动员应及时做出事先规定的相应动作。

（二）动作速度

提升动作速度，可做以下练习：

（1）小跑步、高抬腿跑；（2）高频率跑楼梯台阶；（3）快速立卧撑；（4）高频率跨越障碍物，如可将10个羽毛球一字排开，两球相距1.2～1.5米；（5）单、双摇跳绳，两脚交替跳绳。

（三）移动速度

提升移动速度，可做以下练习：

（1）各种距离（30米、50米、60米、100米、200米）的快速跑；（2）10～15米往返折回跑（要求快速转身）；（3）越过障碍的速度练习——以最快速度迂回20米中的若干个障碍物；（4）前后跑——向前跑8米，后退跑8米；（5）四角跑——正方形场地边长约6米，要求在拐角处变换方向；（6）接力跑。

四、耐力素质练习

做耐力素质练习，有以下方式：

（1）跑、走交替，（2）越野跑和自然地形跑，（3）定时跑，（4）规定距离与速度的重复跑，（5）一分钟立卧撑，（6）连续半蹲跑，（7）连续跑台阶，（8）原地间歇高抬腿跑，（9）长距离多级跳，（10）连续跳深，（11）连续跳起投篮，（12）连续跳栏架，（13）变速跑，（14）两人追逐跑。

五、灵敏素质练习

（一）原地或走动中的练习

做原地或走动中的练习，有以下方式：

（1）带有附加动作的抛球练习，（2）带有附加动作的体操棒练习，（3）带有附加动作的其他器械练习，（4）带有附加动作的前进、后退练习。

（二）跑动中的练习

做跑动中的练习，有以下方式：

（1）在跑动中突然变向跑，（2）一定范围内的躲闪跑，（3）各种方向的疾跑、急停，（4）10米往返跑，（5）带有附加动作的前进、后退练习，（6）跳绳跑，（7）触球跑，（8）跑过摇动的长绳，（9）踢毽子。

（三）在跳动中的练习

做跳动中的练习，有以下方式：

（1）左、右跳转，（2）十字交叉跳，（3）跳起后各种方式的转身，（4）屈腿俯撑蛙跳，（5）跳绳或跳皮筋。

（四）在滚动中的练习

做滚动中的练习，有以下方式：

（1）分腿坐滚动，（2）肘、膝撑向侧滚动，（3）其他方式滚动。

六、柔韧素质练习

做柔韧素质练习，有以下方式：

（1）柔韧体操；（2）各种拉长韧带的练习，压肩、拉肩，正、侧、后压腿，快速正、侧、后踢腿；（3）各部位关节的转动和屈伸练习，如快速前后绕肩、原地左右快速转体、腹背屈伸、腰部大绕环；（4）利用器械做增加身体各关节活动范围的练习。

学习任务三　职业岗位体能训练的运动处方

一、健身运动处方的制定

运动处方要因人而异，对“症”下“药”，避免因进行不合理的运动而损害身体等情况的发生，更好地达到健身和防治疾病的目的。运动处方能够吸引更多的人进行锻炼，促进体育的普及和科学化。

（一）运动项目

运动项目主要根据运动者所要达到的目的而设定。一般健身，或为了改善心血管及代谢功能，预防冠心病、肥胖症等，可以练习耐力性（有氧训练）项目，如走、慢跑、骑自行车、游泳、爬山及原地跑、跳绳、上下楼梯等；为改善心情、消除身体疲劳或防止高血压、神经衰弱等，可选择运动负荷较小的放松练习，如太极拳、散步、放松操或保健按摩等。针对某些疾病进行专门性治疗，必须选择有关疾病的医疗体操，如慢性支气管炎、肺气肿患者应做专门的呼吸体操，内脏下垂者应做腹肌锻炼，脊柱畸形、扁平足者应做矫正体操等。如果想长高，必须多做一些跳跃、伸展性练习，如打篮球、跳绳、跳跃、引体向上等。

（二）运动强度（运动量）

运动强度对运动效果与安全有直接影响。坚持适宜强度的运动是执行运动处方、保证锻炼效果、预防意外事故发生的保障措施之一。运动强度可分为三级：较大、较小和小。反映运动强度的生理指标通常是心率，运动处方中规定了运动应达到而不应超过的心率指标，其标准应根据锻炼者的实际情况而有所不同。运动时，常用计脉搏跳动的次数来掌握运动强度（即测10秒脉搏次数，再乘以6，为1分钟的脉搏次数），心率标准则根据年龄、特点等而有所不同。

（三）每次运动的持续时间

耐力性运动（有氧练习）可进行15～60分钟的练习，其中达到适宜心率的时间在5～10分钟以上。医疗体操持续的时间视具体情况而定。运动中应常有短暂的休息，计算运动负荷时应注意运动的密度，并扣除休息的时间。运动强度和运动持续的时间决定运动负荷，运动负荷确定后，运动强度大时应相应缩短练习的持续时间。

（四）运动次数

最好每天都安排锻炼，这样可调节每天的生活节奏。也可以每周安排3～4次练习，即隔日锻炼1次。不论采用哪种方式，都应该注意：负荷量较大时，休息间隔要长一些；反之，则短一些。总之，以上一次锻炼的疲劳感消除后，再进行下一次锻炼为宜。

二、个人锻炼计划

一个完整的锻炼计划包括锻炼的目的、内容、方法、时间等。每个人在制订个人锻炼计划时，都应该注意锻炼内容、时间、次数的合理搭配。

（一）锻炼内容的合理搭配

在选配锻炼内容时，应注意以下几点：

（1）把课外锻炼的内容和体育课的学习内容结合起来，注意复习、巩固和提高体育课所学的内容。

（2）把个人兴趣与实际需要相结合，既要发展提高自己有兴趣或擅长的项目，又要努力克服自己的弱项和不足。

（3）不同的身体素质（如一般身体素质、力量素质、速度素质等）练习应与其他活动有机结合。在一般情况下，每次锻炼时应安排一项活动性游戏（或球类活动），再配以1～2项身体素质练习。

（二）周锻炼次数和时间的安排

高职学生在制订锻炼计划时，一般以一年或一学期为锻炼周期，以此来确定每周早操、课外活动的锻炼次数以及每次锻炼的时间。

三、提高心肺功能适应水平的运动处方

心肺功能适应水平高的最明显益处就是降低患心脏病的危险性，延年益寿。心肺功能适应水平越高者，精力就越充沛，不仅能完成更多的工作，而且不易疲劳。另外，心肺功能适应水平高者，睡眠质量也会更好。

（一）准备活动

准备活动的目的是加快心率、升高体温，并增加肌肉的血流量。准备活动通常是进行5～15分钟的舒缓运动，这可使机体逐渐适应剧烈的运动。选择不同的锻炼方式时，准备活动的具体内容也有所不同。

如选择步行作为锻炼方式，可按以下四个步骤进行准备活动：1～3分钟轻松的健身操（或类似的活动）练习；1～3分钟的步行，心率控制在高水平时的20%～30%；2～4分钟的拉伸练习（可任意选择）；2～5分钟的慢跑，并逐渐加速。

如果选择其他的锻炼方式，在按照以上步骤活动的同时，要以相应的锻炼方式替代上述第二、第四步骤即可。

（二）锻炼模式

锻炼模式是运动处方中最主要的组成部分，它包括锻炼方式、锻炼频率、运动强度和持续时间等。

1. 锻炼方式

增强心肺适应能力的常见锻炼方式有步行、慢跑、骑自行车和游泳等，凡是有大肌肉群参与的慢节奏运动都可以作为锻炼方式。首先，在选择锻炼方式时，应选择自己喜欢的运动。只有从事喜欢的运动，才容易坚持下去。其次，要考虑可行性和安全性。冲击力强的运动比冲击力小的运动（如游泳、骑自行车）更易使锻炼者受伤。对于容易受伤的人来说，最好选择冲击力小的锻炼方式，而很少受伤的人可以适当选择其他锻炼方式。

2. 锻炼频率

一周进行两次锻炼就可增强心肺适应能力，锻炼3～5次可使心肺达到最大适应水平，且受伤的可能性减小。但一周锻炼超过5次，并不能使心肺适应水平得到进一步提高。

3. 运动强度

运动强度接近50%VO_{2max}（最大摄氧量的50%），即可增强心肺适应能力，故常把这一强度称为锻炼阈。目前，推荐的运动强度范围为最大摄氧量的50%～85%。

在确定运动强度时，心率指标比最大摄氧量指标更实用，因此常用心率间接地表示运动强度。只有超过一定强度的运动才能有效地提高机体的适应能力，而该强度所对应的心率被称为目标心率。目标心率常以最大心率的百分比表示。50%和85%最大摄氧量的运动强度所对应的心率比分别为70%和90%最大心率，因此目标心率是70%～90%最大心率。需要注意的是，目标心率是一个范围，有时也称目标心率带。

4. 持续时间

提高心肺适应能力最有效的锻炼时间是一次20～60分钟（不包括准备活动和整理活动时间）。起初，每个人的适应水平和运动强度不同，所以锻炼持续的时间应有区别。对于一个适应水平较低的锻炼者来说，20～30分钟的锻炼就可提高其心肺适应水平，而适应水平高的锻炼者可能需要40～60分钟。低强度锻炼要求的练习时间长于高强度锻炼要求的练习时间。例如，以50%VO_{2max}的强度进行锻炼，需要40～50分钟才能有效提高心肺功能适应水平；而以70%VO_{2max}的强度进行锻炼，仅需20～30分钟即可。

（三）整理活动

每一次完整的锻炼都应包括整理活动。整理活动的主要目的是促进血液回流至心脏，以避免血液过多分布在上肢和下肢而造成头晕和昏厥。整理活动还可减轻剧烈运动后的肌肉酸痛感和心律失常。整理活动应至少包括5分钟的小强度练习（如步行、柔韧性练习）。

四、增强肌肉力量、耐力的运动处方

（一）肌肉力量、耐力练习的原则

1. 渐增阻力原则

渐增阻力原则是超负荷原则在肌肉力量、耐力练习中的应用。尽管超负荷原则与渐增阻力原则可以相互替换，但在力量练习中常用渐增阻力原则。渐增阻力原则指肌肉力量、耐力因超负荷训练而得以提高，那么由于力量、耐力的增长，原来的超负荷变成了非超负荷或低负荷，此时如果不继续增加负荷，力量、耐力就不能继续提高。因此，力量练习必须遵循渐增阻力原则。

2. 专门性原则

力量、耐力练习要充分考虑不同的运动项目或专项的力量、耐力需求程度。首先，得到锻炼的肌肉应该是在力量和耐力方面需要改善的肌肉，如腰痛就应该增强腰部肌肉力量，若锻炼上肢力量则对腰痛的缓解没有多大益处。其次，提高肌肉的力量和耐力应采用不同的运动强度。大强度的运动（举重物时仅能重复4～6次）能增加肌肉的力量和体积，但不能增加肌肉的耐力。采用低强度、重复次数多的练习（能举轻的负荷15次或者更多）可提高肌肉的耐力，而肌肉力量的增加并不明显。

3. 系统性原则

根据“用进废退”的原理，力量练习应全年系统地安排。研究表明，练习频率高、肌肉力量增长快者，停止练习后，其力量消退得也快；而练习频率较低、训练时间较长、肌肉力量增长速度缓慢者，其力量保持的时间则较长。许多研究结果显示，每周进行3～4次力量练习，可使肌肉力量获得明显增强。

（二）制订发展肌肉及其耐力的计划

负重练习应有短期和长期目标，确定目标对保持锻炼的兴趣和热情是非常重要的。关键在于设置的短期目标应在最初几周的练习中能够达到，这可以激励自己继续进行实现长期目标的训练。

1. 制定运动处方

力量练习的运动处方分为三个阶段：开始阶段、慢速增长阶段和保持阶段。力量练习的运动处方如表3-3所示。

表3-3　力量练习的运动处方

周	阶段	频率	组	最高重复次数	负荷
1～3	开始	2次/周	2	15	15RM
4～20	慢速增长	2～3次/周	3	6	6RM
20+	保持	1～2次/周	3	6	6RM

注：RM是Repetition Maximum的缩写，意为“最大重复次数”。RM与它前面的数字相结合，表示“能够重复练习多少次的最大重量”。它是一个相对单位，用于描述训练时应选择的重量是怎样一个度。

（1）开始阶段。在计划的开始阶段，应避免举最大重量。过大的重量会增加肌肉和关节损伤的危险性，而采用较轻的重量（最高重复次数为12～15次的负荷）则不会使肌肉产生过度疲劳。如果能将原来选定的重量轻松自如地重复12次，则可以增加重量。如果练习者不能重复举起12次，则说明重量过大。根据练习者最初的力量水平来确定开始阶段持续的时间，一般为1～3周。初练者的开始阶段可能需要3周，有训练经历的人只需1～2周。

（2）慢速增长阶段。经过开始阶段的力量练习，如果肌肉已经适应了练习动作，就可以增加重量，并能重复举起6～8次。当肌肉力量进一步增强时，可再增加重量，直至达到练习者预定的目标。此阶段的练习频率一般为每周3次。

（3）保持阶段。根据“用进废退”的原理，如果停止练习，已经获得的力量会自然消退。保持阶段的力量练习强度应比获得阶段的力量练习强度小。研究表明，力量增强后，每周做1次练习即可保持原增强水平；若不训练，30周后原增强水平就会完全消退。

2. 力量练习的注意事项

（1）力量练习的安全要诀

运用杠铃进行力量练习时，必须有同伴帮助你完成练习，在动作不能到位的情况下，同伴可以保护你。首先要固定练习用的杠铃，以防其滑落砸伤身体。在进行负重练习之前，应充分做好准备活动，防止练习中受伤。进行负重练习时，如果感觉到任何尖锐的刺痛，应立即停止练习。进行负重练习时，举起时呼气，放下时吸气，可采用口和鼻呼吸，应尽量避免憋气。

在采取快速还是慢速举起重物能获得更大力量的问题上，仍存在争议，但慢速举起重物可以降低受伤的可能性，而且慢速举起重物既可增加肌肉体积，也可增强肌肉力量。

（2）准备活动和放松活动

人体就像大多数机器一样，刚启动时无法达到最高的效率。要使肌肉充分发挥功能且避免造成伤害，就需要热身。即使是体质状况良好的人，如果猛然迫使肌肉拉伸或收缩，也有可能受伤。负重练习的准备活动一般包括4～5分钟的慢跑、6～8分钟的拉伸活动和3组15～20次的重复负重。如果练习者打算举起最大重量的杠铃，还应增加准备活动的组数。

放松活动常包括走动和伸展运动，旨在让身体在几分钟内逐渐冷却下来。适当的放松活动，可以使血液持续地流经肌肉，并将肌肉细胞内堆积的乳酸通过血液循环流到肝脏后分解。如果突然中断运动，留在肌肉内的乳酸可能会引起身体肌肉痉挛，也可能会使肌肉在以后的几天中更加疼痛。放松活动一般持续4～5分钟即可。

（3）完成动作的速度

在进行负重练习时，动作还原阶段的速度应比主动用力阶段慢一半。以卧推为例，如果举起的动作用时1秒钟，放下还原阶段就要用2秒钟，这样可使一次负重练习得到两次（举起和放下）肌肉锻炼。如果还原阶段简单轻松地放下杠铃，肌肉就不能在还原阶段又一次得到有效的锻炼。

（4）练习时的呼吸

在主动用力阶段呼气，在还原阶段吸气。如果练习时呼吸频率太快，就会破坏呼气、吸气的节律性。应避免在主动用力阶段屏住呼吸，屏气会导致回心血量和注入大脑血流量的减小，从而产生头昏眼花的现象。

（5）安排练习顺序

合理安排练习的顺序，可以防止疲劳的产生。应先安排大肌群的练习，再安排小肌群的练习，其原因是小肌群比大肌群较早产生疲劳。典型的力量练习模式（顺序）为：大腿、腰部肌肉，腿部（股四头肌、大腿后部肌群、小腿三头肌），躯干部（背、肩、胸），上臂（肱三头肌、肱二头肌、前臂肌肉），腹部，颈部。

此外，还应注意不要在两个相继的练习中使用同一肌群，以保证肌肉在每次负荷后有足够的恢复时间。

（6）了解你的极限

运动要注意安全，很重要的一点就是留意所出现的警告信号。警告信号往往是运动量过大或身体某部分受伤的反应。有些人为了急于奏效而竭尽全力，反而遭受伤害，即使运动员也会因过度训练而受到意外伤害。

力量练习的警告信号，一般是指锻炼结束后，肌肉有酸痛僵硬感，直到下次锻炼前这种感觉仍未消失。针对性的处理方法：延长锻炼间隔时间，让肌肉充分恢复；还要做好热身和练习后的放松活动。

项目四　校园常见病急救知识教育

知识导航

急救就是当人体受到意外创伤或发生危急重症时，在医生或其他专业救护人员到达之前，由急救员给伤者或突发疾病患者进行及时帮助和治疗的一种救护措施，也包括清醒患者的自救。院前急救可以在医院以外的任何时间、任何场合，针对各种急性危重症以及突发性危机事件中的患者展开。急救能使患者安全、迅速脱离危险环境，急救人员及时快速地进行现场评估、抢救、护理、转运、途中监控病情、安全送往医院，能够挽救患者生命，减少并发症和后遗症，避免患者病情恶化，降低死亡率，为患者入院后的抢救治疗赢得时间、创造条件。

院前急救是现代医学中不可替代的重要组成部分，可以说是医疗战线的最前沿，是挽救生命的主战场之一，有时也是最后一道防线。急救针对的内容十分广泛，既包括心脑急症、猝死等日常生活中的危重急症，也包括急性中毒、意外伤害等突发事件造成的伤害。

大学生是社会的希望，更是国家的未来。年轻人愿意探索新鲜事物，有着很强的接受能力。将急救知识引入校园，不仅能让广大学生掌握简单有效的急救技术，更有助于活学活用，让急救技能在现实生活中发挥更大作用。在一些紧急情况下，即使没有专业急救人员在场，利用本章讲授的知识和操作方法，你也可以为患者提供及时必要的帮助。

思政园地

体育明星故事——榜样的力量

15岁时，恩师孙海平慧眼识英才，把刘翔带进了跨栏的世界。在孙海平的栽培下，刘翔进步神速，此后的5年间，刘翔从全国冠军到亚运会冠军，并最终跻身世界顶尖高手的行列，刘翔也以飞翔的姿态一步步登上高峰。从2000年崭露头角，到2012年最后一次参加比赛，刘翔的运动生涯长达12年。在这12年里，刘翔拿下48次比赛，取得了36金6银3铜的成绩。美国跨栏名将奥利弗曾表示：“未来不会再有第二个刘翔，他是伟大的、不可复制的！”刘翔用自己坚强的毅力，成功地谱写了一曲“决不放弃”的励志故事！他永远是我们的骄傲！

近年来，中国游泳运动员傅园慧火爆整个银河系，被称为“洪荒少女”。她的不羁不仅赢得了观众的喜爱，甚至引来了外国媒体的关注，纷纷评论说“太可爱了！”谁都无法想象，这个开朗的少女，曾遭遇了一场低谷。几次比赛，成绩都非常不理想。但她立刻打起精神，颇具气势地说：“我坚信我马上就能恢复，而且我恢复了之后还是一条龙！”健康乐观的心态，正是这个20岁姑娘身上最闪亮的地方。正如她写给自己的那些话：“优秀不优秀，其实并没有什么关系。只要过程竭尽全力，并能够问心无愧，结局怎么样，I don’t care。”

人生就像一张DVD光盘。A面，最吸引人们的眼球，是呈现给大众的绚烂的广告面；B面，刻录的故事肉眼看不见，其实内涵更丰富。有这样一个天才，如果用人民币进行衡量的话，他有着令人无比羡慕的A面。他就是姚明。姚明身上具有典型的东方特质：隐忍、谦和。但姚明最终融入并且征服了NBA，给后来进入NBA的外籍球员做出了表率：怎样才能立足并且扬名立万。

思维导图

学习任务一　心肺复苏

一、心肺复苏概述

心肺复苏（Cardio Pulmonary Resuscitation，简称CPR）是为恢复心脏骤停患者的自主循环、呼吸和脑功能所采取的一系列急救措施，包括心肺复苏的操作、仪器（除颤器、呼吸机等）的使用及药物应用等。脑组织对缺氧最敏感，常温下，心跳停止3～4秒，患者就会感到头晕眼花、恶心呕吐；心跳停止10～20秒，患者会突然丧失意识，可伴有局部或全身性、痉挛性抽搐，双侧眼球上吊、固定，面色、口唇青紫；心跳停止30～60秒，患者停止呼吸或出现喘息样呼吸，可伴有大小便失禁；心跳停止4～6分钟，脑组织会发生不可逆的损害，即使救活了也难免留下后遗症；心跳停止10分钟后，则会发生脑死亡且不可能救活。

实践证明，心肺复苏必须要抢在4～6分钟之内进行。抢救开始得越早，复苏成功率越高，后遗症就越少。每延误1分钟，抢救成功率就会下降10%。

现实生活中导致心脏骤停的原因很多，常见的是心脏病导致的心源性猝死，有很多病因。其中冠心病引起的急性心肌梗死并发致命性心律失常、心脏骤停，病死率高达80%以上。除冠心病以外的各种心脏病，如心肌炎、心肌病、心脏瓣膜病、主动脉夹层动脉瘤等，也可能导致心源性猝死。除了心源性猝死，其他病因也很多，主要有以下几种。

第一，各种疾病，如重症哮喘、大咯血、张力性气胸、肺栓塞、出血性坏死型胰腺炎、急性上消化道大出血、脑出血和各类型休克等。

第二，急性中毒及过敏，如奎尼丁中毒、洋地黄类药物中毒、亚硝酸钠中毒、有机磷农药中毒、氰化物中毒及青霉素、血清制剂引起的过敏反应等。

第三，意外事故，如触电、溺水、窒息和创伤等。

第四，手术及麻醉意外，如心导管检查、心血管造影、心包或胸腔穿刺、腹腔手术和麻醉意外等。

二、成人心肺复苏教学

遇到有人因为食物药物中毒、心脏病、高血压、触电、气体中毒、异物堵塞呼吸道而导致呼吸困难或心脏骤停时，急救者应该牢记以下步骤，第一时间采取有效的急救措施来挽救其生命。

1. 第一步：评估现场环境是否安全

评估现场环境，确保自身、患者及周围人员安全。

2. 第二步：判断患者是否心脏骤停

轻拍患者双肩，大声询问：“喂，您怎么啦？”如果患者没有反应，立即用5～10秒钟观察其胸腹部有无起伏，判断其有无呼吸。如果患者没有反应、呼吸停止或呈喘息样呼吸，即可确认为心脏骤停。

3. 第三步：拨打120急救电话

立即高声呼救，或者请人拨打120急救电话，同时请人就近取来自动体外除颤器（AED）。如果现场只有急救者一人，急救者也可利用手机的免提功能，边打120急救电话边抢救。

4. 第四步：胸外心脏按压

如果患者是侧卧位、俯卧位或坐位等，应立即将患者放至仰卧位。患者仰卧的平面要坚实。

（1）急救者站立或跪在患者身体的任何一侧均可，身体正对患者乳头部位，两膝分开，与肩同宽；两肩正对患者胸骨上方，肘关节不要弯曲，两臂基本垂直。以髋关节为轴，利用上半身的体重及肩部、双臂的力量垂直向下按压患者胸骨。注意双臂要一直保持伸直状态，下压用力要垂直向下，身体不要前后晃动。急救者采取正确的身体姿势，既是保证按压效果的条件之一，又可节省体力。

（2）按压部位原则上是胸骨下半部。

①一只手手掌根部放在患者两乳头连线中点，不可偏左或偏右，否则易造成患者肋骨骨折。

②另一手重叠其上，手掌根部重叠，双手十指交叉相扣，确保手掌根部接触胸骨正中位置。按压过程中，掌根部不能离开患者胸壁。

③按压深度为5～6厘米，或使患者胸壁下陷1/3。每按压1分钟，检查1次颈动脉，以触摸到颈动脉搏动最为理想。

④按压频率为100～120次/分钟。

⑤放松时，要使患者胸廓完全回弹，否则会使回心血量减少。但急救者的手掌根部不要离开患者胸壁，以保证按压位置始终准确。

⑥尽量减少按压中断的次数与时间。

5. 第五步：开放气道

开放气道的方法是压额提颏法，即用一手小鱼际放在患者前额向下压迫，同时另一手食指、中指并拢，放在患者颏部的骨性部分并向上提起，使颏部及下颌向上抬起、头部后仰。气道开放的角度是耳垂与下颌角的连线和患者仰卧的平面垂直，使患者鼻孔朝天。

6. 第六步：口对口吹气

检查患者呼吸道有无异物，如发现其口腔、咽部有异物，如呕吐物、假牙等，应立即清理，并防止异物继续深入。

急救者用自己的嘴严密包绕患者的嘴，同时用食指、中指紧捏患者双侧鼻翼，向患者肺内连续吹两次气，每次吹气时间持续1秒钟，见到患者胸廓起伏即可。每次吹气后，侧头换气时，松开紧捏患者鼻翼的手指。

胸外心脏按压与口对口吹气的比例为30：2，即每做30次胸外心脏按压后，立即做2次口对口吹气。吹2次气后，再做30次胸外心脏按压。如此反复，直到患者恢复呼吸、脉搏，或者有其他救援人员接替。

心肺复苏连续做5个循环后（约相当于2分钟），检查患者脉搏是否恢复，以后每

5分钟检查1次，每次检查时间不得超过10秒钟。将一手的食指、中指横放在患者颈动脉的位置，向颈椎方向按压，每侧触摸5秒钟，确定有无搏动。

学习任务二　日常急症

一、冠心病

在一般人的认识中，冠心病是一种中老年病。事实上，不论年纪大小，只要生活方式不健康，如高盐、高脂、高糖饮食，热量摄入过多，吸烟、酗酒，缺乏运动、肥胖，性格急躁、心理压力大等，都会使动脉血管逐渐发生硬化，血流减少，相应的组织器官就会处于长期、慢性的缺血状态，形成动脉硬化。动脉硬化可以发生在许多部位的动脉血管，发生在冠状动脉则为“冠状动脉粥样硬化性心脏病”，简称“冠心病”，亦称“缺血性心脏病”。

（一）冠心病的常见类型

冠心病常分为五种临床类型，其中心绞痛和急性心肌梗死较为常见。

1. 心绞痛

心绞痛是由冠状动脉粥样硬化、狭窄导致冠状动脉供血不足，心肌急剧、短暂缺血、缺氧导致的。主要表现为阵发性的前胸压榨性疼痛，疼痛多位于心前区或胸骨后，可放射至左上肢，一般胸痛可持续数分钟，很少超过15分钟。经休息或含服硝酸甘油1～3分钟后可缓解。

2. 急性心肌梗死

在冠状动脉粥样硬化的基础上，冠状动脉内形成血栓，血流被阻断，使得心肌严重、持久缺血，继而坏死，进而导致急性心肌梗死。急性心肌梗死是人类最凶险的急症之一，是猝死的第一原因。急性心肌梗死的临床表现差异极大，有的发病十分凶险，患者迅即死亡；有的表现轻微或不典型，甚至没有胸痛，常常不能引起重视而延误就医；有的发生猝死；有的演变为陈旧性心肌梗死。

（1）急性心肌梗死的典型表现。胸痛是急性心肌梗死最先出现和最主要的症状。典型的部位为心前区或胸骨后，并可伴有压榨感、紧缩感、烧灼感、窒息感、恐惧感、濒死感等，还可出现恶心、呕吐、面色及口唇青紫、大汗淋漓、烦躁不安等症状，甚至发生致命性心律失常（尤其心率超过120次/分钟，或低于50次/分钟，必须高度重视，这可能是心脏骤停的前兆）、急性左心衰竭（突发呼吸困难，不能平卧）、心源性休克（血压下降，面色苍白、发绀呈花斑样，皮肤湿冷）以及猝死。胸痛的持续时间常常超过30分钟，甚至长达10余小时或更长，患者经休息和含服硝酸甘油一般不能缓解。

（2）急性心肌梗死不典型的表现。有的患者表现轻微，甚至部分高龄老人、糖尿病患者、女性患者无胸痛的感觉，或仅有胸闷等感觉。还有一些患者疼痛的部位不典型，如右胸、咽部、牙齿、下颌、颈部、肩部、背部、上腹部等部位疼痛，尤其伴有心慌、胸闷、憋气、出冷汗、面色嘴唇苍白或青紫、恶心呕吐等症状，一定要想到可能发生了急性心肌梗死。如果患者出现了不明原因的晕厥、呼吸困难、休克等，都应首先想到可能是急性心肌梗死。

（二）冠心病的急救

冠心病的急救包括以下注意事项：

（1）安静休息，去除诱因，避免精神刺激，消除焦虑与恐惧，避免患者因为紧张加重病情。

（2）不要随意搬动患者，以免增加心肌耗氧量。

（3）如患者发生呼吸困难、不能平卧，应取半卧位或坐位，以减轻呼吸困难。如患者发生血压下降或休克，应取平卧位，尽量注意使其体位舒适，并为其保暖。

（4）患者舌下含服硝酸甘油0.5毫克，一般1～3分钟起效，作用可维持10～15分钟。但血压下降、心率过快或过慢、右室心肌梗死以及24～48小时内服用过万艾可的患者禁用，在应用过程中不要使血压低于安全范围。

（5）吸入氧气，可以增加心肌供氧量。

（6）经上述处理后，如果患者胸痛很快得到缓解，一般应考虑为心绞痛；若未缓解甚至加重，应考虑为急性心肌梗死。如果高度怀疑是急性心肌梗死，则不宜含服硝酸甘油，因为硝酸甘油对于急性心肌梗死没有治疗作用，在某些情况下甚至可以加重病情。

（7）如果高度怀疑为急性心肌梗死，可酌情选用阿司匹林300毫克嚼服，该药有抗凝作用，可以防止血栓扩大，避免新的血栓形成，可限制心肌梗死的范围。有时也要考虑冠心病以外的、以胸痛为表现的其他疾病，以及药物过期等因素。如果患者对阿司匹林过敏，或有主动脉夹层、消化道出血、脑出血等病史，不能服用阿司匹林。

（8）有一些情况不能服用硝酸甘油或阿司匹林。患者的情况难以判断时，应立即拨打120急救电话。

（9）急性心肌梗死患者随时可能发生猝死，如患者出现呼吸、心跳停止，应立即进行心肺复苏。

二、气道异物梗阻

因种种原因造成异物卡住气管的安全事故时有发生。气道被异物阻塞会导致呼吸困难，如不立即排出异物，严重者可迅即因窒息缺氧而死亡，因此必须尽快排出异物，解除阻塞，改善缺氧状况。

（一）气道异物阻塞的判断

当异物吸入气管时，患者常不自主地以一手的拇指和食指呈“V”状紧贴于颈前喉部，面容痛苦，欲言但发不出声。

1. 不完全性梗阻

气道部分梗阻时，患者尚能有气体交换，常表现为剧烈呛咳，吸气性呼吸困难，有明显三凹征象（胸骨上切迹、锁骨上窝及肋间隙随吸气动作向内凹陷）。患者面色先潮红后青紫或苍白，烦躁不安，出现意识障碍甚至呼吸心跳停止。

2. 完全性梗阻

气道完全梗阻的患者，当即不能咳嗽、呼吸、说话，面色潮红，继而青紫或苍白，随即意识丧失、昏倒在地，心脏跳动由快至慢，或有各种心律失常，直至心跳停止。

（二）气道异物梗阻的急救

发生气道异物梗阻患者，经用力咳嗽无效，出现呼吸微弱或气道完全性梗阻，此时应立即采用海姆立克急救法进行抢救。

1. 海姆立克急救法

（1）上腹部冲击法。此法是通过冲击上腹部而使膈肌瞬间突然抬高，肺内压力骤然增高，造成人工咳嗽，利用肺内气流将气道内的异物冲击出来，从而解除气道梗阻。

立位上腹部冲击法适用于意识清楚的患者。患者取立位，急救者站在患者身后，一腿在前，插入患者两腿之间呈弓步，另一腿在后伸直，同时，双臂环抱患者腰腹部，一手握拳，拳眼置于患者脐上两指的位置，另一手固定拳头，并突然、连续、快速、用力地向患者上腹部的后上方冲击，直至气道内异物排出。

卧位上腹部冲击法适用于意识丧失的患者。急救者骑跨于患者大腿两侧，将一手掌根部置于患者脐与剑突之间（或脐上两指）的正中部位，另一手重叠于第一只手上，并突然连续、快速、用力地向患者上腹部的后上方冲击，每冲击5次后检查一次口腔内是否有异物出现。

（2）胸部冲击法。如果肥胖的成人或孕妇发生气道异物梗阻，不适合采用上腹部冲击法，则应采用胸部冲击法。立位胸部冲击法适用于意识清楚的肥胖成人或孕妇。患者取立位，急救者站在患者身后，一腿在前，插入患者两腿之间呈弓步，另一腿在后伸直，同时双臂环抱患者胸部，一手握拳，拳眼置于两乳头中点，另一手固定拳头，并突然、连续、用力地向患者胸部的后方快速冲击，直至气道内的异物排出。

卧位胸部冲击法适用于意识丧失的肥胖成人或孕妇。急救者跪在患者身体一侧，将一手掌根部放在患者两乳头中点的部位，另一手重叠其上，双手十指交叉相扣，连续、快速、用力地垂直向下冲击（可参考“胸外心脏按压”），每冲击5次后检查一下口腔内是否发现异物出现。

（3）成人气道异物梗阻自救。如果成人遇到气道被异物阻塞、旁边无人相救的情况，必须立即在两三分钟内、意识尚清醒时进行自救。取立位姿势，抬起下颏，使气道变直，然后将上腹正中靠在椅背顶端或桌子、窗台边缘，突然、连续地撞击，有可能将气道异物排出。

（4）婴儿气道异物梗阻急救。急救者在高声呼救的同时，一手固定婴儿头颈部，使其面部朝下、头低臀高，另一手掌根部连续叩击肩胛间区5次后，再将婴儿翻转成面部朝上、头低臀高位，检查婴儿口中有无异物，如未发现异物，立即用食指、中指连续冲击其两乳头中点正下方5次后，再将婴儿翻过身去面部朝下，叩击背部。背部叩击法与胸部冲击法反复交替进行，直至异物排出。

（5）口腔负压吸引法。如果果冻堵塞了孩子的气道，父母可以尝试使用这个方法。首先把孩子的头后仰，拉直气道，然后用嘴包住孩子的嘴，捏住孩子的鼻子，用力吸，使孩子口腔内形成负压，通过负压吸引把果冻吸出来。当果冻被吸到口腔里面后，把孩子的头偏向侧面，再用手指把果冻抠出来。如果发现孩子已经没有了呼吸，要马上口对口做人工呼吸。

2. 弯腰拍背法

除鼓励患者咳嗽外，让患者取站立位或坐位，尽量弯腰，急救者在患者一侧，用一手拍击患者的背部。这样，利用重力与震动的作用，使气道内的异物排出。切不可不弯腰就拍背，这样反而会使异物更加深入。

如果异物已被冲击到患者口腔内，应迅速将其取出。可用手指将异物勾出，但应避免将异物推到更深处。取出异物后，如患者无呼吸，应立即做口对口吹气。

海姆立克急救法操作过程中可能产生并发症，如肋骨骨折、腹腔或胸腔内脏的破裂或撕裂。所以，如果患者气道没有被完全阻塞，气体交换良好，应鼓励患者用力咳嗽。如患者呼吸微弱，咳嗽无力或气道完全梗阻，则应立刻使用此手法。在使用这种方法成功抢救患者后，急救者应检查患者有无并发症的发生。

三、癫痫

癫痫是一种危害性很大的疾病，近年来发病率逐年增高，受到越来越多人的关注。如果你身边的同学，突发面色青紫，伴随全身抽搐，并且口吐白沫，那他可能就是癫痫发作。癫痫俗称“羊癫疯”“羊角风”，是指大脑细胞反复异常放电，致使患者出现暂时性中枢神经系统功能紊乱，主要表现为意识丧失、全身抽搐。癫痫每次发作持续30分钟以上或两次发作的间歇期意识不恢复者，称为“癫痫连续状态”。如不及时采取措施终止发作，患者病情将会更严重。

（一）癫痫发作的判断

1. 先兆。部分患者在癫痫大发作之前会有先兆症状，如在发病前数小时或数日感到全身不适、头痛乏力、情绪异常等。先兆的表现是多样的，有感觉性先兆，如心悸、幻视、幻听、幻嗅、眩晕等；有运动性先兆，如头、眼转向一侧，手指抽动等；有精神性先兆，如恐惧、情绪低沉或出汗、唾液增多等。

2. 发作期。患者常会突然一声尖叫，意识丧失，跌倒在地，全身强制性抽搐，头向后仰，上肢屈曲或伸直，握拳、拇指内收，下肢伸直，足内翻；同时，患者面部青紫，口吐白沫，眼球固定，瞳孔散大，心率增加，血压增高。自肢端开始并逐渐遍及全身的震颤由微细转向较大幅度后，即进入阵挛期。此时，患者全身肌肉屈曲痉挛，继之短促的肌张力松弛，呈现张弛性交替，形成阵挛。发作过程中，阵挛频率逐渐减少而松弛时间逐渐延长，1～3分钟后抽搐突然停止，若患者的舌或颌部被咬破，则带有红色血沫。

3. 昏迷期。昏迷期又称“痉挛后期”，患者进入昏迷或昏睡状态，全身肌肉松弛，包括尿道括约肌松弛，出现尿失禁等。昏迷期常为数分钟至数小时。患者醒后，除先兆症状外，对发作经过回忆不起来。

（二）癫痫发作的急救

对于癫痫发作的急救，应注意：

1. 癫痫突然发作时，周围的人不要惊慌失措，应尽量抱住患者，慢慢将其放倒在地，以免摔伤。

2. 不要强行按住患者。患者抽搐的力量很大，如果急救者用力按住患者，可能会发生肌肉拉伤、骨折和关节脱位。

3. 不要试图在患者牙齿之间塞入任何东西。实际上，东西不但很难塞入，而且会造成患者牙齿或口腔黏膜损伤，甚至造成窒息。

4. 患者抽搐过后，应使其取稳定侧卧位，以防因舌后坠、呕吐等原因造成窒息。口腔内如有呕吐物，应及时清除，确保气道通畅。

5. 拨打120急救电话。

四、晕厥

学生如果平时缺乏锻炼，突然进行军训或剧烈体育运动，可能会因为暴晒或大量出汗而发生晕厥。晕厥是由短暂性脑缺血、缺氧引起的，表现为一种突发性、一时性的意识丧失而跌倒，并常常在一分钟或几分钟内便可自行清醒。

（一）晕厥的前兆

患者在晕厥发生前，往往有头晕、眼前发黑、视力模糊、心慌、胸闷、恶心、冒冷汗、面色苍白、全身无力、饥饿等前兆，然后突然失去意识、跌倒在地。

（二）晕厥的急救

晕厥的急救，应注意：

（1）立即采取平卧位，双下肢抬高，以保证脑部血液供应。

（2）立即确定气道是否通畅，并检查呼吸和脉搏等。

（3）解开较紧的衣领、裤带，使患者呼吸顺畅。

（4）如果是因低血糖造成的晕厥，待患者意识清醒后，可给予糖水、食物，一般很快可以好转。对于低血糖较严重、处于昏迷状态的患者，应取侧卧位，不要喂水、食物、药物等，以防止发生窒息，并拨打120急救电话。

（5）对于急性出血或严重心律失常的患者，如心率过快、过慢，反复发生晕厥或一次晕厥时间超过5分钟，应立即拨打120急救电话，到医院查清发生晕厥的原因，对症治疗。

（6）对发生晕厥的患者，还应该仔细检查有无摔伤、碰伤等情况。如有出血、骨折等情况，应做相应处理。

（7）如果患者意识迅速恢复、思维正常、言语清晰、四肢活动自如，血压、呼吸、脉搏正常，除全身无力外，无其他明显不适，一般不需要特殊治疗。注意，患者清醒后不要让其马上起身，应待全身无力症状好转后再慢慢起立行走，并且在其起立后再观察几分钟。

五、肌肉痉挛

肌肉痉挛俗称抽筋，是肌肉突然不由自主地收缩和疼痛，通常因运动前热身不足，剧烈运动或肢体保持同一姿势过久所致。此外，大量出汗、腹泻或呕吐，身体会流失水分及电解质，导致脱水及电解质失衡，也会引起抽筋。

（一）肌肉痉挛的判断

肌肉痉挛发作时会使得受伤者感觉疼痛，常常是因为从静止状态直接转做剧烈运动而导致的。肌肉触摸上去会感觉紧张且发硬，或伴随肌肉外表变形。发作后如果受伤者停止运动，5～10分钟后可自行恢复。如果10分钟后没有恢复肌肉在静止状态下的原状，很有可能有其他更严重的潜在病症，需及时就医。

（二）肌肉痉挛的急救

肌肉痉挛的急救，应注意：

（1）安慰患者；（2）先用伸展方法使肌肉放松；（3）待肌肉放松后可用推或揉的手法进行按摩；（4）以轻柔至中等的力度按摩，避免使用刺激的手法，如拍打或叩击；（5）若因脱水而导致的抽筋，应让患者慢慢饮清水，也可给患者一般的电解质饮料。

（三）常见抽筋的处理

1. 脚抽筋。协助患者用脚尖站立，或将脚趾向上推，待抽紧的肌肉放松后，按摩脚掌。

2. 小腿抽筋。让患者膝部伸直，抓着脚尖，慢慢朝膝盖方向往上推，亦可轻轻按摩抽筋的小腿肌肉。

3. 大腿抽筋。若大腿后面肌肉抽筋，应提高患者的腿，使膝部伸直。若大腿前面的肌肉抽筋，可将腿屈膝，同时按摩抽筋的大腿肌肉。

4. 手指抽筋。伸直患者的肘部，慢慢扳直患者的手指关节，将手腕向手背方向伸展，用手指按摩前臂抽筋的肌肉。

六、高温急症

高温急症俗称中暑，是校园生活中常见的一种情况，是人体在高温和热辐射长时间作用下，机体体温调节失灵，水、电解质代谢紊乱及神经系统功能损害症状的总称。

（一）高温急症的判断

1. 先兆中暑。在睡眠不足、过度饮酒或在高温环境下超强劳动或运动一定时间后，如有大量出汗、头晕、眼花、耳鸣、恶心、胸闷、心悸、无力、口渴、注意力不集中、四肢麻木等症状出现，这时患者体温略高、脉搏充实而稍快。这些症状是中暑的前期表现。

2. 轻度中暑。除上述表现外，患者有面色潮红或苍白、恶心呕吐、气短、大汗、皮肤灼热或湿冷、脉搏细弱、心率增快、血压下降等呼吸、循环衰竭的早期表现，体温超过38℃。这些症状是轻度中暑的表现。

3. 重度中暑。除具有上述先兆症状与轻度中暑症状外，患者体温多高达40℃以上，呼吸急促而浅，脉搏快而变细，神志不清，烦躁谵妄，大小便失禁，如救治不及时，很可能导致死亡。这类中暑又可分为四种类型：热痉挛、热衰竭、日射病和热射病。热痉挛多发生于大量出汗及口渴，饮水多而盐分补充不足致血中氯化钠浓度急速明显降低时。这类中暑发生时，肌肉会突然出现阵发性的痉挛。热衰竭常常发生于老年人及一时未能适应高温的人，主要症状为头晕、头痛、心慌、口渴、恶心、呕吐、皮肤湿冷、血压下降、晕厥或神志模糊。此时的体温正常或稍微偏高。日射病这类中暑正像它的名字一样，是因为直接在烈日的曝晒下，强烈的日光穿透头部皮肤及颅骨引起脑细胞受损，进而造成脑组织的充血、水肿。由于受到伤害的主要是头部，所以最开始出现的不适就是剧烈头痛、恶心呕吐、烦躁不安，继而可出现昏迷及抽搐。热射病，主要因在高温环境中从事体力劳动的时间较长，身体产热过多而散热不足，导致体温急剧升高所致。发病早期有量冷汗，继而无汗、呼吸浅快、脉搏细速、躁动不安、神志模糊、血压下降，逐渐向昏迷伴四肢抽搐发展，严重者可产生脑水肿、肺水肿、心力衰竭等。

（二）高温急症的急救

为了挽救患者的生命，要尽快使其脱离中暑环境，采取措施使患者体温降至正常。

（1）停止劳动或运动，迅速将其转移至阴凉通风处休息。

（2）脱去患者衣物，用冷水擦浴或淋浴降温，也可采用电风扇吹风或头部冷敷。

（3）大量出汗的患者，应饮用含盐的清凉饮料、含有电解质的运动饮料或果汁。要确定饮料的碳水化合物或糖的浓度不超过6%，以免抑制肠道吸收。昏迷患者则禁止食水，以防窒息。

（4）高热者，在颈部后面、腋下、腹股沟等大血管处放置冰袋（将冰块、冰激凌等放入塑料袋内，封闭严密即可）；还可用冷水擦浴，直至皮肤发红。每10分钟测量一次肛温，至38℃为宜。

体育专项技能部分

项目五　田径运动

知识导航

田径运动是在人类长期社会实践中发展起来的，包括走、跑、跳跃、投掷等40多个单项以及由跑、跳跃、投掷的部分项目组成的全能运动。

田径运动是各项运动的基础，被称为“运动之母”。田径运动是锻炼身体、增强体质的重要手段，它能全面提高速度、力量、柔韧、耐力、协调性和灵敏性等身体素质，培养勇敢顽强的意志品质，并对提高心肺等内脏功能具有重要价值。田径运动的锻炼形式多样，场地、器材、设备比较简单，练习时也不受人数、年龄、性别等条件限制，便于广泛开展。

田径运动分为田赛和径赛。田赛是跳跃和投掷项目的总称，以距离为成绩的计算单位；径赛是竞走和赛跑项目的总称，以时间为成绩的计算单位。

思政园地

“亚洲飞人”苏炳添

东京奥运会上100米奥运冠军、“亚洲飞人”苏炳添，是神话传奇般的人物，他在背后付出的努力和汗水一点也不比别人少，相反，可能比别人付出的会更多一些。曾经由于训练过度，苏炳添腰部受伤，缺席全国田径锦标赛。那时候，他曾经以为自己的职业生涯到终点了，甚至开始联想自己退役后是否要去当教练。但是，不甘心后退的人，必然会重新回到赛场，然而，他要面对80多个国内竞争者。苏炳添坦言，那段时间压力俱增，除了自己一个是80后外，剩下的全是90后，那个时候，他猛然发现自己似乎已经老了。但是挑战体能与年龄的限制，也是一件让人热血沸腾的事情。28岁那年，苏炳添对自己说：“不要因为28岁就跑不动了，而要看看自己还想不想跑，如果想，办法总比困难多。”除了平时的正常训练，苏炳添还买了一些有助于提高速度的练习器材，比如拉力器，在奔跑时系在腰上，在跟阻力对抗的过程中提高腰部的韧性与强度。另外，他偶尔也会练习一下举重，这项运动对锻炼身体的爆发力很有好处。他坚持了4年。2021年，32岁的苏炳添参加东京奥运会，他的外教兰迪先生这样鼓励他："我认为你有能力跑出好成绩，32岁不是限制，它不过是一个数字而已。"虽然这一次苏炳添只拿到了第六名，但是作为一个32岁的"大龄选手"，他的体育精神值得点赞，不因为年龄给自己设限，单凭这份勇气，就值得我们尊重。当苏炳添披着国旗，在赛场上奔跑的那一刻，不知道有多少人想到这四个字："虽败犹荣"。作为一个黄色皮肤的亚洲人，他用不懈的努力挑战了年龄与体能的极限，让世界为之惊叹！苏炳添不向现实低头，而是从实际出发找办法，努力克服困难的精神，是值得我们去学习和感悟的！

思维导图

学习任务一　径赛类项目

一、短跑

短跑是体育史上最古老的竞赛项目，是田径运动的基础，也是其他运动项目的基础。短跑比赛项目有60米、100米、200米和400米跑。短跑是人体运动器官和内脏器官在大量缺氧的条件下完成的大强度的工作，属于极限强度运动。短跑的全程技术一般可分为起跑、起跑后的加速跑、途中跑和终点跑四个部分。

（一）起跑

1. 动作要领。起跑为蹲踞式起跑（见图5-1）。技术要领：一蹲、二移、三同时、四距离蹲。口令依次为各就位、预备、跑。一蹲即各就位时，练习者成单膝跪蹲。二移即"预备"时，臀部移至稍高于肩部的位置，肩部移过起跑线，整个身体似弓在弦上，蓄势待发。三同时即听到"跑"的口令后，两手同时推离地面，两脚同时蹬地，手脚同时协调运动。四距离蹲即"一蹲"时注意四距离：前脚尖距起跑线约一脚半长，后脚跟距起跑线约三脚长，两脚左右间的距离约一脚掌宽，两手间距离略比肩宽。听到枪声或

“跑”的口令后，两手迅速推离地面，两臂屈肘做有力的前后摆动，同时两腿迅速蹬起跑器。

图5-1　100米跑起跑

2. 练习要点：既要注意力高度集中，又要避免过度紧张。

3. 练习方法

方法一：反应练习，看手势、旗语等信号练习，比如听口令、哨声、数字（如单数跑，偶数不动等信号练习），用手触身体不同部位练习。

方法二：进行各种形式的起跑练习，练习者之间相互观看、纠正错误动作。

（二）起跑后的加速跑

1. 动作要领。起跑后，第一步不宜过大，脚着地后迅速转入后置，以后逐渐增大。最初几步，两脚沿着两条相距不宽的直线前进，随着跑速的加快，两脚的着地点逐渐靠拢人体中线，形成一条直线。在加速跑时，两臂应积极摆动，两腿依次用力蹬地，上下肢协调配合。在加速跑的开始阶段，上体前倾很大，随着步长和速度的逐渐增加，上体逐渐抬起，直到转入途中跑。加速跑的距离，一般为2～30米（见图5-2）。

图5-2　100米跑起跑后的加速跑

2. 练习要点：上体不宜过早抬起，起跑后不宜出现停顿现象。

3. 练习方法

方法一：采用描点跑，由两条线逐渐汇聚成一条线形式练习。

方法二：结合起跑做10米、20米、30米的加速跑练习。

方法三：追逐跑，两人一组，前后间隔2～3米进行追逐练习。

（三）途中跑

途中跑阶段是全程中最长的一段距离。

1. 动作要领。在途中跑时，运动员头部正直，微收下颏，上体基本正直或稍前倾，含胸收腹，两臂以肩关节为轴前后用力摆动。摆臂动作要领：前摆时手稍向内收，手的高度稍超过下颏，并伴随同侧肩前送和异侧肩后引的动作；后摆时，肘关节稍向外。正确的摆臂动作，不仅能保持身体平衡，而且有助于加快两腿动作的频率和增大步幅。在整个途中跑过程中，用力与放松协调配合，动作轻松自然，充分发挥肌肉力量（图5-3）。

图5-3　100米跑途中跑

2. 练习要点：整个动作要做到放松自然，保持直线性和平稳性，才能取得良好的速度效果。

3. 练习方法

方法一：练习摆臂技术，可在原地、慢跑、快跑中进行个人和集体反复练习。

方法二：分组进行小步跑、高抬腿跑、后蹬跑和车轮跑的专门练习。

方法三：反复进行60～80米中速跑、50～80米加速跑、30～50米的行进间和计时跑等练习。

（四）终点跑

终点跑阶段是全程的最后一段，包括终点冲刺和撞线两个部分，技术和途中跑基本相同。

1. 动作要领。终点跑应力求在疲劳情况下保持途中跑的正确技术，以最快的速度跑过终点，运动员的躯干触及终点线的垂直面即跑完全程。到终点最后一步时，上体迅速前倾，用胸部或肩部撞终点线。跑过终点线后才逐渐减慢跑的速度，但不要突然停止，以防跌倒受伤。

2. 练习要点：跑过终点后应逐渐减速，不要突停，以免跌倒受伤。

3. 练习方法

方法一：原地练习，站在终点线约一步距离的地方，练习双臂后摆、上体前倾的撞线动作。

方法二：分成若干小组，每组一根终点带，在走和慢跑中反复练习撞线动作。

方法三：中速跑和快速跑30～40米，练习撞线动作。

二、中长跑

中长跑是中距离跑和长距离跑的简称，是800米以上距离的田径运动项目。中距离跑项目有男、女800米和男、女1500米；长距离跑项目有男子5000米和10000米，女子3000米、5000米和10000米。中长跑是典型的周期性耐力项目。其能量代谢特点是有氧代谢、糖酵解和磷酸原（ATP-CP）三种供能系统兼有的混合代谢。代谢类型随着项目中距离的增加，逐渐从无氧代谢为主的混合代谢过程向以有氧代谢为主的混合代谢过程过渡。优秀的中长跑运动员，既要有良好的耐力能力做基础，又要具备很高的速度水平。

（一）中长距离跑技术

按中长跑的技术特点，可将其分为五个部分：起跑、起跑后的加速跑、途中跑、直道跑、弯道跑、终点跑和中长跑的呼吸。

1. 起跑

一般中长跑采用的是站立式起跑。听到“各就位”后，运动员先做一两次深呼吸，然后到起跑线，两脚前后开立，有力脚放在前面，另一脚放在后面，两腿弯曲，上体前倾，眼看3～5米处，颈部放松，集中注意力听枪声。

2. 起跑后的加速跑

听到枪声时，两腿用力蹬地，使身体快速向前冲出。有很多运动员起跑后加速中的技术不合理，有的起跑后直插内道，有的在外围跑很长距离，造成这个问题的原因有的是为了抢内道，有的是不理解弧线起跑的含义。起跑线是以一定的距离为半径画出的一条弧，这样在起跑线上的任何一点跑入里道中，只有沿直线跑向该点在第一道实跑线切处时，其跑完的距离才是参加该项比赛的实际距离，任何早切入或晚切入里道跑的距离都是不合理的。

3. 途中跑

途中跑时，上体正直或稍前倾，头部与脊柱成一条直线，胸部正对前方，下颏微收，两眼平视，颈部放松，整个躯干自然而不僵硬。这里要格外注意，上身不要过大的左右晃动。两臂弯曲约成90度，两手放松或半握拳，肩带放松，以肩为轴，自然地做前后摆动。前摆时稍向内，后摆时稍向外。摆动幅度随速度的变化而变化，速度快时臂的摆动幅度大。

在一个跑的周期中，当身体重心移过支撑点后，开始后蹬动作。首先伸展髋关节，再迅速伸展膝关节和踝关节，蹬地时不仅腿部的大肌肉参加工作，而且脚掌的小肌肉也积极参加工作，最后用脚趾蹬离地面。当摆动腿处在支撑点垂直上方时，小腿的“折叠”是通过放松肌肉来实现的，这时摆动腿的脚应放松。然后用大腿发力向前抬，而小腿只是被身体带动的一部分。当摆动腿摆到最高点时，小腿处在与蹬地腿几乎平行的状态。跑的距离越长，大腿抬的高度越低。

4. 直道跑

跑直道时要求两脚沿平行线跑，抬腿既不靠内也不靠外，正直往前，两脚皆用脚前掌去扒地跑。

5. 弯道跑

弯道跑时，要求左脚前脚掌外侧、右脚前脚掌内侧着地，左腿膝关节外展和右腿膝关节内扣，身体重心向内倾斜协调用力，速度越快倾斜角度越大，右臂的摆幅较大。

6. 终点跑

终点跑是临近终点的一段加速跑，进入最后的直道时，要竭尽全力进行冲刺跑。一般800米跑在最后200～250米时开始加速跑。1500米比赛时的加速距离，一般为300～500米。5000～10000米跑时，在最后600～1000米开始加速跑。加速跑时，要选择良好的时机，动员全部力量以顽强的毅力跑过终点。运动员在平时的训练中要养成用最快速度跑最后段落的习惯。

7. 中长跑的呼吸技术

合理的技术取决于正确的呼吸。为了保证机体对氧气的需要，呼吸必须有一定的频率和深度，还必须与跑的步伐相配合。呼吸是利用鼻和半张开的嘴进行的。一般是跑两步呼气，跑两步吸气，随着疲劳的出现呼吸的频率加快。要特别注意加强呼气，将气呼出，吸气的深度决定于呼气的深度。当极点出现时，一定要以坚强的意志跑下去，注意做深呼吸，特别是加深呼气，在适当调整跑速、跑一段距离后，难受的感觉就会减轻，呼吸又会逐渐均匀。“极点”的克服不仅是提高训练水平和锻炼效果的过程，也是培养顽强意志品质的过程。

（二）中长跑练习方法

1. 间歇训练法

实践证明，以次极限强度进行间歇训练对发展运动员的糖酵解供能系统非常有效，它可以提高运动员制造乳酸的能力，使运动员体内乳酸的堆积量超过比赛时的最高值。间歇训练法创立于20世纪40年代末，随着训练科学化进程的发展，间歇训练法的演变种类较多，目前世界优秀运动员普遍采用的间歇训练法主要有下列几种：

方法一：等距离、等间歇时间训练法。例如，400米×5次，每次间歇3分钟。

方法二：递增距离、等间歇时间训练法。例如，200米+400米+800米+1000米，每次间歇3分钟。

方法三：等距离、递减间歇时间训练法。例如，400米+间歇3分钟+400米+间歇2分钟+400米+间歇1分钟+400米。

方法四：递减距离、等间歇时间训练法。例如，2000米+1600米+1000米+800米+400米，每次间歇时间5分钟。

方法五：等距离、等间歇时间多组训练法。例如，（400米×4次）×3组，每个400米间歇2分钟，跑完4个为一组，组间歇时间为10分钟，共跑3组。

方法六：不等距离、等间歇时间多组训练法。例如，（600米+间歇1分钟+200米）×4组，组间歇时间为5分钟，共跑4组。

运用间歇训练法进行训练时，首先要考虑的是训练强度与间歇时间。一般来说，应选用85%～95%的次极限强度进行训练。间歇时间应根据运动员的训练水平和恢复能力来确定，通常以心率恢复到20～22次/10秒开始下一次练习为宜。其次要考虑的是间歇快跑的距离、数量与专项特征以及个人特点的一致性，换句话说，就是要因人、因项、因课的训练目的来确定训练量的多少。

2. 重复训练法

重复训练法是指为了提高中长跑运动员耐受乳酸的能力，选用略短于专项的距离进行多次极限强度训练的方法。如800米运动员，选跑600米；1500米运动员，选跑1200米；5000米运动员，选跑3000～4000米。训练中要求跑速等于或高于专项目标成绩的平均速度。由于训练强度大，因此每次课的重复次数以2～4次为宜，重复跑之间的恢复时间应确保运动员得到充分的休息，一般在10～15分钟。重复训练法对强化专项能力、提高专项成绩有着非常重要的作用。

3. 变速训练法

在中长跑的训练中，常采用不同速度长时间的交替跑，也就是我们常说的变速跑。变速跑分为越野变速跑和场地变速跑两种。越野变速跑多在公路和草地上进行，由于路线多变和距离测量不精确，因此加速快跑的次数、距离和速度一般由运动员自己掌握。

而场地变速跑，由于距离测量准确，教练员可以对快跑和慢跑的距离、速度提出具体的要求，而且不以运动员恢复到什么程度为标准，因此训练难度较大。场地变速训练法分为两种：一种是短段落、短间歇、重复次数多，如（100米快+100米慢或200米快+100米慢或400米快+100米慢）×10-20次；另一种是长段落、短间歇、重复次数少，如（1000米快+200米慢或2000米快+400米慢）×4-8次。变速训练法对改善运动员不同代谢方式的转换能力及培养意志品质是非常有益的。

发展中长跑运动员专项耐力的关键在于如何因项、因人控制好有氧、无氧及混合代谢供能的训练比例，科学制定跑的速度、距离以及间歇时间。只有根据专项特征，在强化有氧代谢训练的基础上逐步加大无氧供能训练和混合供能训练的比重，才能最大限度地挖掘运动员的潜力，提高专项成绩。

三、跨栏跑

跨栏跑，是途中设有固定数量、固定距离、固定高度栏架的短跑项目，也是田径运动中技术比较复杂、节奏性比较强、锻炼价值比较高的项目。跨栏跑包括男、女60米栏，男子110米栏，女子100米栏，男、女200米和男、女400米栏等项目。

（一）跨栏跑技术要领

1. 攻栏。起跨腿充分伸直，摆动腿的大腿高抬屈膝，上体随之前倾。

2. 过栏。当起跨腿离地后，摆动腿的小腿迅速前伸，起跨腿膝关节外展，脚勾起，积极向上方提拉过栏。

3. 落地。摆动腿过栏后，大腿积极下压，以前脚掌着地，并积极蹬地。起跨腿随着身体重心前移，提拉到身体正前方，上体前倾，紧接栏间跑，并准备跨下一个栏架。

（二）练习方法

1. 走步中练习“鞭打”动作。

2. 摆动腿的“攻摆”练习。

3. 在地上按比例画出1、2、3步的标志，练习栏间步。

4. 跨过栏后，按地上的步点标志作栏间三步跑，再跨第二个“空栏”的练习。

5. 重复跨栏跑，起跑过8～10个栏的重复训练，主要训练全程技术和节奏。

（三）易犯错误及纠正方法

1. 摆动腿攻栏时左（右）绕过栏架。适当把起跨点移远，多做摆动腿“攻栏”模仿练习；骑“空栏”，做摆动腿攻栏动作，消除恐惧心理。

2. 起跨上栏时，起跨腿过早收腿，在栏上形成停顿现象。进一步明确提拉起跨腿的动作要领，在慢跑中做起跨腿栏侧过栏练习及加强髋关节灵活性和腿部力量练习。

3. 跳栏。适当调整起跨点，用标志线固定起跨点，降低栏的高度，消除恐惧心理，加快跑速，反复练习过栏动作及摆动腿屈腿攻摆动作。

四、接力跑

接力跑项目的起跑都是从弯道开始的。第一棒运动员通常用右手的中指、无名指和小指握住棒的末端，用大拇指和食指分开撑地，并且接力棒不得触及起跑线和起跑线前的地面。（如图5-4）第二、第三、第四棒运动员采用站立式或一手撑地的半蹲踞式起跑姿势。（如图5-5）起动的时间，需要依据自身的感觉并判断同伴的能力决定。采用半蹲踞式起跑姿势，应转身目视同伴的跑进情况，以决定自己起动的时机，这就是接棒队员起跑的特点。

传接棒的方法一般有上挑式、下压式和混合式三种。上挑式接棒的手臂自然向后伸出，掌心向后，虎口张开朝下，传棒人将棒由下向前上方送入接棒人手中。（如图5-6）下压式接棒的手臂后伸，掌心向上，虎口张开朝后，拇指向内，其余四指并拢向外，传棒人将棒的前端由上向前下方放入接棒人手中。混合式是第一棒队员传给第二棒时用上挑式，第二棒传给第三棒用下压式，第三棒队员传给第四棒用上挑式，综合了上挑式与下压式两种方法的优点。

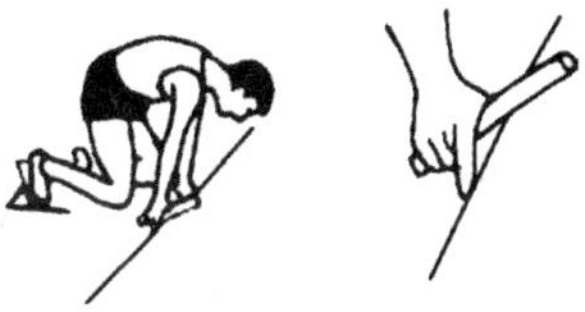

图5-4　接力跑起跑撑地姿势

图5-5　半蹲踞式起跑姿势

图5-6　上挑式传接棒

五、障碍跑

（一）障碍跑技术要求

障碍跑的技术要求有：具备较完善的跨栏技术和中长跑能力；需有较强的肌肉力量，特别是下肢力量；确定起跨腿与摆动腿；根据不同的障碍高度确定起跨距离，起跨点至障碍物的距离一般为1.5～2米，跑速越快或障碍越高，起跨点就越远。起跨腿蹬伸要快，摆动腿提膝前攻要猛，上体前倾；起跨腿离地后，膝关节外展，屈小腿跨过障碍。对于固定的障碍间距，要跑固定的节奏。

（二）练习方法选择

障碍跑的练习方法如下：

（1）摆动腿攻栏或障碍，10次×8组。

（2）起跨腿原地提拉。

（3）中速跑正面过栏或障碍。

学习任务二　田赛类项目

一、跳高

（一）背越式跳高技术

背越式跳高的完整动作由助跑、起跳、过杆和落地等组成。

1. 助跑。背越式助跑的路线为弧形，是用远离横杆的腿起跳。助跑距离一般跑8步，其中后4步为弧线助跑。以助跑前4步与加速跑相似，后4步跑弧线，跑的动作与弯道跑相似。

扫一扫，观看录像视频“背越式跳高”

2. 起跳。起跳脚顺弧线的切线方向踏上起跳点，用脚跟先落地并迅速滚动到全脚掌着地。起跳脚落地时，摆动腿蹬离地面开始屈膝摆腿，同时重心快跟，上体积极前移，使起跳腿缓冲。当身体重心移到支撑点上方时，身体由倾斜迅速转为正直，摆动腿和两臂快速有力地向上摆，同时起跳腿积极蹬伸，完成起跳动作。起跳时绕纵轴转体，由摆动腿侧的髋和摆动腿屈膝向上方摆动，使身体转成背对横杆。

3. 过杆。腾空后，形成背对横杆，摆动腿的膝关节放松，并自然放下。起跳腿自然下垂，肩继续后倒，头和肩先过杆，小腿自然下垂。身体在杆上成仰卧反弓，即身体成“桥”的姿势，背部与横杆成交叉状态仰卧在横杆上。当臀部过杆后，利用身体向后反弓的反弹作用把未过杆的两腿积极上举，从而使身体依次过杆。

4. 落地。当身体依次过杆后，重心下落时，低头含胸，屈髋伸膝，以肩背先着垫。

（二）练习方法

1. 上步前迈起跳腿练习；

2. 原地起跳及上步起跳练习；

3. 斜线助跑，利用斜插在地上的标枪或杆做过杆的模仿练习；

4. 沿直径10米的圆周做加速跑练习；

5. 在圆周上跑进时，每4步做一次起跳动作；

6. 背对海绵包，原地挺髋、倒肩练习；

7. 原地双脚起跳背越过杆；

8. 4步弧线助跑，起跳做“背桥”练习；

9. 全程助跑起跳过杆练习。

（三）易犯错误及纠正方法

1. 起跳时上体前倾，臀部下坐。纠正方法：前迈起跳腿时注意留肩送髋，积极后蹬，起跳时髋保持挺直。

2. 助跑与起跳脱节。反复练习助跑与起跳动作，重新调整步点，按标记踏上起跳点。

3. 身体过早越向横杆。多做3～5步助跑起跳练习，要求充分腾起。

4. 趴杆。多做上步起跳练习，发展腿部力量；多做起跳上器械的练习及起跳后用脚触高物的练习。

5. 起跳时身体向前甩出。多做圆圈助跑和沿圆圈做助跑起跳练习及助跑4步后坐上器械练习。

6. 坐着过杆，臀部和大腿碰落横杆。利用弹跳板或低跳箱，做立定背越式跳高，注意延长挺髋时间。

二、跳远

跳远是全身协调的运动，全身肌肉都要参与用力。因此，经常从事跳远运动，可以发展练习者的速度、弹跳力、意志力以及协调性。跳远技术依照起跳后的动作姿态，分为蹲踞式跳远和挺身式跳远。本书以挺身式跳远为例介绍跳远技术。跳远技术可分为助跑、起跳、腾空和落地四个部分。（见图5-7）

图5-7 挺身式跳远

（一）助跑

动作要领：助跑是为了获得一定的水平速度和做好起跳的准备。助跑距离一般在25～42米，跑14～20步。助跑中应保持步长的稳定性，并应在助跑的最后几步跑出高步频的最大速度。

练习要点：稳定、可控、有节奏。

练习方法：

（1）确定助跑步数或距离，进行加速练习。

（2）在跑道上或跳跃区进行或交替进行全程和超全程助跑起跳练习。

（3）进行助跑加轻跳结合练习。

（二）起跳

1. 动作要领。起跳腿上板时应以大腿带小腿积极下压。同时，摆动腿应以髋带腿迅速前摆。两臂自然摆动，当摆动腿和手臂快速摆动到接近水平位置时，要提高制动的速度，以加速身体重心的向上运动。

2. 练习要点：蹬摆协调配合。

3. 练习方法

方法一：模仿起跳时的手臂、躯干、髋和腿部动作。

方法二：在跑道上或跳跃区进行不同距离的助跑起跳腾空步练习。

（三）腾空

1. 动作要领：起跳结束后形成摆动腿在前、起跳腿在后的“腾空步”动作。在腾空步后，摆动腿大腿积极向下、向后下方弧形摆动，并与起跳腿靠拢，使髋关节伸展。同时，两臂随摆动腿大腿的下放向两侧振摆或上举，成挺身姿势，继而收腹举腿，身体折叠，准备落地。

2. 练习要点：注意挺身时机，避免身体前旋。

3. 练习方法：

方法一：走动中进行挺身式模仿练习。

方法二：助跑4～6步进行起跳和腾空步练习。

方法三：利用高台或跳板进行挺身式跳远练习。

（四）落地

1. 动作要领：在控制好躯干稍有前倾的同时，使两腿高抬和向前伸展，脚跟一接触沙坑，膝关节就要弯曲缓冲髋部前移，两臂由后向前摆动，使身体重心尽快移过落地最近点。落地的方式可采用侧倒或向前跪出等方法。

2. 练习要点：避免身体后坐和运动损伤。

3. 练习方法。

方法一：立定跳远，进行落地练习。

方法二：助跑4～6步，利用跳板进行跳远练习。

方法三：全程助跑练习挺身式跳远完整技术。

三、铅球

推铅球是在2.135米直径的投掷圈内，将球握好，持于锁骨窝处，贴紧颈部，站立在投掷圈的后部，经过滑步或旋转，在双脚支撑的情况下，用全身的力量，以最快的速度把球从肩上推出，铅球落在34.92°的扇形投掷区内，以远度决定成绩的比赛项目。正式比赛中，男子铅球的重量为7.26千克，女子铅球为4千克。铅球对增强体质，特别是发展躯干和上下肢力量有显著的作用。

原地推铅球技术可分为以下三个部分：握持铅球、推球和铅球出手后的维持身体平衡。本书以右手推球为例来描述原地推铅球的技术。

（一）动作要领

1. 握球和持球

握球的手指自然分开，把球放在食指、中指和无名指的指根上，拇指和小指支撑在球的两侧，以防止球滑动和便于控制球的方向。手腕和手指力量强的人，可以将球向手指上移一点，这样有利于加长工作距离和发挥手指的力量。（见图5-8）

握好球后，将球放在右肩锁骨窝处，并贴紧颈部，肘关节稍低于肩部，全身肌肉放松。（图5-9）

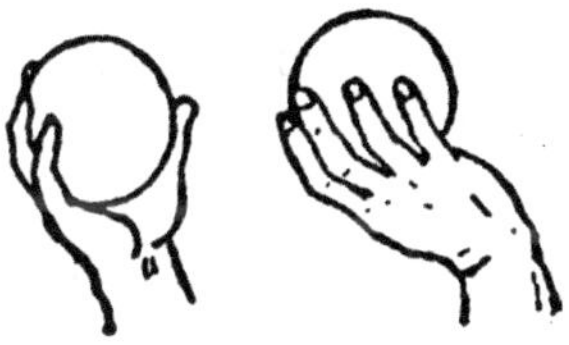

图5-8　握球

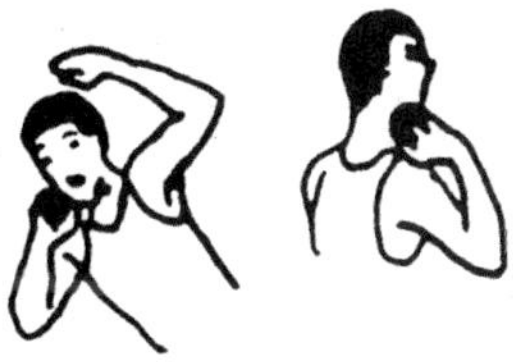

图5-9　持球

2. 侧向滑步推铅球

身体侧对投掷方向，右脚站在投掷圈内后沿处，左脚与右脚平行（左脚稍后），以足尖或前脚掌着地，重心落在右腿上，准备滑步。滑步时，左腿侧摆，同时右脚用力蹬地，快收小腿，右脚沿地面滑行落在投掷圈圆心附近，左脚掌落至抵趾板内侧。滑步结束后，进入最后用力阶段，即蹬、转、挺、推、拨。随着右腿蹬转，右腿向左前挺出，带动躯干转向投掷方向，使重心向左腿移动。然后，再左肩制动和左脚蹬伸形成的左侧支撑下，右臂快速用力，通过伸臂、屈腕和手指拨球等连贯动作将铅球从肩部推出。

3. 背向滑步推铅球

投掷者进入投掷圈后，背对着投掷方向自然站立，两脚前后分开。开始姿势是右脚尖靠近投掷圈的后边缘，左脚尖点地，两脚相距约半脚长，并踏在通向投掷方向的直线上，右膝弯曲，上体尽量向体前倾斜，左腿对着投掷方向做几次预摆。当身体平衡后，左大腿向投掷方向迅速而有力摆出，同时右腿用力蹬伸，快收小腿，在圆心附近右脚和左脚依次积极着地，然后按侧向滑步的最后用力动作将球推出。

扫一扫，观看3D动画“背向滑步推铅球”

4. 缓冲

球出手后，为了使身体保持平衡，立刻进行两脚换位，右膝弯曲，重心下降，上体左转，减少向前的冲力。

（二）练习方法

1. 持球向下推，体会手指拨球的动作。

2. 原地侧向推铅球，体会身体超越器械的动作。

3. 侧向滑步推较轻的铅球。

4. 徒手或用实心球做背向滑步推球练习。

5. 用标准铅球做侧向和背向滑步完整练习。

（三）易犯错误及纠正方法

1. 握球方法不对，把球握在掌心上。体会要领，加强手指、手腕的力量练习。

2. 球没有放在锁骨窝，未沉肘。体会要领，克服怕脏的思想，持球臂抬起，加强臂力训练。

3. 没有推球，而是抛球。体会要领，多做徒手或持轻物的模仿性推球练习，加强手指、手腕力量练习。

4. 球出手时角度低。加强腿部力量练习，原地将球推过一定高度的标记后落地。

5. 不是滑步而是跳步。体会要领，反复做徒手或持轻铅球的滑步动作练习。

6. 滑步后上体过早抬起，重心在两腿之间。多做连续收拉右小腿的练习，加强对腿部和腰背肌肉力量的练习。

四、铁饼

掷铁饼是一个完整的技术动作，按其动作结构可分为握法、预备姿势和预摆、旋转、最后用力和维持身体平衡几个技术环节。

（一）技术要领

1. 握法握饼时，五指自然分开，拇指和手掌平靠铁饼，其余四指最末指节扣住铁饼边沿，铁饼的重心在食指和中指之间，手腕微屈，铁饼的上沿微靠在前臂上，这时持铁饼的臂自然下垂于体侧。（图5-10）

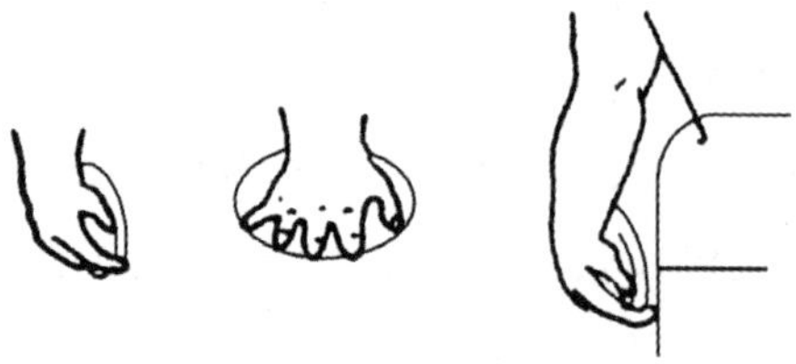

图5-10　铁饼握法

2. 预备姿势和预摆。常见的预摆方法有左上右后摆饼法和前后摆饼法两种。

3. 原地投掷铁饼技术。左肩对准投掷方向，两脚开立，右手握饼，右臂下垂靠近右大腿。预摆1到3次，当铁饼摆到右后方，左脚跟落地，右脚立刻用力蹬地，右膝向里转动使身体伸直，上体转向投掷方向，带动右臂向前摆出，当右臂摆至约成侧平举的姿势时，手腕稍向右屈，使铁饼开始旋转，最后使铁饼从食指左面离手向前飞出，饼在空中沿顺时针旋转。铁饼出手的角度为30°～35°。

（二）练习方法

1. 面对投掷方向，做各种摆饼练习。

2. 做侧面原地投掷小实心球或轻铁饼的练习。

3. 徒手背向旋转练习。

4. 完整的投掷铁饼练习。

（三）易犯错误及纠正方法

1. 预摆时动作紧张，幅度小。扣握铁饼或杠铃片，做大幅度预摆练习；反复做身体前后、左右放松有节奏的摆动练习。

2. 单靠手臂力量投掷。徒手做右腿右髋的转动前送练习，用对抗性练习形式增强肌肉力量，体会用力顺序。

3. 铁饼出手后，飞行的抛物线低而平。教师或同伴站在投掷者身后，用右手拉住投掷臂，使其完成右膝、右髋向投掷方向的转动与前送，随之使身体重心逐渐地向左腿上转移。

4. 最后用力时，铁饼的出手方向过于偏右侧或飞出右侧角度线外。用轻铁饼做旋转投掷练习，按照在投掷圈内画好的两脚着地标志进行。

五、标枪

掷标枪，是一个比较复杂的多轴性旋转项目。它的完整技术，是由肩上持枪经过一段预先助跑连接投掷步获得动量，通过爆发式的最后用力作用于标枪的纵轴上，将标枪经肩上投出去。标枪项目能够提高练习者的速度力量、柔韧性以及大幅度协调用力的能力，提高躯干、腰、髋及上下肢肌肉的收缩力量和收缩速度。投掷标枪的技术动作是在幅度大、协调性和灵活性高的情况下完成的，所以对提高练习者的手腕、肘、肩关节、胸、腰、髋的柔韧性和灵活性非常有效。掷标枪技术主要分为握枪、持枪、助跑、最后用力和出手后的身体平衡等技术环节。

（一）握枪

1. 动作要领。握枪方法是将标枪斜放在掌心上，大拇指和中指握在标枪把手末端第一圈上沿，食指自然弯曲，斜握在标枪上，无名指和小指握在把手上。（图5-11①）也可将拇指和食指握在标枪把手末端第一圈上沿，其余手指按顺序握在把手上。（图5-11②）

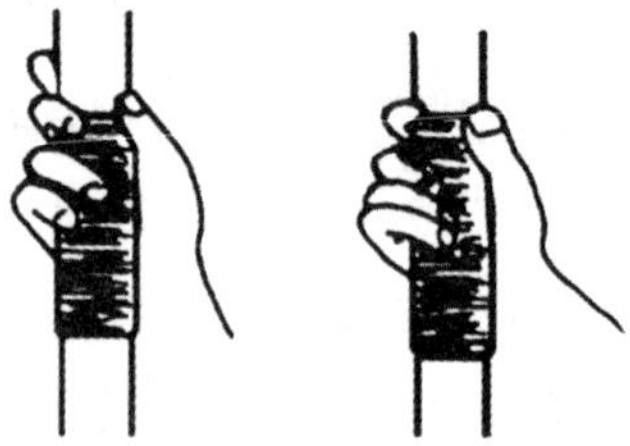

图5-11　标枪握法

2. 练习要点：充分利用长而有力的中指对标枪施力，增加最后用力工作距离，提高标枪出手初速度，并使标枪产生绕纵轴的旋转，保持空中飞行的稳定性。

3. 练习方法

方法一：做原地投枪练习，逐渐增加投掷距离。

方法二：结合掷标枪的其他步骤做握枪练习。

（二）持枪

1. 动作要领：持枪要领是屈臂举枪于肩上，大小臂夹角约为90°，稍高于头，枪尖稍低于枪尾（图5-12）。

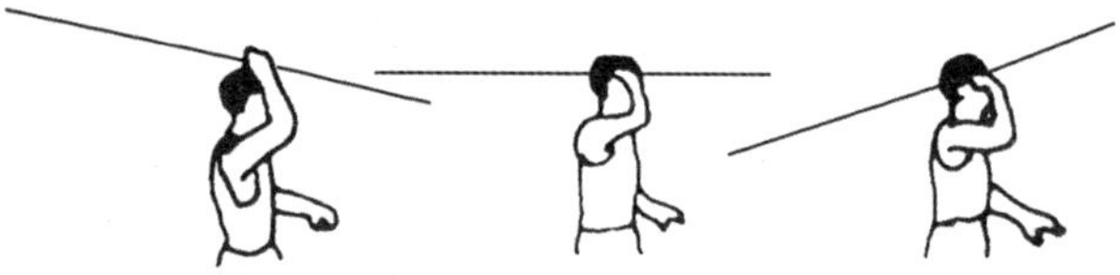

图5-12　持枪

2. 练习要点：保持屈臂举枪，使持枪助跑能平稳地转入引枪。

3. 练习方法

方法一：多做原地持枪练习。

方法二：结合掷标枪的其他步骤做持枪练习。

方法三：做持枪与引枪的结合练习。

（三）助跑

1. 动作要领。助跑的距离应根据投掷者发挥速度的快慢而定，一般在25～35米之间，助跑分为两个阶段。预跑阶段主要是加速，在跑进中上体稍前倾，用前脚掌着地，大腿抬得较高，持枪臂随着跑的节奏与左臂配合，自然前后摆动，在加速中进入投掷步。

投掷步阶段，五步投掷的前四步一般步长是：第一步大，第二步小，第三步大，第四步小。开始时，右手肩上持枪，左手放于体侧，右脚脚掌触地，第一步右腿直腿向前方摆，脚掌触地，重心落在左脚，同时转右肩，使身体（上体）正对右方，眼睛始终正对投掷方向。第二步时，上体当于下肢后面，移重心于右脚，左腿前摆，右臂完成引枪动作，手腕内旋，枪尖稍偏右。第三、第四步跳起交叉完成，落地成右腿在后，微屈，左腿在前，脚掌触地，形成最后用力，有利于蹬伸姿势。第五步，最后用全身协调用力，形成爆发式的手臂“鞭打”，把枪按适宜的角度（30°～35°角）投出，使枪按顺时针旋转。（图5-13）

图5-13　标枪投掷最后用力

2. 练习要点：一步右脚前摆，转体；二步，左脚前摆，后引枪；三四步，空中交叉，落地成“1”势；五步，最后用力。在投掷步中，下肢始终超越器械，并且是逐渐加速，以获得最大力量。

3. 练习方法：

方法一：30米、50～60米加速跑或持枪跑。

方法二：掷轻标枪主要是提高速度、改进技术，掷重标枪主要是提高专项能力。

方法三：同伴持枪尾上步蹬地转筋“满弓”练习。

方法四：可助跑5～7步作投掷步，也可助跑3～4步作交叉步10～15米，反复练习。

（四）最后用力和出手后的身体平衡

1. 动作要领。投掷步的第三步右脚着地后，由于惯性，髋部迅速向前运动，在超越了右腿支撑点之后（左脚未着地），右脚就开始最后用力。当左脚着地时，便形成了以左脚到左肩的左侧支撑，为右腿继续蹬地转髋创造条件。右腿继续蹬地，推动右髋加速向投掷方向运动，使髋轴超过肩轴，同时髋部牵引着肩轴向投掷方向转动，在肩轴向投掷方向转动的同时，投掷臂向上转动，带动前臂、手腕向上翻转，当上体转为正对投掷方向时，形成了“满弓”姿势。此时投掷臂处于身后，约与肩高，与躯干几乎成直角。弯曲的左腿做迅速有弹性的蹬伸，同时胸部尽量前送，并带动小臂向前做爆发性“鞭打”动作，使全身的力量通过手臂和手指作用于标枪纵轴。标枪离手的一刹那，手腕和手指的积极动作能使标枪沿着纵轴按顺时针方向自转，这可以保持标枪在空中飞行的稳定性，提高标枪的滑翔效果。标枪出手的适宜角度为30°～35°。标枪出手后，随着向前的惯性，身体必然前冲，迫使右腿向前跨出一步（即缓冲步）。这一步既要防止前冲过多造成越线犯规，又要维持身体平衡，应改变重心移动方向，顺势左跨右肩转向投掷方向，降低重心，屈膝缓冲，稳定后从起掷弧后离开跑道。

2. 练习要点：最后用力时，要转髋、转肩使上体正对投掷方向，形成最后用力角度。

3. 练习方法

方法一：原地引枪、走步引枪、慢跑引枪。

方法二：正面原地投掷标枪练习。

方法三：侧向原地投掷标枪练习。

学习任务三　训练设计与自评

田径运动可以有效地锻炼和提高走、跑、跳、投等基本活动能力，通过田径运动的练习，能够全面发展力量、速度、耐力、柔韧、灵敏等身体素质，同时可以培养勇敢、果断、坚韧、顽强的意志品质，而这些素质和品质正是当代大学生不可缺少的。

一、径赛类体能训练设计

（一）短跑项目体能训练方法

在田径运动中，跑类的项目较多。虽各有其特点，但跑的基本技术原理是相通的。跑的全程可分为起跑、加速跑、途中跑、冲刺跑。跑的基本技术动作包括后蹬、摆腿、摆臂、上体姿势、落地等。

1. 跑的练习内容

跑的专门性练习：小跑步、高抬腿跑、后蹬跑、车轮跑、折叠腿跑。

2. 起跑和加速跑练习

起跑和加速跑练习：站立式起跑30米，练习蹲踞式起跑“各就位”“预备”“鸣枪”动作，蹲踞式起跑20～30米，弯道蹲踞式起跑20～30米。

要求：起跑迈出第一步要短、低、快，逐渐抬体、增加步长到正常跑。

3. 途中跑练习

途中跑练习：中速跑60～80米，加速跑60～80米，直道进入弯道和弯道进入直道跑60～80米。跑是用前脚掌着地（中长跑用全脚掌着地），跑摆配合协调用力。

4. 终点跑和全程跑的练习

中速跑20米至终点线前1米处，前倾上体做撞线动作；快速跑30～40米，并做撞线动作；100米全程跑。

5. 接力跑和专门性练习

2～4人一组，前后间隔1.5米，左右错开，在慢跑中传接棒。

要求：传棒者递棒前需发出接的信号，跑的速度加快；直道或弯道接力区两人一组传接棒；全程接力跑。

6. 跨栏跑专门性练习

原地扶支撑物做起跨腿过栏；原地对墙攻栏；行进间起跨腿连续过栏；行进间摆动腿过栏；两腿配合栏间跑一步或多步在栏侧或栏架中间连续过栏；蹲踞式起跑过第一栏或多栏。

要求：100米、110米栏起跨至第一栏，一般跑7～8步，栏间跑3步。400米栏起跑至第一栏跑21步或22步，栏间跑13～15步。

（二）中长跑项目体能训练方法

1. 发展一般耐力的主要手段

长时间或较长时间进行中等强度跑或慢跑，包括越野跑、竞走、耐力性变速跑。进行一般耐力训练时应注意：常用中等或中等以上强度匀速跑；跑中强调正确技术，结合呼吸节奏进行；尽可能在野外、山坡、草地上进行；处理好负荷与休息的关系，加强医务监督。

2. 发展专项耐力的主要手段

发展专项耐力的主要手段有：较长时间的专门练习，短于或略长于专项距离的重复跑，不同距离的变速跑，较长时间的大强度越野跑，各种距离跨栏跑、障碍跑比赛。进行专项耐力训练时要求：多采用重复训练法，选择段落应以短于专项距离为主；若选用变速跑方法练习，快跑段落一般为400～1000米，一般在5次左右；专项耐力课跑的总距离，以专项及其他情况而定，若用重复跑，总距离可达本专项距离或超过数倍；专项耐力安排，在训练的准备期比重一般，在竞赛期则较大。

3. 高中长跑成绩需加强速度和速度耐力的练习

发展速度的主要手段：跑的专门练习（如高抬腿跑、后蹬跑、车轮跑等），30～100米加速跑、行进间跑，60～200米重复跑、变速跑、接力跑，顺风跑、下坡跑、奔引跑及速度性游戏等。

发展速度耐力的主要手段：100米+6-8次+3-4组，负荷80%，每次间歇30秒，每组间歇6～8分钟；300米+4次+3-4组，负荷80%，每次间歇10分钟；400米以上的上坡跑、台阶跑；600～700米快跑+200～300米慢变速跑，3～4组；1000～1200米反复跑，3～4次；长距离的高抬腿跑、后蹬跑等。

4. 建议

力量训练后，建议对承受负荷的肌群做一些伸展练习。比如，直腿坐拉、分腿坐拉、跨栏步压腿、体前屈、俯卧屈膝、跪撑后倒、背腿挺身等。速度练习或耐力练习后，做一些慢跑和徒手体操等。

训练课结束时，可以采用较低强度的慢跑，至少慢跑5～8公里或者30分钟，并可结合整理活动安排一些基本体操、游戏、游泳等。

二、田赛类体能训练设计

田径运动中的跳跃项目包括跳高、跳远、三级跳远、撑杆跳高等。虽然它们的运动形式和要求各不相同，但其共性是用自身的能力（也可借助一定的运动器材，如钉鞋、起跳板、撑杆等），通过助跑，起跳越过最大高度或达到最大远度，然后落地，学生练习跳跃运动能发展下肢力量、弹跳力和跳跃能力，培养坚强、勇敢的意志品质，具有重要的实用价值。

田径比赛中的投掷项目有铅球、铁饼、标枪和链球。这些项目的器械在构造、形状、重量上都不一样，投掷的方法、场地规则也不相同，但都属于斜抛运动，都由器械握持、助跑（直线形式或旋转形式）、器械的掷出（最后用力）、维持身体平衡四个相互紧密衔接的部分组成。

（一）跳跃项目体能训练方法

1. 发展弹跳力和跳跃能力的综合练习

练习一：蹲跳起、单脚交换跳、跑跳步、立定跳远、纵跳摸高、蛙跳、单脚跳、弓箭步交换跳。

练习二：单脚起跳，以头、手或脚触悬挂的球或其他物体。

练习三：屈腿跳的方法是，双脚蹬地跳起后，迅速屈膝收腿，使大腿尽量靠近胸部，上体直立，两腿积极下伸，用前脚掌着地。

练习四：分腿跳的方法是，双脚蹬地跳起后，两腿前后分开，前腿尽量屈膝高抬，落地时用前脚掌着地并稍屈膝缓冲。可原地跳，也可行进间加垫跳来做。

练习五：跨步跳或多级跳的方法是，两腿交换蹬地成跨步姿势向前上方跳起，摆动腿屈膝向前上方高抬，支撑腿迅速有力地蹬地，髋、膝、踝三个关节充分伸直，上体正直，两臂从体侧同时用力前摆至肩平，或同跑一样前后摆动。

练习六：单脚起跳，跳上一定高度的台阶和器械。

2. 跳远类项目专门性练习

跳远类项目专门性练习包括：单足跳跃过小障碍物；4～6步助跑，第二次单足跳接一次跨跳，反复做出3～5次；4～6步助跑跨步跳接跳远；4～8步助跑单足跳越过低障碍物，跨步跳到跳箱上，然后第三跳越过横杆落于高垫上，其目的是提高各跳动作幅度，体会三跳组合技术；半程或全程助跑三级跳远。

要求：量好助跑步点，在跑道上按大、中、小比例画好节奏标志，反复进行练习。

3. 跳高类项目专门性练习

原地摆腿转体现90度，放腿倒肩成背弓；2～4步助跑、起跳、转体、成背弓躺在高海绵垫上。原地双脚跳起背越过杆，按地面画好的弧线作全程助跑、起跳、空中转体，但不过杆。

要求：横杆放在一定高度进行练习，半程或全程背越式跳高。

4. 跳跃类的练习提示

快速助跑与快速起跳相结合是跳跃技术的关键，助跑速度快慢要以能控制做起跳动作为前提。

跳远、三级跳远的助跑距离为20～30米。跳高助跑一般跑8～10步，且与横杆呈35～40度角度进行助跑。助跑步点丈量可采用走步式丈量法，即走步数=跑步数 × 2-1或-2（穿胶鞋跑），从起跳点向助跑相反方向用自然步走，确定起动标志后，再经助跑校正。因助跑最后几步要为起跳做准备，所以重心较低，倒数第二步要大于最后一步，因此倒数第二步身体重心最低，跳高重心下降幅度大于跳远、三级跳远。

助跑准确性是跳跃技术中的难点，它对助跑速度、起跳动作影响重大。助跑节奏的稳定性，固定的开始姿势，对场地、气候条件变化的适应性等，都能影响助跑的准确性。助跑的开始姿势有站立式起跑和行进间起跑两种。加速方法有积极加速跑和逐渐加速跑两种。助跑距离长短以发挥速度快慢来定，发挥速度慢，助跑距离可长些，可用逐步加速法，初学者要求步子的稳定性，可采用站立式起跑。迈步踏跳时，倒数第二步摆动屈膝送髋很关键，跳高摆动屈膝程度大于跳远项目。

（二）投掷项目体能训练方法

1. 投掷类项目专门性练习

方法一：发展力量和投掷能力的训练指导。

方法二：俯卧撑臂屈伸、双手用力推离墙壁。

方法三：沙袋练习。单人、双人或集体抛接沙袋。自抛自接包括体前抛接和背箭抛接、双人抛接、集体抛接。

方法四：哑铃练习。手持哑铃，两臂向各种方向做屈、伸、举、振等动作。

方法五：实心球练习。单手和双手推、抛实心球。

方法六：用各种投掷物（如垒球、木棒、沙袋、橡皮管等）掷远。

2. 投掷类的练习提示

所有投的项目都包括器械握持、助跑、最后用力、出手后的身体平衡四个部分，其中最后用力部分是主要部分，是决定投掷远度的关键。

助跑与最后用力衔接技术的关键在于助跑最后一步右脚落地之后，左脚落地前的一刹那，右腿及时工作和左脚积极快落。助跑结束两脚落地部位和方向是否正确，直接影响到最后用力的效果。一般正确落位是左脚尖和右脚跟基本在一直线上，要使身体处于正确的发力状态，下颏、膝和右脚尖基本呈一垂线。

头和非投掷臂的正确动作，直接影响肌肉的拉紧和放松。如铅球滑步中，过早回头和左臂不保持前伸而过早打开，就会使左侧肌肉过早放松，最后影响到最后用力的工作距离、动作的速度和力量。

最后用力的顺序应是：腿部蹬地用力在先，手臂用力在后；下肢转动先于上体的转动，髋的运动先于右肩；重心由右脚转向左脚。

从左脚落地到器械出手，始终存在左侧支撑用力过度。左侧支撑用力指的是从左肩到左臂到左腿左脚整个身体左侧的用力，这在最后用力过程中起到积极支撑制动作用、用力作用和转动轴的作用。器械出手时，投掷臂快速鞭打及手腕、手指的甩动或拨动，最后给机械再加速，有助于提高出手速度，对于掷标枪来说，还可以使器械产生顺时针方向的自转运动，提高器械在飞行中的稳定性。作用到器械上的力应做到：铅球通过球的重心，标枪通过纵轴。

因铅球过早离开颈部而形成的“掉肘投”，因用力顺序不明确而出现的“只用手臂力量、坐臀推球”，因滑步时上体保持前俯不够、过早抬体而引起的“超越机械差”，因摆腿方向不正、蹬地角度过大而引起的“跳滑”，因左侧支撑无力而出现的“左肩侧倒或后转投”，因左脚落地慢、右脚蹬转不及时而造成的“滑步后停顿”等，都是推铅球技术中的典型错误，对推铅球成绩有着直接影响。

学习自评

田径运动考核自评表

教师姓名		学生姓名		考核时间	____学年第____学期			
评价内容		评价要素	等级分值				评价得分
			A	B	C	D	
径赛类项目（50分）	短跑	1. 掌握蹲踞式起跑技术。 2. 自主安装与调节使用起跑器。 3. 途中跑摆动腿带动小腿后扒。	10	8	6	4	
	中长跑	1. 掌握半蹲踞式、站立式起跑技术。 2. 掌握两步一呼、两步一吸或三步一吸的方法。	10	8	6	4	
	跨栏跑	1. 掌握跨第一栏技术，起跑至第一栏采用8步起跨法。 2. 能够顺利跨完8到10个栏。	10	8	6	4	
	接力跑	1. 掌握持棒起跑的三种方法。 2. 掌握上挑、下压式及混合式传接棒方法。	10	8	6	4	
	障碍跑	1. 掌握跨越障碍栏架技术，熟悉“跨栏法”。 2. 能够顺利完成400米障碍跑。	10	8	6	4	
田赛类项目（50分）	跳高	1. 掌握背越式跳高的走步丈量法。 2. 能熟练运用背越式跳高技术。	10	8	6	4	
	跳远	1. 确定自己的助跑距离与步数。 2. 掌握挺身式跳远技术。 3. 能熟练运用挺身式跳远技术。	10	8	6	4	
	投铅球	1. 掌握基本握球姿势。 2. 掌握预摆技术。 3. 掌握转换技术（过渡）。	10	8	6	4	
	掷铁饼	1. 掌握基本握饼姿势。 2. 掌握左上右后、前后摆饼法。 3. 掌握最后用力技术。	10	8	6	4	
	掷标枪	1. 掌握基本持握标枪方法。 2. 掌握预摆与助跑技术。 3. 掌握最后用力技术。	10	8	6	4	
90～100分为优秀；80～89分为良好；60～79为合格；60分以下为不合格						总分		
学生自我评价等级：优秀（　　）　良好（　　）　合格（　　）　不合格（　　）								
运动处方：								

任务拓展

一、径赛项目竞赛规则要点

1. 短跑、中长跑的名次判定

田径比赛中，所有赛跑项目中参赛者的名次都取决于其身体躯干（不包括头、颈、臂、腿、手或足）到达终点线的顺序，以先到达者名次列前。在任一赛次中，按成绩录取进入下赛次时，如遇运动员成绩相等，则终点摄像主裁判应考虑有关运动员的1/1000秒的实际成绩。如果成绩依然相等，则有关运动员均应进入下一赛次。如实际条件不允许，应抽签决定下一赛次的人选。决赛中，如第一名成绩相同，裁判长有权决定是否重赛，若无条件重赛，则并列第一；至于其他名次成绩相同，则按并列处理。

2. 短跑及中长跑的起跑

在国际赛事中，所有400米或以下的径赛项目，必须采用蹲踞式起跑及起跑器。

发令员口令为“各就位”（on your marks）、“预备”（set），最后发令枪响。在“各就位”及“预备”口令之后，参赛者应立即完成有关动作，否则属起跑犯规。如果有运动员抢跑，发令员就会宣布起跑犯规。对第一次起跑犯规的运动员应给予警告，除全能项目外，每项比赛只允许一次起跑犯规，若之后再次起跑犯规，将被取消该项目的比赛资格。

全能比赛中，如果一名运动员两次起跑犯规，将被取消比赛资格。

此外，在“各就位”口令发出后，以声音或动作扰乱他人，也被判为起跑犯规。在枪响起前有任何起跑动作，均属起跑犯规。如因仪器或其他原因而非运动员个人原因造成的起跑，应向所有运动员出示绿牌。

400米以上（不含400米）的径赛项目，均采取站立式起跑。发令员口令为“各就位”，当所有参赛者在起跑线后准备妥当静止后，便可鸣枪开始比赛。

3. 分道跑

在分道跑和部分分道跑的径赛项目中，参赛者越出跑道，获得实际利益或冲撞、阻碍其他参赛者，会被取消资格。如果参赛者被推或挤出指定的跑道，只要未获益也未影响他人，可不取消其参赛资格。同样，任何参赛者在直道中越出其跑道或在弯道中越出其跑道的外侧，只要没有获益及阻碍他人，均不算犯规。

4. 赛次和分组

径赛一般分为第一轮（Round 1）、第二轮（Round 2）半决赛（semi-finals）和决赛（finals）四个赛次。而赛次的安排和分组以及每一赛次的录取人数等，将根据报名参加比赛的人数来确定。预赛分组时，要尽可能把成绩好的运动员平均分配到不同的小组中。在其后的各轮比赛中，分组依据是运动员在前一轮的比赛成绩。如果可能，相同国家或地区的运动员应分开。

5. 分道

运动员在所有短跑、跨栏和4 × 100米接力赛中自始至终都必须在自己的跑道里。800米和4 × 400米接力赛，都要在自己的跑道里起跑，当运动员通过抢道标志线以后才能离开自己的跑道，切入里道。运动员的跑道由技术代表抽签确定。第二轮开始的各轮比赛，跑道的选择还需依据运动员在上一轮的比赛结果，如排名前4位的运动员抽签后分别占据第3、4、5、6跑道，后4名抽签排定第1、2、7、8跑道。

6. 接力赛

4 × 100米接力跑是分道进行的，接棒者可以在接力区前10米内起跑。

接力赛中，运动员必须在20米的接力区内里完成交接棒。“接力区内”的判定是根据接力棒的位置，而不是根据参赛者的身体或四肢的位置。

在4 × 400米接力跑中，第一棒全程及第二棒的第一弯道是分道跑，第二棒运动员要跑至抢道线后方可自由抢道。第一棒的传接必须在参赛者指定的跑道内进行，其余各棒的传接，裁判员根据第二及第三棒运动员通过200米起点处的先后，按次序让其第三及第四棒的队友在接力区内由内至外排列等候接棒。所有接棒者均不可在接力区外起跑。

接力棒必须拿在手上，直到比赛结束为止。完成交接棒后，运动员应留在本队的跑道中，以免因影响他人而被取消比赛资格。任何人掉了棒，必须由其本人拾回，而且要在不影响别人的情况下，方可越出自己的跑道以拾回接力棒。

7. 跨栏

各参赛者必须在自己的跑道内完成比赛，当参赛者跨越栏架时，若其腿或足从低于栏架顶的水平线跨越，或跨越并非自己赛道上的栏架，或故意以手或足撞倒任何栏架，均应取消其参赛资格。

二、田赛项目竞赛规则要点

1. 比赛方法

奥运会田赛项目的比赛通常先分两组进行及格赛，通过及格标准的直接进入决赛，如达到及格标准的运动员人数不足12人，不足的人数按及格赛成绩递补。远度项目决赛前三轮比赛的顺序抽签决定。决赛前三轮比赛结束后，按成绩取前8名运动员进行最后三轮比赛；第四、五轮比赛排序按前三轮成绩的倒序排列，第六轮比赛排序则按前五轮成绩的倒序排列，成绩最好的在最后跳（掷）。

2. 有效成绩

除犯规外，跳跃远度项目比赛中，运动员每次试跳的成绩均为有效成绩。除犯规外，高度项目比赛中，运动员每次跳过的高度为有效成绩。

投掷项目比赛除犯规以外，运动员投出的器械完全落在落地区内（不包括落地区边线）才算有效，丈量成绩时从距离投掷区最近的落地点算起。其中标枪必须是枪尖首先触地，成绩才算有效。

3. 录取名次

远度项目比赛结束以后，以运动员最好的一次试跳（掷）成绩，包括因第一名成绩相等而进行的决名次赛的成绩，作为最后的决定成绩判定名次，成绩好者列前。如成绩相等，按下列规定解决：

在远度项目比赛中，如出现最好成绩相等，则以第二好成绩来确定名次，依此类推，到最后一个成绩。如果还是相同，除了第一名外，可以并列；如果涉及第一名成绩相同，必须让这些涉及第一名的运动员继续比赛，直到决出第一名为止。

4. 在高度项目比赛中，如出现最好成绩相等，则按以下规定解决：

（1）在出现成绩相等的高度上，试跳次数较少者名次列前；

（2）如成绩仍然相等，则在包括最后跳过的高度在内的决赛全部比赛中，试跳失败次数较少者名次列前；

（3）如成绩仍相等，当涉及第一名时，进行决名次赛，直到分出名次为止，如成绩不涉及第一名，则名次并列。

5. 远度项目比赛犯规

跳远、三级跳远有下列之一情况即判犯规：

（1）运动员以身体任何部位触及起跳线之前的地面；

（2）从起跳板两端之外起跳，无论是否超过起跳线的延长线；

（3）触及起跳线和落地区之间的地面；

（4）在落地过程中触及落地区以外的地面，而落地区外的触地点较落地区内的最近触点更靠近起跳线；

（5）离开落地区时，运动员落地区外地面的第一触地点较落地区内最近触地点和在落地区内因身体失去平衡而留下的任何痕迹更靠近起跳线；

（6）在助跑或跳跃中采用任何空翻姿势；

（7）还未通知该运动员试跳而进行试跳，不管是否成功，都应判该次试跳失败；

（8）无故错过该次试跳机会；

（9）无故延误时限。比赛时，运动员无故延误时间，即不准参加该次跳，则以失败论处。如果在比赛中再次无故延误比赛时间，即取消该运动员的比赛资格，但在此之前的比赛成绩仍然有效。在时限只剩最后15秒时，计时员举黄旗示意，当时限到时，落下黄旗，主裁判应判定运动员该次试跳失败。如时限到的同时，运动员已开始试跳，应允许其进行该次试跳。当裁判员通知运动员试跳开始后，运动员才决定免跳，当时限已过时，应判为该次试跳失败。

三级跳远运动员的三跳顺序是一次单足跳、一次跨步跳和一次跳跃。单足跳时应用起跳腿落地，跨步跳时用另一条腿（摆动腿）落地，然后完成跳跃动作。

6. 高度项目比赛犯规

跳高有下列之一情况即判犯规：

（1）使用双脚起跳。

（2）由于运动员的试跳动作致使横杆未能停留在横杆托上。

（3）在越过横杆之前，身体触及立柱前沿垂直面以外的地面或落地区。但如果裁判员认为运动员并没有受益，则不应由此而判该次试跳失败。

（4）无故延误时限。

（5）当裁判员通知运动员试跳开始后，运动员才决定免跳，当时限已过时，应判该次试跳失败。

（6）试跳时，运动员有意用手或手指把即将从横杆托上掉下的横杆放回。

（7）无故错过该次试跳机会。

7. 投掷项目

在比赛过程中，运动员如果有下列违反规则的行为，则会被判犯规，成绩无效：

（1）超出时间限制。

（2）投掷铅球和标枪技术不符合规则规定（规则要求铅球和标枪必须由单手从肩上掷出）。

（3）在投掷过程中，身体和器械的任何一部分不得触及投掷圈铁圈上沿或圈外的地面标枪投掷弧、延长线以及线以外地面的任何一部分，包括铅球抵趾板的上面，否则即为投掷失败。

（4）只有当器械落地以后，运动员才允许离开投掷圈或助跑道。标枪运动员在投出的枪落地前，不能在投掷后转身完全背对其投出的标枪。完成投掷后，链球、铁饼和铅球运动员必须从投掷圈后半圈的延长线后面退出。标枪运动员必须从投掷弧以及延长线以后退出。

（5）在没有犯规的情况下，参赛者可以中止已开始的试掷动作，将器材放下后暂时离开投掷区，并重新开始，但是必须在规定的时限内完成投掷。

8. 裁判员的旗示

在跳跃项目比赛中，通常有一名主裁判手中持有红、白旗帜各一面，用来示意运动员试跳是否成功。举红旗表示试跳失败，成绩无效；举白旗表示成功，成绩有效。

在投掷项目比赛中，通常有两名主裁判手中持有红、白旗帜各一面，用来示意运动员试投是否成功。举红旗表示试投失败，成绩无效；举白旗表示成功，成绩有效。其中一名站在投掷区附近的称为内场主裁判，主要判定运动员在试投过程中是否犯规；另一名在落地区的称为外场主裁判，主要判定器械落地点是否有效。

9. 田赛成绩实时显示牌

在国际或国内大型田径运动会中，通常会在赛场显著的位置摆放一块电子显示牌，用以及时显示当前比赛项目的一些基本情况。跳跃、投掷前显示将要试跳、试投的运动员的号码、姓名、国家（或地区）代码及试跳、试投次数，该运动员前几轮的最好成绩和目前列的名次，本次比赛前几轮的最好成绩，试跳、投掷结束后会显示出该运动员本次试跳、试投的成绩。

项目六　篮球运动

知识导航

一、篮球运动的发展

经过百年来的发展，篮球运动从娱乐性游戏逐渐演变为竞技型篮球运动，无疑经过了一个漫长的过程，即构思设计、初始尝试、建章完善、推广宣传、立项入世、普及提高、创新发展等几个阶段。若以其活动方式和规则完善的过程划分，可将其发展历史分成五个时期：初创试行时期（19世纪90年代至20世纪20年代）、完善传播时期（20世纪30年代至40年代末）、普及发展期（20世纪50年代至60年代末）、全面提高时期（20世纪70年代至80年代末）、创新发展时期（20世纪90年代至今）。

1932年，在瑞士日内瓦成立国际业余篮球联合会。1936年第十一届奥运会上，男子篮球被列为正式比赛项目。国际篮球规则逐步完善，篮球运动进入一个新的发展起点，掀起了第一次篮球运动的发展浪潮。

20世纪40至80年代，篮球运动经过了一个大的发展和普及。1946年6月6日，美国职业篮球联赛在纽约成立；1950年，第一届世界男子篮球锦标赛在阿根廷举行；1953年3月，第一届世界女子篮球锦标赛在智利举行；1976年，第二十一届奥运会上，女子篮球被列为正式比赛项目；1980年，美国职业篮球联赛正式确认远投3分和三分线。随着篮球运动的发展，篮球场地、规则、技术、战术朝着更加科学化、合理化、国际化的方向发展，掀起了篮球运动的第二次发展浪潮。

20世纪90年代，国际奥委会和国际业余篮球联合会同意职业篮球运动员参加奥运会比赛，世界篮球运动进入一个全新的发展时期。1992年，美国篮球“梦之队”在西班牙巴塞罗那夏季奥运会上展现了世界最高水平的篮球运动技艺。篮球运动的技术动作不断创新，战术日益精湛，更加追求实效，阵形多变，运动员内外攻守区域分位趋向模糊，高空争夺更趋凶悍，竞技艺术更具观赏性。世界篮球运动由此向融科技化、竞技化、职业化、产业化于一体的当代篮球运动方向发展，掀起了第三次篮球运动发展高潮。

二、篮球运动的基本特点

（一）集体性

篮球运动的集体性，主要表现在团队作战和集体协同上。在篮球场上，行动都要听从指挥，一切个人活动都要服从球队的目的，要求比赛场上的每名运动员都做到齐心协力，单打独斗很难取得比赛的胜利，要想获得胜利就必须依靠集体的力量。

（二）对抗性

篮球运动属于无阻拦的同场竞技性运动项目，主要表现为有球队员和无球队员之间的对抗、无球队员和无球队员之间的对抗。随着篮球运动的发展，在比赛中出现的身体对抗更为频繁，不仅要求运动员能适应激烈的对抗，还要求运动员在激烈的对抗中稳定地运用各项技术。

（三）综合性

篮球运动属综合性体育运动，它包括跑、跳、投等身体体能活动。篮球运动竞技本身涉及社会学、生物学、军事学、管理学、体育学、教育学、竞技学等多个学科，具有综合性的特点。

思政园地

姚明：一代中国人的篮球梦

2008年8月8日，相信每一个中国人都不会忘记这一天，中国人近百年的奥运梦想终于实现。奥运开幕式上，中国代表团由姚明担任旗手，当他牵着林浩的手出场时，全场掌声雷动。姚明已然成为代表中国的一张名片。

作为NBA（美国职业篮球联盟）历史上第一个以“选秀状元”身份加盟的外国选手，姚明的NBA职业生涯开始得并不顺利。首秀上，他替补上场11分钟，1投0中。接下来的几场比赛，他的表现不是很好，观众和对手经常会对他发出奇怪的笑声。虽然没有反驳什么，但姚明心里憋了一股子劲，只有打出数据，才能让那些质疑者闭嘴。很快迎来了第八场NBA比赛，姚明替补出场，上场23分钟，刚好拿到20分。

8年NBA职业生涯，从最初被广泛怀疑到后来大受追捧，姚明经历了常人难以想象的艰辛。2016年，姚明正式入选奈史密斯篮球名人纪念堂，成为首位获此荣誉的中国人，他的存在也向世界证明黄种人同样可以站在NBA的舞台上。

尽管在北京奥运前左脚骨折，但姚明仍然出现在奥运会上。早在接受采访时，姚明就曾说：“在我来NBA之前，我的最终目标是帮助国家队在奥运会上取得好成绩。来到

NBA之后，这仍然是我最重要的目标。只要能让我进国家队，不给我报酬也没关系，没有球迷我也不在乎，甚至让我当板凳球员都行。”于是那一年，姚明冒着缩短职业寿命的危险，切断骨头植入钢钉，在奥运会上为国出战。

不幸的是，那一年中国男篮小组赛抽签抽到了“死亡之组”，对手都实力不俗。揭幕战上，中国队迎战美国队。赛前，作为队长的姚明组织队友们把手握在一起。“我们现在站在一起，我们现在把手放在一起，我们把自己交给这支球队，我们把这支球队扛在自己肩上。中国队，加油！”尽管奇迹没有出现，最终中国男篮遗憾输球，但中国男篮在姚明的带领下从未放弃，越挫越勇，最终成功晋级奥运会八强，追平了中国男篮在奥运会上的历史最佳战绩。

姚明对于中国篮坛的贡献，远远超出了赛场的范畴。2017年，在担任中国篮球协会主席后，他大刀阔斧地进行改革，限制外援，着重培养国内年轻队员。CBA在姚明的带领下开始复苏，成为能创造大量就业机会和巨大社会财富的行业。在2018年雅加达亚运会上，中国包揽了篮球的4枚金牌，这在中国篮球亚运史上是史无前例的。此外，姚明一直致力于下一代中国篮球运动员的培养，他曾说：“如果10年后我们仍然用姚明来代表中国篮球，那就是我的工作失职了，我们需要一颗冉冉升起的新星。”

姚明对中国青少年的影响也早已超越了篮球的界限。2008年，姚明以个人名义成立专项公益基金——“姚基金”，致力于助学兴教，促进青少年健康与福利等各种社会公益活动。截至2018年，超过92万人次的贫困地区青少年从该项目中受益。2020年，姚明当选为全国青年联合会副主席。

我们期待，中国将出现更多青年像姚明一样向全世界展现积极乐观、健康向上的当代中国青年形象。

思维导图

学习任务一　篮球基本技术

篮球技术是在篮球比赛中球员为了达到一定目的而采用的专门动作方法的总称，包括进攻技术与防守技术两部分。进攻技术有传接球、运球、持球突破、投篮等，防守技术有防守对手、抢断球、封盖技术等。在进攻和防守中，还有移动技术、抢篮板球技术等。

一、移动技术

移动是篮球多项技术的基础，其关键是控制身体重心的平衡和变化。现将几种常用的移动方法简述如下。

（一）起动技术

起动是球员改变静止状态的一种方法。在进攻中，突然快速地起动是摆脱防守的有效手段。防守时，迅速地起动是抢占有利位置、防住对手的首要环节。

动作要领：起动前，两脚开立，腿有一定的弯曲，上体稍前倾；起动时，后脚或异侧脚的前脚掌短促有力地蹬地，同时上体迅速前倾或侧转，向跑动方向移动重心，在最短的距离内把速度发挥出来。

图6-1　起动

（二）跑动技术

跑动是队员为了改变场上位置、方向和速度的重要方法，也是比赛场上运用最多的一种技术。比赛场上的跑动具有多样性，包括侧身跑、后退跑、变速跑、变向跑等。

1. 侧身跑是场上球员在移动时为了更好地观察场上情况，多在快攻和防守快攻时采用的一种跑动方法。

动作要领：向前快跑的同时，头部和上体自然地向有球方向扭转，脚尖朝着前进方向移动，完成攻守。

2. 后退跑是球场上背对前进方向的一种跑动方法，主要是为了观察场上的攻守状况，多用于防守状态。

动作要领：后退跑时，两脚提踵，两脚的前脚掌交替向后跑动，上体保持正直，自然放松，两臂屈肘自然摆动。

3. 变速跑是场上队员通过变换跑步的速度来占取有利的一种跑动方法。

动作要领：加速跑时，两脚用力连续蹬地，身体前倾，两臂前后摆动，加快跑的频率；减速跑时，利用前脚掌用力抵住地面，减缓跑的前冲力，上体由前倾状态转为直立状态，降低跑的速度。

4. 变向跑是队员在跑动中突然改变移动方向以此来摆脱防守或者堵截进攻的一种方法。

动作要领（以从左向右变向跑为例）：顺步变向跑时，左脚落地制动，屈膝降低身体重心，用前脚掌内侧蹬地，同时扭腰转胯，右脚迅速向右跨步加速；交叉步变向跑时，左脚落地制动，腰胯向右转动，同时左脚前脚掌内侧蹬地向右跨步，继续加速跑动前进。

（三）跳动技术

跳动技术是场上队员为争取高度或者远度的一种动作方法。比赛中，有很多技术动作需要通过跳动来完成，如跳球、横断球、抢篮板球、跳起投篮等动作。跳动分为单脚起跳和双脚起跳。

1. 单脚起跳动作要领。起跳时，起跳腿微曲前送，脚后跟先着地，迅速屈膝过渡到前脚掌，用力蹬地，摆动腿提膝上抬，身体到达最高点时，摆动腿屈膝伸展与起跳腿合并。落地时，双脚分开，注意屈膝缓冲。

2. 双脚起跳动作要领。起跳时，两脚开立，膝盖弯曲呈下蹲姿势，两臂相应后摆，上体适当前倾。双脚用力蹬地，膝关节伸展，向上提腰，两臂用力从后向前上方摆动，身体向上腾起，同时在空中自然展体。落地时双脚分开，前脚掌先着地。屈膝缓冲，维持身体平衡。

（四）转身技术

转身是球员以一脚为中轴脚进行旋转，另一脚蹬地向前（后）跨出，从而改变原来身体方向的一种动作方法。它与急停、跨步、持球突破结合使用，能有效摆脱防守，创造传球、投篮的机会。转身分为前转身和后转身。

1. 前转身动作要领。转身时，中轴脚前掌用力碾地，移动脚向中轴脚脚尖方向跨出，移动脚蹬地并迅速跨步，从而改变身体方向，同时转腰转肩，并保持身体平衡。

2. 后转身动作要领。中轴脚前掌用力碾地，移动脚前脚掌内侧用力蹬地，向中轴脚后方迅速转身，同时转腰转肩，并保持身体平衡。

（五）滑步技术

滑步是防守动作的一项重要移动方法。它易于保持身体平衡，可向任何方向移动。滑步可分为侧滑步（横滑步）、前滑步和后滑步。

1. 侧滑步动作要领。滑步前，两脚左右开立，两膝微屈，上体稍前倾，手臂向两侧张开。向左滑步时，右脚前脚掌内侧蹬地，左脚向左跨出一步，落地的同时，右脚迅速随同滑行，然后依次重复上述动作，眼要注视对手（图6–2）；向右滑步时，动作相反。

图6–2　侧滑步

2. 前滑步动作要领。滑步前，两脚前后开立，两膝微屈，上体稍前倾，手臂向两侧张开。向前滑步时，后脚的前脚掌内侧蹬地，前脚向前跨出一步，着地后，后脚紧随着向前移动，保持前后站立姿势。

3. 后滑步动作要领。滑步前，两脚前后开立，两膝微屈，上体稍前倾，手臂向两侧张开。向后滑步时，前脚的掌内侧蹬地，后脚向后跨出一步，着地后，前脚紧随着向后移动，保持前后站立姿势。

二、运球技术

运球是球员在比赛中携带球移动的唯一方法，是控制球、支配球、组织战术配合和突破防守的重要手段。盲目地过多运球，会贻误战机，影响集体作用的发挥，造成被动局面。运球技术包括高运球，低运球，运球急停、急起，体前变向换手运球，背后运球，转身运球，胯下运球等。

（一）高运球

运球时身体重心较高，和对手存在一定的距离，便于观察场上情况。

动作要领：运球时，两腿微屈，目平视，以肘关节为轴，前臂自然伸屈，用手腕、手指柔和而有力地按拍球的后上方。球的落点控制在运球手臂同侧脚的外侧前方，使球反弹的高度在腰腹之间，手脚协调配合，使球有节奏地向前运行。（图6–3）

图6–3　高运球

（二）低运球

当受到对手紧逼防守时，常采用低运球方法，这种运球方法对于球的保护性较强。

动作要领：两腿弯曲，重心下降，上体前倾。在用上体和腿保护球的同时，用手短促地按拍球，使球从地面向上反弹的高度在膝部以下。（图6-4）

①　②　③　④　⑤

图6-4　低运球

（三）运球急停、急起

运球急停、急起是运球时利用速度的突然变化来摆脱防守的一种常用方法。

动作要领：在快速运球中突然急停时，采用两步急停，使身体重心降低，手按拍球的前上部，使球停止向前运行。运球急起时，两脚用力后蹬，上体急剧前倾，迅速起动，同时按拍球的后上部，人、球同步快速前进。（图6-5）

①　②　③　④　⑤　⑥

图6-5　运球急停、急起

（四）体前变向换手运球

体前变向换手运球是运球球员利用突然改变运球方向来突破防守的一种运球方法。

动作要领（以右手运球为例）：运球球员从对手右侧突破时，先向对手左侧做变向运球假动作，然后突然改变方向向右侧运球。变向时，右手按拍球的右后上部，把球从自己的右侧按拍到左侧前方，同时，右脚向左前方跨出，上体左转，用肩保护球，然后换手运球加速前进。

扫一扫，观看录像视频“体前变向换手运球”

（五）背后运球

背后运球是运球队员为了变向摆脱防守进行突破的一种常用的运球方法。

动作要领：运球队员右手运球，在身体的后方横向运球，将球运至身体的左侧，左手运球迅速向左前方跨出，在做背后运球时可将自己的身体作为掩护屏障。

（六）转身运球

转身运球是运球队员为了摆脱防守进行突破的一种常用的运球方法。

动作要领：左脚向前跨出一步为中枢脚，然后右脚用力蹬地后撤，顺势做后转身动作。在转身的同时，右手按拍球的右前方，将球拉引至身体的侧后方落地，转身后换用左手推拍球，转身前，按拍球要有力，并在球反弹上升的过程中拉球，重心要平稳。

（七）胯下变向运球

胯下变向运球是运球队员为了摆脱防守进行突破的一种常用的运球方法。

动作要领（以右手运球为例）：右手运球时，左脚向前迈出一步，身体重心降低，右手击球的右侧方，手腕用力，将球从胯下拍至左手，左手迅速运球向左前方移动。

三、传球和接球技术

传、接球技术最直接地反映了球员的观察与判断能力，是进攻球员在场上相互联系和组织进攻的纽带，是实现战术配合的具体手段。

（一）传球技术

传球技术是进攻队员有目的的转移球的一种方法，是实现战术配合的重要手段。传球技术的好坏，直接影响着战术质量的高低，甚至决定比赛的胜负。

1. 双手胸前传球

双手胸前传球是最基本、最常用的传球方法。这种传球方法快速有力，在不同距离和不同方向中都可使用，而且便于和投篮突破等动作相结合。

动作要领：双手持球于胸前，两手五指自然分开，两拇指呈“八”字形（两拇指间的距离随手的大小可变远近），持球的侧后方。手指指根以上部位触球，手心空出。两肘自然下垂，上体稍前倾，两腿自然弯曲地前后站立。传球时，前臂急促地向传球方向伸出，拇指用力下压，食指、中指外翻，抖腕拨球将球传出。（图6-6）

图6-6 双手胸前传球及持球手势

2. 单手肩上传球

单手肩上传球是一种常用的中、远距离传球方法，特点是速度快、力量大，特别是在抢到后场篮板球并发动长传快攻时运用得较多。

动作方法（以右手传球为例）：持球方法与双手胸前传球相同，两脚平行开立。传球时，左脚向传球方向跨出，同时双手将球引到右肩侧上方，右手大臂充分后引，左肩对准传球方向，重心落在右脚上，接着右脚蹬地，同时转体并迅速向前挥臂，手腕前扣，最后通过食指、中指、无名指的弹拨将球传出。（图6-7）

图6-7　单手肩上传球

（二）接球技术

在激烈的比赛中，是否能运用合理的技术将球平稳地接到手中，对减少失误、获得比赛胜利具有重要的作用。

1. 双手接球

动作要领（以双手接胸部高度的球为例）：接球前，手臂可自然前伸，手指自然分开，两拇指呈“八”字形，手指向前上方伸出，两手呈半圆形。手指在触球的同时，随球后引，屈肘缓冲来球的力量，两手握球，保持身体平衡，做好传球、投篮或突破的准备。

扫一扫，观看3D动画“双手胸前接球”

2. 单手接球

动作要领（以右手接球为例）：两眼注视来球，右臂微屈，手掌呈勺形，手指自然分开，迎着来球的方向伸出。当手指触球时，手臂顺势向后下引球，另一手立即帮助将球握于胸腹之间。

四、投篮技术

投篮技术是进攻队员投入篮圈中的一种动作，是篮球比赛中唯一的得分手段，包括单手肩上投篮、双手胸前投篮、行进间单手投篮、跳起投篮等。

（一）单手肩上投篮

单手肩上投篮是投篮中最基本、最基础的投篮动作，其他的单手投篮方法大多都是由单手肩上投篮演变而来的。

扫一扫，观看3D动画“单手肩上投篮”

动作要领（以右手投篮为例）：左手扶球的左侧，右臂屈肘持球于头右侧上方，大臂与肩关节平行，大小臂约呈90度，肘关节不要外展。两脚前后或左右开立，两膝微屈，重心落在两脚之间。投篮时，下肢蹬地发力，右臂向前上方举球，将要伸直时，手腕前屈，食指、中指用力拨球，通过指端将球投出，身体随之向前上方伸展。

（二）双手胸前投篮

双手胸前投篮是使用较早的投篮方法，虽然其出手点低，但易于保持投篮前持球的稳定性，便于和传球突破相结合。远距离投篮的情况，适合运用这种投篮方法。女生的上肢力量较男生弱，比较适合学习这种投篮方法。

动作要领：投篮的准备姿势与双手胸前传球的准备姿势基本一致，投篮前，将球置于胸前，目视球篮，两肘关节自然下垂；两脚前后或左右开立，两膝微屈，重心落在两脚之间。投篮时，两脚蹬地，两臂向前上方伸出，两手腕同时外翻，拇指稍用力压球，使球通过拇指、食指、中指指端投出。（图6-8）

图6-8　双手胸前投篮

（三）行进间单手投篮

行进间单手投篮多用于快攻或者突然切入篮下两种情况，俗称“三步上篮”。

1. 行进间单手肩上投篮

动作要领（以右手投篮为例）：在运球行进或跑动行进中，接球的同时右脚向前跨一大步，落地后，左脚向前跨一小步蹬地跳起，右腿提膝高抬，双手迅速举球于右肩上方。右手托球且掌心向上，左手扶球，当身体腾空到最高点时，将球投出。

扫一扫，观看录像视频“行进间单手肩上投篮”

2. 行进间单手低手投篮

动作要领（以右手投篮为例）：在运球行进或跑动行进中，接球的同时右脚向前跨一大步，落地后，左脚向前跨一小步蹬地跳起，右腿提膝高抬。右手掌心向上托

球，并充分向球篮方向伸展、抖腕，食指、中指用力拨球，通过指端将球投出。（图6-9）

图6-9　行进间单手低手投篮

（四）跳起投篮

跳起投篮俗称“跳投”，具有突然性强、出手点高和不易防守的优点，可在原地、行进中急停或结合转身一起使用。

动作要领（以原地跳起右手投篮为例）：准备动作与单手投篮基本一样。起跳时，起跳和举球动作同时完成。垂直起跳时，用腰腹力量保持身体平衡。当身体跳起至最高点或接近最高点时，迅速伸臂，用手腕和手指的合力将球投出。（图6-10）

图6-10　跳起投篮

五、抢篮板球技术

（一）观察判断

获得篮板球的第一步就是观察判断，首先观察对手的站位和移动路线，其次是根据投篮的位置、弧线、力量大小判断球的落点。

（二）转身挡人抢位

转身挡人抢位多用于抢防守篮板球，在防守者靠近对手时运用。当对手投篮后，根据对手移动的方向决定转身的方法，转身后把双手挡在身后并贴、靠对手，挡住其移动路线。如果对手距离较远，可先上一步，贴近对手再做转身，把对手挡在身后。

（三）起跳与抢球

在比赛中，队员要根据球的反弹方向和落点迅速调整位置，抢占有利地点，可结合原地上步、单脚或者双脚起跳的脚步动作向上跳起，在起跳前，顺势高举手臂，用力挤靠对手，通过勾手、扣腕等动作抢获篮板球。

六、持球突破技术

持球突破是持球队员运用脚步动作和运球技术快速超越对手的一种攻击性很强的技术，主要技术动作由蹬地跨步、侧身探肩、推放球和加速等几个环节完成。

第一，蹬地跨步。持球进攻的队员，从静止状态突破对手的爆发力很大程度上依赖于两只脚快速而有力地蹬地，这样才能通过地面的反作用力，使自身具备速度和力量。

第二，侧身探肩。在虚晃引导、选择突破并完成第一步后，要通过身体翻转保护球不被防守者干扰，同时将肩探出去，保持突破的速度不变，全身位越过对手。

第三，放球加速。做完上面几个动作后，要在轴心脚抬起前将球放下，落点要放在突破行进的道路上，还要加速继续突破，完成进攻威胁。

持球突破分为交叉步持球突破和同侧步挡球突破。

（一）交叉步持球突破

动作要领（以右脚做中枢脚为例）：两脚打开距离合理，弯腿弯膝，降低突破重心，将球牢牢控制住，先做投篮的假动作向左跨出一小步，然后左脚蹬地抢出一大步。同时，右手运球迅速超越对手。

（二）同侧步持球突破

动作要领（以左脚做中枢脚为例）：准备姿势同交叉步。突破时左脚蹬地，右脚向前抢出进攻位置，右手放球，左脚再启动，运球超过对手。

七、防守技术

防守技术是篮球比赛中防守运动员依据场上实际情况抢占有利空间，合理运用手臂动作与脚步移动干扰进攻球员，并争取破坏或抢到球权的各种专门动作方法的总称。

随着篮球运动的高速发展，防守技术也朝着高强度、高对抗的方向不断进步，每位队员的防守要求也不尽相同。个人防守是全队防守的基础。

（一）防守有球队员

防守有球队员的关键是对球权的争夺，如何阻止进攻运动员有效合理地处理球便是防守者的任务，因为持球的进攻队员进攻威胁极大，更容易在比赛中取得得分，所以在面对持球队员时，防守者要通过积极的脚步移动和合法的手臂动作来干扰持球者合理处理球。

1. 防投篮

防投篮的根本目的是不让对方得分。首先，防守者要保证与对手的距离贴近，距离篮筐更近；其次采用斜步防守，并合理调整前后脚，多采用合法手臂动作进行干扰，还要判断对手的进攻意图，不要被假动作所迷惑；最后，在对手选择投篮出手时，要积极地伸直手臂，对出手点和出手角度进行干扰，阻止对方轻易得分，降低对手命中率。

2. 防突破

防守面向篮筐的持球队员，首先，在进攻者持球或者想要运球的瞬间做出合理的脚步移动，选择正确的防守位置。防突破的关键在于对进攻者突破第一步的防守，防守运动员同样要具有进攻性，不要畏惧对抗，紧贴对手，抢占有利位置。（图6–11）

3. 防运球

防运球是指防守进攻者的运球和运球中的进攻选择。首先，防守者应贴近对手，使对手降低前进速度和运球速度，干扰进攻者的运球节奏；其次，防守者要侧对或面对进攻者，降低重心，不断使用滑步或者撤步，在保持身体平衡的同时抢占有利进攻位置，迫使对手往边线或者人多的区域运球。在这个过程中，要注意手臂动作的使用，避免因为抢球、掏球而失去防守位置。（图6–12）

4. 防传球

防守传球的重点在于防守对手的传球路线，不让对手将球传到进攻威胁大的区域。当进攻者接球后，防守运动员要选择正确位置，调整身体动作，注视篮球，伸出手臂对进攻者处理球的方式进行干扰和封堵，逼迫对手将球传到进攻威胁不大的区域，对无法运球的进攻者，要积极上抢，从传球出手点进行干扰。（图6–13）

图6–11　防突破

图6–12　防运球

图6–13　防传球

5. 抢球

抢球是获得球权的有效途径。防守者要注意观察进攻球员的动作，在进攻球员无法有效保护球时积极大胆地、突然合法地运用手臂动作，争抢球权。抢球分为拉枪和转抢两种。

6. 打球

打球是指击落对方手中球的方法。首先，缩短与对手的距离，观察对手的进攻动作，掌握好打球时机和合法手臂动作，对于反弹球和无法保护的球，运用手臂和手指进行击打干扰，讲究动作幅度小、速度快，比如盖帽技术。

盖帽是防守投篮的重要技术，是对于进攻队员做出投篮选择后，对还在进攻队员手里的球或者出手后在飞行的球进行击打封堵的技术。盖帽时，要观察进攻队员的动作，起跳迅速，手臂伸直，判断对手投篮点和投篮时机，准确快速地进行击打封堵，在其过程中，避免和对手的身体接触，防止犯规的出现（图6-14）。

图6-14　盖帽

（二）防守无球队员

1. 防空切

防阻止无球队员向内切入，是防守无球球员的关键部分，一定要阻止切入队员进入进攻威胁较大区域或者靠近篮筐，防守的重点在于堵封对手从离球近的一侧切入，提前阻止对手的切入路线，集中注意力，观察无球队员的跑动。根据形式的不同，防空切有防纵切和防横切两种。

（1）防纵切

如图6-15①所示，④传球给⑧，❹及时偏向球侧借位防守；进攻者④切入时，防守者❹要提前移动，封堵其切入路线，同时伸手封堵其传球路线，使进攻者无法有效切入。

依据图6-15②，运动员④拿球，❽贴近防守，无球运动员晃动摆脱切入时，要么做转身面对切入者，不让其轻易接球；要么转身面对球，干扰传球路线，并随着无球运动员跑动。

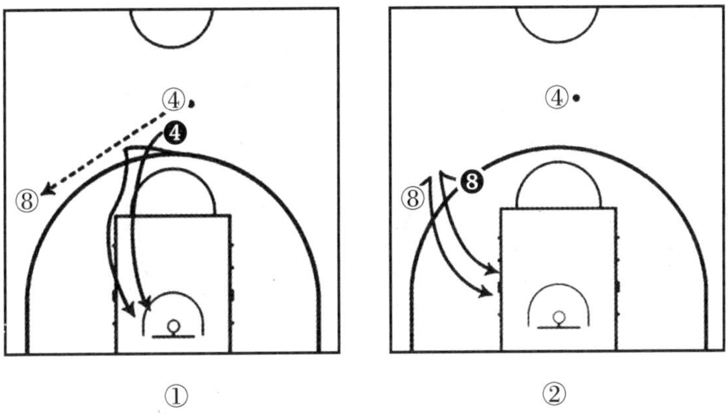

图6-15　防纵切练习

（2）防横切

根据图6-16①的情况，进攻者④拿球，队友⑥横向切入时，防守者❻及时移动，封堵切入路线，同时伸出手臂干扰传球路线，同时滑步跟着对手进行移动。根据图6-16②的情况，防守者❻面对球干扰传球路线，同时紧贴进攻运动员⑥进行移动，合法移动身体与手臂，使其切入无效。

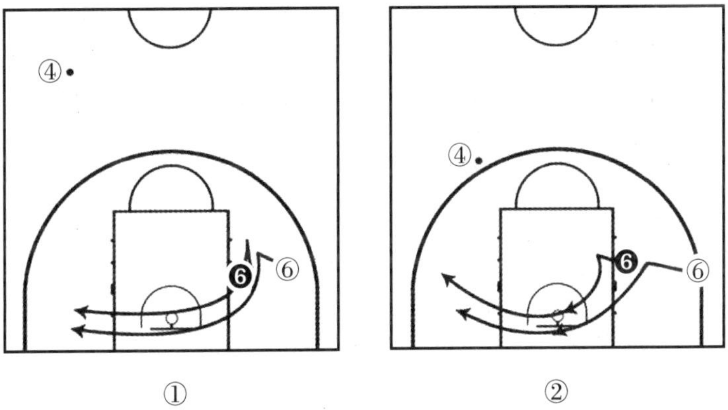

图6-16　防横切练习

2. 断球

断球是抢取进攻者传球，从而获得球权的一种方法。这种防守有很高的攻击性，在传球的一瞬间，要准确判断传球路线并进行拦截，有横断球、纵断球和封断球三种情况。

（1）横断球

横断球是防守者从传球侧面进入并抢取球权。

①动作方法：在传球的瞬间，判断传球轨迹，迅速启动，打开手臂，向传球轨迹移动，并伺机抢取球权（图6-17）。

图6-17　横断球

②动作要点：提前预判，启动迅速，手臂打开。

（2）纵断球

纵断球是防守者在无球队员接球的瞬间从侧后方出现并抢取球权。

①动作方法：脚步积极上抢，迅速抢占接球队员的身前位置，手臂打开，观察传球轨迹，将球截获（图6-18）。

图6-18　纵断球

②动作要点：上抢积极，合理判断空间位置，手臂打开。

（3）封断球

在接球时，因位置不合理不适合断球，可在进攻者身前拍击抢打球权。

学习任务二　篮球基本战术

篮球战术是篮球比赛中队员之间有意识、有策略、有目的地运用各种技术进行的进攻或者防守行动。篮球战术是篮球运动的重要组成部分，是比赛中发挥个人作用和集体力量的手段，通过将场上队员组织起来，发挥集体的作用，进而争取比赛的胜利。篮球战术分为进攻战术和防守战术，还可以分为局部战术和整体战术。

一、局部配合战术

（一）进攻局部配合战术

进攻局部基础配合是指2～3人之间为了创造攻击机会合理利用技术和场地空间而组成的配合，主要包括传切配合、掩护配合、策应配合等。

1. 传切配合

传切配合是进攻球员之间利用传球和切入技术所组成的简单配合。

练习方法：如图6–19①所示：⑤接到④的传球后，做投篮、传球、突破假动作，吸引❺的注意力，此时④利用假动作迅速摆脱❹的防守，侧身切入篮下，准备接⑤的回传球投篮。

如图6–19②所示：④运球或持球移动至靠近⑤的一侧，将球传给摆脱后上提的⑤，⑤接球后利用假动作吸引❺的防守注意力，同时处于另一侧的⑥利用假动作快速摆脱防守队员❻，空切至篮下接⑤的回传球上篮，⑤无球跟进冲抢篮板球。

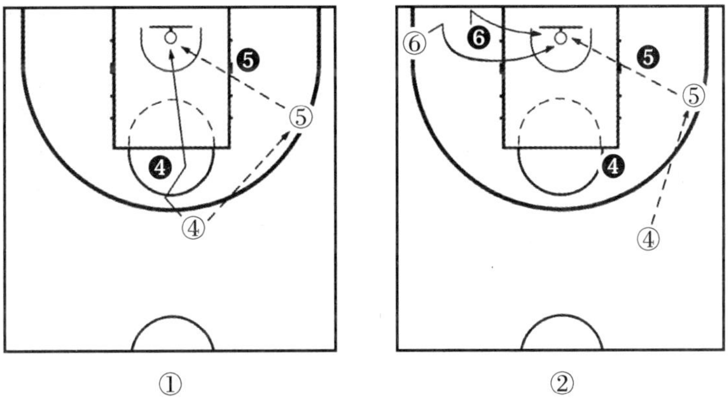

图6–19　传切配合

2. 掩护配合

掩护配合是掩护球员采用合理的行动，用自己的身体挡住同伴的防守者的移动路线，使同伴借以摆脱防守，或利用同伴的身体和位置使自己摆脱防守的一种配合方法。

练习方法：如图6–20①所示，⑤接到⑥的传球后利用假动作吸引防守者注意，此时⑥做接回传球假动作后迅速摆脱向左切入篮下，❻跟随⑥进入篮下，此时⑥利用④的掩护移动至限制区外接⑤的传球后跳投，这是一次前掩护配合。重点：掩护配合时同伴之间的身体一定尽可能地贴近，防止对方队员从缝隙中穿过，传球队员一定要等接球投篮运动员跑动到位时方可传球。

如图6-20②所示，⑥传球给⑤后，利用假动作摆脱移动到❺的左侧，⑤借助⑥的侧掩护快速从❺的左侧突破上篮。重点：掩护队员掩护时身体要保持静止，突破队员应紧靠防守队员身体，突破时要等掩护队员掩护到位时才可突破，这是一次侧掩护配合。

图6-21，⑤传球给⑥后反方向跑去给④做掩护，当接近时突然变向加速向篮下切入，接⑥的传球投篮。重点：做假掩护时的掩护动作要逼真，空切时变向要突然，尽可能打破对手的防守阵形，这是一次假掩护配合。

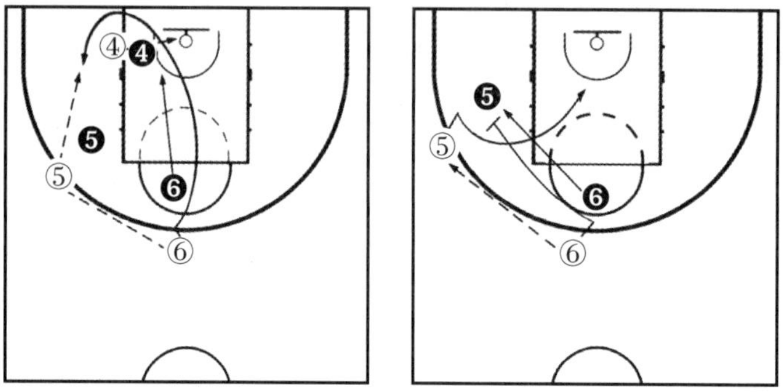

①　　②

图6-20　侧掩护配合

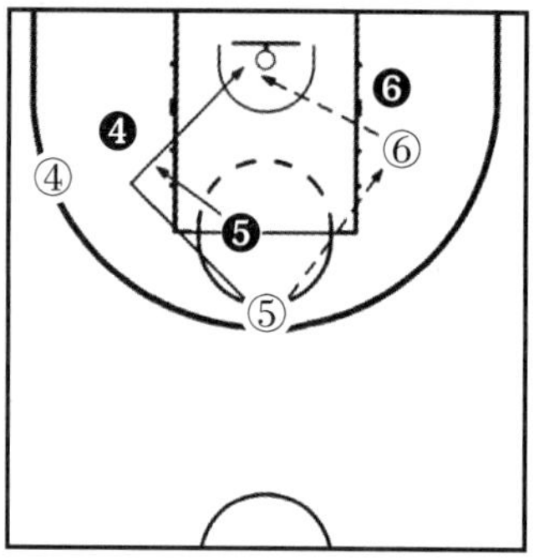

图6-21　假掩护配合

3. 策应配合

策应配合是进攻球员背对篮筐或侧对篮筐接球，以他为枢纽，与同伴空切配合而形成的一种里应外合的配合方法。

练习方法：如图6-22①所示，本方法是内线球员位于内策应区与空切和外线球员的配合，即内策应。⑥从限制区一侧突然插入对侧的低策应区接⑥的传球，⑤向下移动并假装要接⑥的传球投篮，⑥利用假动作，在吸引防守队员的同时观察队友的意图和行动，此时，④应尽可能快速摆脱空切，⑥应及时隐蔽地将球传给④投篮。重点：策应时要以假乱真地做进攻动作，注意场上位置的变化，策应队员传球时要快速、隐蔽、准确。

如图6-22②所示，中锋或高大前锋占位于罚球线附近，接球后作为枢纽，根据场上位置进行组织，传球给最有利的同伴或自己进攻，形成内外结合、以假乱真的配合，即外策应。⑤持球或运球，④从低位快速上提至罚球线附近并占据有利的位置，⑤传球给④，⑥快速摆脱切入，④及时、隐蔽地将球传给⑥投篮。重点：三名队员之间移动时机要有顺序，衔接的时间尽量短，移动要突然，策应队员接球之前就应该明确场上其他接球队员的位置，接球后可以马上组织进攻。

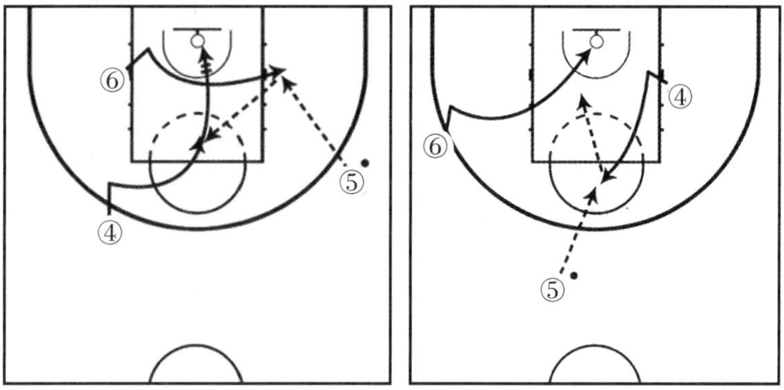

①　　②

图6-22　内策应配合

（二）防守局部配合战术

防守战术的基础配合是防守球员之间为了破坏对方进攻而配合，或当同伴防守出现困难时及时互相协作和帮助的行动方法，主要包括关门配合、夹击配合、补防配合、抢过配合、穿过配合、绕过配合、交换配合，这里主要讲一下关门配合、夹击配合和补防配合。

1. 关门配合

“关门”是两名防守队员靠拢协同防守突破的配合方法。在进行关门配合时，防守队员要积极堵截进攻者的突破路线，临近突破一侧的防守队员要及时向同伴靠拢进行关门，不给突破者留有通过的空间。

“关门”配合的方法，如图6-23所示，当⑤向右侧突破时，❹和❺进行“关门”；向左突破时，❺和❻进行“关门”。重点：队员靠拢时应尽量用口语提醒，靠拢时要提前站好合法防守位置，避免造成犯规。

2. 夹击配合

夹击配合的方法：

如图6-24所示，④从底线突破，❹封堵底线，迫使④停球、转身或变向，❺同

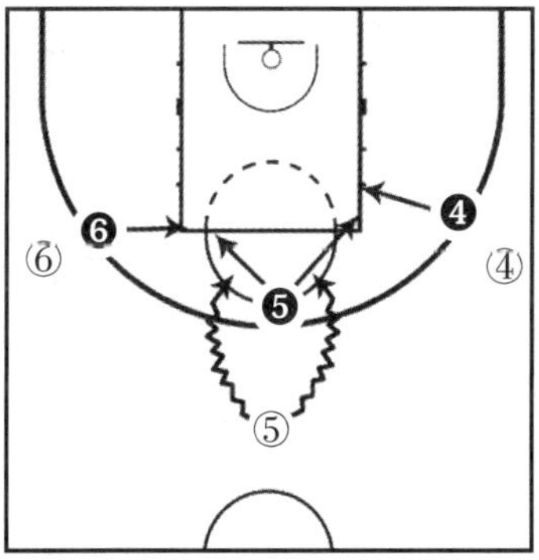

图6-23　“关门”配合

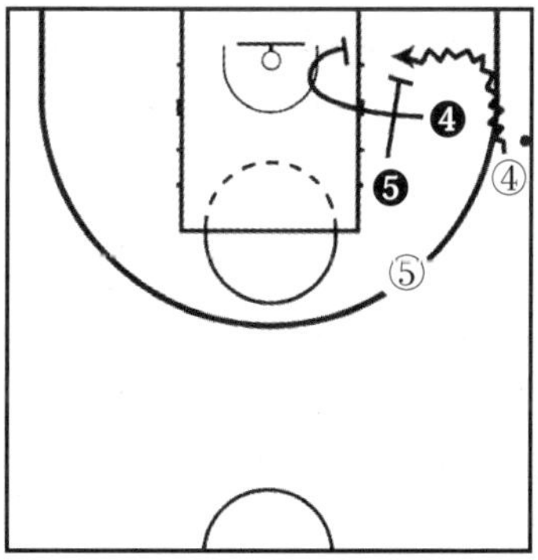

图6-24　夹击配合

时迅速向底线跑去与❹协同夹击④，封堵其传球路线，迫使其违例或失误。重点：防守突破队员提前堵截，夹击队员上前围堵的时机要抓准。

3. 补防配合

补防配合的方法，如图6-25所示：⑤将球传给④后，突然摆脱❺的防守直插篮下，此时，❻放弃对⑥的防守而补防⑤，❺去补防⑥。重点：补防换位时机掌握要准，避免换位间隙进攻队员可以直接传球给篮下球员。

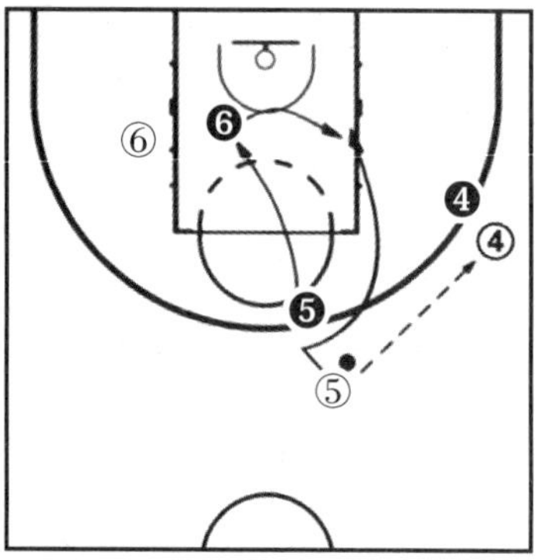

图6-25　补防配合

二、整体配合战术

（一）进攻整体配合战术

1. 快攻配合战术

发动快攻的时机较多出现在运动员抢到后场篮板球时，其次是抢、断球后，再次是对方投中篮得分后掷端线界外球时，最后是开局跳球后拥有球权队发动快攻。

长传快攻是在后场拥有球权后的队伍，由同伴之间用一次或两次长传球发动快速进攻，迅速摆脱对方防守，结束时以快下队员接球投篮得分的进攻战术，长传快攻只有发动和结束两个阶段。

（1）抢篮板球后的长传快攻

如图6-26①所示：⑤抢到后场篮板球后，迅速观察场上情况，寻找长传快攻机会。

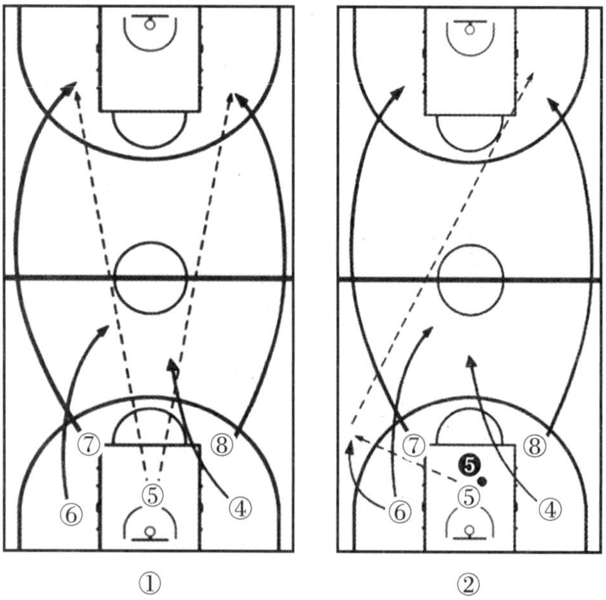

图6-26　抢篮板球后长传快攻练习

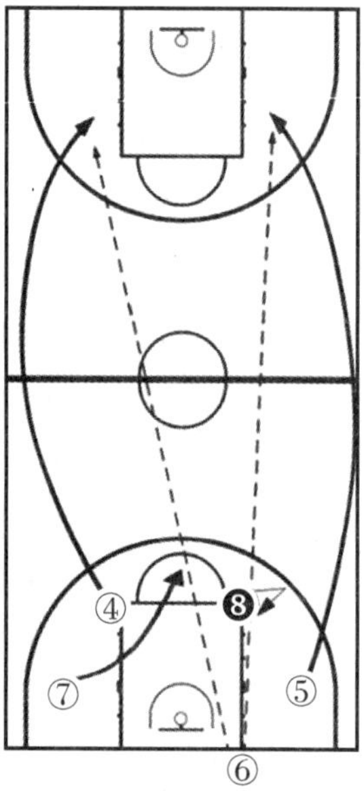

图6-27　掷后场端线球的长传快攻

⑧和⑦判断⑤可能抢到篮板球时，立即摆脱防守运动员沿边线快下，接⑤的长传球投篮得分。

如图6-26②所示：⑦和⑧判断⑤抢到篮板球快下，但由于受到❺的严密防守，⑤不能及时长传，应迅速传球给接应的⑥，⑥接球后长传给快下队员⑦或⑧投篮。

（2）掷后场端线球的长传快攻

如图6-27所示：当对方得分后，离球近的⑥快速抢步捡球，跨出端线，利用对方得分后掷球入界可以在端线外随意移动这个优势，以最快的速度将球长传给快下的④或⑤投篮。

（3）运球突破快攻

运球突破快攻指运动员获球后，迫于对方防守压力失去传球机会时，或者在直通对方球篮的路径上没有严密防守的运动员时，持球运动员应快速运球推进自己进攻或寻找机会与同伴配合。

2. 进攻半场人盯人配合战术

进攻半场人盯人防守时所选用的基本阵形落位要从本队实际出发，充分考虑运动员的身体条件和技战术特点等。常见的基本落位有单中锋进攻的“2-3”阵形和“2-1-2”阵形（图6-28和图6-29）；双中锋进攻的“1-2-2”阵形（图6-30）；无固定中锋的“1-2-2”阵形（图6-31）；中锋位于高策应区的“1-4”阵形（图6-32）；双中锋纵向站位的“1-3-1”

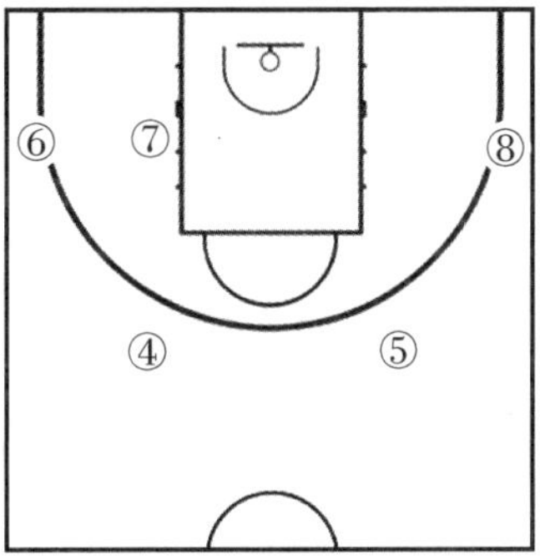

图6-28　“2-3”阵形

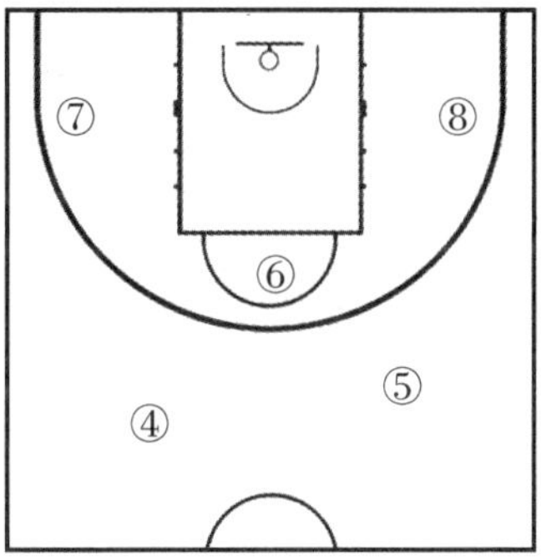

图6-29　“2-1-2”阵形

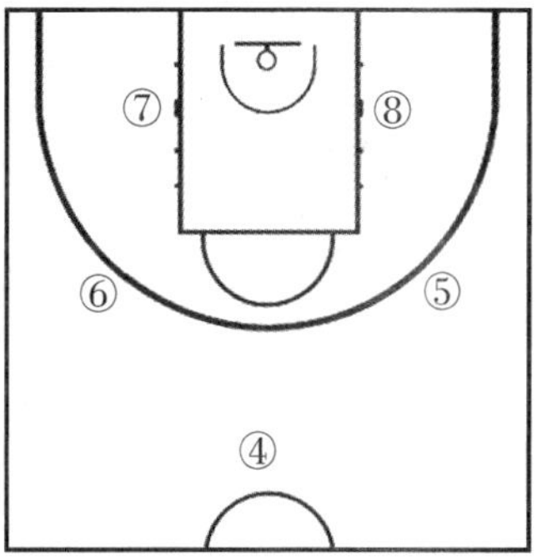

图6-30　“1-2-2”阵形

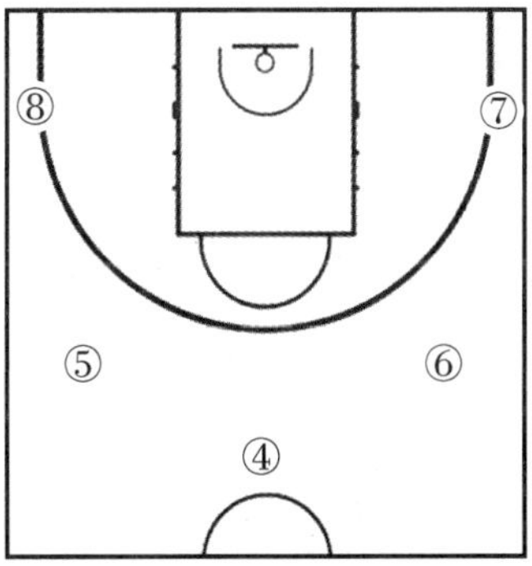

图6-31　“1-2-2”阵形

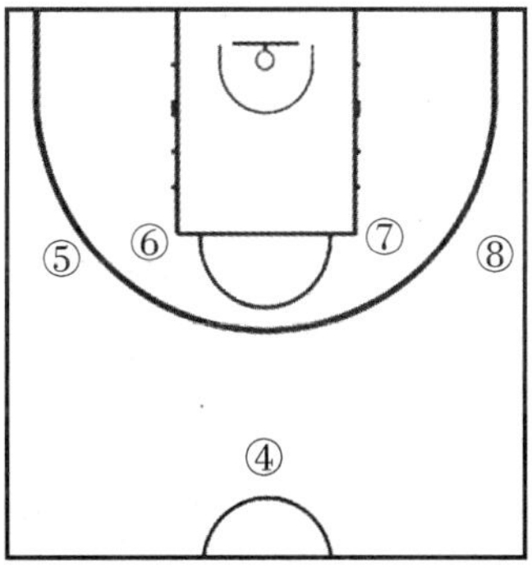

图6-32　“1-4”阵形

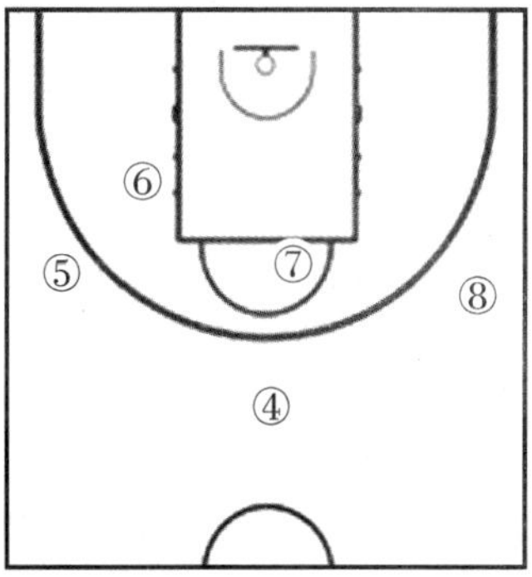

图6-33　“1-3-1”阵形

阵形（图6-33）。重点：明确场上重点运动员的进攻位置区域，避免出现位置重叠。

进攻半场人盯人的基本要求是：进入半场后，应该迅速落位，组织相应的进攻阵形，切合球队实际创造进攻机会，通过队员之间的配合组织进攻，积极拼抢篮板球，力争二次进攻机会。

3. 进攻全场人盯人配合战术

进攻全场人盯人防守的方法有“快速式”的进攻方法和“渗透式”的进攻方法。

（1）“快速式”的进攻方法

“快速式”的进攻方法是当出现防守转换进攻时，进攻队员要有强烈的转换意识，迅速落位，人和球的移动速度要快，有效组织快攻战术，使防守队员措手不及。重点：进攻战术组织一定要快速，快攻如果受阻，要有效组织快节奏的阵地进攻。

（2）“渗透式”的进攻方法

“渗透式”的进攻方法指由守转攻时失去快攻机会，队员有组织、有目的的选择全场落位，并利用传切、掩护、策应和突分等配合逐步瓦解对方防守的战术，常用的方法有掩护、突破、策应进攻方法和两侧掩护与中路突破进攻方法。

①掩护、突破、策应进攻方法。如图6-34所示：⑥和⑤做掩护，⑥摆脱❻的防守后接④的传球，如果⑥运球突破受阻，可运球去给④做掩护，④反跑至⑥的身前接球，然后从中路突破，此时应观察⑦的位置，如果④运球受阻应及时将球传给上提做策应的⑦。⑦策应后转身可传球给两侧快下的⑤或⑥进攻，如机会不好，把球传给组织后卫，快速组织快节奏的阵地进攻配合。

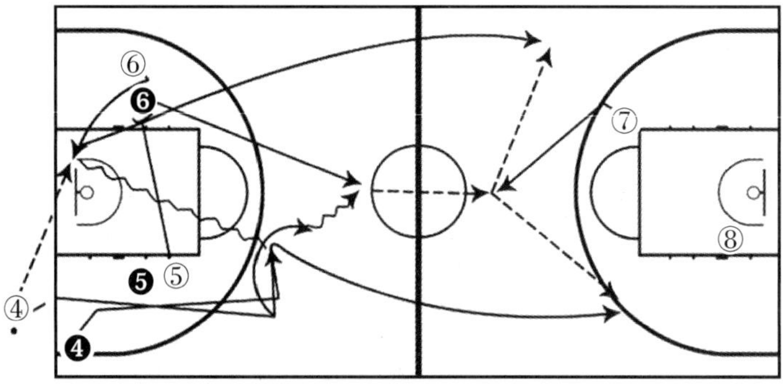

图6-34 “渗透式”进攻

②两侧掩护与中路突破进攻方法。如图6-35所示：⑧端线掷球入界，⑥、⑦在罚球线两侧准备接球，④和⑤分别站在靠近中线的位置。④和⑤同时去给⑥和⑦做掩护，⑥、⑦摆脱后沿边线快下。⑤掩护后迅速转身摆脱防守，接⑧的传球，④中路接应⑤的传球，并从中路快速运球突破到前场。④可选择直接投篮或传球给两侧快下的⑥、⑦进攻。如失去快攻机会，④应把进攻节奏减慢，重新组织阵地进攻。

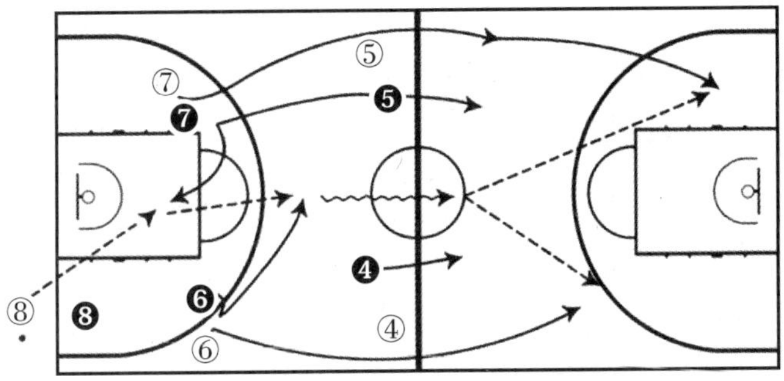

图6-35　两侧掩护与中路突破进攻

4. 进攻区域联防配合战术

以“1-3-1”阵形进攻“2-1-2”区域联防为例，来讲一下进攻区域联防的方法。

（1）“1-3-1”阵形的基本落位

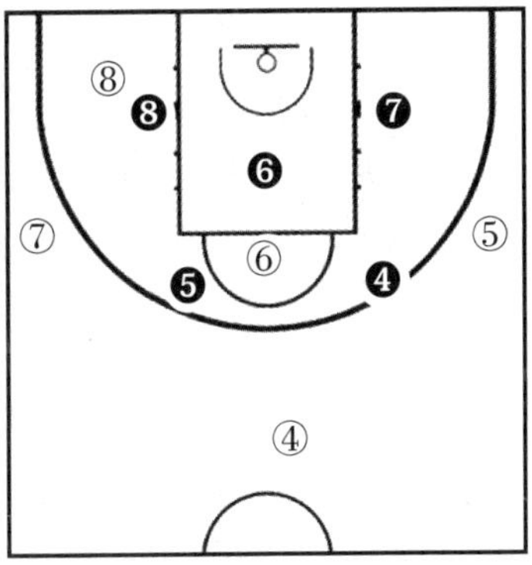

图6-36　“1-3-1”阵形的基本落位

“1-3-1”阵形拥有良好的球员站位空间，高位和低位球员之间衔接较好，更容易调动防守球员的移动距离。如图6-36所示，④、⑤、⑥、⑦都占据“2-1-2”区域联防的薄弱区，⑧作为“内应”，在底线可以来回移动，干扰防守球员的正常站位。这种进攻落位可以有效形成多打少的局面。

（2）“1-3-1”阵形的练习方法

如图6-37①所示，④、⑤、⑦外线传球，通过传球拉开防守阵形，当⑤接球时，⑦空切或溜底线至持球队员⑤一侧的底角接球，可持球突破，也可将球传给⑥或⑧，也可以远投或回传给⑤，重新组织进攻。

如图6-37②所示，⑥罚球线接球高位策应，可将球传给横切队员⑧，也可将球传给

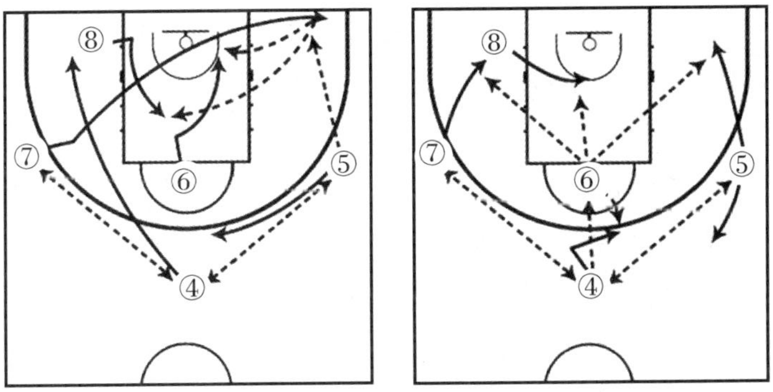

①　②

图6-37　“1-3-1”阵形练习

空切篮下的⑦，如果都没有机会，可将球传给后卫④重新组织。重点：中锋高位策应时，接到球后如果出现机会应首先考虑突破或中投，其他进攻队员要注意无球跑动时的顺序。

（二）防守整体配合战术

防守整体配合技术包括防守快攻战术、防守半场人盯人战术、防守全场人盯人战术和防守区域联防战术。

1. 防守快攻战术

防守快攻的方法从进攻结束阶段开始，一直延续到组织阵地进攻。

（1）一防二的方法

防守队员要提前选位防守，做到人球兼顾，利用假动作积极移动给对方造成判断错误，从而延误进攻时机。重点：注意判断对方意图，找准时机果断封堵、抢断。

（2）二防三的方法

两名防守队员要协同防守，相互照应。当一名队员侧重防守有球队员时，另一名队员要积极配合，合理选位，兼顾其他两名队员，出现机会应及时抢断。

2. 防守半场人盯人战术

半场人盯人防守战术是篮球战术里最重要的一部分，其战术核心是人球兼顾，场上五名运动员在各自盯住自己进攻运动员的同时做到与同伴共同协防的战术。

半场人盯人防守的方法有半场缩小人盯人防守和半场扩大人盯人防守。

（1）半场缩小人盯人防守

①强侧、弱侧的防守方法。以两个篮筐之间的假象连线为中轴线，有球的一侧为强侧，无求的一侧则为弱侧。强侧对持球队员要采用紧逼防守，对于靠近球的防守队员应采用错位防守，近球侧的手臂放置于自己的防守队员和持球队员之间，阻断传球路线。弱侧的防守要适当撤回篮下，视野要覆盖自己的防守队员和持球队员，防止对方传高远球，堵截对方的背插和溜底线。

如图6-38①所示，⑥持球时，❻紧逼⑥，❼内侧侧前防守⑦，❹紧逼防守④，❽回缩篮下，防⑥的高吊球及⑧的横切等。❺可适当向强侧靠拢。如果弱侧队员⑤接球（图6-38②），❺紧逼⑤，❼侧前或绕前防守⑦。❹错位防守④并准备协防。弱侧的❻向中锋一侧靠拢，保护中锋。❽错位防守⑧的接球或空切篮下。重点：防守持球队员的紧逼意识要强，强侧近球防守队员要人球兼顾，弱侧防守队员要大胆回撤。

②防掩护进攻的配合方法。人盯人防守时如果遇到掩护配合，应采用挤过防守，尽量不要换防，尤其是内、外线球员的掩护如果出现换防很容易导致以大防小或以小防大的情况。弱侧无球区的外线进攻队员出现掩护时，可以适当采用换防。

如图6-38③所示，⑥持球，中锋队员④与外线队员⑤做掩护，❹、❺注意不能换防，❺快速绕过掩护队员④继续防守⑤。右边的⑦、⑧掩护时，❼全力挤过、穿过或从

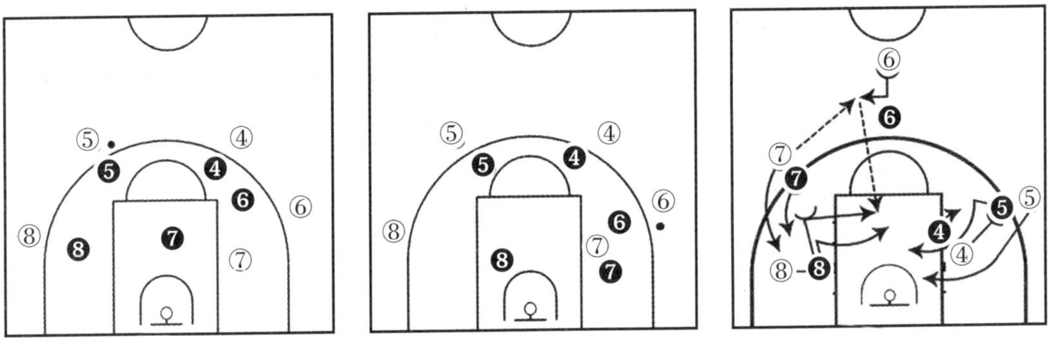

①　　②　　③

图6-38　半场缩小人盯人防守练习

内侧绕过。

（2）半场扩大人盯人防守

半场扩大人盯人防守主要是针对外线攻击能力突出，突破能力、内线和全队整体进攻配合一般的情况。其特点是防守目的明确，优势是可以很好地切断内外线的联系，更快地发动快攻，缺点是不易协防，运动员体能消耗较大。

如图6-39①所示，④持球或接球进入前场后，❹上前紧逼防守④，延误其进攻速度，防止其突破，❺和❼同时紧逼⑤和⑦防止接球，并随时注意与④之间发生的掩护配合。❻侧前防守⑥，防止高远球，❽大胆向篮下回缩，帮助❻去协防篮下的⑥，并随时注意⑧的横切。如④将球传给⑤，则按图示方向选位。重点：近球防守队员上前紧逼防守，防止接球或准备抢断，远球侧防守队员要注意防守选位，内线采用侧前或绕前，外线采用回缩篮下并人、球、区兼顾，随时准备夹击或围夹等配合。

如图6-39②所示，当④在中线边角出现停球时，❻要果断放弃⑥，❹和⑥上前夹击④。此时，❼向外移动对⑥进行补位，准备抢断球，❽大胆向篮下回缩，准备抢断④的高远球。重点：出现一防二或二防三时，防守队员要注意重心降低，根据球和无球队员的位置不断移动脚步。

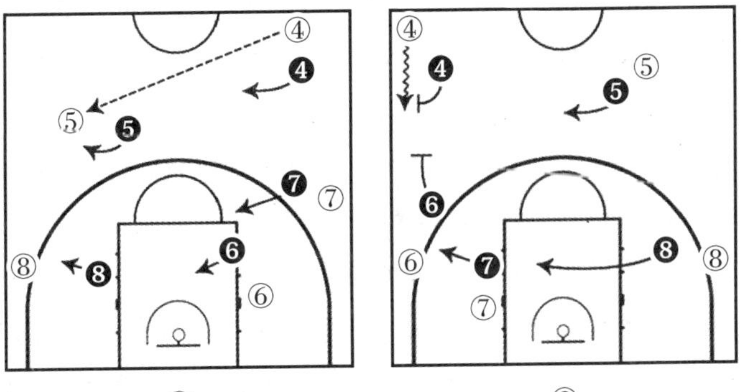

①　　②

图6-39　半场扩大人盯人防守练习

3. 防守全场人盯人战术

全场人盯人防守战术是在全场范围内与进攻队展开激烈争夺的一种防守战术。全场人盯人防守运用时机很多，在比分焦灼或落后的情况中，甚至在比分领先的情况下，为了扩大战果都可采用全场人盯人防守。

由于场上不同位置的防守任务不同，运用全场人盯人防守的方法，往往将篮球场地划分为前场、中场和后场三个区域，如图6-40所示。

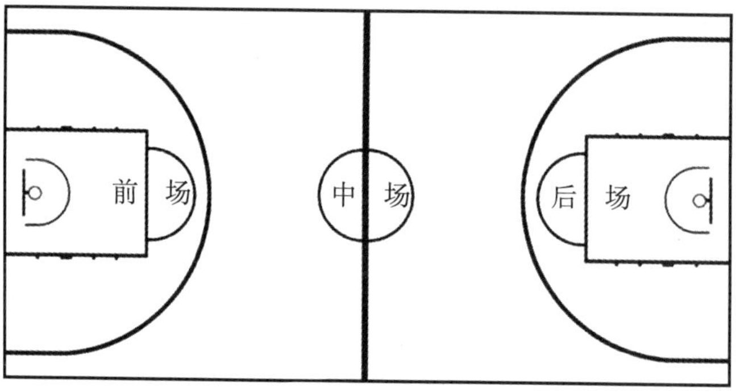

图6-40　篮球场地划分

（1）前场紧逼人盯人防守的方法

①对方端线掷球入界的防守方法

如图6-41所示，④端线外掷球入界，❹上前紧逼④，积极封堵④的传球角度，并争取断球。❺、❻、❼、❽积极选位防守各自对手的接球路线，迫使④传球失误或发生5秒违例。重点：防守掷球入界的队员不要超出端线的界面被判罚违例，注意防守时近球侧和远球侧的站位。

如图6-42所示，首先应迫使④将球传给控球能力较差的前场队员。假设⑤是一名控球能力强的进攻队员，此时❹应放弃防守④，去协助❺夹击⑤。❹背对或侧对④，同时面向⑤。❺站在⑤进攻路线的前面或侧后方，防止⑤摆脱快下接④的长传球快攻。❻、❼、❽除控制接球外，还要根据场上的变化及时调整防守位置，注意补防或断球。重点：防止掷球入界队员接回传球快攻，中场和后场队员要大胆地与自己的防守队员拉开距离，选择位置准备补防、协防和抢断高远球。

如图6-43所示，当④掷球入界时，❹站在⑤和⑥的前面或后面，❹首先判断④的传球意图，及时移动进行抢断或与❺、❻协同夹击接球的⑤或⑥。❼和❽应在⑦和⑧的侧方选择错位防守，随时准备抢断长传球和补防。如果对方已将球掷进场，而夹击、抢断又未成功，此时，❹和其他队员应及时选择对位，进行全场人盯人防守。重点：这种方法一定要引诱对方按照本队的防守掷球入界，便于本方抢断或夹击。

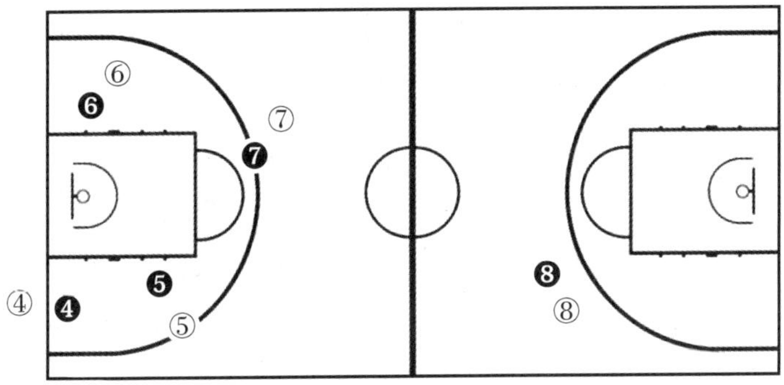

图6-41　对方端线掷球入界防守练习1

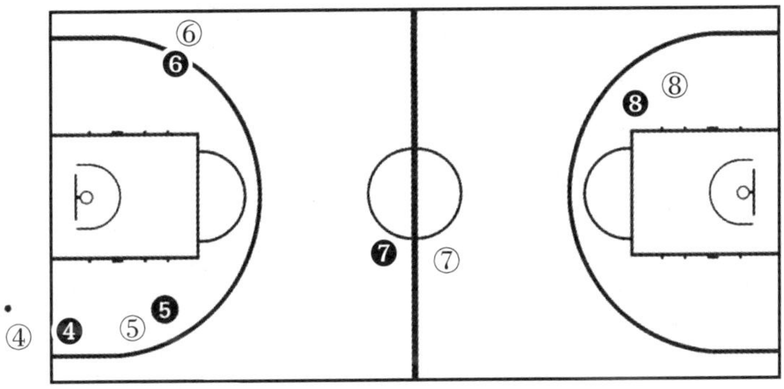

图6-42　对方端线掷球入界防守练习2

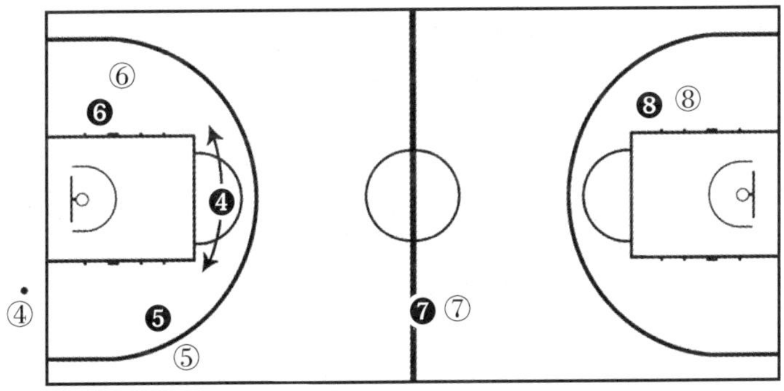

图6-43　对方端线掷球入界防守练习3

②对方抢到防守篮板球的防守方法

如图6-44所示，本方投篮未中，对方❼抢获篮板球时，邻近的⑦立即上去紧逼❼，⑥紧逼插中路的❺，⑧防❽，④、⑤防守快下的❻和❹。重点：当本方进攻不成、被对方抢获篮板球时，应立即展开防守，一般由就近队员防守对手。

③对方在后场边线掷球入界的防守方法

如图6-45所示，当对方④掷球入界时，❹和❻夹击接球队员⑥，其他队员及时选位防守，阻断各自对手的接球路线，并随时准备断球，造成进攻方的违例和失误。如果球已进入场内，❹应及时对位防守④。重点：当对方在后场边线掷球入界时，一般不去紧逼掷球入界者，而采用上前夹击接应队员的方法。

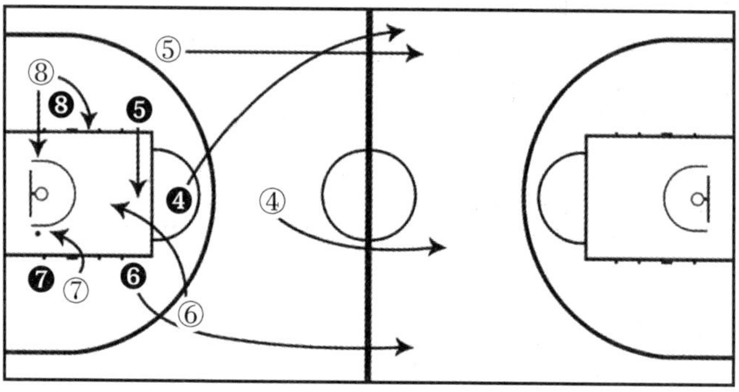

图6-44　对方抢到防守篮板球防守1

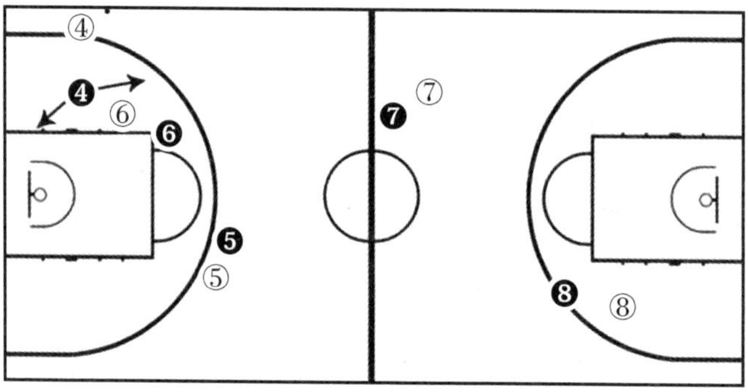

图6-45　对方抢到防守篮板球防守2

（2）中场紧逼人盯人防守的方法

中场防守的主要目的是迫使对方沿边线运球或传球，缩小对方的进攻视野，出现夹击机会时，最近同伴要提前去边线附近进行堵截。

如图6-46所示，⑤接到球后运球突破，❺堵住中间迫使⑤沿边线运球。❼大胆放弃⑦抢前堵截⑤，并迫使⑤在中线停球，与❺夹击⑤。❽快速移动补防⑦，❻补防⑧，❹向⑥轮转移动，并随时准备断⑤传出的球。重点：熟练掌握夹击、补防以及轮转换位防守的发动时机，中线夹击时最好出现在靠近中线的前、后场，迫使进攻队员8秒违例或球回后场。

如图6-47所示，④接到⑤的传球后开始运球，当⑤从中路运球被紧逼时，⑧准备上前策应，此时，❽应立即抢前阻止⑧上提，阻断其路线或抢断⑤给⑧的传球。如果⑧接到球，❻、❹、❺则要迅速补位，防止⑥、④、⑤空切，❽应诱导⑧向边线运球，❻看准时机与❽协同夹击⑧，❼同样要切断⑦插上做策应和空切篮下的移动路线。重点：提前识破对方的策应意图，强前防守阻断其移动路线。

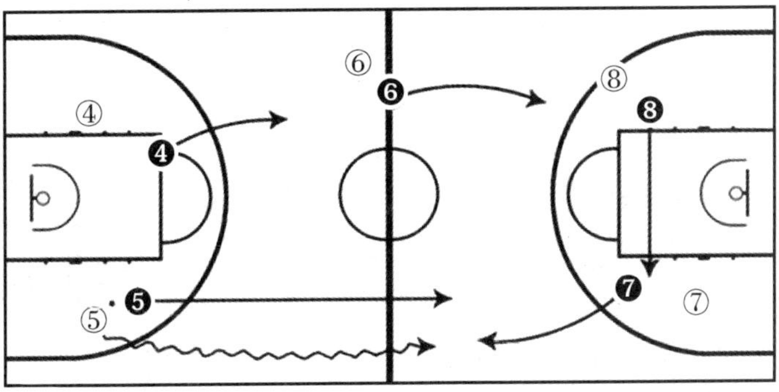

图6-46　中场紧逼人盯人防守1

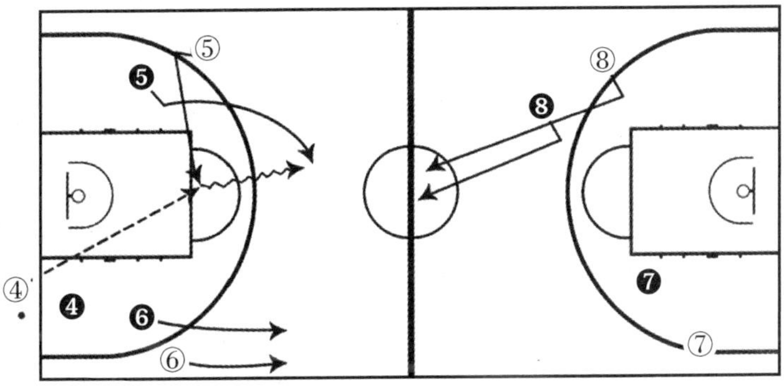

图6-47　中场紧逼人盯人防守2

4. 防守区域联防战术

区域联防要求防守队员在各自负责区域内做到人球兼顾、人随球动和协同防守。对于有球队员要采用人盯人防守，对于无球队员，要根据进攻队员和球的移动不停地变换防守位置，从而限制进攻队员的战术移动。

（1）区域联防的阵形

①“2-1-2”区域联防。如图6-48所示，这种联防的优势是队员分布均衡，移动距离近以便于协同防守。通过图中黑线区可以发现三分线的正面、30°至45°区以及篮下是防守薄弱区。队员❻和❼应该是机智、灵活、快速、善于抢断反击和组织快攻的队员。❽号队员应是身材高大、补位意识强、善于抢篮板球的队员。❹号队员、❺号队员则是身材高大、技术较全面具有争夺篮板球和发动快攻反击能力的队员。

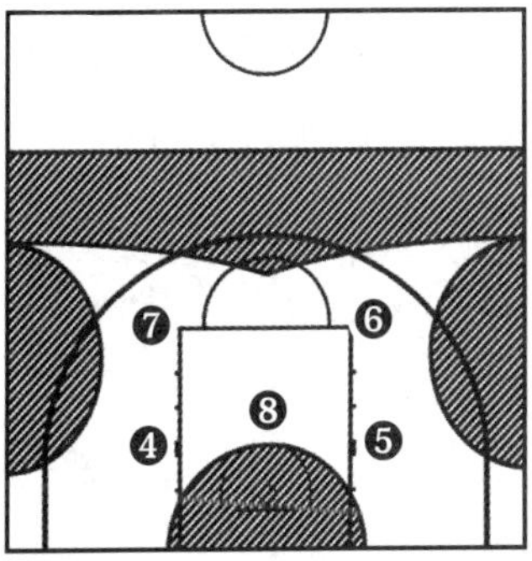

图6-48　“2-1-2”区域联防

②“3-2”区域联防。如图6-49所示，这种联防的优势是外围防守得以加强，更有利于防守外围的中、远距离投篮和篮下进攻，通过图中黑线区可以发现位于两个底线场角位置的中远距离投篮、罚球线以下的篮下进攻和篮板球是防守薄弱区。❻、❼、❽为上线

防守的队员，应选择具有脚步灵活、善于抢断球和快攻反击的队员。❹、❺应为身材高大、擅长内线防守、抢篮板球和发动快攻能力的队员。

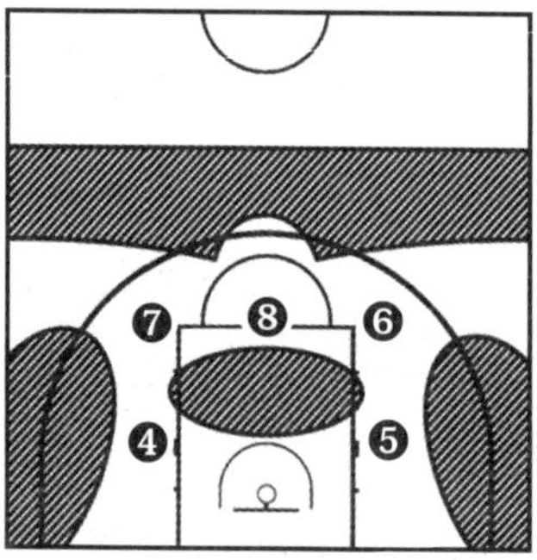

图6-49 “3-2”区域联防

③“2-3”区域联防。如图6-50所示，这种区域联防的优势是加强篮下、底线的进攻和防守，有利于抢篮板球和发动快攻。通过图中黑线区可以发现正面及35°至45°角区域是防守薄弱区。上线的❻、❼应是具备机智、灵活、快速、善于抢断和组织快速反攻能力的队员。❽应是身材高大、补位意识较好、擅长抢篮板球的队员。❹、❺应是身材高大、技术较全面具有争抢篮板球和发动快攻能力的队员。

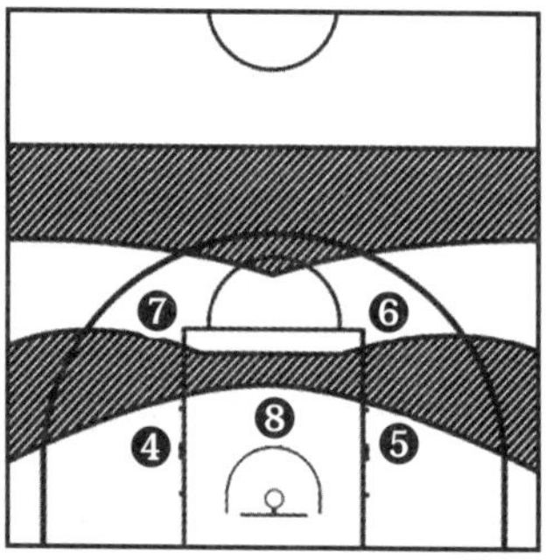

图6-50 “2-3”区域联防

④“1-3-1”区域联防。如图6-51所示，这种防守阵形的优势是加强正面、罚球区及两侧、无撞人半圆区附近的防守，有助于阻断进攻队员内外线之间、外线之间和内线之间的传球路线。通过图中黑线区可以发现，两个50°至70°角区、底线及两个场角是防守薄弱区。位于弧顶防守的❽应该是移动速快快、脚步灵活激动、防守能力强、思维敏捷、善于抢断和组织发动快攻的队员，❻应该是身材高大且灵活、技术全面、善于补防和抢篮板球的队员。底线的❹应该是身材高大、防守面积大、善于篮下防守和抢篮板球的队员。位于两侧的❼和❺技术要全面，并且善于冲抢篮板球和快速反击。

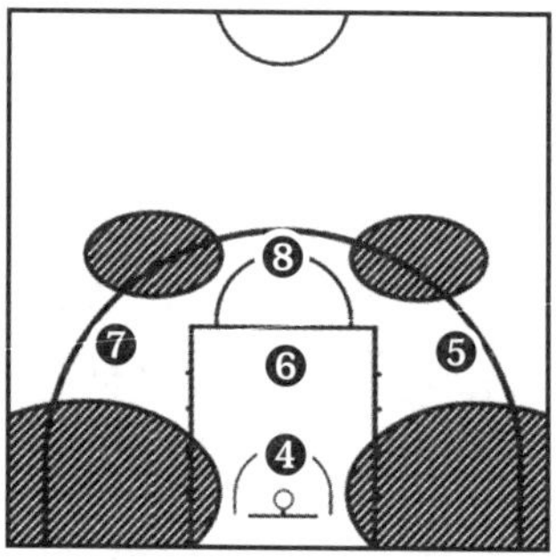

图6-51 “1-3-1”区域联防

（2）区域联防的方法

随着现代篮球的发展，区域联防技术有了较大的完善，在原有几种防守阵形的基础上增加了扩大防守、人盯人护送、防守共同责任区等概念，从而使半场区域联防逐渐衍生出对位联防这种新型战术。下面以“2-1-2”区域联防为例，对区域联防的方法进行讲解。

①球在弧顶时的防守站位

如图6-52所示，❺迎上防守持球队员④，❹和❼分别防守⑦和⑥，❹随时准备与❺进行补防或“关门”配合，❻防守⑤，❽错位防守⑧，❹和❽要随时准备抢断④的传球。重点：合理安排上、下线防守队员的落位，上线防守队员要堵中放边，下线防守要积极选位，做到人球兼顾。

②中锋策应时的防守站位

如图6-53所示，当中锋⑤罚球线附近接球时，❻上提防守⑤，❺和❹根据⑤的传球角度回缩协防⑤，❼防堵⑥向篮下空切，❽防堵⑦和⑧空切和溜底线。重点：无球队员要根据其离球的远近和队友的位置积极抢位、堵截和护送，并及时与队友相呼应，阻断对手移动和接球。

③球在一侧时的防守站位

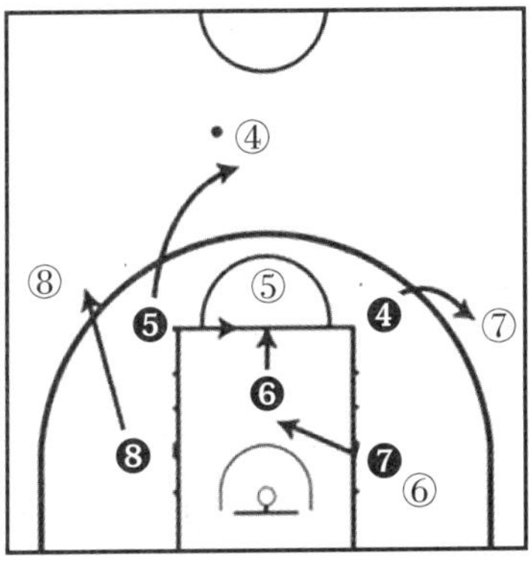

图6-52　球在弧顶时的防守站位

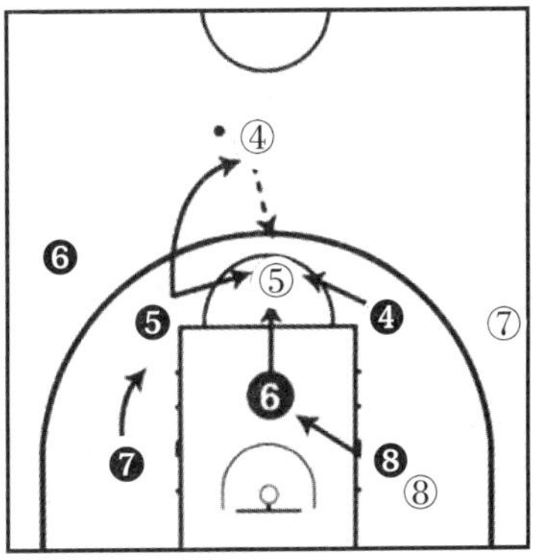

图6-53　中锋策应时的防守站位

如图6-54①所示，④传球给⑦，❹紧逼防守⑦，❽选位侧前防守⑧，❼回撤篮下防高远球和阻止⑥的空切，❻选位防守⑤接球和纵切，❺移至弧顶位置协防中锋⑤和抢断回传给④的球。

如图6-54②所示，④传球给⑥后，❼紧逼防守持球队员⑥，❺回缩准备协防，❻错位防守防止⑤接球或纵切，❹回缩防⑦横切或准备抢断吊球，❽回缩篮下防⑧横切和准备补防。

重点：每名队员要做到严防各自的区域，积极阻止进入自己防守区域内进攻队员的行动，近球区域要以多防少，远球区域要以少防多，不断根据球的位置调整队形进行协同防守。

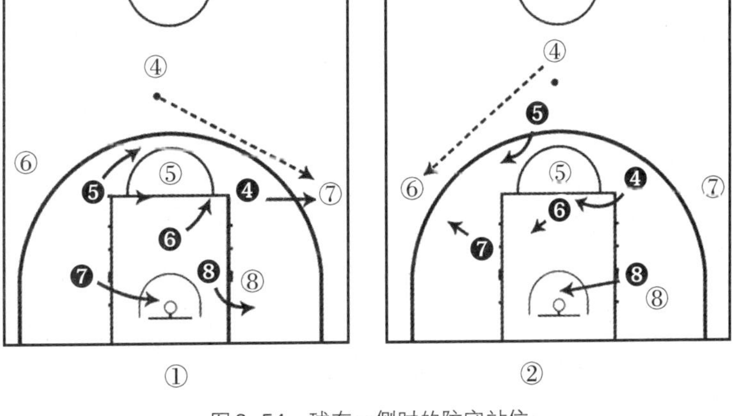

图6-54　球在一侧时的防守站位

学习任务三　训练设计与自评

一、移动技术训练设计

（一）起动和跑的练习

练习一：基本站立姿势（面向、背向、侧向），听或看指令或信号练习快速起跑练习。

练习二：做原地运球时，听或看指令或信号做快速运球的练习。

练习三：由同伴抛球，在球抛出后迅速跑动接球，要求途中球不能落地。

（二）急停练习

练习一：维持基本姿势，慢跑后听或看指令或信号立刻做跨步、跳步急停。

练习二：运球跑动中听或看指令或信号接球后做跨步、跳步急停，衔接传球。

练习三：运球结束后做急停并衔接传球或投篮。

（三）转身练习

练习一：在原地维持基本姿势，并以左右脚为轴，听或看指令或信号做不持球的前后转身90°、180°、270°的练习。

练习二：原地持球转动，以左右脚为中枢脚，听或看指令或信号进行前、后转身练习。

练习三：在球场摆放标志桶，跑动中遇到标志桶做前后转身90°、180°后紧接快跑。

（四）跳的练习

练习一：听信号或指令原地或跨步向前、侧、后上方，做双脚或单脚起跳的练习。

练习二：助跑后两三步接单脚或双脚连续起跳。

练习三：助跑衔接单脚起跳做连续手摸篮板、篮圈的练习。

（五）防守步法练习

练习一：根据手势做向左、向右、向前、向后各方向的滑步。

练习二：按照路线或标志物做三角形、“Z”字形、小“8”字环绕滑步和“T”形碎步移动练习。

练习三：一对一攻防中，碎步追堵对手移动路线，运用攻击步干扰球、抢断球练习。

二、运球技术训练设计

（一）原地运球练习

练习一：原地拍起静止不动的球。原地下蹲，对地面上静止的球不断进行拍击，拍击起来后再将球拍击到静止，按照这个规则，重复不断地进行练习。

练习二：原地胯下绕“8”字运球。两腿左右开立，约与肩宽，动作方法为将球通过胯下拍击向另一侧，依次练习。

练习三：原地高、低运球，左右手交替进行原地体前左右手变向运球。运球队员两脚打开合适距离，右手拍击球给身体左侧，左手拍击球给身体右侧，依次练习。

练习四：原地胯下左、右运球。运球队员两脚前后开立，右手拍击球通过胯下到身体左侧，左手接球后可做原地运球调整，在通过胯下拍击给身体右侧，不断重复练习。

练习五：原地背后换手变向运球。运球队员两脚打开合适距离，右手运球经过身体后方至左手，左手调整后运球经过身体后方至右手，依次通过身体后方进行换手变向运球，不断重复练习。

练习六：双手运球练习。一人两球，用双手不断击球，做双手低、中、高、体前、交叉、体侧、高低运球。

（二）行进间运球练习

练习一：全场直线运球。队员们分成三个队，依次进行行进间直线高、低运球练习（图6–55）。

练习二：弧线运球。按照罚球区和中圈画弧运球到全场底线，再选择一侧边线运球冲刺至出发点（图6–56）。

练习三：运球急停急起。一个人用一个球，教练发布指令，队员根据指令进行急停急起或变速运球（图6–57）。

练习四：曲线运球。全场作曲线变向运球（图6–58）。

练习五：后转身运球或背后换手变向运球。依据途中的行进路线，到标志桶处按照规定进行后转身一次或背后运球一次，运球后变向换手向前推进。做完后到另一侧队伍后面排队继续训练（图6–59）。

练习六：全场一攻一守练习。从全场底线的两边开始，合理利用场上空间，队员分成两组，进行“一打一”的练习，一组完成后到另一组后面排队并交换攻防，刚开始主要先预判堵住进攻队员前进方向，渐渐加入手部的干扰和激烈的防守抢断（图6–60）。

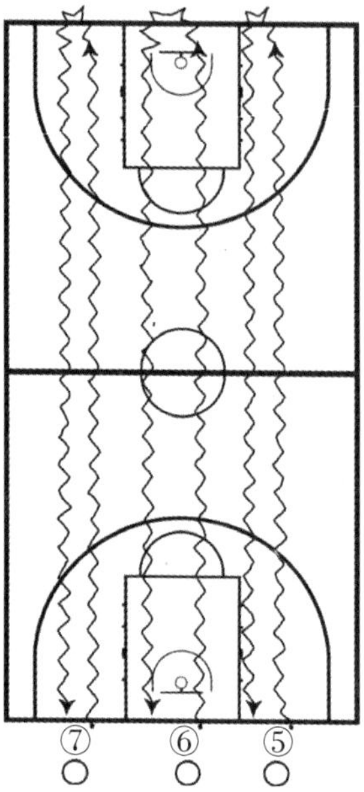

图6-55　全场直线运球

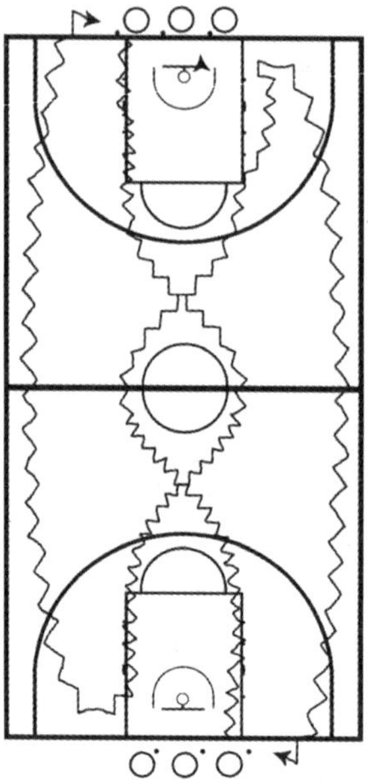
图6-56　全场弧线运球

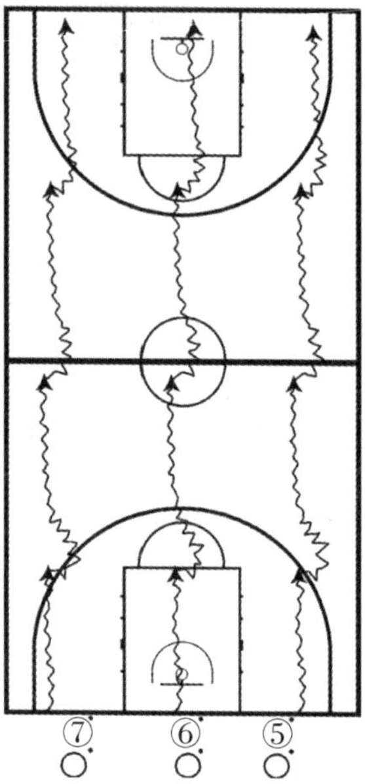

图6-57　运球急起急停

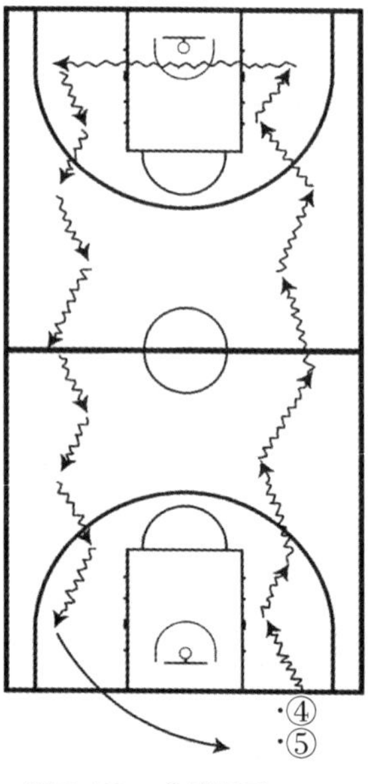

图6-58　曲线运球

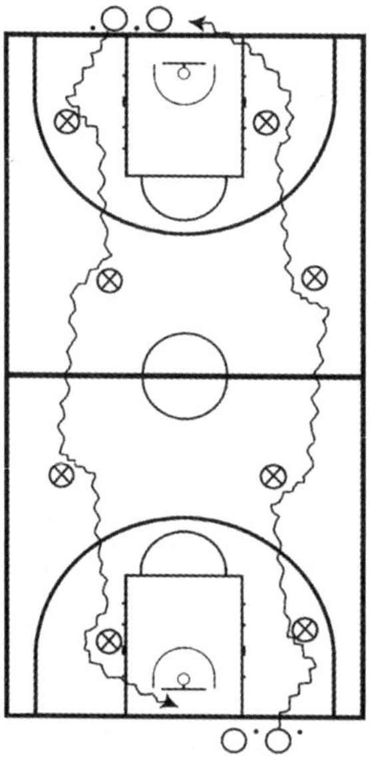
图6-59　转身、背后换手运球

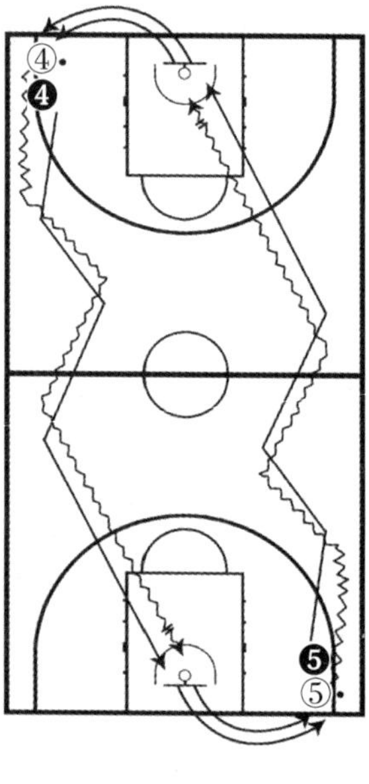

图6-60　全场一对一攻防

三、传球技术训练设计

(一)传接球的练习方法

练习一：找一面实心墙相对站立，保持合适距离，为30～60厘米，用单手或者双手持球置于头部位置，手指自然放松，空出掌心，借助墙的反弹力连续传球。

练习二：双手持平张开，单手托球，利用手腕力量向上抛球，将球传给另一只手。

整个过程中，尽量不要弯曲手臂，主要运用手腕和手指的力量进行传球。

（二）移动传接球的练习方法

练习一：两个人一个球，保持合适距离相对而战，为3～5米，做原地的胸前、肩上、头上、勾手和背后传球。

练习二：迎面上步传接球练习（图6-61）。队员一路纵队站好，①拿球距离队伍5米左右相对而立，②与①进行一次传接球，然后到队伍后面站队。接着③④⑤依次反复练习。做这项练习时可以要求队员在传接球的同时加上脚步的变化。

图6-61　迎面上步传接球

练习三：三角形移动传接球（图6-62）。按照等边三角形的三个角站立，①把球传给②后跑动到②后面站队；②马上传球给③跑至③后面站队；③再传球给原来的①后面的运动员。按照三角形进行轮转。

练习四：四角画弧跑动传接球（图6-63）。半场四角站队，⑤传给⑥后，沿对角线画弧跑动，跑动中接⑥传球接着传给对角的⑦，然后跑到⑦后面队伍站队；当⑤传给⑦时，⑥启动沿对角线画弧跑动并接⑦的传球后传给⑧，在⑧后面队伍站队，其余按照这个轮转继续进行，并可以在这个基础上再加入球的数量。

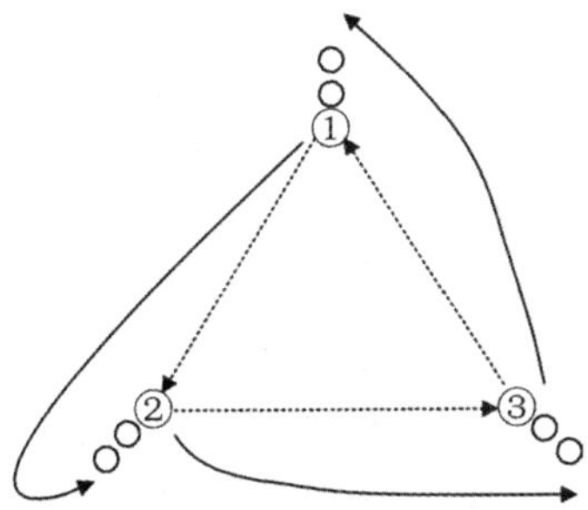

图6-62　三角形移动传接球

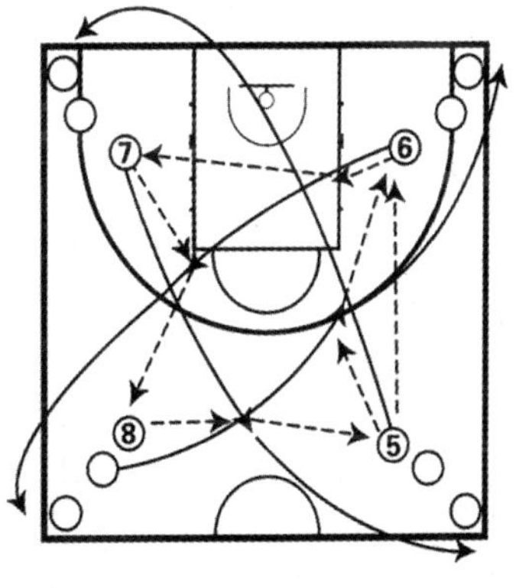

图6-63　四角画弧线跑动传接球

练习五：两人行进间整场传接球（图6-64）。两个人用一个球，⑤和⑥同时启动，在行进间进行传接球技术，如此反复传接球至前场篮下投篮。并再传球返回。人多的情况可以合理利用全场的空间。

练习六：三人直线跑动传接球（图6-65）。三个人用一个球，由中间⑤拿球，三人同时启动，⑤传球给⑥，⑥立即回传给⑤，然后⑤传球给另一边⑦，⑦回传给⑤，直到

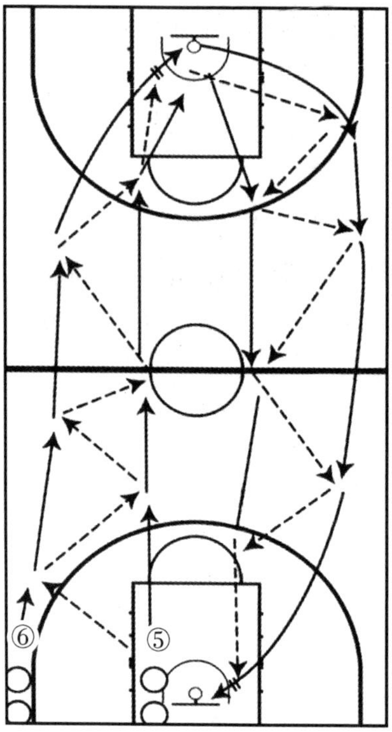

图6-64　两人行进间整场传接球图

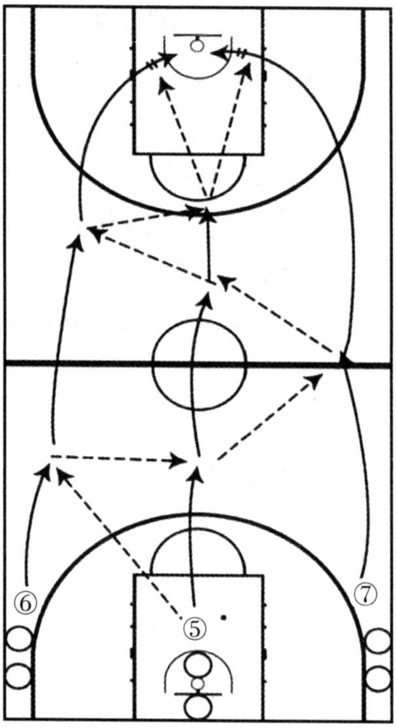

6-65　三人直线跑动传接球

对面半场进行投篮，然后调整位置，按照这个顺序将球传回来。

四、投篮技术训练设计

（一）原地投篮练习

练习一：正面定点投篮。练习目的：感受在正面投篮的感觉，并反复练习，提高正面投篮命中率。练习方法：队员一人一个球，在罚球线附近排队投篮并抢篮板，然后依次排队轮换。（图6-66）

练习二：不同角度投篮。练习目的：通过练习，学会基本得分方法，掌握正确动

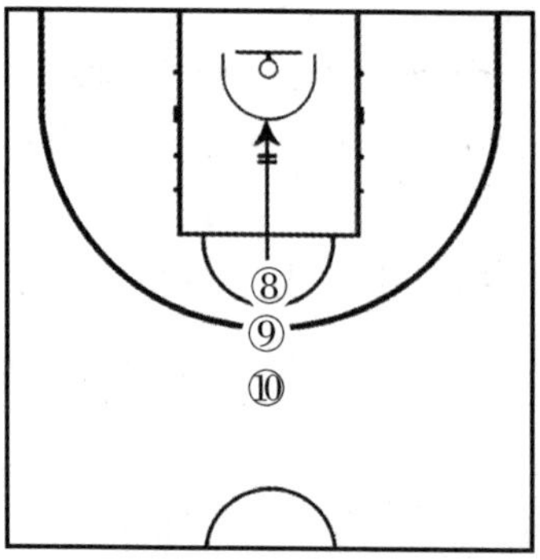

图6-66　正面定点投篮

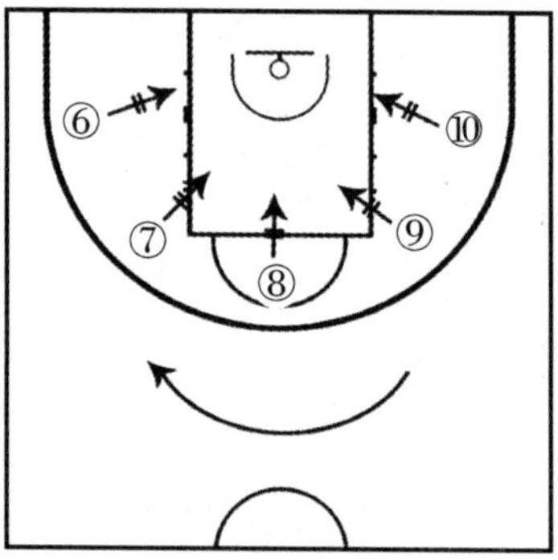

图6-67　不同角度投篮

作。练习方法：球员分别选择不同的投篮点进行投篮，可以布置时间或数量任务进行练习，投篮要与篮板球练习相结合。（图6-67）

（二）移动中投篮练习

练习一：半场传、接球上篮。

练习时分为两组，第一位同学不拿球，其余同学各持一球，不持球的同学向另一侧三分线或罚球线移动，接球后完成投篮动作。完成投篮动作按顺序进行训练（图6-68）。

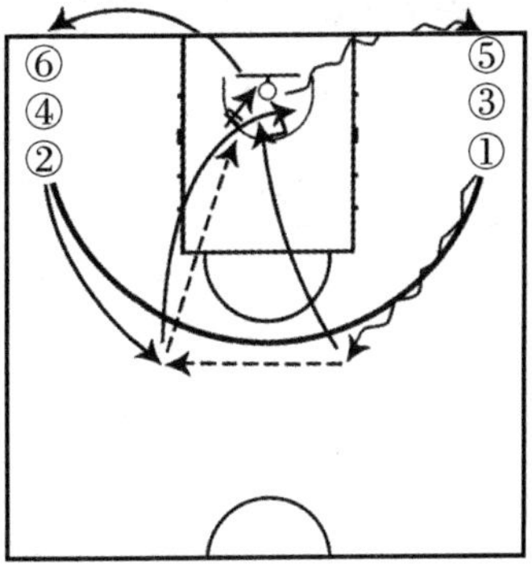

图6-68　半场传、接球上篮

练习二：全场运球投篮。

两组队员都从中场边角运球出发，完成投篮后至另一侧中场角继续跑动投篮（图6-69）。

五、全场运球、传球、接球投篮设计

两组队员都从底线出发，将球传给固定球员△后，接回传球，运球切入完成投篮，然后去对角底线继续训练（图6-70）。

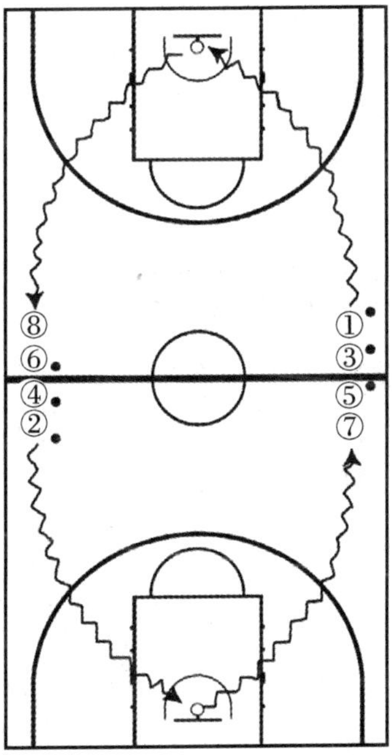

图6-69　全场运球投篮

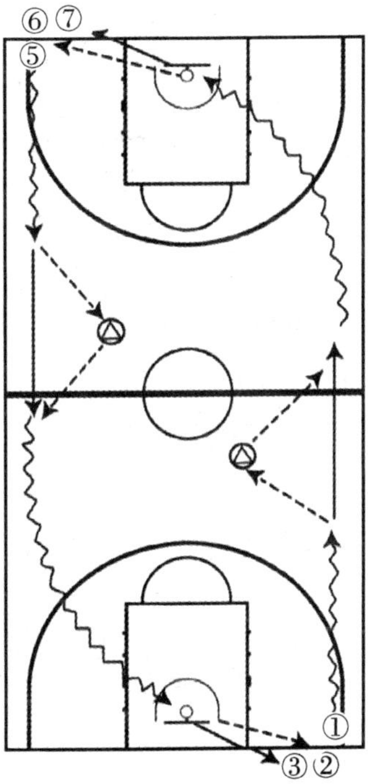

图6-70　全场运球、传球、接球投篮

学习自评

篮球运动考核自评表

教师姓名		学生姓名		考核时间	____学年第____学期			
评价内容	评价要素			等级分值				评价得分
				A	B	C	D	
运球（30分）	掌握原地转身、胯下、背后、体前运球，运球位置正确。			10	8	6	4	
	掌握行进间直线、弧线、折线运球，运球连贯协调。			10	8	6	4	
	掌握行进间体前、转身、胯下、背后、急停急起等运球。			10	8	6	4	
传接球（40分）	掌握原地双手胸前、反弹传球，传球时双手用力均衡。			10	8	6	4	
	掌握原地单手肩上、体侧、反弹传球，传球时上下肢用力均衡。			10	8	6	4	
	掌握单手、双手接球技术，接球平稳。			10	8	6	4	
	掌握2～5人行进间传接球技术，传球到位，接球平稳。			10	8	6	4	
投篮（30分）	掌握原地单手肩上、单手行进间、单手跳起投篮技术。			10	8	6	4	
	掌握行进间（运球、接球）单手肩上、单手行进间、单手跳起投篮技术。			10	8	6	4	
	掌握接球单手肩上、单手行进间、单手跳起投篮技术。			10	8	6	4	
90～100分为优秀；80～89分为良好；60～79为合格；60分以下为不合格						总分		
学生自我评价等级：优秀（　　）良好（　　）合格（　　）不合格（　　）								
运动处方：								

任务拓展

篮球运动规则简介

一、竞赛场地

（一）场地

篮球场是一个长方形的坚实平面，无障碍物。国际篮联主要的正式比赛，比如奥运会比赛，世界男、女锦标赛，世界男、女青少年锦标赛和世界男子22岁以下年龄组锦标赛，洲际男、女锦标赛等，场地要求都是球场长28米、宽15米。球场的丈量从界线的内沿量起。

（二）界线

球场必须有明显的界线，界线外至少2米以内不得有任何障碍物。长边的界线叫边线，短边的界线叫端线。线宽均为0.05米。

（三）中圈

中圈要画在球场的中央，半径为1.80米，从圆周的外沿量起。

（四）中线

从边线的中点画一条平行于端线的横线叫中线，中线要向两侧边线各延长0.15米。对方篮球、篮板的界内部分以及对方篮球后面的端线、边线和距对方篮球最近的中线边缘围成的场区构成了某队的前场。球场的另一部分，包括中线和本方场区，以及篮板的界内部分，是该队的后场。

（五）3分投篮区

3分投篮区是由场上以篮筐投影点为圆心、以6.25米为半径的两条拱形线限制出的地面区域。

二、比赛规则

（一）篮球比赛

一场篮球比赛由两个队参加，每队出场5名球员。每队的目标是在对方球篮得分，并阻止对方队得分。篮球比赛由裁判员、记录台人员和技术代表（如到场）管理。

（二）球篮：本方/对方

被某队进攻的球篮是对方的球篮，由某队防守的球篮是本方的球篮。

（三）比赛的胜者

在比赛时间结束时得分较多的队将是比赛的胜者。

（四）比赛时间

比赛分成两个半时，每个半时20分钟，两个半时之间休息10分钟或15分钟。比赛又可细分为四节，每节10分钟，第一节和第二节、第三节和第四节之间的休息时间均为2分钟。

（五）比赛开始

比赛要在中圈内跳球开始，当主裁判持球步入中圈执行跳球时，比赛正式开始。如某队在场上准备比赛的球员不满5名，则比赛不能开始。所以在比赛的下半时，双方要交换球篮。

三、违例

比赛中发生的违例有：球出界、带球走、非法运球、携带球、球回后场、故意角球、拳击球和掷界外球，时间（3秒、5秒、8秒、10秒、24秒）上违例，罚球时违例。

四、犯规

犯规是违反规则的行为，指含有与对方球员的身体接触或违反体育道德的举止。对犯规球员要进行登记，随后按规则的有关条款进行处罚。

侵人犯规，是在活球和死球时涉及与对方球员接触的犯规，球员不准通过伸展臂、肩、髋、膝、脚或弯曲身体呈不正常姿势，以阻挡、拉、推、撞、绊等动作来阻碍对方行进，也不准使用任何粗野的动作。侵人犯规的情况有阻挡、撞人、拉人、非法用手、推人、非法掩护等。规则中定义了以下几种侵人犯规：

（1）阻挡，是阻止对方球员行进的身体接触。

（2）撞人，是持球或不持球的球员推动或移动到对方球员躯干上的身体接触。

（3）从背后防守，是防守球员从对方球员内的背后与其发生的身体接触。

（4）用手拦阻，是防守球员在防守状态中用手接触对方球员，或是阻碍其行动或帮助其来防守对手。

（5）拉人，是干扰对方球员移动自由而发生的身体接触。

（6）非法用手，发生在球员试图用手抢球接触了对方球员时。如果仅仅接触了对方球员持球的手，则被认为是附带的接触。

（7）推人，是用身体的任何部位强行移动或试图移动已经或没有控制球的对方球员时发生的身体接触。

（8）非法掩护，是试图非法拖延或阻止非控制球的对手到达希望到达的场上位置。侵人犯规罚则：在所有情况下都要登记犯规球员1次侵人犯规。

项目七　排球运动

知识导航

一、排球运动的起源和发展

排球运动是美国马萨诸塞州霍利约克城基督教青年会干事威廉·摩根于1895年发明的，是由一项球类游戏演变而来的。1896年，首次排球比赛在美国斯普林费尔特体育专科学校举行。当时的比赛出场人数由双方共同商定，不限多少，但双方必须相等。1918年，每队上场人数被规定为6人。排球运动几经演变，先后改为16人制、12人制、9人制，最后改为6人制。

我国的排球运动始于1905年，当时广州、香港的一些学校最先有了排球运动，以后逐渐发展到上海、天津、福建、江西和其他地区。最早的排球比赛每队上场16人，前后站成4排，1923年改为3排12人，1927年改为3排9人。1913年，我国男子排球队参加了首届远东运动会的排球比赛。我国的女子排球运动始于1920年。新中国成立前，我国排球运动未得到广泛开展，因而技术水平很低。新中国成立以后，排球运动迅速发展。1962年，我国男、女排球队在世界排球锦标赛上均获第9名。1981年，我国女排以全胜成绩夺得第三届世界杯赛的冠军，打响了三大球“冲出亚洲，走向世界”的第一炮。我国男排在第四届世界杯赛中也取得第5名的好成绩。我国女排自1981年起，连续在世界杯赛、世界锦标赛和奥运会排球赛中获得5次冠军，被誉为“五连冠”。在2003年世界杯、2004年雅典奥运会、2015年世界杯、2016年里约奥运会、2019年世界杯上，中国女排均获冠军。

二、当前排球运动的形式

（一）6人制排球

世界排球锦标赛、世界杯排球赛、奥运会排球赛已经被列为传统的每两年或四年举行一次并延续至今的国际排球三大重要赛事。这三大赛事均是6人制排球赛事。

（二）沙滩排球

20世纪20年代，法国南部地中海沿岸的度假胜地兴起在沙滩上玩排球的娱乐活动，从事该项活动的人越来越多，又受到商家的重视，逐渐由娱乐活动变成一项新兴的竞技体育项目。1996年的亚特兰大奥运会上，沙滩排球被列为正式比赛项目。

（三）软式排球

软式排球是20世纪80年代在日本首先开展的。它使用的球重量轻、质地软、气压小、反弹力低，所以球速慢、难度小，从而增加了该项运动的趣味性，适合青少年和中老年参与。它融娱乐性与竞技性于一体，是一项极有发展前景的群众性体育项目。目前，有的高校将该项目作为专项课进行教学实践。全国大学生排球联合会每年也举办一次大学生软式排球比赛。

思政园地

学女排精神，塑坚毅品格

1981年11月16日，对于中国体育而言，是一个特殊的日子——中国女排以七战全胜的战绩首次摘得世界杯桂冠。中国女排的这次胜利，不仅完成了历史性的突破，也开启了女排“五连冠”的黄金时代。

中国女排的崛起与改革开放同步。20世纪80年代前期，处于改革开放初期的中国，百废待兴，中国女排的夺冠极大地振奋了人们的精神。那种顽强拼搏、团结奋斗、勤学苦练、同甘共苦、无私奉献、为国争光的体育精神，逐渐成为女排精神的核心，激励和鼓舞了一代又一代的中国人。

在创造了“五连冠”的骄人成绩后，中国女排曾经遭遇了一系列的坎坷与失利。但无论是2003年陈忠和执掌中国女排以11连胜的优秀战绩再夺世界冠军，还是“铁榔头”郎平将再度深陷低谷的中国女排重新带回世界之巅，顽强拼搏、永不言败的女排精神一直伴随着每一届中国女排。

在2019年9月再次以全胜战绩问鼎世界杯冠军后，中国女排成为史上首支5次斩获该荣誉的队伍。同时，这也是中国女排在三大赛中收获的第10个世界冠军奖杯。

在中华人民共和国成立70周年庆典上，中国女排登上了庆典彩车，接受了全国人民对她们的致敬：“中国女排，世界第一！中国女排，世界第一！”

在欢呼、赞誉、鲜花背后，女排姑娘们数十年团结拼搏的身影早已成为人们共同的成长记忆，她们所缔造的女排精神早已超出了体育范畴，成为激励国家前行、民族奋进的精神力量源泉。

10座沉甸甸的奖杯固然可贵，但我们也应看到，女排也曾输过比赛，也曾数度丢过冠军，还曾经历过漫长低谷。但是女排精神始终是每一届队伍的共同信仰，用现任中国女排主教练郎平的话说："在实现自己梦想过程中，会遇到很多困难，应发扬永不放弃的精神去战胜它。"

2019年9月30日，习近平总书记在会见从世界杯载誉而归的女排队员代表时表示："广大人民群众对中国女排的喜爱，不仅是因为你们夺得了冠军，更重要的是你们在赛场上展现了祖国至上、团结协作、顽强拼搏、永不言败的精神面貌。"

没有完美的个人，只有完美的团队。中国女排背后的大团队里各种专业人员也是其坚强后盾。中国女排之所以能够屡次问鼎世界冠军，根本原因在于其精神的核心就是团结协作，一代代女排队员正是继承和发扬了这一精神才取得如此佳绩。

不论时代如何变迁，象征着顽强、拼搏、不服输、集体主义的女排精神永不褪色，将永远激励一代又一代中国人在实现中华民族伟大复兴的道路上奋勇前进。

（王东：《一年又一年，女排精神激励一代又一代》，《光明日报》2020年11月18日，有删改）

思维导图

学习任务一　排球基本技术

一、准备姿势和移动

（一）准备姿势

1. 脚。左右脚分开，距离大于肩宽（图7-1）。脚尖向前，并稍向内，双脚稍前后错开，一般有力的脚放在后面，也可根据自身所处球场的不同位置决定哪只脚在前，脚跟适当离地。

2. 膝关节。弯曲至便于用力的角度，一般以135°为宜（图7-2）。

3. 手。双手置于腹前或左右，自然放松，肘关节呈90°，使之可以用最快的速度做

图7-1 脚部准备姿势

图7-2 膝关节准备姿势

任何反应动作。

4. 身体。身体略为前倾，全身肌肉放松。切记，身体肌肉紧张而僵硬会造成动作反应迟钝。

5. 身体重心。身体重心的投影点在两脚间的支撑面偏前的地方，身体处于微动中，重心微微移动，便于以最快的速度对球场的需要做出相应的反应。

（二）移动

1. 跨步。当来球较低、距离身体2米左右时，采用跨步移动。采用跨步移动时，如向前移动，则后脚用力蹬地，前脚向前跨出一大步，膝部弯曲，上体前倾，身体重心移至前腿上（图7-3）。跨步可以向前、向斜前或向侧方。

2. 交叉步。当来球在体侧约3米时，可采用交叉步移动。采用向右侧交叉步移动时，上体稍向右转，左脚从右脚前面向右交叉迈出一步，然后右脚再向右跨出一大步，同时身体转向来球方向，保持击球前的姿势（图7-4）。

图7-3 跨步

图7-4 交叉步

二、发球

发球分为正面下手发球、侧面下手发球和上面上手发球。发球的技术动作（均以右手发球为例）如下：

（一）正面下手发球

这种发球动作简单易学。发球球员面对场内，便于观察对方，容易发得准，但球速慢、力量小、攻击性不强，适用于初学者。

1. 准备姿势。发球球员面对球网，两脚前后开立。左脚在前，两膝微屈，上体稍前倾，重心偏落在右脚上，左手持球于腹前。

2. 抛球。左手将球向体前右侧轻轻抛起，球离左手高约20厘米。在抛球之前，右臂伸直，以肩为轴向后摆动。

扫一扫，观看3D动画“正面下手发球”

3. 击球。借右脚蹬地的力量，身体重心随着右手向前摆动击球而移至左脚上，在腹前以全手掌击球的后下方。手触球时，手指和手腕要紧张，手呈勺形吻合球。击球后，身体重心前移，迅速进入场地比赛。

（二）侧面下手发球

这种发球，可借助于转体力量带动手臂挥动击球，较省力，但攻击性不强。

1. 准备姿势。发球前，左肩对网，两脚左右开立与肩同宽。两膝微屈，上体稍前倾，重心落在两脚之间（或稍偏右脚），左手持球于腹前。

2. 抛球。左手将球平稳抛送于胸前，距离身体约一臂远，离手高约30厘米。

3. 击球。在抛球的同时，右臂摆至右侧后下方。接着利用右脚蹬地向左转体的力量，带动右臂向前上方摆动，在腹前用全手掌击球的右下方。要注意控制击球出手的角度和路线。击球后，随击球动作立即入场。

（三）正面上手发球

这种发球需要发球者面对球网站立，便于观察对方，发球的准确性大，易于控制落点，并能充分利用转体、收腹动作带动手臂加速挥动，以及运用手腕的推压动作加大力量和速度。

1. 准备姿势。面对球网，两脚自然开立，左脚在前，左手持球于体前。

扫一扫，观看3D动画“正面上手发球”

2. 抛球。用抬臂和手掌的平托上送，将球平稳地垂直抛于右肩的前上方，高度适中。

3. 挥臂击球。在左手抛球的同时，右臂抬起，上体稍向右侧转动。击球时，利用蹬地，使上体向左转动，同时收腹，带动手臂挥动。在右肩上方伸直手臂的最高点，用全手掌击球的中下部。击球时，手指自然张开吻合球，手腕要迅速主动地做推压动作，使击出的球进行上旋飞行。发球者击球后，随着重心前移，迅速进场比赛。

三、传球

传球是排球运动的基本技术之一，是组织战术的基础，主要用于衔接防守和进攻。传球的种类很多，按其动作可分为正面传、背传和侧传，按传球方式可分为原地传（不跳）和跳传，此外，还有双手传和单手传之分。

扫一扫，观看3D动画“正面双手传球”

正面双手传球是传球中最基本的传球方法，它控制球面积大，手和全身动作容易协调配合，传球的准确性和稳定性也较高，是掌握其他各种传球方法的基础。

（一）准备姿势

判断好来球的方向和落点后，应迅速移动到接球位置。身体对准来球，做好传球准备姿势，一般以稍蹲式为最佳。双手自然抬起，放松至于脸前。

（二）迎球

当来球接近额前时，开始蹬地，伸膝，伸臂，两手微张，从脸前上方迎球。

（三）击球

击球点在额前上方约一球远的距离，这样既便于观察来球，又可控制传球方向。

（四）手形

正确的手形是两手呈半球形，手腕稍后仰。拇指相对呈“八”字形，或平行相对呈“一”字形（多用于背传或低于面部以下的球）。十指要全部与球体吻合。触球一般是触在球体后下方（图7-5）。

图7-5　手形

（五）用力

传球动作是由伸臂力量、手指手腕的弹力、伸腿蹬地的力量、主动屈指屈腕的力量及球的弹力等多种力量合成的。正面传球主要靠伸臂的力量，配合蹬地的力量，通过球压在手上使手指手腕所产生的反弹力将球传出。

四、垫球

垫球是排球的基本技术之一，是用手臂从球的下部，利用来球的反弹力向上击球的技术动作。

（一）正面双手垫球

正面对准来球方向，双手在腹前垫击即正面双手垫球。它是垫球中最基本的垫球方法，是各项垫球技术的基础，适合于接各种球。

扫一扫，观看3D动画“正面双手垫球”

1. 准备姿势。看清来球方向，迅速移动到球的落点上，对正来球，呈半蹲姿势站立。

2. 手形。当球接近腹前时，两手掌根紧靠，两手手指重叠后合掌互握。两拇指平行（图7-6①）或者两手腕部紧靠（图7-6②），两手自然放松，手腕下压，两臂外翻形成一个平面。

3. 击球。当来球到腹前约一臂距离时，两臂夹紧前伸，插到球下，向前上方蹬地抬臂，迎击来球，垫击球的后下部。身体重心随击球动作前移。

4. 击球点。应保持在腹前击球，便于控制用力大小，调整手臂角度，控制垫球方向和落点。

①　②

图7-6　正面双手垫球手形

5. 垫击部位。触球时，用前臂腕关节以上10厘米左右桡骨内侧平面为宜。如触球部位过高，两臂间隙大，而不好控制球；若触球部位低，垫在腕部，则球不稳。

6. 手臂角度。要根据来球的角度和要求垫出的方向，调整手臂与地面的角度和左右转动手臂平面，来控制垫球方向。

（二）体侧垫球

来球飞向体侧，球员来不及移动对正来球时，可用双臂在体侧垫击。体侧垫球可以扩大控制范围，但不易控制垫球方向，故在来得及移动的情况下，尽量采用正面垫球。若球向右侧飞来，则左脚前脚掌内侧蹬地，右脚向右侧跨出一步，重心随即移至右脚上；右膝弯曲，同时两臂夹紧向右侧伸出；左肩微向下倾斜，用向左转腰和收腹的动作，配合两臂自右后方向前截住球飞行的路线，用两前臂垫击来球的后下部（图7-7）。切忌随球向右摆臂击球，否则会使球飞向侧方。

（三）背垫球

背对垫出方向，从身前向背后垫球即背垫。若球飞得很远，球员在奔跑中无法进行正面垫击或传球时，多采用背垫（图7-8）。背垫技术的关键是要判断好球的飞行方向，迅速移动到球的落点上，背对出球方向，两臂夹紧伸直。击球时头部后仰，挺胸，展腹，后仰，直臂向后上方摆动抬送。

图7-7　体侧垫球

图7-8　背垫球

五、扣球

扣球是排球的基本技术之一，是得分的重要手段，也是进攻中最积极有效的武器。

扣球的方法很多，按其技术，可分为正面扣球、调整扣球、勾手扣球、扣快球和自我掩护扣球等。其中，正面扣球是扣球中最常用的基本技术。由于球员面对球网，便于观察，因而正面扣球的准确性较高。正面扣球挥臂灵活，能根据对方防守情况随时改变扣球的路线和力量，也便于控制球的落点，因而进攻效果较好。

（一）准备姿势

一般站在距离网约3米远处，两臂自然下垂，稍蹲。脚步不要站死，注视二传球员的动作，做好随时向各个方向助跑起跳的准备。

扫一扫，观看录像视频“正面扣球”

（二）助跑

助跑的目的是选择适当的起跳地点，并利用其速度增加弹跳高度。由于二传球的高度、速度是不定的，因而助跑时要注视来球，步伐要灵活，调整能力要强。助跑的步数要根据球的远近和个人习惯，可以采用一步、两步、三步或多步法。

（三）起跳

起跳的目的不仅在于获得高度，还为了掌握扣球的时机和选择最佳的击球位置。在助跑跨出最后一步的同时，两臂绕体侧向后引，左脚在踏地制动的过程中，两臂自后向前积极摆动，随着双腿蹬地向上起跳，两臂也配合起跳，有力地向上摆动。在助跑制动之后，向上摆臂的同时，两腿猛力蹬地向上起跳。

（四）空中击球

击球是扣球的关键。空中击球动作的好坏直接影响扣球的质量。起跳后，要挺胸展腹，上体稍向右转，右臂向后上方抬起，身体呈反弓形。挥臂时，以迅速转体、收腹动作发力，依次带动肩、肘、腕各部位关节做鞭甩动作向前上方挥动，全身协调，集中用力于手上，以加大击球力量。击球时，五指微张呈勺形，并保持紧张；以全手掌包满球，掌心为击球中心，击球的后中部；同时主动用力屈腕、屈指推压，使扣出的球加速上旋。击球点在起跳的最高点和手臂伸直最高点的前上方。

（五）落地

落地时应尽量争取双脚同时着地，随势屈膝、收腹，缓冲下落力量，并立即做好下一个准备动作。

六、拦网

拦网分为单人拦网和集体拦网两种。二者对个人的技术要求是相同的，只是集体拦网需要注意相互间的协作与配合。单人拦网是集体拦网的基础，其动作包括准备姿势、移动起跳、空中拦击和落地四个相互衔接的部分。

（一）准备姿势

目的是便于起跳和迅速向两侧移动。球员面对球网，两脚平行开立，约与肩同宽，距网30～40厘米。两膝稍屈，两臂在胸前自然屈肘。

扫一扫，观看录像视频“单人拦网”

（二）移动起跳

为了及时对正扣球，可根据各种情况采用并步、交叉步、滑步、跑步等移动步法。移动后，必须做好制动动作。最后移动两脚着地时，脚尖要尽量转向网，保持垂直向上起跳，避免触网或过中线犯规。

原地起跳时，先重心降低，两膝弯曲，用力蹬地，使身体垂直起跳。

（三）空中拦击

起跳时，两手从额前贴近并与球网平行，向网上沿的前上方伸出，两臂伸直，两肩尽量上提，两肩保持平行。拦网时，两臂尽力上伸过网，伸向对方上空，两手接近球，并自然张开，屈指、屈腕呈勺形。当手触球时，两手要突然紧张，手腕用力下压，盖住球的前上方。手腕要主动用力盖帽捂球，使球反弹角度小，对方不易防守。

拦网起跳时间必须掌握好，这是拦网成功与否的决定因素。可根据对方二传球的高低、远近、快慢以及扣球球员起跳时间和动作的特点来综合判断。

（四）落地

如已将球拦回，则可面对对方，屈膝缓冲，双脚落地。如未拦到球，则在下落时就要随球转头面向后场，准备接应来球或做下一个动作。

学习任务二　排球基本战术

排球战术指运动员在比赛过程中，根据排球运动的客观规律、彼此双方的具体情况和临场中的发展变化所运用和采取的合理技术的有效配合以及有组织、有目的、有预见性的行动。

一、进攻战术

集体进攻战术是指两个或两个以上队员之间有组织、有目的的集体协同配合。任何集体进攻战术的变化都是建立在进攻阵形和进攻打法上的。下面主要介绍进攻阵形。进攻阵形，就是进攻时所采取的基本队形。根据二传队员组织进攻时的位置，可分为“中一二”“边一二”“插上”三种进攻阵形。这里主要介绍前两种阵形。

（一）“中一二”进攻阵形及其变化

由一名前排或后排队员在前排中位置做二传，其他队员参与进攻的阵形，称作“中一二”进攻阵形。“中一二”进攻阵形是最基本的进攻阵形，其特点是二传队员在中间，一传容易到位，战术可简可繁，适合不同技术水平的球队。技术水平较低的队可组织前排②、④号位扣一般高球，技术水平较高的队可组织各种战术进攻乃至立体进攻。其站位及其变化如下：

1. “大三角”站位。这是最基本的站位方法，其变化主要以②、④号位进攻为主，辅以后排进攻等（图7-9）。

2. “小三角”站位。④号位队员位置不变，②号位队员站在中场接发球，③号位队员站在②、④号位队员之间的网前。这种站位实际上也是一种隐蔽站位的方法，①号位队员可在②号位佯攻，②号位队员从中路进攻，后排队员后排进攻。这种阵形有利于各种交叉换位进攻（图7-10）。

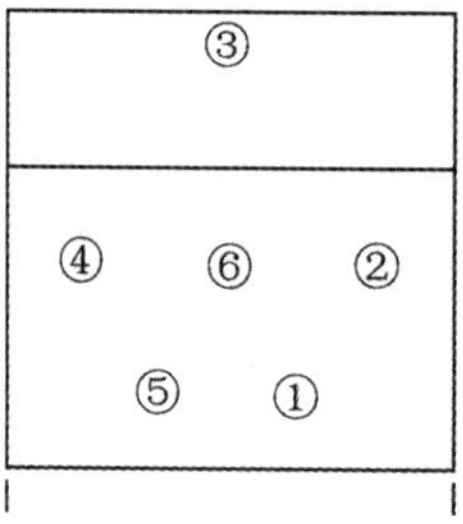

图7-9 “大三角”站位

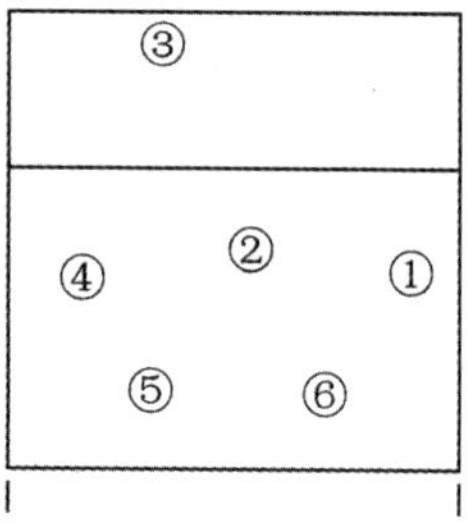

图7-10 “小三角”站位

3. 换位成“中一二”阵形。二传队员在④号位或②号位时，可以换位成“中一二”阵形（图7-11）。

4. “插上”成“中一二”阵形。后排队员都可以“插上”做二传，如⑥号位队员从③号位队员右侧“插上”成“中一二”阵形，其他队员分别进行前排或后排进攻（图7-12）。

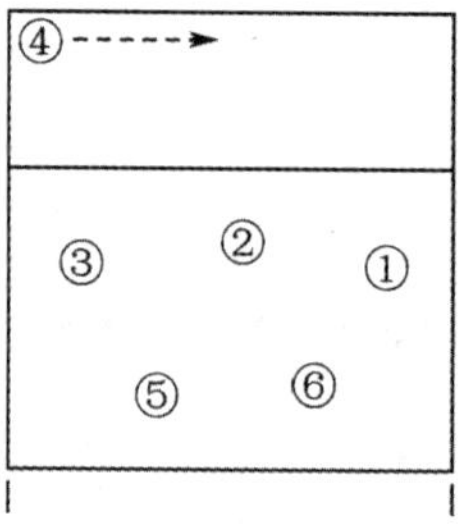

图7-11 换位成“中一二”阵形

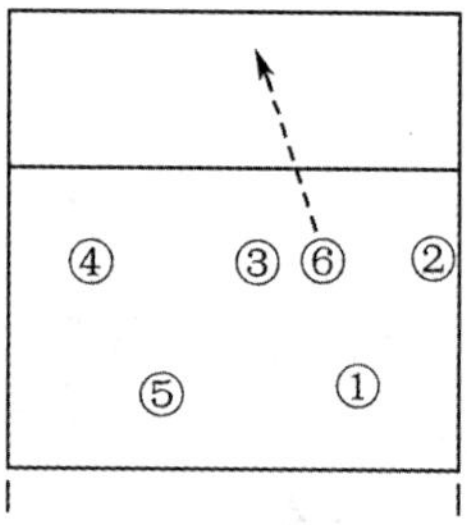

图7-12 “插上”成“中一二”阵形

（二）“边一二”进攻阵形

“边一二”进攻阵形是由一名前排或后排队员在前排②号位做二传，其他队员参与进攻的阵形。“边一二”进攻阵形也是最基本的进攻阵形，其特点是二传队员在边上，对一传的要求稍高，但战术变化比“中一二”进攻阵形多，战术可简可繁，同样适合不同技术水平的队。其站位及其变化如下：

1.“边一二”阵形。②号位队员站在网前任二传，③、④号位队员前排进攻，其他队员参与后排进攻（图7-13）。

2. 反“边一二”阵形。④号位队员站在网前任二传，其他队员参与进攻。如果②、③号位队员是左手扣球，则采用这种阵形比较有利（图7-14）。

3. 换位成“边一二”阵形。通常采用反“边一二”换位成“边一二”阵形（图7-15）。

4.“插上”成“边一二”阵形。后排队员都可以“插上”做二传，如①号位队员从②号位队员右侧“插上”成“边一二”阵形，其他队员分别进行前排或后排进攻（图7-16）。采用“中一二”“边一二”进攻阵形时应注意以下几点：

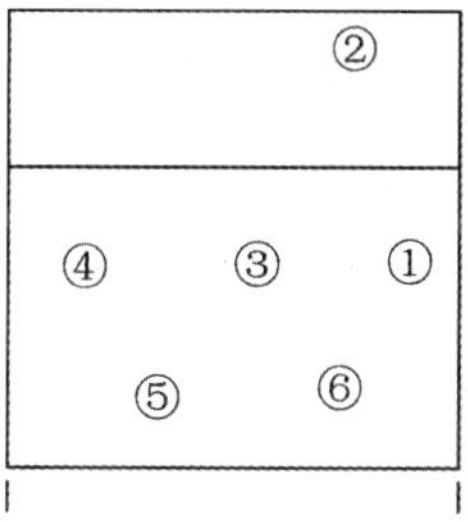

图7-13　“边一二”阵形

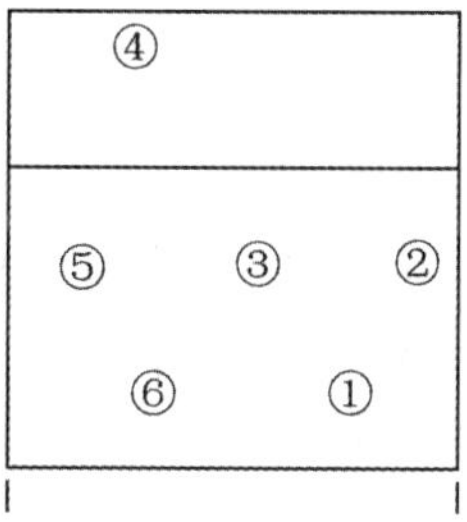

图7-14　反“边一二”阵形

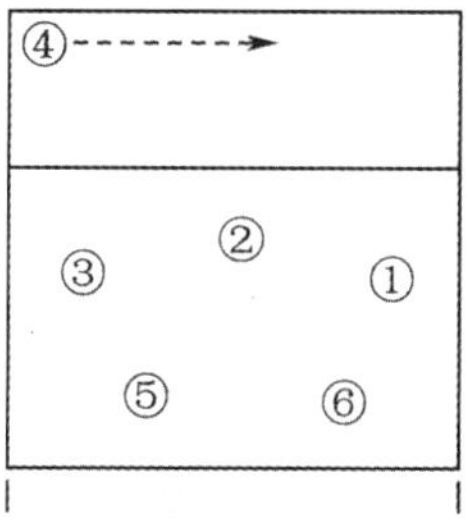

图7-15　换位成“边一二”阵形

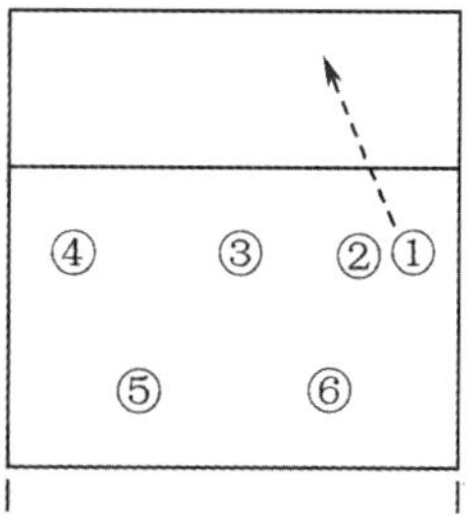

图7-16　“插上”成“边一二”阵形

（1）采用“中一二”进攻阵形时，二传队员的站位应稍靠近②号位，避免与⑥号位队员重叠，以免阻挡视线影响其接发球。

（2）采用“边一二”进攻阵形时，二传队员的站位不宜太靠近边线，以免运用“拉开”“围绕”等快攻战术时，因距离远而影响战术质量。

（3）采用换位成“边一二”阵形时，④号位的二传队员既要靠网站，又要靠边线站，以免造成与③号位队员位置错误或影响③、④号位队员的接发球。

（4）插上队员应站在同列队员的侧后方，选择最短的插上距离、最佳的插上时机，并及时后撤参与防守。

二、集体防守战术

（一）接发球及其阵形

接发球是进攻的基础，它是由守转攻的转折点。如果没有可靠的一传做保证，就难以组成有效的进攻战术，甚至还会造成直接失分。

1. 接发球的基本要求

（1）正确判断。接发球时，队员的注意力要高度集中，充分做好接发球的准备，根据对方的发球动作、性能、力量及速度，迅速做出正确的判断，及时移动取位，对准来球路线，运用合理的垫球技术将球垫给二传队员。“远飘、轻飘点分散，平快、大力一条线”，这是比赛中发球落点变化的一般规律。队员可以根据临场发球落点的不同，采取相应的行动。

（2）合理取位。在组成接发球阵形时，应以前排靠近边线的队员为基准职位，同列队员之间不要重叠站位，同排队员之间保持适当距离，以免相互影响。根据射出角的原理，快速有力的平直球发不到A、B两区，所以，取位时不要站在这两个区域内，②、④号位队员的取位距边线1米左右即可（图7-17）。

（3）分工与配合。接发球时，每一个接发球队员都应明确接发球防守的范围。划分范围不仅是平面的，还应根据来球的弧度高低进行立体空间划分。接发球队员之间应既有分工，又有配合，注重整体接发球的实效性，接发球能力好的队员范围可大些，后排队员接球范围可大些（图7-18）。

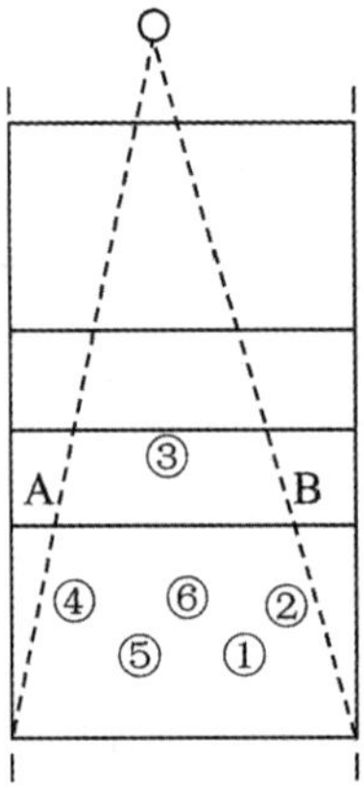

图7-17　合理取位

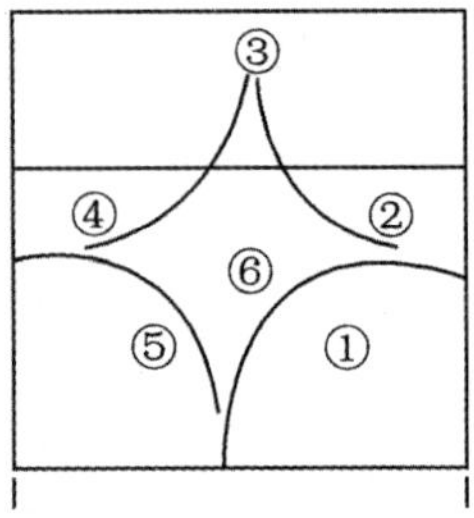

图7-18　分工与配合

2. 接发球阵形

5人接发球阵形及其变化如下：

（1）W站位阵形：初学者打比赛多采用“中一二”和“边一二”进攻阵形，大多站成W形，也称“一三二”形站位。5名队员分布均衡，前面3名队员接前场区的球，后排2名队员接后场区的球，职责分明（图7-19）。这种站位的缺点是队员之间的结合部相应增多，也不利于接对方发到边角上的球（图7-20）。

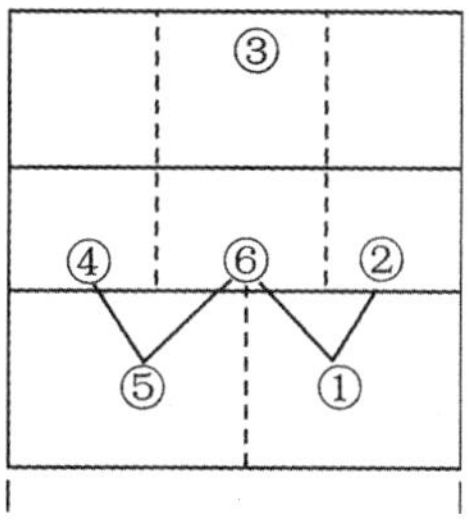

图7-19　W站位阵形

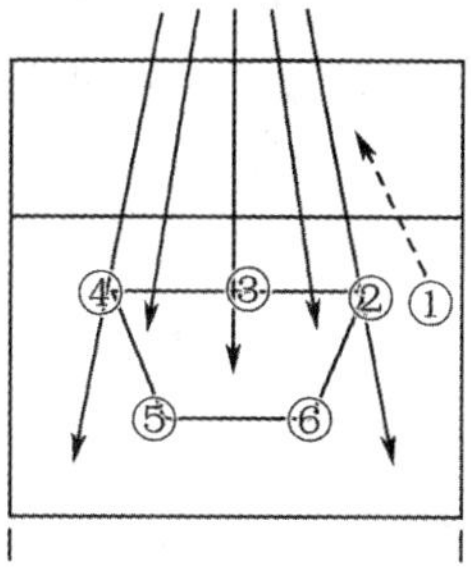

图7-20　W站位阵形的缺点

（2）M站位阵形：M形站位，也称“一二一二”站位，其优点是队员分布更加均匀，分工明确，前面2名队员接前区球，中间队员负责接中区球，后面2名队员接后区球。这种站位对接落点分散、弧度高、速度慢的下沉飘球、高吊球及发到边线、角上的球时较为有利；其缺点是不利于接对方发到场地两腰及后区的大力球、平飘球等（图7-21）。

（3）一字站位阵形：一字形站位是对付跳发球、大力发球、平飘球的有效站位阵形。这几种发球的落点大多集中在球场中后区，接发球时，5名队员一字形排开，左右距离较近，每人守一条线，互不干扰（图7-22）。

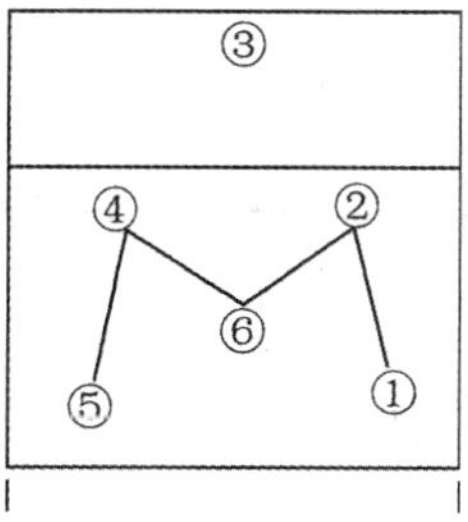

图7-21　M站位阵形

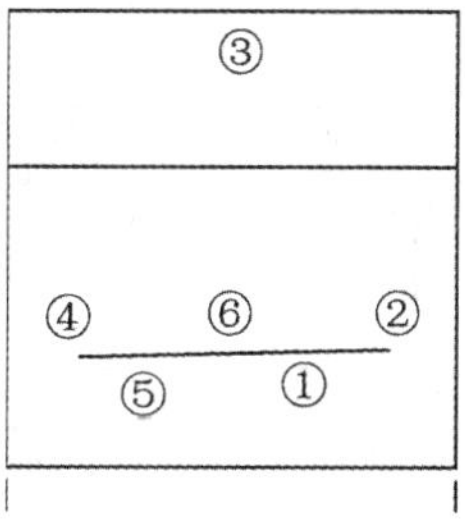

图7-22　一字站位阵形

（二）接扣球防守及其阵形

接扣球防守包括拦网、后排防守两个环节。其中拦网是第一道防线，有效的拦网不仅可以遏制对方的进攻能力，减轻后排防守的压力，还能提高防守率，为反攻创造机会。

1. 拦网

（1）人盯区的拦网战术

a. 对方运用交叉和拉开进攻时，本方由负责左侧区域的4号位队员主拦③号位快攻，负责中区的3号位队员主拦对方②号位交叉进攻，右侧2号位队员负责主拦对方④号位的拉开进攻。3号位和②号位拦网队员相互兼顾，争取组成双人拦网（图7-23①）。

b. 对方运用“夹塞”进攻和背后拉开进攻时，本方2号位队员负责拦对方③号位的短平快，6号位队员负责拦对方4号位的“夹塞”进攻，④号位队员负责拦对方②号位的背后拉开进攻（图7-23②）。

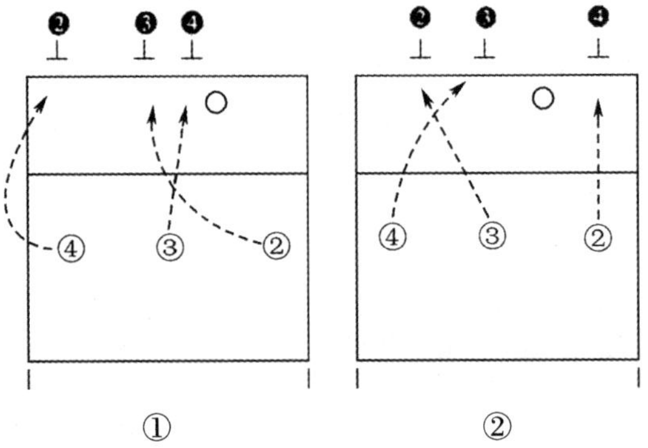

图7-23　人盯区的拦网战术

（2）人盯人的拦网战术

a. 对方中间近体快，两翼拉开进攻时，本方3号位队员负责拦中间快球，②、④号位队员分别负责拦两翼的拉开进攻，并在此基础上尽可能组成双人拦网（图7-24①）。

b. 对方采用交叉进攻及背后拉开进攻时，本方4号队员拦对方②号位的拉开进攻。②号位队员在盯住对方④号位进攻队员时，一旦发现④号位队员内切进行快攻，应立即

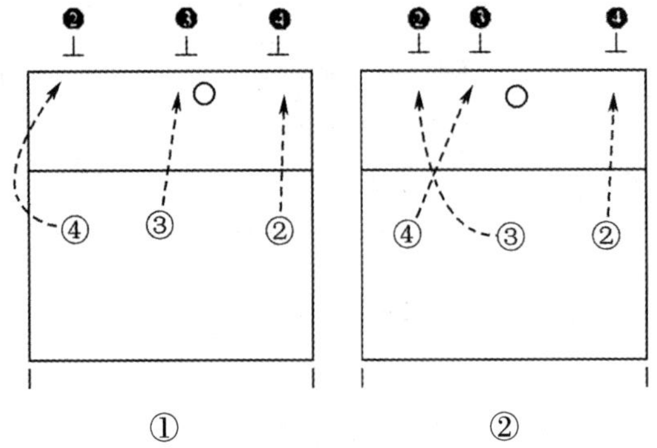

图7-24　人盯人的拦网战术

与本方3号位队员呼应，换盯人对象，即3号位队员拦对方快球，②号位队员拦对方③号位队员的交叉进攻（图7-24②）。

2. 后排防守

后排防守是第二道防线，是减少失分和争取反攻得分的基础。后排防守的基本要求：

（1）后排防守要与前排拦网密切配合，相互弥补。一般来讲，拦网队员应封住对方的主要进攻路线，后排防守队员的主要任务是防对方的次要路线、吊球和触拦网队员手的球。前排拦网队员已封住对方的中路进攻，①号位队员取位防直线，⑤、⑥号位队员侧重防前排拦网队员已封住对方的直线及中路进攻，⑤号位队员前移防吊球，①、⑥号位队员侧重防斜线（图7-25）。前排单人拦网已封住对方的中路进攻，⑥号位队员前移防吊球，①、⑤号位队员取位进行“双卡”防守。

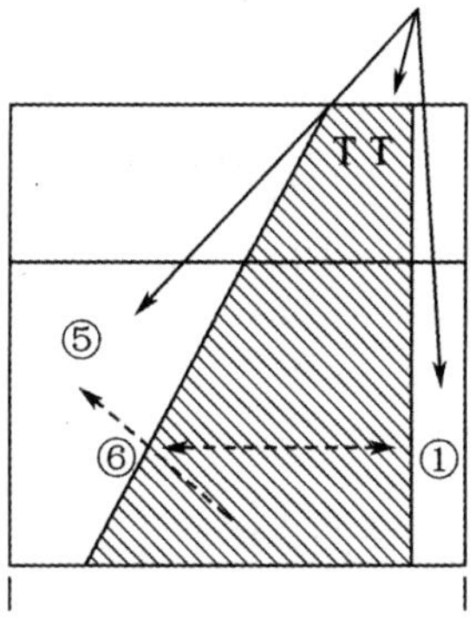

图7-25　后排防守

（2）防守队员之间相互保护。由于每名防守队员的判断取位或垫击时都可能出现错误，防起球的飞行方向也很不规律，场上其他队员都应采取补救措施，做好向各个方向移动的准备。

学习任务三　训练设计与自评

一、排球技术训练设计

（一）扣球技术练习方法

1. 原地双脚步练习。要求两脚用力蹬地，两臂划弧摆动配合起跳，在空中扣球，手臂抬起并后引成扣球前的动作，落地要双脚前脚掌着地，屈膝缓冲。

2. 一步助跑起跳练习。要求手脚配合协调。

3. 网前助跑起跳。掌握助跑起跳步法。

4. 待手挥臂甩腕练习。体会鞭甩动作。

5. 两人一组，一人持球举至击球点位置，另一人挥臂击固定球。体会击球点和手形。

6. 网上扣固定球。体会网上扣球击球点和手形。

7. 对墙连续扣球。体会挥臂动作和击球手法。

8. 在网前自抛自扣过网。

9. 在4号位连续扣抛球。

10. 在4号位扣传球。

（二）在较复杂的条件下巩固扣球技术

1. 在4号位和2号位扣直线、斜线球。

2. 在3号位扣抛球。要求用转体和转腕动作将球扣到场区两腰。

3. 在4号位和2号位扣抛来的调整球。

4. 结合一传、二传扣快球。

5. 扣对方抛过来的探头球。

6. 在对方单人拦网的情况下扣球。

7. 在对方双人拦网的情况下扣球。

（三）传球练习方法

1. 原地做正面双手上手传球的徒手练习。体会正确的传球动作和正确的击球点。

2. 原地向上做抛接球练习。体会正确的传球手形和正确的击球点。

3. 原地自传。每人一球，连续向上自传，传出球的高度由低到高。主要体会传球动作、击球点、手形，提高控球能力。

4. 一抛一传。二人间隔4米，相对站立，一人抛出带有弧度的球，另一人传球给抛球人。着重体会全身协调用力，建立正确的动作概念。然后二人互换。

5. 二人对传。二人一组，相距4米站立对传球。要求提高每人的控球能力，并能连续传球。

6. 自传与对传。二人一组相距4米左右对传球，在接到对方传来球时，先自传一次，再将球传给对方。要求提高控球能力，注意传球方向的变化和全身协调用力。

7. 左右跑动传球。二人一组，一人将球抛到另一人的左右两侧，另一人左右跑动到位后传球，然后二人互换。移动速度要快，传球时面对抛球人，做到正面迎送来球。

8. 隔低网传球。二人一组，分别站在低网两边3米线以内对传球。要求控制传球弧度，进一步体会全身协调用力。

9. 三角传球。三人一球，成正三角形站立，按不同方向传球。要求面对出球方向，保持正面传球。

（四）垫球技术练习方法

1. 模仿试作

垫球手形的练习：集体原地试作，教师检查纠正。注意垫球动作要合理，小臂要夹紧，手臂要伸直，垫击面要平整。徒手试作，原地徒手模仿完整的垫球动作，要做得正确、协调，用力合理、准确。

2. 垫击固定球

两人一组，一人持球固定在小腹前高度，另一人从准备姿势开始，做垫击动作，但不将球垫出，只体会击球的动作。击球手形和触球部位要正确，注意全身协调用力。

3. 垫击抛来球

两人一组，一抛一垫。球要抛准，尽量固定抛球的高度、速度及落点，垫球人用原地正面垫球的动作将球垫回。当初步学会垫球动作后，再逐渐加大难度，适当将球抛在练习人的前、后、左、右，要求练习者移动后仍做正面垫球。

4. 对墙自垫

一人一球对墙自垫。要求距离1.5米左右，认真体会用力顺序，体会动作要领，注意击球部位。对墙自垫能熟悉球性，增加球感。对墙自垫熟练了，能准确体会球的力量大小，提高垫击动作的准确性。

5. 对垫

先练习原地对垫，再练习移动对垫，逐步提高练习的难度，但要求在上述练习中都必须采用正面垫球。

示例一：两人一组，相距4米，连续垫。

示例二：两人一组，先自垫一次后再垫给对方。

示例三：两人对垫，一人固定不动，另一人向前后左右移动后垫球。也可两人都移动垫球，要求位置适当，球要高些，都采用正面垫球。

6. 不隔网的接垫球练习

开始阶段，要求球尽量发准，力量也不宜太大，垫球者都采用正面垫击，力争将球垫准。

示例一：两人一组，相距9米以上，一人抛掷球，另一人对正来球后将球垫起，若干次后交换。

示例二：2～4人一组，一人发球，另外的人轮流垫球。要求做好准备姿势，对正来球后垫击。

示例三：教师在12米以外掷低平球，要求队员在教师扔球前降低准备姿势，以较低的身体姿势来接球。这个练习可帮助学生养成低姿移动对准来球的习惯。

二、排球专项体能训练方法

1. 热身运动

热身运动主要是有全身肌肉拉伸、慢跑（10分钟左右）、左右侧桥。

练习作用：腹肌、背肌、髋部和大腿部肌群力量的巩固。

动作要领：单手支撑于平衡气垫上，双足支撑于地面上，做侧桥支撑，左右交替进行。

2. 左右单臂俯撑控腹练习

练习作用：腹肌、腰腹肌、髋部和大腿肌群力量的巩固。

动作要领：左手和右脚分别支撑于平衡气垫上，右手和左脚悬空伸直，保持身体平衡，做俯卧支撑，左右交替进行。单侧练习3～5组，每组15～25秒。

3. 闭眼左右单足站立

练习作用：腰腹肌与练习髋部与下肢肌群的平衡协调。

动作要领：左足单足站立于平衡地点上，右足悬空不接触地面，闭上双眼后尽力保持身体平衡，左右交替进行。单侧练习3～5组，每组15～25秒。

4. 俯卧撑

练习作用：肩带肌、背阔肌、竖脊肌股后肌群力量的巩固。

动作要领：将两腿并拢置于健身球上，两手撑地，手臂与身体垂直，脊柱保持正直位置，与地面平行，利用肩带肌、背阔肌、臀大肌等力量控制身体平稳。每组练习3～5组，每组10～15秒。

5. 负重深蹲起

肩负杠铃或其他重物做深蹲起，杠铃重量应根据自身的身体条件来决定。成年人负重量应与自己的体重差不多，或稍重一点。每组5～6次，共3组。

6. 半蹲起练习

两脚自然开立与肩同宽，两手前平举或侧平举，身体向下做半蹲动作，屈膝，屈髋，膝关节后面的角度和髋关节前面的角度大约为135°左右，然后快速蹬地，膝关节和髋关节充分伸直，身体重心上提，连续进行，向上时速度要快，下降时速度较慢。50～100次为1组，共5组，组间休息1分钟。

7. 跳深练习

在深度为60～120厘米的坑中（或台阶）连续向上跳，要求跳的时候分配好体力，注意摆臂和身体的协调性。20次为1组，共5组，组间休息2～3分钟。

8. 立定跳远练习

尽量往远跳，并要有一定的高度，也可用手拿实心球等轻物体进行练习，以提高摆臂的效果和速度。每组连续跳10次，共5组，休息1～3分钟。

学习自评

排球运动考核自评表

教师姓名		学生姓名		考核时间	____学年第____学期				
评价内容	评价要素				等级分值				评价得分
					A	B	C	D	
传球(30分)	掌握传球的动作要领、练习方法。				10	8	6	4	
	掌握原地对墙传球、双人对传球技术。				10	8	6	4	
	掌握顺网传球。				10	8	6	4	
垫球(30分)	掌握垫球的动作要领、练习方法。				10	8	6	4	
	掌握原地对墙垫球、双人对垫球技术。				10	8	6	4	
	掌握隔网对垫球技术。				10	8	6	4	
扣球(20分)	掌握扣球的动作要领、练习方法。				10	8	6	4	
	掌握2、3、4号位和后排扣球技术。				10	8	6	4	
拦网(20分)	掌握拦网的动作要领、练习方法。				10	8	6	4	
	掌握个人拦网和集体拦网技术。				10	8	6	4	
90～100分为优秀；80～89分为良好；60～79为合格；60分以下为不合格								总分	
学生自我评价等级：优秀(　　) 良好(　　) 合格(　　) 不合格(　　)									
运动处方：									

任务拓展

一、场地

比赛场地包括比赛场区和无障碍区，其形状为对称的长方形。比赛场区为18米×9米的长方形，中线两侧3米处画有两条平行线，称为进攻线。进攻线把每个场区分为前、后场区。发球区在端线后边，宽3米。其四周至少有3米宽的无障碍区。比赛场区上空的无障碍空间从地面量起至少高7米，其间不得有任何障碍物（见图7-26）。

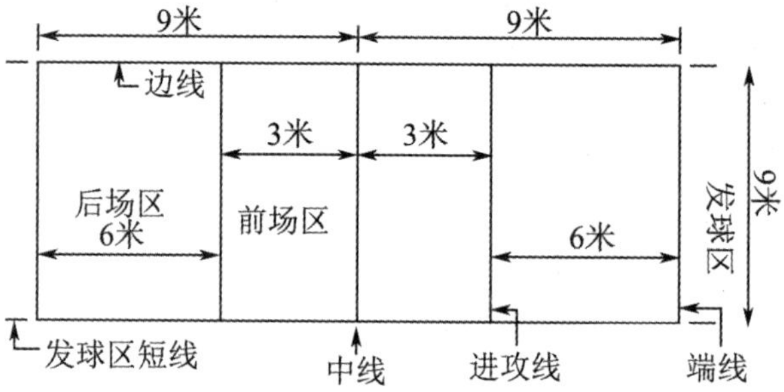

图7-26　排球运动比赛场地

二、比赛方法

胜一球的结果：一球是指从发球击球起至该球成死球止，如果发球队获胜，则得1分，继续发球；如果接发球队获胜，则获得发球权，同时得1分。胜一局：每局先得25分超出对方2分的队胜一局。当比分24：24时，比赛继续进行至某队领先2分（26：24，27：25）胜一场，胜三局队胜一场。如果2：2平局时，决胜局（第五局）打至15分并领先对方2分获胜。

三、比赛行为

1. 比赛开始：裁判员鸣哨后允许发球，发球队员击球时比赛开始。

2. 比赛的中断：裁判员鸣哨，即中止比赛。但如果裁判员是由于比赛中出现犯规而鸣哨的，则比赛的中断实际上是由犯规的一刻开始的。

3. 界内球：球触及比赛场区的地面包括界线为界内球。

4. 界外球：球接触地面的部分完全在界线以外；球触及场外物体、天花板或非场上比赛的成员等；球触及标志杆、网绳、网柱或球网标志带以外部分；球的整体或部分从过网区以外过网；球的整体从网下穿过。

5. 球队的击球：每队最多击球三次（拦网除外），将球从球网上击回对方，超过规定次数的击球，判为“四次击球犯规”。无论是主动击球还是被动触及，均作为该队击球一次。

6. 连续击球：一名队员不得连续击球两次（拦网除外）。

7. 同队的两名（三名）队员同时触到球时，被记为两次（三次）击球（拦网除外）。如果只有其中一名队员触球，则只记为一次击球。队员之间发生碰撞不算犯规。

8. 两名不同队的队员在网上同时触球，比赛继续进行，获得球的一方可击球三次。如果球落在某方场区外，则判为对方击球出界。

9. 如果双方队员同时触球造成“持球”，则判为“双方犯规”，该球重新进行。

10. 击球犯规：（1）“四次击球”：一个队连续触球四次。（2）“借助击球”：队员在比赛场地以内借助同伴或任何物体的支持进行击球。（3）“持球”：没有将球击出，造成接住或抛出。（4）“连击”：一名队员连续击球两次或球连续触及其身体的不同部位。

11. 发球犯规：（1）发球队发球次序错误；（2）球被抛起或持球手撤离后，必须在球落地前用一只手或手臂的任何部分将球出击。（3）球只能被抛起或撤离一次，但拍球或在手中移动球是被允许的。（4）发球队员在击球时或击球起跳时，不得踏及场区（包括端线）和发球区以外地面。击球后可以踏及或落在场区内或发球区以外。（5）发球队员必须在第一裁判员鸣哨后8秒钟内将球击出；裁判员鸣哨前的发球无效，重新发球。

12. 拦网犯规：（1）在对方进攻性击球前或击球的同时，在对方场区空间拦网触球。（2）后排队员或后排自由防守队员完成拦网或参加了完成拦网的集体。（3）拦对方发球。（4）拦网出界。（5）从标志杆以外伸入对方空间拦网。（6）后排自由防守队员试图进行个人拦网，或参加集体拦网。

项目八　足球运动

知识导航

一、足球运动的起源

足球有着非常悠久的历史，被称为“世界第一运动”。关于足球，无论是中国还是外国，都有着许多极具文化内涵的记载和传说。国外研究足球历史的学者认为，古代足球可能起源于中国的蹴鞠、日本的克马锐（kemari）、罗马的哈巴斯托姆（Harpastum）、希腊的埃佩斯卡洛斯（Episkaros）、意大利的吉奥库迪·卡利西奥（Giocodel Calcio），这些球类运动都被认为与原始的足球有着某种联系。那么，古代足球运动到底起源于哪里呢？在经过多方面的考证后，2004年2月4日国际足联宣布：足球起源于中国古代的蹴鞠。

同年7月15日，前国际足联主席布拉特宣布，中国是足球的故乡，足球最早起源于山东省淄博市的临淄，并于2005年5月21日向淄博临淄颁发了足球起源地认定书。中国古代并没有“足球”一词，只是在战国时期就有类似足球表现方式的游戏，名为“蹴鞠”。战国以来，蹴鞠历经千年发展，在唐宋时期达到顶峰，直至清代中期最终在中国逐渐消亡。由兴至衰，蹴鞠历经了漫长的时代变迁。

战国时期，赵武灵王改革，推行“胡服骑射”。一天，赵王带亲信去野外狩猎，看到林中有数只野兔，众人齐力抓捕却一无所获。一谋士上前献计：“大王，这种围堵很有趣，我们不妨用球代替兔子，不出宫门也可天天玩。”赵王大加赞赏，于是，这种游戏便在宫中流行起来，人们把这个游戏称为“蹴鞠”，但当时还属于骑在马上的运动。秦朝时蹴鞠运动一度沉寂，西汉建立后，又重新兴盛起来。汉朝人把蹴鞠视为“治国习武”之道，不仅在军队中广泛展开，而且宫廷贵族中也普遍流行。由于蹴鞠运动的兴盛，汉代还出现了研究这项运动的专著《蹴鞠二十五篇》，这是我国最早的一部体育专业书籍，也是世界上第一部体育专业书籍。

唐代时踢球方法发生了改变，汉代是直接对抗分队比赛，唐代分队比赛已不是直接对抗，而是中间隔着球门，双方各在一侧，以射门“数多者胜”。从足球技术来说，这是一种发展；而从体力训练来说，间接对抗却是足球运动的一个退步。

宋代足球延续了唐代的踢法，有用球门的间接比赛和不用球门的“白打”。不过，这时由射门比准已向灵巧和控制球技术方面发展了，也是从此时开始，蹴鞠逐渐与现代足球不同，成为无对抗性的集体游戏。不过，此时社会上有了专门靠踢球技艺维持生活的足球艺人。

时至南宋时期，踢球艺人组织了自己的团体，叫作“齐云社”，又称“圆社”。这是专门的蹴鞠组织，专事负责蹴鞠活动的比赛组织和宣传推广，这是我国最早的单项运动协会，类似于今天的足球俱乐部，也可以说，它就是世界上最早的足球俱乐部了。元明时期，因为一些特殊的原因，足球的发展受到了阻滞。朱元璋称帝之后，传下圣旨，严厉禁止军人踢球。

清代中叶以后，随着西方现代足球的传入，中国传统的蹴鞠活动基本上被现代足球所取代了。

二、足球运动的发展概况

足球运动是世界上受众范围最广泛、产值最高、影响力最大的体育运动。世界范围内足球产业生产总值高达5000亿美元，被誉为“世界第17大经济体”，是当之无愧的“世界第一运动”。足球运动占体育产业总产值的43%，超过橄榄球、篮球、排球等其他项目。国际足联统计数据表明，全球共有150万支足球队，有2.4亿名球员从事这项运动，这个人口相当于全球总人口的3%。此外，还有3000万人从事与足球相关的工作。此外，全球还有超过30万个的足球俱乐部，共有38个国家的48个非政府组织运作足球赛事。

思政园地

中国女足姑娘，好样的！

2021年4月13日，在江苏苏州奥体中心，超过1.3万名球迷见证了中国女足身处逆境而顽强拼搏的努力。东京奥运会女足预选赛亚洲区附加赛（因疫情原因2020年东京奥运会举办时间调至2021年7月）第二回合，中国女足在主场对阵韩国女足，场上的比分从0∶2到2∶2，最终，中国女足两回合比赛以4∶3战胜对手，晋级东京奥运会。比赛中，中国女足姑娘拼尽全力，让经历过无数风浪的中国队主帅红了眼眶。

为了这一张东京奥运会“入场券”，中国女足的姑娘们等待了太久。2020年1月底，由于突如其来的新冠肺炎疫情，原计划主场作战的中国女足，不得不前往澳大利亚参加东京奥运会预选赛。球队主力王霜以及姚伟、吕悦云、李梦雯等球员因为配合疫情防控无法出征。抵达澳大利亚之后，中国女足又在酒店隔离8天，拉伸训练只能在狭长的走廊里进行。直到比赛前一天，中国女足才进行有球训练。

在这样的情况下，中国女足姑娘表现抢眼，首战以6∶1大胜泰国女足，又在次战中以5∶0战胜中国台北女足，提前锁定小组出线权。最后，面对主场作战的澳大利亚队，中国女足丝毫不落下风，在一球领先的情况下，因队员体能透支最终被对手逼平，排名小组第二。

之后，中国女足与韩国女足的附加赛一拖再拖，中国女足超过400天没有参加过国际赛事。2020年10月，中国足协公布了女足国家队集训26人大名单，此后的近半年时间里，队员们一直埋头训练。13日，成功获得东京奥运会入场券之后，在当天比赛中攻入两球的王霜说：“不容易，我们在130多天的集训中，每天跑动距离1万多米。”

体能不是王霜的优势，但在中韩女足第二回合120分钟的比赛中，人们看到了她满场飞奔的身影，直到比赛的最后一刻。王霜说：“最后补时3分钟，再怎么样我们都要顶住。”

比赛延期的一年多时间里，中国女足一直在储备体能。“4个大周期训练取得了成功，比赛结果也验证了姑娘们的付出，”教练员说，“她们经历了很多，我很理解她们，她们带着巨大的压力踢球。如果她们没有之前艰苦的训练和准备，不可能拼到120分钟，所以我真的为她们感到骄傲。”

一名网友在回忆中国女足曾经的辉煌时留言说：“那些在时光中让我们念念不忘的，不是花瓣，而是倔强的刺，这或许是对‘铿锵玫瑰’最好的定义。”如今的中国女足之花，虽未盛放，但足够倔强。有更多关注、更多参与的滋润，中国女足之花必将更加绚丽。

（《中国女足姑娘，好样的！》，《人民日报》2021年4月15日）

思维导图

学习任务一 足球基本技术

足球运动技术是运动员在足球比赛中所采用的合理行动和动作方法的总称，包括无球技术和有球技术两部分。无球技术分为起动、快冲、跳跃、急停、转身和假动作。有球技术分为颠球、踢球、接球、顶球、运球与运球过人、抢截球、掷界外球、射门、守门员技术等。

一、颠球

颠球是指队员用身体的各个有效部位连续触击球，并加以控制，尽量使球不落地的技术动作。其作用是使队员具有良好的传、运、控球的能力，同时也是熟悉球性的练习方法。颠球技术包括脚背正面、内侧、外侧和大腿及头、胸、肩等部位的颠球。

扫一扫，观看录像视频“脚背正面颠球”

（一）脚背正面颠球

动作要领：以髋、踝关节为轴，脚尖微翘，支撑脚微屈，颠球腿的膝、踝以及大小腿适当放松，用脚背正面触及球的中下部，球向内转动，将球用单脚或左右脚交替将球连续颠起。

扫一扫，观看录像视频“双脚内、外侧颠球”

（二）脚背内侧颠球

动作要领：以膝关节为轴，脚内侧内扣，支撑腿微屈，颠球腿屈膝盘腿，脚踝内翻，膝、踝适当放松，用脚弓连续击球的中下部，左右脚连续将球颠起。

（三）脚背外侧颠球

动作要领：支撑脚膝关节微屈，屈膝以髋关节为轴，脚尖翘起，脚外展，重心移至支撑脚上，当球下落至膝关节的高度时，颠球脚屈膝撇腿，脚外侧向上摆，脚外翻轻击球的底部，将球连续向上颠起。

扫一扫，观看录像视频“大腿颠球”

（四）大腿颠球

动作要领：以髋关节为轴，支撑腿微屈，颠球腿屈膝上抬，大腿向上连续摆动抬起，用大腿的中部击球的中下部，使球向内转动与大腿面接触，连续将球颠起。

扫一扫，观看录像视频“头部颠球”

（五）头部颠球

动作要领：顶球时，头后仰，两眼注视球，两臂自然张开，以维持身体平衡。两脚开立，膝微屈，用前额或侧额部位连续顶球的下部，将球连续颠起。

二、踢球

踢球是指用脚的不同部位将球击向预定的目标，踢球的方法主要有脚内侧踢球、脚背正面踢球、脚背内侧踢球和脚背外侧踢球。踢球技术一般包括助跑、支撑脚站位、摆腿、击球、随前五个步骤。

（一）脚内侧踢球

动作要领：踢球时，正面直线助跑，最后一步步幅稍大，支撑脚踏在球的侧后方10～15厘米处，足尖正对出球方向，膝关节微屈。支撑脚落地时足尖与出球方向保持一致，与此同时，摆动腿以髋关节为轴，大腿带动小腿由后向前摆动击球，在前摆过程中髋关节、膝关节外展，足尖翘起，脚掌与地面平行，用脚内侧（足弓部位）击球的后中部。在击球的一刹那，身体稍前倾，脚腕用力绷紧，足跟前送，两臂配合协调摆动，将球击出。

扫一扫，观看3D动画“脚内侧踢球”

（二）脚背正面踢球

动作要领：踢定位球时，直线助跑，最后一步稍大，支撑脚积极地以脚跟先着地，踏在球的侧后方10～15厘米处，膝关节微屈，足尖正对出球方向。摆动腿以膝关节为轴，大腿带动小腿屈腿积极向前摆动。当膝盖摆至接近球的后上方时用脚背正面击球的后中部时，小腿做爆发式的前摆，脚背与球大约呈30°角，击球时，脚面绷直，脚趾紧扣，踝关节紧张，上体稍前倾，两臂配合协调摆动。击球后，身体和踢球腿顺球前移。

扫一扫，观看3D动画“脚背正面踢球”

（三）脚背内侧踢球

动作要领：脚背内侧踢球类似于脚背正面踢球，踢定位球时，斜线助跑，助跑方向与出球方向约呈45°角。支撑脚外侧积极着地，踏在球的侧后方25～30厘米处，膝关节微屈，足尖指向出球方向。身体稍向支撑脚一侧倾斜并转向出球方向，大腿带动小腿积极前摆，当膝盖摆到接近球内侧垂直方向时，小腿加速前摆。同时足尖稍外转，脚面绷直，脚趾扣紧，足尖指向斜下方，以脚背内侧击球的后中部。踢球后，踢球腿随球继续前摆，两臂随踢球动作自然摆动，因助跑方向、支撑腿立足选位灵活性较大，出球的变化幅度也较大，该踢球动作常用于中远距离传球，以及弧线球、过顶球和转身踢球。

扫一扫，观看3D动画“脚背内侧踢球”

（四）脚背外侧踢球

动作要领：踢定位球时，正面直线助跑，最后一步稍大，支撑脚积极地以脚跟着地，踏在球的侧后方10～15厘米处，膝关节微屈，足尖正对出球方向。摆动腿以髋关节为轴，大腿带动小腿屈膝积极向前摆动，当膝关节摆到接近球的垂直上方时，小腿加速前摆，同时足尖内转，脚面绷直，脚趾扣紧，足尖指向斜下方，用脚背外侧击球的后中部。踢球后，踢球腿随球向前继续摆动，两臂配合踢球动作协调摆动。由于脚踝灵活性大，摆动腿方向变化多，因此该踢球动作隐蔽性强，对方不易判断，常用于快速运球中的传球以及踢各种距离的弧线球、过顶球和弹拨球等。

三、停（接）球

停（接）球指有意识、有目的地用身体的合理部位将运行中的球接在所控制的范围之内，以便于更好地处理球。常用的接球方法按照身体部位可以划分为：脚内侧接球、脚底接球、脚背正面接球、脚背外侧接球和胸部停球等。按照球的活动状态可分为接地滚球、接反弹球、和接空中球。

（一）脚内侧接球

动作要领：接地滚球时，支撑脚正对来球的方向，膝微屈，上体前倾，接球腿提起屈膝外转并前迎，脚尖稍翘起，使脚内侧对准来球，在脚与球接触前的刹那迅速后引下撤，缓冲来球的力量，把球接在便于衔接下一个动作的控制范围内。接反弹球时，判断来球的落点，支撑脚跨步落在落球点的侧前方，膝关节微屈，上体稍前倾并转向接球方向。接球脚提起，踝关节放松，脚内侧对准来球的反弹路线，当球刚弹离地面时，用脚内侧推压球的中上部，将球接在便于衔接下一个动作的控制范围内（图8-1）。

扫一扫，观看录像视频“脚内侧接球”

图8-1　脚内侧接球

（二）脚底接球

动作要领：接地滚球时，身体面对来球方向，球接近体前时，支撑脚踏在球的侧后方，接球腿前伸，足尖翘起正对来球，膝关节

扫一扫，观看录像视频“脚底接球”

微屈；接球脚抬起，膝弯曲，脚跟离地低于球，脚尖翘起高于球，当球刚刚接触脚掌时，脚掌轻轻下压球的后上部，将球接于脚下。接反弹球时，支撑脚踏在球落点的侧后方，膝关节微屈，维持身体平衡。接球腿膝关节弯曲，脚尖翘起，前脚掌对准球的反弹方向，当球弹离地面的一刹那，用接球脚的前脚掌触球的后上部并下压，将球接在脚下。

（三）脚背正面接球

脚背正面接球适用于接空中下落的球。动作要领：提脚迎球，接球前，身体面对来球，支撑腿微屈，以维持身体平衡。接球腿屈膝抬起，小腿前伸主动迎球，用脚背正面接触球的底部。当脚背触球前的一刹那，小腿下撤以缓冲来球的力量，同时膝关节和踝关节放松，将球接于体前适当的位置。

扫一扫，观看录像视频“脚背正面接球”

（四）脚背外侧接球

动作要领：接地滚球时，支撑腿稍屈，接球脚稍提起，膝关节和脚内转，用脚背外侧对准来球方向，在支撑脚的前侧方接触球的侧后方，脚与球接触的一刹那向外侧轻拨，将球停在侧方或侧前方。接反弹球时，面对来球，支撑腿的膝关节微屈，接球脚在支撑脚前方稍提起，脚内翻，使小腿与地面呈一定角度，踝关节放松，当球刚反弹起地面时，用脚背外侧触球的侧上部，将球接于体侧。

（五）胸部接球

动作要领：挺胸接球时，身体正对来球，两脚前后开立，两膝弯曲，上体稍向后仰，重心落在两腿之间，两臂自然张开，微收下颏，当球运行到与胸部接触的一刹那，两脚蹬地挺胸憋气，脚跟上提，使球触胸后向前上方弹起，改变运行方向，然后落于体前（图8-2①）。收胸接球时，身体正对来球，两脚前后开立，两臂自然张开，重心前移，挺胸迎球，当球运行至与胸部接触前的一刹那时，重心迅速后移，收胸、收腹，用胸部触压球的中上部来缓冲来球力量，将球停于体前（图8-2②）。

图8-2　胸部接球①

图8-2　胸部接球②

四、顶球

顶球是足球技术中不可缺少的一项技术，它是争空间、抢时间、取得空中优势的有效手段，是有目的地运用头的前额部位直接处理空中球的基本技术。顶球的准确性取决于头触球的部位和用力方向，而出球力量的大小，则取决于来球的力量、顶球的时间、头触球的部位以及全身的协调用力。

（一）原地前额正面顶球

动作要领：身体正对来球，两脚自然开立，膝关节微屈，两眼注视来球，上体后仰，展腹挺胸，两臂自然张开，重心落在后腿上。当球运行到身体垂直部位前的瞬间，两腿蹬地，上体前摆，用前额正面顶球的后中部。触球时，颈部紧张用力，收下颏，顶出球后上体前摆（图8-3）。

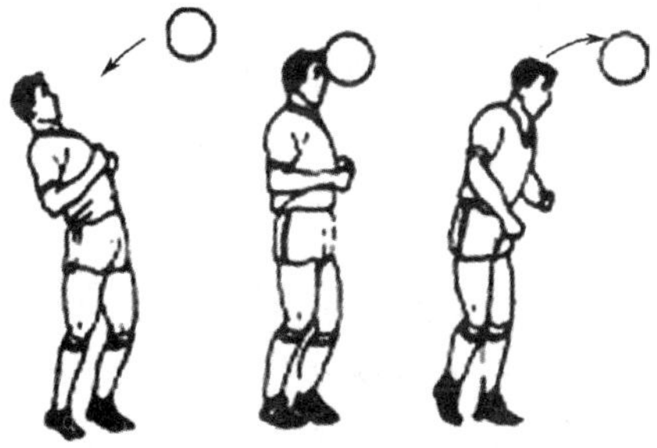

图8-3　原地正向顶球

（二）跳起正向顶球

动作要领：跳起顶球时，两眼正面注视来球，判断好球的运动路线。助跑后双脚或单脚起跳，身体在空中呈反弓形，两臂屈肘上摆，当身体上升到最高点、球运行到身体的垂直位置时，下颏收紧，颈部肌肉紧张，主动收腹使上体前摆，用前额正面将球顶出，随后两脚落地屈踝、屈膝缓冲。

（三）侧向顶球

动作要领：原地侧向顶球和跳起侧向顶球的准备动作和出球后的动作，与正向原地和跳起顶球的动作是一样的，只是身体动作有所不同。侧向顶球时，上体和头部要稍向出球的相反方向侧屈，重心落在后腿上，当球运行到出球方向同侧肩的上方时，上体向出球方向摆动，用前额的侧面顶球的后中部，将球顶出，随后身体自然摆动（图8-4）。

图8-4　侧向顶球

五、运球与运球过人

（一）运球

运球是指运动员在跑动中用身体的某一部位触球，有目的地用脚的各个部位连续推拨球，将球处于自己控制范围内的连续触球动作。运球过人指运动员凭借合理的运球动作突破对手的防守，它是运动员个人控球能力和个人进攻能力的体现，也是实施集体战术的基础之一。

扫一扫，观看录像视频“脚背内侧运球”

1. 脚背内侧运球。动作要领：运球时，跑动的步幅要小，支撑脚稍向前跨，踏在球的前侧方，身体自然放松，膝关节微屈，重心降低，触球脚脚跟提起，脚尖稍向外展，膝关节稍向外转。触球时，触球脚前伸，在运球脚落地前用脚背内侧推拨球，使球向前侧作曲线或弧线运行，随后前脚掌着地自然跑动。高速运球时不宜用此种运球方法。

扫一扫，观看录像视频“脚背外侧运球”

2. 脚背外侧运球。动作要领：运球时，身体保持正常的跑动姿势，上体稍前倾，跑动的步幅要小，身体自然放松，两臂自然摆动，膝关节微屈，踝关节前送，重心降低，触球脚脚跟提起，脚尖稍向内扣下指，膝关节稍内转。触球时，触球脚前伸，用脚背外侧推拨球的后中部，随后前脚掌着地自然跑动。

此种运球方法能用身体隔开对手与球，所以掩护时经常使用。

3. 脚背正面运球。动作要领：运球时，身体放松，两臂自然摆动，上体稍前倾，步幅不宜过大，支撑脚保持在球的侧后方，运球脚抬起时，脚跟提起，膝关节稍屈，髋关节前送，脚尖稍内转，迈步前伸落地，用脚背正面部位触球的后中部，将球推送前进。

扫一扫，观看录像视频“脚背正面运球”

（二）运球突破

运球突破是运动员运用合理的运球动作超越对手，利用速度、方向或动作变化突破防守的技术。

动作要领：

1. 利用速度强行突破。进攻队员在接近防守队员时，用突然的快速推拨和快速启动相结合越过对手。这种方法一般应用于队员有较强的启动速度以及防守队员身后有较大的纵深区域的情况。

2. 利用身体掩护强行突破。进攻队员侧身用身体倚住防守队员，另一侧脚将球推送、拨拉，同时转身将防守队员倚在身后，并随球越过对手，要求将球控制在远离对手的一侧，让对手伸脚时触不可及。

六、抢截球

抢截球是积极防守中的一种有效手段，其目的是将对手控制的球抢夺过来，转守为攻。抢截球是占据有利位置，封堵球的去路或阻挠对手自由运动，运用身体的不同部位和所做的合理动作，以减慢对方推进速度，把对手控制的球夺过来或者破坏掉的一项基本技术。

（一）正面跨步抢球

动作要领：抢球前迅速靠近对方，做好抢球的准备，两脚前后开立，两膝微屈，重心下降，上体稍前倾，面向对手，在对手运球脚触球后即将着地或者刚着地时，支撑脚立即用力后蹬，抢球脚疾步跨出，膝关节弯曲，踝关节保持紧张，脚内侧正对球，触球后用力提拉，使球从对方脚背滚过，同时身体重心迅速跟上，把球控制好。若离球稍远抢不到球时，可用脚尖捅抢（图8-5）。

图8-5　正面跨步抢球

（二）正面倒地铲球

动作要领：两脚前后开立，两膝弯曲，身体重心下降，放在两脚间，面向对手，在对方运球脚触球后即将着地或刚着地时，一脚立即用力后蹬，另一脚沿着地面向前滑铲，同时上体侧转，后仰倒地，蹬地面呈弧形扫踢球，将球留下或破坏掉，铲球后屈肘用手扶地或接着侧滚。

（三）侧面抢球

动作要领：与运球者平行跑动，待对方远离自己身体一侧的脚落地时，利用合理冲撞动作使其失去平衡而离开球，乘机将球控制起来。在冲撞时要降低身体重心，靠近对方一侧的手臂要紧贴身体。

（四）侧后铲球

动作要领：同侧脚铲球时，在运球者侧后跑动，当对方拨出球的一刹那，后脚用力蹬成跨步，上体后仰，前脚以脚外侧沿着地面向外侧滑出，用脚背（或脚尖）将球踢出（或捅出），接着小腿外侧、大腿外侧和臀部依次着地（图8-6）。

图8-6　侧后铲球

（五）截球

动作要领：截球是比赛中两名球员传球时，对方球员使用踢球、顶球、铲球或停球等技术动作把球断下来或破坏掉。截球必须根据临场需要选择使用某种动作：对于对方的传球射门等，需要用踢球、顶球或铲球等动作来完成截球；而对于使球处于自己控制之下的截球，则需要用接球动作来完成。

七、掷界外球

掷界外球是指比赛中，当球的整体从地面或空中越过边线，在比赛成死球的情况下，按规则需要用手掷球来恢复比赛的方法。掷界外球是一次很好地组织进攻的机会，尤其在对方罚球区附近掷界外球，其威胁更大。若不能很好地掌握这项技术，在掷球时因错误动作而造成违例，便失去一次绝好的进攻机会。因此运动员必须熟练掌握掷界外球技术。

（一）原地掷界外球

动作要领：面对出球方向，两脚立于边线外或踏在边线上，前后或左右开立，两膝微屈，上体后仰呈背弓形，重心移到后脚上（左右开立时，重心在两脚间），两手自然张开，虎口、拇指相对，持球侧后部，屈肘将球举至头后。掷球时，利用两腿蹬地，迅速转体、收腹、挥臂，当球摆至头上时用力甩腕，将球掷入场内。在掷球过程中，后脚可沿地面滑动，但两脚均不得离地或踏入场内（图8-7）。

图8-7　原地掷界外球

（二）助跑掷界外球

动作要领：助跑要自然协调，速度快慢由掷球远近而定。助跑时两手持球于胸前，在迈出最后一步时，上体后仰呈背弓形，同时将球举至头后。掷球时用力蹬地，迅速摆体、收腹、挥臂，当球摆至头上方时，用力屈膝，用甩腕和手指的力量将球抛出。

八、守门员技术

足球守门员技术是指守门员围绕球门采取的有效防御和组织发动进攻时采用的动作方法的总称。其主要的表现形式是用手接球、击托球、扑接球和发球等。

（一）准备姿势

守门员的准备动作基本是两脚左右开立，约与肩同宽，两腿自然屈蹲，脚跟稍提，重心落在前脚掌上，身体略向前倾，两臂自然弯曲，掌心向下，手指张开，两眼注视来球。守门员要守住球门，不仅要掌握手臂动作，还要有灵活、快速移动的脚步。

（二）接球

接球是守门员最主要的技术，包括接地滚球、平空球和高空球。

1. 接地滚球

（1）直立接球时，守门员的两脚要自然并拢，脚尖对准来球，上体前屈，两臂伸向前下方，手指自然张开，手心向前，两手接球的后底部。接到球后，两臂同时弯曲，并互相靠拢，将球抱至胸前。

（2）单腿跪立接球时，守门员的两腿向侧前方开立，前腿弯曲，支持身体重心，后腿跪立，膝关节接近地面，并靠近前脚踵，上体前倾，手臂下垂，掌心前迎，对准来球方向，两手接球后底部。接球后将球抱至胸前。

2. 接低平球

低平球指膝以上、胸以下的空中球。接球时，面对来球，两手掌心向上，两手小指相靠，屈肘前迎接球，上体前屈，当手触球时两臂向后引，以便缓冲，将球抱于胸前。

该动作适用于低平球、低弧度的反弹球和高弧度的降落球。

3. 接高空球

接高空球时，需要根据球的不同高度选择跳起接球和不跳起接球。接球过程可分为判断、踏跳、腾空、接球、落地5个步骤。面对来球，两臂上伸，两手拇指相对呈八字形，其余四指微屈，在最高点手触球的瞬间，手指手腕适当用力，缓冲来球，并将球控制接住，顺势转腕屈肘、下引将球收至胸前。

（三）击托球

击托球分为拳击球和托球。

1. 拳击球

守门员在与一个或多个对手争抢空间或自己身体失去平衡时，运用拳击球。要准确判断来球运行路线，及时移动到位，握紧拳，在接近球的刹那迅速出拳击球。拳击球有单、双拳击球，单拳击球动作灵活，摆动幅度大，击球力量大。双拳击球接触球面积大，准确性高。

2. 托球

判断来球运行路线后，向后跃起托球。托球时手指微张，手掌向外翻转，用手掌前部触球的下部，使球改变运行轨迹，呈弧线越过球门横梁。

（四）扑接球

扑接球分为扑侧面球和扑平空球。

1. 扑侧面球。动作要领：屈膝降低重心，异侧脚用力蹬地，双手快速向侧伸出，一手置于球后，另一侧手置于球的侧后上方。同时身体向同侧脚方向倒地，落地时小腿、大腿、臀、肘外侧依次着地，落地后抱球团身。

2. 扑平空球。动作要领：近侧脚用力蹬地使身体跃起，身体在空中伸展，手指用力抓住球。接球后，肘、肩、上体、臀、腿外侧依次着地并迅速团身护球，并顺势抱球起身。

学习任务二　足球基本战术

一、进攻战术

足球战术是比赛攻守过程中，为战胜对手，根据赛场上的情况采取的个人行动和集体配合的方法。足球运动战术分为进攻战术和防守战术两大类，在这两大类战术中又可分为个人战术、局部战术、全队战术和定位球战术等。

（一）个人进攻战术

1. 摆脱与跑位

每当球员得球，都要发动进攻，采取有插有拉、有左有右、有前有后、纵横交错的攻击队形。同队球员要迅速摆脱对手，或制造宽度造成空当，给有球同伴创造传球路线，以更好地进攻。摆脱对手紧逼，可采用突然启动、急停、突然变向、变速和假动作等动作技术。跑位就是有目的地跑向有利位置或空当。

2. 传球

传球是集体配合战术的基础，是组织进攻、变换战术、完成战术配合创造射门机会的主要手段。选择传球目标，把握时机，控制力量与方向是传好球的关键因素。

3. 运球过人

运球过人是进攻战术中一种重要的个人战术。运球过人是调动、扰乱对方防线，造成以多打少，制造传球空当，突破密集防守，获得射门机会的有效手段。运球过人应注意控制好球，掌握最佳的突破距离和时机，根据对手的特点机动灵活地选择运球突破技术。

4. 射门

射门是一切战术配合进攻的最终目的，是比赛胜负的关键。射门要准确、突然、有力，其中准确是关键。射门时，要冷静、机智、果断，并能随机应变。

（二）局部进攻战术

局部进攻战术是比赛中两个或几个队员间通过摆脱防守与交叉跑位在局部区域形成默契配合的进攻战术方法，可分为两人间或三人间的局部进攻战术。

1. 两人间局部进攻战术

两人间的局部配合在赛场上经常运用，也是集体配合的基础。

（1）传切配合。控球队员向防守队员的空隙传球，同时，另一队员超越防守，切入得球。

（2）两次传球。控球队员将球传给迎球同伴，同时迅速起动摆脱防守切入空当，接应同伴再次传向防守身后的球。

（3）交叉掩护配合。控球队员侧向运球以吸引防守，为同伴制造空当，同伴在其身后与其交叉跑动，在同伴贴近时，将球传向自己身后，接应同伴迅速切入得球。

2. 三人间局部进攻战术

三人间局部进攻是三名进攻队员在局部区域通过跑位传球以摆脱防守的配合行动。

（1）传空当配合。一名队员利用跑空当方式牵制一名防守，其他两名进攻队员利用传球突破另一名防守队员，如边拉传中、中拉传边、回拉向前直传等战术。

（2）三名队员通过传球进行一次或连续两次的交叉掩护，二过一突破两名防守队员。

（三）全队进攻战术

整体战术由个人战术和局部战术组成，整体战术的具体打法千变万化，大致可归纳为两类，即边路进攻和中路进攻。全队进攻战术是进攻面较广、投入人数较多的进攻战术配合。一次完整的进攻由发动、发展和结束三个阶段组成。

边路进攻是在对方半场侧面地区发起的进战术攻。主要包括边锋或边前卫在边路利用个人技术突破传中或突破里切的进攻方式、边锋与中锋或前卫用“二过一”突破下底传中或里切传给接应者的进攻方式和采用边路斜线传中的进攻方式。

中路进攻是利用球场中间区域组织的进攻，即通过中锋、内切的边锋或插上的前卫运用传球配合或运球过人技术将进攻推向罚球区附近，再在罚球区外远射或通过运球过人突破完成射门。

（四）定位球进攻战术

定位球战术是指在比赛中，利用“死球”后重新开始比赛的机会组织进攻与防守配合的战术方法。定位球战术包含中圈球、任意球、界外球、角球、点球以及球门球等。在配合上，要利用简练的一次配合取得射门机会，配合越复杂，成功率就越低。

无论在场地中间或两侧获得任意球的机会时，只要有可能射门，最好的办法就是直接射门。罚直接任意球时，如距球门较近，防守组织“人墙”有漏洞或守门员位置不当，可采用直接射门。

在罚球区的侧角和两边，当不可能直接射门时，则应该进行配合射门，经常采用短传配合和长传配合两种，踢球球员把球传过人墙，同队球员快速插上射门。

二、防守战术

（一）个人防守战术

个人防守战术是个人为了控制对手所采用的个人战术行动。个人防守战术包括选位与盯人、断球、抢球、封堵等。

1. 选位与盯人

选位指防守队队员根据位置职责和临场情况选择适当的防守位置。选位的原则是，将自己置于对手和本方球门中心的连线上。盯人是指在正确选位的基础上对防守的对手实施监控或者严密控制其行动。如果对方有球或有威胁时，应采用紧逼盯人的方法；如果对方无球或无威胁时，应采用松动盯人的方法。

2. 断球

断球指将对方的传球从途中截下来或者破坏掉的战术行动。断球是转守为攻最主动、最有效的战术行动，能在对方来不及反抢的状态下快速反击。

3. 抢球

抢球指将对方控运的球抢过来或者破坏掉的战术行动。抢球是重要的个人战术，是个人防守能力的重要标志。

4. 封堵

封堵指防守队员用身体某一部分挡住对方的传球或者射门的战术行动，分为正面和侧面封堵两种。

（二）局部防守战术

在比赛中，局部地区相邻的几个防守球员相互协作、防守配合，通过防守球员彼此之间的相互补位、交换防守，可以有效地遏制或破坏对方的进攻，从被动局面转为有利局面，一般包括保护、补位、围抢、造越位战术等。

1. 保护

保护是给逼抢持球队员的同伴心理和行动上的支持，使其无后顾之忧，全力以赴紧逼对手。

2. 补位

补位指防守队员弥补同伴在防守中出现的漏洞时所采取的相互协调的战术配合。一般补位应采取较近补位原则，危险区域要加强重点补位。

3. 围抢

围抢指两个以上的防守队员从多方位夹击对方的控球队员，把球抢夺回来或者破坏掉的战术配合。

4. 造越位战术

造越位战术是利用规则而设计的一种防守战术，是一种以巧制胜的省力打法，因而成为一种重要的防守手段，但由于配合难度大，搞不好会适得其反、让对手钻空子，因此战术往往被水平较高的球队所采纳，一场比赛中不宜多次运用这种防守战术。

（三）整体防守战术

1. 盯人防守

盯人防守是除拖后中卫和守门员外，场上其他人每人盯死一个对手，不给其时间、区域、得球的自由防守方法。优点是分工明确、责任具体，盯防效果好，缺点是体力消耗大，防守队形容易被打乱，被突破后不易弥补。

2. 区域防守

区域防守是每个防守球员负责自己固定的防守区域，在此区域内盯住对手。优点是节省体力，能防守住进入本防区的进攻队员，缺点是容易造成局部地区以少防多的被动局面，在邻近的结合补位出现漏洞。

3. 密集防守

密集防守是盯人防守与区域防守相结合的防守方法。全队防守的重点是集体配合得是否及时、准确、协调和安全等。

三、比赛阵形

足球比赛阵形指参与比赛队员在场上的位置排列、攻守力量配备和职责分工的基本形式。阵形的序列从后向前依次为守门员、后卫、前卫和前锋。守门员的职责固定，不计在内。随着足球运动技术、战术的发展以及规则的调整，比赛阵形也在不断演变。目前主要采用“4-2-3-1”“4-1-4-1”及“4-4-1-1”“4-3-3”等阵形。

（一）“4-2-3-1”阵形

“4-2-3-1”阵形是目前世界足坛许多球队都在使用的一套阵形，“4-2-3-1”通常由4名后卫、2名后腰、2名边前卫和1名前腰加上1名单前锋构成。

“4-2-3-1”阵形的优势：

（1）防守很强，5名中场让球队在中间地带拥有强大的控制力，从而减少后防线的压力。

（2）控球率高，而且传接球方面随时都能形成三角站位和传递。

（3）边路进攻，因为中路的强势让边后卫有机会大幅度前插参与进攻。

（4）防守的覆盖面比较大，4名后卫可以很好地覆盖防守区域，而且可以随时加入边路防守。

（5）中场的双核、双后腰配置首先可以在后防线前面筑起一道屏障，同时能够有效盯防对方的10号位球员。

（6）进攻灵活，3名进攻型中场加上1名前锋，前场进攻选择性多，攻防转换灵活。

“4-2-3-1”阵形的局限：

（1）3名进攻型中场在无球的状态下需要承担起一定的防守任务，很多时候这其实只是教练员的一厢情愿。

（2）边后卫确实可以充分利用边路的空当前插进攻，与此同时他们身后也容易被对方的反击打穿。

（3）3名进攻型中场在攻击时需要全力支援前锋，以防前锋被对方孤立。如果支援不及时，进攻就很难形成威胁。

（4）该阵形对球员的战术意识有一定要求，需要良好的位置感来控制球场空间，尤其是在球队领先的情况下。

（5）该阵形对中锋要求很高，中锋必须具有很强的综合能力。如果没有一名很好的中锋，此阵型很难起到应有的效果。

（二）“4-1-4-1”阵形

将1名后腰提前至前腰的位置，形成“4-1-4-1”的站位，这通常是在进入进攻二区时的一种变化，增加1名前腰，能够加强中路的进攻组织，更快速地进入进攻三区。

（三）“4-4-1-1”阵形

将2名边前卫收下来，便形成“4-4-1-1”阵形。这通常是在我们本方半场，就是我们的防守一区使用，用于低位防守时。在后场囤积大量兵力，主要是增加防守密度。一名前腰和前锋在中圈附近，干扰对手中卫和后腰的控球，并且随时做好反击的准备。当然，在这里只是列举了三种变化，每支队伍都有不同的战术要求、赛前目标，所以每支队伍的变化会各有不同。

（四）“4-3-3”阵形

“4-3-3”阵形是由4名后卫、3名中场、3名前锋组成的，该阵形在中场布置很明显，是一种以进攻为主导的阵形。现在的“4-3-3”阵形在中场布置通常分为两种：一种是双前腰中场，另一种是双后腰、单前腰的配置。

“4-3-3”阵形的优点：

（1）流畅的结构对比赛的各个阶段都有帮助。

（2）3名前锋可以不断地给对手的后防制造麻烦。

（3）利用进攻中的人数优势不断创造机会和保持控球。

（4）利用边锋和边后卫的位置，通过转移打法撕开对手防守的弱侧。

“4-3-3”阵形的缺点：

（1）中路区域可能会被对手重点防守，导致中路的人数过度密集，难以从中路突破。

（2）边锋必须具备敏锐的战术意识，支援进攻或者覆盖防守。

（3）如果边锋没有退防，就会形成边后卫在该区域会被孤立，边路区域很容易被对手利用。

（4）中场必须保持紧凑，以防止从中路渗透进来。

（5）该队形对球员素质要求很高，球员必须具备高度的战术意识，充分理解自己的职责，具有很强的位置感，能够控制场上的空间以保持球队的优势。

“4-3-3”阵形很常见的一种变化，是将两名边前卫自然提前，形成边锋的站位，从而加强边路的进攻力量，让边路进攻战术有更多的选择。

学习任务三 训练设计与自评

一、颠球技术训练设计

练习一：单脚颠球。刚开始做单脚颠球时，可以接从手中自然下坠的球，先用惯用脚接，尽量颠到髋关节部位。

练习二：双脚颠球。用两只脚尽量进行连续颠球，在颠球过程中，尽量控制颠球的高度，可以颠至膝盖或髋关节处。

练习三：大腿颠球。膝盖弯成90度，用大腿部位将球颠至空中。

练习四：脚和大腿交替颠球。用大腿控球，当球落下来后，用同一只脚将球颠起来，然后用另一条腿的大腿控制住，如此反复。

二、踢球技术训练设计

练习一：二人一球，一人用脚挡球（挡球脚脚尖稍翘起脚掌对球，离球约10厘米），另一人做助跑原地踢球练习。

练习二：对足球墙踢球练习。开始时离墙3～5米，用力要小，然后逐渐加长离墙的距离，增大踢球力量。

练习三：踢准练习。二人一球，相距15米左右，中间放一个低栏，要求踢出的球从栏间通过。

练习四：踢远练习。站在球场上各个位置、各个方向向罚球区内大力踢球，在踢球的过程中距离逐渐拉大。

练习五：踢来自各个方向的球。同学们在罚球弧处站成一路纵队，依次向守门员踢球，守门员接球后向不同方向掷地滚球，队员依次助跑，踢来自不同方向的球。

三、停球技术训练设计

练习一：停地滚球。两人相距6～8米（随着练习次数增加，距离随之增加）相对站立，一人踢（掷）地滚球，另一人停球，停迎面来的地滚球练习。

练习二：停反弹球。二人相距6～8米（随着练习次数增加，距离随之增加）。一人向另一人侧方或侧前方踢或抛有一定弧度的抛物线下落球，另一人跑上去向侧方或侧后方停反弹球。

练习三：停空中球。二人相距10米左右，相对站立，一人掷球，另一人停空中球。要求掷出去的球要有一定的力量。在初步掌握之后，相互踢高球的停高空下落的空中球。

四、顶球技术训练设计

练习一：原地顶球练习。二人一组，相对站立，一人举球至另一人面前与头同高的高度，另一人做原地摆体正面顶球，体会顶球部位和顶球动作。随后二人一组，相距10米左右，一人抛球，另一人做顶球练习。

练习二：移动中顶球练习。三人一组，站成三角形，各相距10米，一抛、一顶、一接，连续循环。

练习三：顶球射门练习。练习者在罚球弧处，掷球队员站在球门内或球门侧面将球抛至罚球点附近，顶球队员顶球入门。

五、运球过人技术训练设计

练习一：慢速用单脚推或拨球前进。初步掌握之后再进行两只脚交替推、拨球前进练习。

练习二：队员分成两组，呈“一”字形相对排列。一组第一人运球到对面的运球起点线，把球传给另一组的第一人，然后跑到排尾，依次循环。

练习三：队员排成一路纵队。由排头开始从起点线运球绕过数根标杆，再折回到起点，把球传给一个人，然后跑到排尾，依次循环。这个练习还可以让队员相隔一定距离一个接一个地进行运球过杆练习，以增大练习密度。标杆可排成直线或折线。

练习四：二人一球，做一过一练习。运球者向防守者做运球过人练习，防守者做消极防守。较熟练地掌握之后，防守者做积极防守。这个练习可每次交换角色，也可做几次后再交换练习。

六、掷界外球技术训练设计

练习一：二人一球，在近距离内（随着练习次数增加，距离也随之变远）进行对掷界外球练习。要求出球高度适宜，落点准确。

练习二：一人一球，在规定的范围内做相应的掷远、掷准比赛。

七、射门技术训练设计

练习一：站在左侧、右侧和中央区域做直接射门和带球射门的练习。

练习二：做脚背、脚弓、脚尖等部位的射门练习。

学习自评

足球运动考核自评表

教师姓名		学生姓名		考核时间	____学年第____学期			
评价内容	评价要素			等级分值				评价得分
				A	B	C	D	
颠球（20分）	掌握颠球的动作要领、练习方法。			10	8	6	4	
	掌握脚背正面、内侧、外侧、大腿和头部颠球技术。			10	8	6	4	
踢球（30分）	掌握踢球的动作要领、练习方法。			10	8	6	4	
	掌握原地脚内侧，脚背正面、内侧、外侧踢球技术。			10	8	6	4	
	掌握定位球踢远技术。			10	8	6	4	
运球（30分）	掌握运球的动作要领、练习方法。			10	8	6	4	
	掌握脚背内侧、外侧、正面踢球技术。			10	8	6	4	
	掌握运球突破过人技术。			10	8	6	4	
射门（20分）	掌握射门的动作要领、练习方法。			10	8	6	4	
	掌握射门进球技术。			10	8	6	4	
90～100分为优秀；80～89分为良好；60～79为合格；60分以下为不合格						总分		
学生自我评价等级：优秀（　　）良好（　　）合格（　　）不合格（　　）								
运动处方：								

任务拓展

足球运动规则简介

一、比赛场地

足球比赛场地必须是长方形场地，在场地中设有宽度不超过12厘米的各种标准线，正式国际比赛场地长100～110米，宽64～75米。球门两柱内沿相距7.32米，横木下沿距地面2.44米。球门柱宽不超过12厘米。球场由中线将场地分为两个半场，以中心为圆心、9.15米为半径在中场画出中圈，每个半场有一个球门区、罚球区、罚球弧、点球点，点球点距端线11米，场地四角有四个角球区（图8-8）。

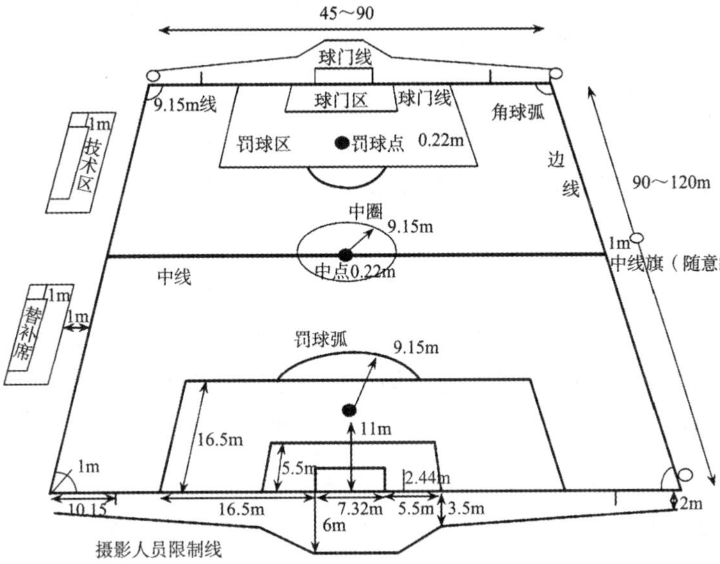

图8-8　正式国际足球比赛场地示意图

二、比赛用球

球体要圆，球的周长为68～70厘米，重量为410～450克，充气后压力为0.6～1.1个大气压。比赛用球至少应准备两个，如果在比赛中球爆破或漏气，比赛应暂停，待换新球后，在暂停时球所在地点用坠球方法恢复比赛。

三、队员人数，装备

每队上场队员不得超过11人，其中必须有1人为守门员。在比赛开始或比赛进行中，如果某队队员不足7人时，比赛不能进行。每队球员服装必须颜色一致，守门员服装颜色应与其他队员有明显不同。正式比赛时，球员必须戴护腿板、穿足球鞋。

四、比赛时间

足球正式比赛时间为90分钟，分为上、下半时，各45分钟，中间休息不超过15分钟。如果竞赛规程规定要决出胜负的比赛，90分钟内踢成平局，要加时30分钟。在加时赛前，休息10分钟，并重新选择场地，决胜期时间仍分上、下半场各15分钟，中间换场不休息。决胜期的比赛，先进球的一方胜，比赛结束。如双方都未进球，要以罚点球决出胜负。

五、死球

1. 球的整体从地面或空中全部越出边线或端线为球出界，即为死球。
2. 比赛进行中裁判员鸣哨即为死球。

六、计分方法

球的整体从两门柱中间横木下面由空中或地上越过球门线外沿的垂直面，为胜一球。

七、任意球

1. 任意球分为直接任意球和间接任意球。直接任意球俗称“一脚球”，直接射门得分有效。在比赛中，球员违反有关规定，均在球员犯规地点执行。如在本方的罚球区内违反，则被罚点球。间接任意球俗称“两脚球”，直接射门得分无效。在比赛中主罚间接任意球时，球踢出后只要触及其他任何队员再入球门就算胜一球。
2. 处罚任意球时，被罚队球员必须退出距罚球地点9.15米范围以外。

八、罚点球

1. 执行罚点球时，在球被踢出前，守门员的两脚必须站在球门线上，不得移动；否则，球未踢进，则重罚。
2. 罚点球时，双方队员都应站在禁区和罚球弧外，裁判员鸣哨后，主罚队员方可射门。

九、掷界外球

1. 球越出边线时，由出界前最后触及球队员的对方在球出界处掷界外球。掷界外球时，可以将球掷向场内的任何方向。

2. 掷界外球的方法是：用双手持球于头的后方，面向场内，从头后经头顶用一个完整的动作将球掷入场内。掷球时，不可间断为两个动作，两手力量要平均。不是任球自由下落，要有把球掷出的动作。

3. 掷球时，任何一脚不得全部离地，但允许在地上滑动。

十、球门球

球员将球踢出对方端线，由对方踢球门球。踢球门球时，必须直接把球踢出罚球区，才算进入比赛。踢球门球直接射入对方球门不算得分。

十一、角球

当球被防守队员踢出本方端线时，由对方踢角球。踢角球时，不得移动旗杆，必须将球放在角区内执行，对方队员应在距球9.15米以外的地方，踢角球时可直接射门得分。

十二、越位

越位指越过球的位置，当进攻队员较球更接近对方端线时，他便处于越位位置（在本方半场内或至少有两名对方队员较其更接近于对方端线除外）。

越位的判罚：

1. 头、躯干或者脚的任何部分在对方的半场（不含中线）。

2. 头、躯干或者脚的任何部分和对方倒数第二名队员更接近于对方球门线。

3. 所有队员（包括守门员）的手部和臂部均不在上述判定考虑范围内。

4. 队员处于越位位置后，当同队队员踢或触及球的一瞬间，裁判员认为队员有下列情况时应判罚越位犯规：①正在干扰比赛和干扰对方；②正企图从越位位置获得利益。

5. 当队员仅仅是处在越位位置，或直接接到球门球、角球、界外球或裁判员的坠球，不应被判越位。

6. 队员被判罚越位后，应由对方队员在越位地点罚间接任意球继续比赛。

项目九　小球运动

知识导航

乒乓球、羽毛球、网球都是无身体接触的小球运动，它们共同的特点是快速灵活、变幻莫测，刚柔相济、高雅优美。新中国成立后，特别是改革开放后，随着人们生活水平的提高，小球运动在中国蓬勃发展。中国队在世界各项大型赛事中取得了骄人的战绩：跻身世界先进网球国家行列，成为羽毛球世界强国，乒乓球更是被誉为“国球”，长盛不衰。

小球运动在中国普及率极高，尤其是乒乓球运动，从几岁的儿童到六七十岁的老人，大都能挥拍上阵。小球运动趣味性强，运动量大小可控，老少皆宜，也是广大青少年学生理想的体育锻炼项目。

思政园地

“超级全满贯”男子选手马龙

在新中国成立之初，乒乓球作为中国的外交载体，促进了中美两国的文化交流。中美两国乒乓球队的友好往来，推动了中美两国关系正常化的进程，对中美关系的突破产生了重要影响，被誉为“小球推动大球”。中国乒乓球一直有着令人骄傲的成绩，受到世界瞩目。

马龙是乒乓球史上首位集奥运会、世乒赛、世界杯、亚运会、亚锦赛、亚洲杯、巡回赛总决赛、全运会单打冠军于一身的“超级全满贯”男子选手，同时也是继鲍尔瑙·维克托、庄则栋之后第三位世乒赛男单三连冠得主，以及国际乒联男单世界排名第一最多月数和最长连续月数的纪录保持者。其中三届世乒赛上，马龙几乎与各路乒乓球英雄碰了个遍，国内国外、攻球削球、反胶正胶、年老少壮，各种考验纷至沓来，三届决赛的对手分别是正手实力超群的队友方博、新时代的暴力坦克樊振东、当代极其罕见的正手正胶选手法尔克。取得“超级全满贯”的马龙，虽年少成名，却也是大器晚成。这令人骄傲的成绩，是马龙汗洒球场的努力苦练换来的，也是“十年磨一剑”的坚持换来的。

刘国栋曾评价他：“马龙的球风很正。他是球队公认最努力最有天赋的一名运动员，是战术大师。他把球玩到了极致。”这一切离不开他的勤奋。在不缺冠军的国乒队里，马龙是出了名的“劳模”。365天，他的生活轨迹就是宿舍、乒乓球馆两点一线，每天最早来、最晚走，十年如一日。他把乒乓球当成一门学问去研究，用他的勤奋刻苦和非凡实力，最终成为全方位无短板的超级顶流。从马龙身上，我们能看到真正的冠军，以热爱为底色，以超越自我为追求。

思维导图

学习任务一　网球

网球运动在1895年前后由国外的传教士和商人传入中国，后来在上海圣约翰书院、北京汇文学校、协和书院、南洋公学等学校开始举行网球赛，促进了网球在中国的传播。新中国成立后，国内举办了多项网球赛事，对网球的推广有一定的推动作用。到20世纪90年代，我国的网球水平提升幅度较快，但是和世界先进水平相比，还是存在一定的差距。到21世纪，我国的网球运动取得了十足的进步，特别是女子网球，在2004年的雅典奥运会上，李婷和孙甜甜取得了女子双打冠军，在同年1月的澳网赛场上，郑洁、晏紫首次进入女双八强，郑洁在5月的法网赛场上进入女单十六强。中国网球翻开了新的篇章。2009年，我国女子网球走上职业化道路，女子网球运动员中，最突出的当属李娜，在2009年打入美网八强，2010年打入温网八强，在同年的澳网上进入四强。2011年，李娜在澳网上获得亚军，在法网上摘得桂冠，成为亚洲第一个网球四大满贯单打冠军。与中国女网有声有色的发展形成鲜明对比的是，我国男网的发展相对落后，进入世界排名前500名的寥寥无几，迫切需要改变现状。

一、网球基本技术

（一）握拍法

球拍与手应该是融为一体的，从某种意义上说，球拍其实就是球员手臂的延伸，是球员身体的一部分。体验此种感觉需要一个逐渐适应、逐渐磨合的过程，而在此之前则要了解正确的握拍方法。

握拍时，手掌边缘要与拍柄的底部齐平，勿握在拍柄的中央部位；掌心和手指应与拍柄最大面积地贴合在一起，体现出拍手一体、拍手无间隙的感觉，不要仅用手指捏住拍柄；拇环过拍柄贴压于中指之上，勿留有空间，以免在击球时球拍脱手；食指略与中指分开，并与拍柄自然靠拢在一起。整个手形有点儿像开枪时扣扳机的样子，食指一定要与中指分开。

除上述要领之外，也需要了解网球拍的握法还有方式上的区分。传统上有东方式（包括东方式正手及东方式反手）、大陆式、西方式、双方反方握拍等，其依据是持拍手之虎口相对于拍各棱面的位置。

1. 大陆式握拍

这种握拍法还被称为“榔头”式握拍法，因为采用这种握拍时，食指根部压在与拍面水平的那个平面上，拍面的角度几乎与地面垂直。大陆式握拍法适合用来击打任何类型的球，在发球、打截击球、过顶球、削球以及防守球时采用这种握拍效果更好。

2. 东方式正手握拍

东方式正手握拍被称为“万能”握拍法。将手平放在拍弦上，然后下滑到拍柄根部抓握。从技术的角度讲，东方式正手握拍是先以大陆式握拍法持拍，然后逆时针方向旋转球拍（左手握拍的选手需顺时针方向转动），直到食指的根部压到下一个接触的斜面为止（见图9-1）。

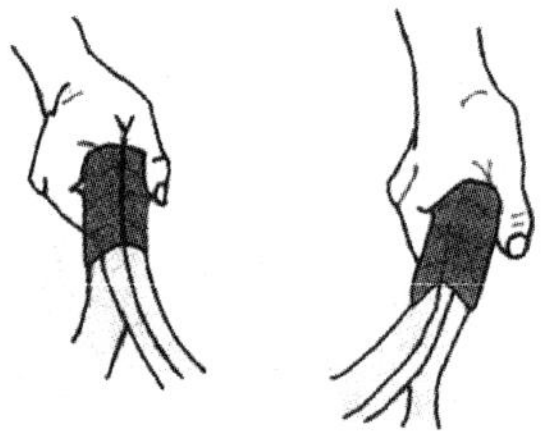
①　②

图9-1　正手握拍法

3. 半西方式正手握拍

以东方式握拍，然后逆时针方向（左手握拍的选手则顺时针方向旋转）旋转球拍，使食指根部压在下一条拍棱上。底线力量型选手多采用这种握拍。

4. 西方式正手握拍

在半西方式握拍的基础上，逆时针转动拍面（左手握拍的选手顺时针转动），使食指根部接触到下一个平面，这种握拍就是完全的西方式握拍法。喜欢打强烈上旋的选手多采用这种握拍法。

5. 东方式反手握拍

以大陆式握拍开始，顺时针旋转球拍（左手持拍的选手为逆时针旋转），使食指根部压在上一个斜面上，便形成东方式反手握拍。

6. 双手反手握拍

使拍面处于大陆式和东方式反手握拍的中间位置，然后用另一只手以东方式正手握拍法放在持拍手的前方。这种握拍适用于单手力量不足或双手具有良好协调性的选手。

（二）击球

1. 正手击球

从准备姿势开始，以右脚为轴，向右转肩转髋，同时左脚前跨一步，使两脚与肩同宽。身体左侧对准球网，重心移到右脚上，转体的同时带动球拍直接后引，将拍面引到与身体平行的位置。球拍高度齐膝，拍头略高于手腕，左臂微前伸，保持身体平衡。挥拍击球时，身体重心移至左脚，并以左脚为轴向左转肩转髋，带动右手臂向前迎击球的中部，击球点在左脚侧前方。球离弦后，球拍随惯性挥至左肩上方，并迅速还原到准备回击下一次来球的状态。

2. 反手击球

（1）单手反手击球。从准备姿势开始，以左脚为轴，向左转肩转髋，同时右脚跨出一步，使两脚与肩同宽，身体右侧对球网，重心移至左脚上。转肩的同时左手转动拍颈，使右手成东方式反手握拍，并带动球拍后引与身体平行，击球肘贴近身体，左手轻持拍颈，拍头略低于来球。击球时，身体重心移至右脚，左手放开拍颈，以右脚为轴向右转髋转肩，带动右手臂由下向前上挥拍，击球中部偏下，击球点在右脚侧前方。击球后，球拍随惯性继续挥至右肩上方，并迅速恢复成准备姿势，随时回击下一次来球。

（2）双手反手击球。当确定来球是飞向反手方向时，在移动到位的最后一步应保持右脚在前，身体右侧朝向来球方向。双手握球拍，向左后挥摆，右臂伸展较大，左臂弯曲。在迎球的过程中，挥臂与转体动作配合，使球拍由低向高挥动，击球点在右脚侧前方，拍面垂直，触球的中部。击球后，双手随势挥至右侧头部高度，身体重心移向右脚。动作完成后，迅速恢复成准备姿势。

（三）发球

1. 动作要点

（1）准备姿势。侧身站立在端线外中场标记旁，左肩对着左边网柱，面向右边网柱，两脚分开，与肩同宽，左脚与端线约呈45°，右脚约与端线平行，重心在左脚。左手持球轻托球拍在腰部，拍头指向前方。

（2）抛球与后摆。抛球与后摆拉拍动作是同步开始的，持球手拇指、食指和中指三指轻轻托住球，掌心向上。当球拍从身后向头上方做大弧度摆动，身体做转体、屈膝、展肩时，持球手柔和地在身前（左脚前）上举，直伸至头顶。此时右肘向后外展约同肩高，拍头指向天空，左侧腰、胯呈弓形，身体重心随着抛球开始先移向右脚，然后平稳地开始前移。此刻，肩与球网呈直角。

（3）击球动作。当左手抛出球时，球拍继续向上摆起，这时候持拍手的肘关节放松，可以使向前移动的身体和右肩自动地让手臂和身体充分伸展。当身体向前上方伸展击球时，肩、手臂已经回转，双肩与球网平行。挥拍击球时，持拍手腕带动小臂，有一个“旋内鞭打”动作。

（4）随挥动作。球发出后，身体向内倾斜，保持连续、完整的向前上方伸展的随挥动作。球拍挥至身体的左侧，重心移向前方，完美自然地跟进，并保持身体平衡。

2. 发球的种类及方法

（1）平击发球。平击发球在诸多发球中是球速最快的发球法，也称为炮弹式发球。该发球不但球速快，而且反弹快。发平击球时的击球点应在身体的右前上方，以拍面中心平直对准球，击球的后中上部，因此手腕的向前抖甩和前臂的“旋内鞭打”非常重要。身体充分向上、向前伸展，以获得最高击球点，提高发球命中率。

（2）切削发球。切削发球是一种以左侧旋转（略带下旋）为主的发球法，是由球的右上往左下切削发球。该发球法不但球速快、威胁大，而且容易提高发球命中率。发球时，把球抛到右侧斜上方，球拍快速从右侧方至左下方挥动。击球部位在球的中部偏右侧，使球产生右侧旋转。

（3）上旋发球。上旋发球是以上旋为主、侧旋为辅的发球法。发上旋球时把球抛到头后偏左的位置，击球时身体尽量后仰呈弓形，利用杠杆力量对球施加旋转，球拍快速从左向右上方挥动，从下向上擦击球的背面，并向右带出，使球产生右侧上旋。

（四）接发球

接发球是比较难掌握的技术。要接好发球，必须掌握比较全面的基本技术，因为接发球之前无法判断对方发球的方向、旋转、力量和速度。在对手将球发出后，就要迅速作出判断和反应，并且选择恰当的击球方式来完成接发球动作。

接发球站位一般位于端线附近，力求在接发球时向前移动击球。在接发球的全过程中，眼睛要始终注视来球，一直到完成还击动作。要认真观察对方的抛球动作，这样有利于判断发球的方向和旋转。对方第一次发球多采用大力发球，接发球时注意站位应偏后一些，第二次接发球时可略向前移。接大力发球时，挥拍动作不要过大，要控制好拍面角度并握紧球拍。还击球之前，要观察对方的行动，选择回球的线路和落点。

（五）截击球

1. 正手截击球

截击时，站在网前2.5～3米的位置，准备姿势与一般击球基本相同，但球拍要举得高一些，约与眼部同高。截击时后摆动作要小，击球点应保持在身体前方，拍触球的瞬间，手腕固定，用力握紧球拍，略加向前推击的动作。截击较近的球，左脚要跨出一步；截击较远的球，要跨出一大步。

2. 反手截击球

准备姿势同正手截击球。击球点要比正手截击球靠前一些，因此要及早跨出右脚，重心也要置于右脚。击球时，要手腕固定，用力紧握球拍，拍面稍前倾，触球中上部。击球后右臂伸展，向前下方压送。

（六）高压球

高压球的动作与发球动作相似，只是没有向后拉拍的挥拍动作，而是直接把拍引向头后。高压球要求及时侧身，早举拍看准来球，找准击球点。

（七）挑高球和放短球

挑高球时，要使还击的球越过对手头顶，落入对方场区。挑高球可以有效地迫使上网的对手后退。放短球一般是在网前突然回击近网短球，使活动在底线的对手来不及还击。放短球时，要求多用手腕动作，且带有削击。

二、步法练习

（一）基本站位

1. 开放式站位

开放式站位通常是在运动员进行大幅度跑动击球时使用。右腿（左手持拍球员为左腿）与来球保持在同一直线上，引拍的同时转动腰和肩。通过右腿的支撑，可以减缓移动速度，并将重心移向该腿。

2. 半开放式站位

以钟表盘为例子，右脚踩在中间，左脚站在10点到11点之间。这个动作可以将腰部的转动和身体重心转移的爆发力完美地结合在一起。

3. 关闭式站位

引导腿向正前方跨出击球，两脚的假想连线与来球的方向平行。

（二）基本步法

1. 交叉步

当一次击球过后，要迅速退回场地中准备下次击球，这时交叉步是最好的选择。当向着场地中央移动时，尽可能保持肩膀平行于球网，重心保持在两腿间，两腿呈交叉状向侧面跨步。如果向右侧移动，应先跨左腿在右腿前；相反同理。当你要接离你距离很远的球而需要做大幅度移动时（如近网短球或大角度的来球），要先侧身，然后疾速向球的方向奔跑。但如果每次击球都使用这样的步法，就会限制你的变向能力，而且容易导致错误地运用步法。

2. 滑步

准备击球或击球后回位的距离较短时，多数球员都会采用滑步。面对球网，将外侧的腿向所要移动的方向滑动。内侧腿向其移动时，两腿在空中接触（依个人习惯，也可不接触），然后进入准备击球状态。提示：当球处于靠你比较近的位置时，推荐使用这种步法；如果球距离你很远，可以使用跑动范围较大的交叉步。

3. 碎步调整

在挥拍击球前，用小碎步调整，可以帮助你处于最佳的击球位置。

一些顶级职业选手在挥拍击打落地球前，都会通过碎步来调整到理想的击球位置。多数业余选手通常只满足于移动到击球位置的附近，这样有时会导致需要弯腰，或伸长胳膊去够球，要不就只能拼命去做非常规的击球动作。提示：尽管你的击球可以过网，但它未必能达到你所期望的效果。通过碎步来调整到最佳的击球位置，将会大大提高你击球的潜能。

4. 跳步

在每次击球前，特别是进行网前截击的时候，球员应该使用分隔步法。从准备状态开始，当对手开始挥拍时，膝盖弯曲，做一个小跳跃（高度不要超过5厘米），双脚的前脚掌着地（略宽于肩）。这样会保持一个适当的站位，很容易向对手下一次击球的方向突然起动。需要判断对手球拍的击球位置，并迅速判断出来球的方向，这一点是需要在实践中学习的。球员要通过参加大量的比赛来完善这项步法，了解自己击球的发力位置以及对手通常的回球线路。

三、网球基本战术

（一）网球战术概述

网球战术，从广义上讲，指网球运动员为争取比赛胜利，综合运用技术、心理素质和身体素质的方法；从狭义上讲，指网球运动员在比赛中根据对方的打法类型及技术所采用的各种技术手段和方法。

技术指运动员根据比赛的要求，充分发挥机体能力的最合理、最有效的完成方法，例如正手底线击球的动作要领。而战术是指导比赛的原则和方法。技术越高，就越能完成战术的要求；战术掌握得全面，技术才能灵活多变。在训练中，只有带着战术意识去练技术，才能掌握实用的技术。在比赛中，只有合理地运用战术，才能使技术得以充分发挥。

（二）单打战术种类

1. 上网型打法战术

上网型打法战术的指导思想是将网前进攻作为主要得分手段。上网型打法战术分为接发球上网战术、随球上网战术和拦网战术。

对付发球上网型打法，采用接发球破网或先保持接发球成功率，再准备第二板破网。对付接发球上网型打法，提高一发命中率，要变换发球方式及落点，以控制场上主动权。对付随球上网型打法，采用底线长球和底线两个大角度的调动，不给对方上网的机会。如果对方随球上网，采用两边节奏不同的破网或挑上旋高球破网。

2. 底线型打法战术

底线型打法战术是以进攻型打法为前提，以正反手抽击球为基础组织的战术。底线型打法战术的指导思想是用速度、力量、准确、旋转和落点的变化取胜。常用的方法有逼正手攻反手和逼反手攻正手及攻击对方的弱点等。底线型打法的战术有对攻、拉攻、侧身攻、紧逼攻和防反攻。

对付底线上旋球打法，主要采用发球上网或随球上网战术以及用正手进行对拉或反手切削控制落点变化，寻求进攻机会。

3. 综合型打法战术

综合型打法战术是以技术全面、基本功扎实为基础，将底线与网前有机结合，根据不同的对手和不同的技战术掌握情况，结合场地特点与战术的需要。对付底线稳定型打法，采用发球上网或者随球上网及底线紧逼战术，以打乱对手的节奏。

学习任务二　乒乓球

乒乓球运动起源于19世纪末的英国。因为球在球拍上击打出“乒乓”声，因此被命名为乒乓球，一直沿传至今。20世纪70年代以来，各国对乒乓球的打法取长补短，乒乓球技术得到快速发展和提高。比如，创新了正、反手高抛发球，发展了推挡技术中的加力推、减力推和推挤弧圈球，增加了正手快拉小弧圈、正手快带弧圈球等新技术，这些新技术在历届世界锦标赛中显示了一定的威力。1988年，乒乓球被列入奥运会的正式比赛项目，大大推动了世界乒乓球运动的进一步发展。各国更加重视乒乓球的普及和提高，欧亚竞争更加激烈。根据乒乓球运动的发展规律，各种打法还会不断充实和完善，技术将更加精益求精。总而言之，世界乒乓球技术将朝着“更加积极主动，特长突出，技术比较全面，战术变化多样”的方向发展。

一、乒乓球基本技术

(一)握拍法

乒乓球运动中一般有两种握拍法：一是直握拍法；二是横握拍法。不同的握拍方法都存在不同的优缺点，学习乒乓球时可根据自己的喜好和习惯，选择其中一种即可。

1. 直握拍法

直握拍法细分起来也有不同，有的握拍方法利于近台快攻，有的利于削球，还有现在兴起的直拍横打握拍法。（图9-2）

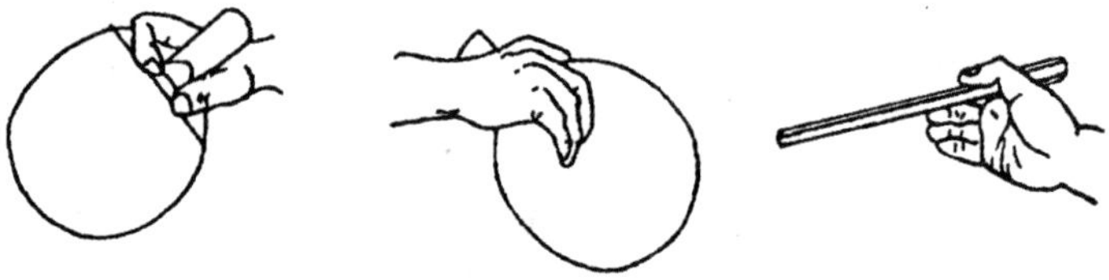

图9-2　直拍握法

（1）快攻型握拍法，拍前食指第二关节和拇指第一关节成钳形，拍后三指自然弯曲贴于球拍上1/3处。

（2）直拍横打握拍法，食指第一、二关节扣住拍肩、拇指靠紧拍面，其余三指抵住球拍背面上方，在用直拍反面拉球或打球时，拍后的三个手指弯曲收起，尽量让出拍面利于击球。

（3）直拍削球握拍法，拇指自然弯曲，贴于球拍左侧，第一指节稍用力下压，其余四指分开，自然托住球拍背面。

2. 横握拍法

横握拍法照顾的范围广一些，攻与防之间的握拍手法没有很大变化，反手发力较好，不受手腕限制；正手运用也较灵活。

（1）动作要领

虎口贴于拍肩，中指、无名指和小拇指自然弯曲握于拍柄，拇指在球拍正面，食指自然伸直斜贴于球拍反面。注意握柄不易过紧或过松。（图9-3）

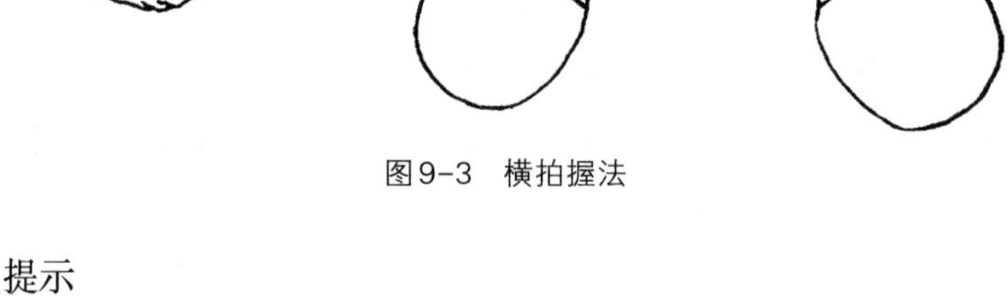

图9-3　横拍握法

（2）要点提示

正手攻球时，食指稍往球拍中部移动一点；反手攻球时，拇指稍向食指靠一点。

（3）练习方法

球拍握法可根据自己的习惯适当加以调整，只要个人握起来舒服、打起来顺手就可以。

（二）站位

乒乓球练习者的站位各不相同，应依据个人打法寻求一种适合自己特点的站位方法，其目的是利于个人技术发挥。打法类型不同，站位就不同，目前可划分为两种基本类型：

1. 近台快攻型打法的基本站位

端线后左角处近台站位：左推右攻型选手站台近些（约40厘米）；擅长中近台进攻，可站台稍远些（50～60厘米）；以侧身抢攻为主的选手可站位稍偏左，离台更远一些；如果是横拍两面进攻选手，站位可在中台偏左。总之，近台快攻型不是一个站位点，要根据个人技术随时调整位置。

2. 削攻结合型打法的基本站位

削攻结合型打法也有两种：一种是以削为主，少有进攻；另一种是进攻较多，适当运用削球。前一种站位就要离台略远一些，一般在100～150厘米；后一种则离台要近一些，以便随时进攻。

（三）基本姿势

练习者在比赛开始前应有一个基本的准备姿势，以便能迅速起动和发挥技术。

1. 近台快攻打法的基本姿势

两脚开立，略比肩宽，右脚稍后，前脚掌内侧着地，膝盖微屈并略扣，重心在两脚之间；含胸收腹，身体略前倾；手臂放松持拍于腹前偏右，略高于台面。

2. 削攻结合型打法的基本姿势

基本姿势与快攻型基本相同，不同点是：两脚开立稍宽，右脚在左脚前，上体前倾不要过大，挥拍于胸腹之间。

发球是比赛中每一回合的开始技术，是唯一不受任何人和物限制的技术，是自己可以充分发挥和创造的技术。它能够最大限度地施展发球者的战术意图，谁发球谁就掌握主动权。因此，每个练习乒乓球的人都希望自己掌握制胜发球技术，能够达到破坏对方战术、限制对方技术发挥、甚至直接发球得分的目的。

（四）发球技术的要求

1. 调整握拍，引拍充分。根据不同方向的发球，随时对握拍手形进行调整，尤其是虎口不要太紧，以保证手指和手腕的灵活性，做到合理引拍。力量大、加转球时，引拍幅度稍大；不转球和力量小的发球，引拍幅度稍小。

2. 用力协调，出手突变。发球也需要脚、腿、腰、手臂与手腕的协调配合；速度快，变化隐蔽好，用相似的手法发出不同旋转的球，触球瞬间手腕的突然发力是最重要的。

3. 落点准确，技术配套。速度配合落点，加上旋转，使落点远、近结合，左、右变化，长、短交替；要与自己的打法特点紧密相连，用发球配合自己技术的发挥。

（五）低抛正手发球

1. 正手发平击球

（1）动作要领

两脚开立，左脚稍前，持球手持球上抛的同时，持拍手向右后引拍，在球的下降期拍面稍前，倾击球中上部。

扫一扫，观看3D动画“正手发球”

（2）要点提示

正手发平击球速度一般，不带或稍带上旋，是最基本的发球技术。

（3）练习方法

徒手抛球和引拍及挥拍击球的协调配合，正手低抛斜线发球。

2. 正手发右上侧旋急球

（1）动作要领

左脚稍前站立，身体略向右转，持球手在持球上抛的同时，持拍手向右后上方引拍，在球的下降期由大臂带动小臂，经右后方向左前方迅速挥拍，腰随臂转回，在球拍触球的瞬间，手腕突然抖动加力，摩擦球的右后中上部，第一落点应接近端线。

（2）要点提示

由于其速度快，极具威胁性，可突袭站位偏左练习者的右方空当，有时有奇效；因经球拍在球的右后部猛力摩擦，使球形成右上侧旋转，落台后向左侧拐弯，冲力较大。

（3）练习方法

多球一线练习，然后逐渐改变方向进行多方向练习。

3. 正手发下旋加转与不转球（即转与不转球）

（1）动作要领

持球手上抛球的同时，持拍手向右后上方引拍，在球的下降期，手臂由后上方向前下方挥拍，触球中下部。

（2）要点提示

以转与不转和难以辨认的发球动作，给对方造成视觉上的错觉，使其判断错误，为自己制造进攻机会。

（3）练习方法

①发不转球。触球中部，用拍面的偏右位置触球，触球的瞬间用拍推球。

②发加转球。触球中下部，拍面后仰角度大些，用球拍的偏左位置触球，触球的瞬间加力摩擦，但摩擦后动作继续向前，做出发不转球的假动作。

（六）接发球技术

1. 接上旋转（奔球）正反手攻球或推挡回接，拍面适当前倾，击球的中上部，调节好向前的力量。

2. 接下旋长球用搓球、削球、提拉球回接，搓或削时手臂带着手腕多向前少向下摩擦发力。

3. 接左侧上（下）旋球可以采用攻球和推挡（搓球或拉球）回接，拍面稍前倾（后仰）并略向左偏斜，击球偏右中上（中下）部位，以抵消来球的左侧上（下）旋力。

4. 接右侧上（下）旋球可以采用攻球或推挡（搓球或拉球）回击，拍面稍前倾（后仰）并向右偏斜，击球偏左中上（中下）部位。回接要点和方法与接左侧上（下）旋球相同。

5. 转接与不转接在判断不准的情况下可以轻轻地托一板或撇一板，但要注意弧线和落点。

6. 接高抛发球如球着台后拐弯的程度大，应向拐弯方向提前引拍。

（七）挡球技术

挡球是入门技术之一，具有球速慢、力量小、旋转变化小、易于掌握的特点。挡球是防御的一种手段。反复练习挡球技术，可以体会击球时拍形的变化，有效提高控制球的能力。

1. 正手挡球

近台偏左站位，左脚稍前，击球时提起前臂，上臂后收肘部贴近身体，在上升时期或高点期击球中上部。击球时适当用伸髋转腰动作加大手腕发力，并用中指顶住拍背向前用力。

2. 反手挡球

两脚开立平站，身体距球台40～50厘米，手臂自然弯曲外旋，拍面角度接近垂直，前臂与台面几乎平行，将球拍置于身体前方。当来球跳至上升期时，前臂和手腕稍向前迎击，借助对方来球的反弹力将球挡回。击球后，手臂、手腕继续向前顺势挥拍，然后迅速还原。

（八）攻球技术

攻球技术是乒乓球技术中的基本技术，是选手在比赛中争取主动、克制对方的主要手段。从动作结构来看，攻球可以分为正手攻球和反手攻球两大类。

1. 正手快攻

左脚稍前，手臂自然弯曲内旋，使拍面稍前倾，前臂后引至身体右后侧方，然后向左前方迎球。当球跳至上升期时，拍面稍前倾击球的中上部，上臂带动前臂快速向左前方挥动，手腕外展。

扫一扫，观看3D动画“正手攻球”

2. 反手快攻

两脚平行开立，身体距球台约50厘米。手臂自然弯曲并外旋，拍面稍前倾，引拍至腹前偏左。当来球至上升期时，前臂加速挥动并外旋，拍面前倾击球中上部，借力向右前方挥击。

（九）搓球技术

搓球技术是近台还击下旋球的一种基本技术，特点是动作幅度不大、回球较短，与攻球结合形成搓攻战术。搓球可以作为一项过渡技术，用以寻找进攻的机会。

1. 反手慢搓

右脚稍前，身体距球台约50厘米，手臂内旋使拍面角度后仰，手臂向左上方移动，有臂提起。击球时，前臂向前下方用力，同时击球的中下部。击球后，手臂继续向右前下方顺势挥拍。

扫一扫，观看3D动画“正手搓球”

2. 正手慢搓

左脚稍前，身体距球台约50厘米，手臂外旋使拍面角度后仰，手臂向右上方移动，前臂提起。击球时，前臂向左前下方用力，同时击球的中下部。击球后，手臂继续向左前下方顺势挥拍。

（十）削球技术

在乒乓球运动的发展历程中，削球打法作为一种主要的打法类型，始终在世界乒坛占有重要的地位。

1. 正手远台削球

站位距球台1米以外，左脚稍前，膝关节微屈，身体略向右转，重心下降移至右脚。当来球跳至下降后期，上臂带动前臂向左前下方挥动，身体重心移至左脚，顺势挥拍前送的动作稍大。

2. 反手远台削球

站位远台，右脚稍前，膝关节稍屈，身体略向左转，重心在左脚上，手臂向左后上方引拍，拍面后仰，击球的中下部。击球时，上臂带动前臂向右前下方挥动，重心移至右脚，顺势挥拍。

远削的特点：击球动作大、球速慢、弧线长，有利于削转与不转球和以落点变化来牵制对方。常适用于对付对方的扣杀球、弧圈球和提拉球。它是以削为主打法的选手必须掌握的基本技术之一。

二、乒乓球基本战术

在比赛中，运动员根据自己和对方的具体情况，有目的、有意识地运用技术，就形成了战术，战术的运用因打法类型不同而各异，乒乓球的打法类型很多，这里仅对快攻类的常用战术运用作一简单介绍（均以右手握拍为例）。

（一）发球抢攻战术

发球抢攻是力争主动、先发制人的主要战术。各种类型打法的运动员都普遍采用发球抢攻来抢占每个回合的上风。发球抢攻战术因打法的类型不同而有所差异，但常用的发球抢工战术主要有正手发转与不转球、正手侧身（高抛或低抛）发左侧上（下）旋球、反手发右侧（下）旋球、反手发急球或急下旋球等。

（二）接发球战术

接发球战术与发球抢攻战术同样重要。事实上，接发球者只是暂时处在被控制状态，如果破坏了发球者的抢攻意图或者为他制造了障碍，减弱了对方抢攻的质量，也就意味着已经脱离被控制状态，变被动为主动了。常用的接发球战术有接发球抢攻、盯住对方的弱点找突破口和控制接发球的落点。

（三）搓攻战术

搓攻战术是进攻型打法的辅助战术之一，主要利用搓球旋转的变化和落点的变化为抢创造机会，这一战术在基层比赛中被普遍采用。常用的搓球战术有慢搓与快搓结合、转与转结合和搓球控制落点。

（四）对攻战术

对攻战术是进攻型打法在相持阶段常用的一项重要战术。快攻类打法主要依靠反手推（或反手攻球）和正手攻球（或正手拉弧圈球）的技术，充分发挥快速多变的特点来调动对方，常用的对攻战术有以下几种：

1. 紧逼对方反手，伺机抢攻或侧身抢攻、抢拉。

2. 压左突右或调右压左。

3. 攻两大角或攻追身球。

4. 变化击球节奏，加力推和减力挡结合，发力攻、拉与轻打、轻拉结合，也可造成对手的被动局面。

5. 改变球的旋转性质，如加力推后，推下旋；正手攻球后，退至中远台削一板，对方往往来不及反应，可直接得分或创造机会球。

（五）拉攻战术

拉攻战术是以攻为主的选手对付削球的主要战术。为了发挥拉攻的战术效果，首先要具备连续拉的能力，并有线路、落点、旋转、轻重的变化；其次要有拉中突击和连续扣杀的能力。常用的拉攻战术有：

1. 拉反手后，侧身突击斜线或中路追身球。

2. 拉中路杀两角或拉两角杀中路。

3. 拉一角或杀另一角。

4. 拉、吊结合，伺机突击。

5. 拉、搓结合。

6. 以稳拉为主，伺机突击。

（六）削中反攻战术

我国乒坛名将陈新华及第43世乒乓锦标赛男单冠军丁松成功地运用削中反攻战术创造了辉煌，令欧洲选手手足失措，无以应对。这种战术主要靠稳健的削球限制对方的进攻能力，为自己的反攻创造有利条件。它不仅增强了削球技术的生命力，也促进了攻防之间的积极转化。常用的削中反攻战术有以下几种：

1. 削转与不转球，伺机反攻。

2. 削长、短球，伺机反攻。

3. 逼两大角，伺机反攻。

4. 交叉削两大角，突击对方弱点。

5. 削、挡、攻结合，伺机强攻。

（七）弧圈球战术

由于弧圈球技术把速度和旋转有效地结合起来，稳健性好，适应性强，许多著名选手已用它来替代攻球或扣杀。常用的弧圈球战术有发球抢攻、接发球果断上手和相持中的战术运用。

学习任务三　羽毛球

羽毛球运动是一项趣味性强、易于开展的球类运动。羽毛球基本技术较易掌握，对场地、器材要求极低，所以成为广受欢迎的大众健身运动。羽毛球运动游戏性较强，不受性别、年龄、身体条件和技术水平的影响，运动量可大可小，还可根据个人的身体条件和技术水平进行锻炼和比赛。

一场高水平的、激烈的、打完全场的羽毛球比赛需要耗时1～1.5小时。前场、后场的快速移动击球，中后场的大力扣杀球，被动时的扑救球，双打的换位击球等，都需要运动员有较好的力量素质、速度素质、耐力素质、灵敏素质、柔韧素质以及快速的反应能力。扣杀需要力量；在双方对拉回合的过程中，为了取得主动，需要有较快的速度和较好的耐力；在扑救球时，又需要有很好的灵敏性和柔韧性；双打中，又需要极快的反应与判断能力。经常从事该项体育活动，可以加快人体血液循环，增强心血管系统、呼吸系统等的功能，发展人体的灵敏性和协调性，提高动作速度和上、下肢活动能力，提高身体素质，使身体得到全面发展，达到增强体质的目的。

一、羽毛球基本技术

（一）握拍法

1. 正手握拍法

动作要领：先用左手（以右手握拍为例）握住球拍中杆，使拍面与地面垂直。张开右手使虎口对准拍柄窄面内侧斜棱，拇指和食指贴在拍柄的宽面上，其余三指并拢，自然握住拍柄，食指和中指稍分开，柄端靠近手掌的小鱼际，掌心与拍面之间应留有空隙，便于击球发力。（图9-4）

2. 反手握拍法

动作要领：在正手握拍的基础上，将拍柄稍外旋，食指向中指靠拢，拇指内侧顶在拍柄的宽面，其余三指放松并拢握住拍柄，柄端靠近小指根，拍面稍后仰，掌心、拍柄、小鱼际间要留有空隙，以便于发力。（图9-5）

图9-4 正手握拍法

图9-5 反手握拍法

（二）发球

发球可分为正手发球和反手发球两种。按球在空中飞行的弧线，又可分为发高远球、平高球、平快球和网前球等。正手发球可以发任何一种飞行弧线的球，在单打、双打比赛中都普遍采用。反手发球主要靠挥动前臂和手腕发力，其特点是动作幅度小、出球快、隐蔽性强，一般在双打比赛中采用较多，主要发网前球和平快球。

1. 正手发高远球。发高远球时，使球向对方的后场上方飞行，飞行的路线与地面形成的角度要大于45°，在对方底线附近垂直下落。

2. 正手发平高球。发平高球时，动作基本与发高远球相同，只是在击球的一刹那，前臂加速带动手腕向前上方挥动，球发的不太高，但能迅速越过对方场地的上空而落到底线附近，球在空中飞行时与地面大约成45°角。

3. 正手发平快球。发平快球时，要充分利用前臂和手腕所形成的爆发力，使球在最短的时间内迅速越过对方场区到底线附近，球的飞行路线应稍高于对方肩部，大约与地面成30角。平快球速度快，具有突然性，在对付反应较慢、动作幅度更大的对手时，平快球往往可以

扫一扫，观看3D动画“正手发高远球”

直接创造得分的机会。

4. 正手发网前球。发网前球时，站位靠前，握拍要放松，大臂动作要小，主要靠小臂带动手腕向前切送，球的弧线要贴网而过，落点在发球区的前发球线附近。发网前球可以避免对方接发球时直接大力扣杀，限制了对方的一些进攻战术。（图9-6）

5. 反手发网前球前。臂向前挥动带动手腕，通过球拍拍面的切削动作使球落到对方场区的前发球线附近，球的最高弧线略高于网顶。发球时，重心在前脚，后脚跟提起，右手反握在拍柄稍前部，肘关节部位提起，手腕稍前屈。（图9-7）

图9-6　发网前球

图9-7　反手发网前球

6. 反手发平快球。发球时，动作与发网前球一样，但在击球的一刹那，手腕采用弹击的方法，拍面与地面垂直，将球击到双打后发球线里面附近。

（三）接发球

1. 单打站位。单打站位在离发球线15米处。在右发球区要站在靠近中线的位置，在左发球区则站在中间位置，主要是防备对手直接进攻反手部位。一般左脚在前，右脚在后，双膝微屈，收腹含胸，身体重心放在前脚上，后脚脚跟稍抬起。身体半侧向球网，球拍举在身前，双眼注视前方。

2. 双打站位。由于双打发球区比单打发球区短0.76米，发高远球易被对方扣杀。所以双打发球多发网前球。接发球要站在靠近前发球线的地方，双打接发球准备姿势和单打基本相同，略有区别的是身体前倾较大，身体重心可以随意放在任何一脚，球拍举得更高些，在球来到网上最高点时击球，争取主动。

对方发来高远或平高球时，可用平高球、吊球或杀球还击；对方发来网前球时，可用平高球、高远球、放网前球、平推球还击；对方发来平快球时，可用平推、平高球还击，以快制快。由于接球方还击的球比发球方高，下压得狠，因此可以夺取主动；其次可以以高远球还击，以逸待劳，决不能仓促还击网前球，因为若击球质量稍差，有可能遭受对方的攻击。

（四）击球技术

1. 高远球

羽毛球基本击球技术是后场高远球。击出高弧线飞行的、几乎垂直落到对方底线附近场区的球，称为高远球。高远球可以使对方从场地中间退到底线，把对方“钉”在后场边线上，不给对方进攻的机会。同时，利用后场高远球较长的滞空时间，可以调整自己的防守，调整好身体姿势。

（1）正手高远球

动作要领：准确判断来球的方向和落点，向右后方转体侧身后退，使球处在自己头部的前上方位置。左肩对网，左脚在前，右脚在后，重心在右脚上，左臂屈肘，左手自然高举，右手挥拍，手臂自然弯曲，将球拍举在右肩上方，手腕、拍面稍内旋，两眼注视来球。击球时，上臂后引，肘关节上提，将球拍后引至头部，自然伸腕（拳心朝上）。在后脚蹬地、转体收腹的协调用力下，以肩为轴，上臂带动前臂快速向前上方甩腕，在手臂伸直的最高点击球。击球后，持拍手臂顺惯性往前下方挥动并收拍至体前，与此同时，左脚后撤，右脚向前迈出，身体重心由后脚移到前脚上。（图9-8）

图9-8　正手击高球

（2）反手高远球

动作要领：首先要判断准对方来球的方向和落点，迅速将身体转向左后方，步法要到位，右脚前交叉跨到左侧底线，背对球网，身体重心在右脚上，使球在身体的右肩上方。击球前，由正手握拍迅速换为反手握拍，并持拍于胸前，拍面朝上。

击球时，以大臂带动小臂，通过手腕的闪动、自上而下的甩臂将球击出。在最后用力时，要注意拇指的侧压力与甩腕配合，同时利用两脚的蹬地、转体等协调全身用力。（图9-9）

图9-9　反手击高球

2. 杀球

杀球是把对方击来的球在尽量高的击球点上斜压下去。这种球力量大、弧线直、落地快，给对手的威胁很大，是进攻的主要技术。杀球分为正手杀直线和对角线球、反手杀直线、头顶杀直线和对角线球、正手腾空突击杀直线。无论用哪种动作，杀球时只要通过手腕和手指控制拍面、倾斜角度、用力方向和大小，就可扣杀出不同的球来。这些不同形式的杀球主要是为了战术的需要和根据对方站位情况灵活加以运用。

扫一扫，观看3D动画“正手扣杀球”

动作要领：准备杀球之前先侧身，左脚在前，两脚脚尖着地，用快速的后退步法后退，使击球点在你右肩前上方。如果击球点靠后，就只能打高远球了。身体后仰，基本呈弓形，可以用上全身力量。握拍手腕一定要放松，这样才能发力杀球，在杀球的瞬间握紧拍子使劲杀球。杀球的瞬间靠的是手腕和手指的爆发力，就像抽鞭一样。起跳的时候大概在球开始下落时，并且双腿要先保持微屈的姿势，靠脚尖蹬地的力量起跳杀球。杀球后立即转身，左脚在后且先着地，右脚落地后即回到场地中心位置。

3. 吊球

想打好吊球，最重要的是首先熟练地掌握好后场的高远球技术。吊球的准备姿势和引拍动作与高远球相同。两者的区别在于：吊球在击球前一刹那停止击球动作，吊球只有很少的腕关节参与，吊球手拍动作很小。所以，打吊球时，准备姿势一定要和高远球保持一致，这样才能隐蔽好你的吊球意图。否则，你还没出手，对方就已经判断到了，他就会提前移动防守。

按照手法，吊球主要分为轻吊和劈吊。

（1）轻吊

动作要领：击球前动作与打高远球相似，击球时拍面正对来球，在触球的刹那，突然减速或轻切来球，使球刚一过网即下坠。（图9-10）

图9-10　正手吊球

（2）劈吊

动作要领：劈吊击球前动作与打高远球、杀球相似。击球时用力较轻，带有劈切动作，落点一般离网较远，球的飞行较轻吊要快。

4. 平抽球

平抽球是将位于身体左右侧，高度在肩以下、腰以上的球平抽过去。抽球时以腰为轴，从转髋发力开始，发挥手臂和手腕的爆发力。平抽球在双打比赛中比在单打比赛中运用要更多。特别是双打中的前场队员，可以平抽球的形式回击对方前场队员击来的与地面平行的平抽球。平抽球具有飞行距离短、速度快、擦过网、飞行弧线低与地面平行的特点。

（1）正手平抽球

动作要领：面对球网，右脚稍在前，膝微屈，前脚掌着地，右手握拍于体前。右脚稍向前迈出一小步，同时上体稍往右侧，左臂向右侧上摆。球拍上举，肘关节保持一定角度，前臂稍后摆带有外旋，手腕从稍外展至后伸，使球拍到后下方。前臂急速往右侧前挥动，从外旋转为内旋，球拍由后伸至伸直闪腕，握紧拍柄，挥拍抽压击球托底部。球拍向左侧顺势盖过去，收拍于胸前回位。

（2）反手平抽球

动作要领：准备动作与正手平抽球基本相同。右脚向前跨一步，身体左转，右前臂往身前收。肘部稍上抬，前臂内旋，手腕外展，球拍引向左侧。右前臂在往前挥拍的同时外旋，手腕由外展伸直至内收闪腕，手指突然握紧拍柄，拇指前顶，迎球挥拍，从球托的底部盖压过去。击球时，球拍随身体回动而回收。

5. 网前球

放网前球在十分近网的地方击球，使球尽可能贴着网过去，手上是“接住球送过网的感觉”。但是，球在拍上停留时间过长的话，就有可能造成“持球”犯规。因此。要在不犯规的前提下，“接住球送过网”。最有效的放网前球，是从网前最近的距离击球，球过网后贴网垂直而下，放网前球的方向既可以是直线球，也可以是对角线球。击球时，除了要控制好球拍，还要掌握好身体的重心，以免由于失去身体平衡而被对手反击。

（1）正手放网前球

动作要领：侧身向球的方向移动，最后一步左脚后蹬，右脚向前跨的同时，上体前倾，向前伸臂伸拍，左臂张开，保持平衡。在右脚跨步着地的同时，球拍击到球。触球时，正拍面向上垫在球托底部，主要靠手腕控制球拍向前上方轻轻一托，使球越网而过。

（2）反手放网前球

动作要领：其方法与正手网前球相似，不同点是，应先向左前场转体，向球的方向跨步，并及时转换成反手握拍，用反手击球。

6. 勾球

勾球是处理网前球的一项重要的小球技术。勾球者将球从网前的一点勾到对方场区的另一个点，球斜着飞跃网顶，并要求控制球贴网而过。在对方以为自己会直线放网前球时，突然勾对角，往往令对方措手不及。勾球时的发力，主要是前臂动作、手腕和手指的力量，用力要适当。手腕要控制好拍面角度。勾球时，要根据击球点的高低灵活握拍，方能随球应变。

（1）正手勾球

动作要领：准备动作和引拍动作与正手放网前球相同。争取高点击球，击球瞬间前臂内旋往左拉收，手腕由稍后伸至内收闪腕挥拍拨击球托的右侧下部，使球沿对角线飞行。击球后球拍回收至右肩前。

（2）反手勾球

动作要领：准备动作与反手放网前球相同。当来球过网时，肘部突然下压，同时前臂有点外旋，手腕由稍屈至后伸闪腕，拇指内侧和中指把拍柄往右侧一拉，其他手指突然握紧拍柄，拨击球托的左侧面，使球沿着对角飞行。击球后，球拍往右回收。

7. 搓球

搓球是一种在网前技术基础上发展起来的富有进攻性的放网技术。与放网前球一样，搓球也是利用羽毛球特有的飞行特点攻击对手的击球手段。它是在击球瞬间或推或拉球拍，使球产生旋转，这样过网的球飞行就会不规则，使得网前吊球具有更强的攻击力。

（1）正手搓球

动作要领：侧身对右边球网，正手握拍，将球拍高举。两臂抬起，以获得身体平衡，同时身体转向侧面。当球拍举至最高点时，前

扫一扫，观看3D动画“正手网前搓球”

臂向外旋，手腕由后转伸至稍内收闪动，握拍手的食指和拇指夹住球拍，中指、无名指和小指轻握球拍柄，使球拍在手腕和手指的挥摆用力下，搓击来球的右下底部。注意球拍拍面不是像直线那样切过去，而是要稍稍带一点倾斜度，这样才能使球旋转起来，翻滚过网。

（2）反手搓球

动作要领：前臂稍往上举的同时，手腕前屈，手背约与网同高，而拍面低于网顶，反拍面迎球。搓球主要靠前臂的前伸外旋和手腕由内收并外展的合力，搓球的右侧后底部，使球侧旋滚动过网。

8. 挑高球

比赛中尽量将球打高，以争取更多的时间，挑高球多用于对方吊高球之后。对方进攻之后的一种防守技术，即接杀球。在极度受迫的比赛状况下击球时，要尽量使球的落点到达球场底线，并且在空中的飞行路线要高，最后落到对方后场的两个角。如果对方来球是紧贴球网的网前球，自己就要尽可能抬高击球点。因为回球会受到球网的阻碍而不能够飞得既高又靠后，这样对方就可能不必后仰击球。

（1）正手挑高球

动作要领：迎向来球跑动，右脚向来球方向以蹬跨步迈出。同时，肘部弯曲，球拍后引，上体保持正直，右臂以回环运动向前挥动，肘关节伸展，前臂向外旋转，腕关节向手背弯曲，球拍向前上方迎向来球完成有力的挥拍动作，前臂向内旋转，腕关节参与，击球点在右膝前低于腕关节的位置，球拍随着球向左肩充分挥拍，右脚向后做有力的蹬地。

（2）反手挑高球

动作要领：反手挑高球的准备姿势与正手挑高球相同。引拍时，右肩向前送，在靠近身体左侧的位置开始回环运动，击球手臂迎向击球点伸展，前臂和腕关节参与，击球点位于左侧靠近右膝的位置。击球动作完成，随球向前上方朝着身体右侧充分挥拍，右脚向后蹬地。

9. 扑球

扑对方击来的网前球刚过网，高度仍在网沿上面时，即迅速上网挥击压过去，称为扑球。由于扑球速度快，飞行的路线短，往往令对方来不及挽救，所以扑球是威力最大进攻技术。球在网前或是在前场的时候，是使用扑球的好机会。球离网较远的时候，可以瞄准对方的身体，或是反手位置，使得对方的回球不具杀伤力，接下来自己才能够一击制人。扑球分为正手扑球和反手扑球，其线路有直线、对角线和扑追身球3种。

（1）正手扑球

动作要领：迅速移向网前，右脚在前，上体直立。在运动过程中完成击球准备，拍头要过头顶。击球时，随着手臂由屈到伸，手腕由后伸向前闪动及手指的顶压，将球扑下。

（2）反手扑球

动作要领：迅速近网，右脚在前，上体直立，在跑动过程中球拍高举过头，向左转动球拍，使拍面正对球网。击球时，前臂伸直外旋，带动手腕内收至外展，拇指顶压，加速挥拍扑球。如果来球靠近网顶，手腕可伸展由左向右拉切击球，以免触网。

扑球的关键在于“快”：判断快、起动快、出手快。主要以前臂带动手腕闪击，动作小而快，击球时拍面前倾，一定要在高于网的部位击球。

二、羽毛球基本战术

（一）单打基本战术

1. 发抢攻战术。从发球的第一拍起，争取控制对方，以攻杀得分。这种战术一般为发网前低球结合平快球、平高球，争取第三拍的主动进攻。

2. 攻后场战术。通过击高球，重复压对方的底线两角，造成对方的被动，然后寻找进攻机会。

3. 攻前场战术。针对网前技术较差的对手，可运用此战术将其吸引到网前，然后再攻击其后场。

4. 打四方球战术。以快速、正确的落点攻击对方场区的四个角落，寻找机会向空当进攻。

5. 杀、吊上网战术。针对对手打来的后场高球，先以杀球配合吊球把球下压，落点选在场区的两条边线附近，迫使对手被动回球。若对手回网前球时，则迅速上网搓球，勾对角球或平推球，创造在中场扣杀的机会。

6. 打对角线战术。对于身体灵活性差、转体较慢的对手，无论进攻还是防守，均以打对角线为主，以创造进攻机会。

7. 防守攻击战术。在对方主动进攻时，应高质量地接杀挡网或抓住对方力量减弱或落点不好的机会，以平抽底线球还击对方后场，扭转被动局面，并进行反击。

（二）双打基本战术

1. 双打基本站位分前后站位和平行站位两种。当本方发起进攻时，要一人在前站位封住网前，另一人在后场进攻，但两人站位不要在一条直线上；当对方进攻时，两个人应分两边平行站位，各自守住自己一边场地的来球。

2. 攻人战术集中攻击对方有明显弱点的人，并伺机攻击另一人因疏忽露出的空当，或对此人进行偷袭。即使对方两人水平相差不多，但若能集中力量攻击其中一人，也可给对方造成很大的心理压力，以使其出现失误。

3. 攻中路战术指，当对方平行站位防守时，将球攻击到对方两人的中间。当对方前后站位时，可将球下压或平推到两边半场，使对方防守时因互相争抢而出现失误。

4. 攻后场战术指，对方后场扣杀能力差，则可采用平高球，接杀挑底线，把对方一人紧逼在底线两角移动。当对方被动还击时，则抓住机会大力扣杀。如另一对手后退支援，即可攻网前空当。

学习任务四　训练设计与自评

一、网球专项训练设计

1. 综合素质练习和专项素质练习：正手击球、反手击球、发球、截击、反手削球、高压球。

2. 步法练习：米字跑、大米字跑、各种步法练习、折返跑、半场追逐折返跑。

3. 击球练习：底线正手多球练习、底线反手多球练习、底线正手击球练习、底线反手多球练习、中场高压球练习、组合球练习、反手削球对球练习。

4. 灵活性和柔韧性等体能素质：触线折回跑、半场追逐折返跑。

二、网球专项体能训练设计

1. 专项速度素质

在训练中，应采取正确的方法来训练下肢、躯干、上肢、前臂内旋等肌群的快速工作能力。

侧滑步移动训练：运动员做沿网球场端线做侧滑步时，听教练哨声，向另一侧做快速侧滑步。

短距离快速跑练习：15～30米听信号起动加速跑、上下坡跑、上下楼跑等。

反应性快跑：在网球场放4～5个标志桶，让运动员绕过标志物快速跑，并每隔一个标志物摸一下再跑。

短距离折返跑练习：在网球场底线到中线再到球网的折返跑，要求摸线后到球网摸球网后返回，反复如此。

动作反应练习：假设有四位运动员，摆四张凳子成一个圆形，让运动员围着凳子转，教练喊停，看谁最先坐下，谁最后坐下。

反应性游戏：运动员排队绕圈慢跑，间隔为1米，听教练员口令规定的几名运动员即几人成组，不符合组合人数者为失败，失败者罚做俯卧撑。

多球变换练习：教练为运动员喂多球，线路不确定，如正反手大斜线跑动、前后场跑动、底线两球前场一球截击两球（对击球线路作出数量要求）。

拉力练习：橡皮带找同伴固定，双手握住橡皮带抗阻力及各种动作拉力练习。各组各种动作练习20～30次，每组间歇时间为60～90秒。

高抬腿接冲刺跑练习：原地高抬腿练习，听教练喊口令迅速起动跑出10～15米。频率及高抬腿的高度不能下降。每组动作做10～15秒，每组间歇时间为60～90秒。

执网球拍快速徒手动作练习：30秒正手反手等动作练习，一般采取以慢、快、最、快、快、慢的动作速度节奏进行练习。

快速哑铃练习：持1千克的轻哑铃，做快速底线正反手底线截击正反手动作。要求动作准、速度快。

2. 专项速度素质

钻越人障：一组练习者，配备一个低凳。甲队员在低凳上做俯撑动作，乙队员站立在甲队员身旁，当甲撑起时，乙队员从甲身下钻过，做5～10次后，两人交换。

快速跳绳：在地面上慢速跳绳，膝部稍微抬起，双臂用力摆动，步幅要小。每次跳起时必须使用脚尖。动作加速直至绊绳，然后稍微减速，再加速直至绊绳，按此继续进行。

快速跨栏练习：放置小低栏，栏间距离1米，然后迫使腿部用超高速跨栏。

侧跨步冲刺：从发球线“T”字的前面开始，向右边的单打线侧跨步，同时面对球网，用球拍触单打线，并快速向左边的单打线侧跨步，在7秒钟内尽可能重复这一动作。

模仿步法训练：在两条单打线对称两侧放置两个红色锥体。3名持拍的运动员站在两个锥体之间的场地中央。听到教练员的口令时，运动员做一单足跳跨步并向一个锥体移动。做球拍击球的准备动作，快速奔向锥体。运动员要完成模仿挥拍、还原、回到场地中央的动作。在向另一侧的锥体移动前做另一个单足跳跨步动作。

其他跳跃练习：低而安全的物体，如小型的塑料栏架，供运动员练习不同的跳跃和单足跳动作使用。

3. 专项力量素质

杠铃训练：后深蹲，推举，两手提铃置于锁骨，做推举动作；卧推；三角肌杠铃，双手窄握杠铃，经过头上，保持上臂笔直，逼近头部，同时放下杠铃于头后。

腹肌力量训练方法：仰卧起坐。

团身转体仰卧起坐：仰卧屈膝，双脚平放在地面上，双臂交叉胸前交叉成“X”形，力求使臂部着地，起身时，将右肩拉至左腿。

抬腿仰卧起坐：双脚抬起，并置于一只盒子或凳子上，弓身并尽力使胸部贴近大腿。

抬放腿：仰卧在地板上，双腿伸直置于空中。将双腿放下，然后抬起。重复这一动作。

坐立转体：依靠臂部保持平衡，双脚稍离地面，上体后仰45°，双手置于脑后，双肘向侧分开。双腿交替内外绕环，绕环时膝部靠向胸部。

背肌：超人动作，面朝下，俯卧在地板上，双手置于脑后，双肘向两侧分开。同时抬头和抬脚曲背。保持这一姿势5秒，然后恢复到原先的姿势。

滑轮拉力练习：为了增加臂力，用滑轮练习正手击球动作。面对滑轮，尽量向后拉，眼向下注视来球。然后下蹲，两臂向外拉开，做打短低球动作。重复练习齐腰高的拉力运动，每次做拉力击球和跟进动作以及直线击球、对角击球和反手击球练习。

橡皮带练习：固定一根橡皮带，高度在肩部以上头部以下，背对橡皮带，将橡皮带尽量向前上方拉，主要训练二头肌。

哑铃练习：持哑铃推举，持哑铃头后拉肩，持哑铃箭步蹲跳。

4. 专项耐力素质

在网球场进行法特莱克训练：运动员绕场慢跑5分钟（心率为每分钟130次）；运动员在场地上按照教练员的口令从一侧移向另一侧，移动3分钟；慢跑5分钟，结合使用10米距离的后蹬跑；教练员站在网前，偶尔打出一个轻吊截击球，运动员在场上移动，将球回击给教练，运动员即使知道可能够不着球，也必须冲刺救球，重复这一练习3分钟；运动员轻跑5分钟；运动员在场地上移动对打截击球3分钟；运动员在场地上移动对打击球1分钟，接着进行30秒钟的截击、高压球训练，重复这一组动作总共6分钟。

楼梯跑：楼梯往返跑训练，跑步登梯，然后用慢速跑回到起点。

抬腿跳：依次提起左腿和右腿，同时双手在腿下击掌一下，每组练习1分钟，每次练习5～10组。

踢足球：进行30分钟以上持续的激烈程度适中的活动（足球练习有助于网球的灵敏和速度）。

长跑：1000米跑、1500米跑、3000米跑、越野跑3～5公里等。

三、乒乓球专项训练设计

1. 乒乓球专项训练设计

第一阶段：基础训练阶段，以乒乓球球性训练为主。

（1）教师陪练，学生反手推挡。

（2）教师陪练，正手攻球。

第二阶段：巩固基本功球性训练，巩固及提高阶段。

（1）学生的相互推挡及正手攻球。

（2）以开火车的形式进行球性练习，培养学生的运动兴趣。

第三阶段：专项技术、发球和接发球练习。

（1）主要讲解发球的技术动作。

（2）发球包括下旋、侧旋以及拱球。

（3）接发球要求站位正确，注意力集中。

第四阶段：以赛前训练为主。

（1）由教师陪练打比赛。

（2）学生队内比赛，以提高比赛成绩。

（3）训练学生在比赛中的心理素质。

2. 乒乓球专项体能训练设计

（1）专项速度素质训练基本要求和训练方法

要求：速度训练必须与专项体能训练紧密结合，合理安排速度训练的时间和顺序，合理安排速度训练的负荷。

方法一：内跨步向前交叉腿。

训练目的：提高大腿、小腿、髋关节的协调性。

训练方法：身体正对梯子，前后交叉换退，跨步向前。

动作要领：开始时右脚站于框内，左脚在框外成小弓箭步。右脚蹬地，让左脚踏入前框，右脚在框外，循环前进。

训练要求：训练2～3组，每组2次。

方法二：两腿前交叉向前/后跳。

训练目的：提高大腿内侧肌群能力。

训练方法：身体正对梯子，两腿前后交叉前跳。

动作要领：两腿开立，站于梯外，重心前移，两手放松。蹬地时，两脚一前一后落于前面的框内。落地时，髋往前顶，迅速蹬地，使得两腿再次分开于梯外。再往前蹬时前后腿交换，循环往复。

训练要求：训练2～3组，每组2次。

方法三：Z型单腿后踢往前/后跳。

训练目的：提高全身的灵敏性。

训练方法：身体正对梯子，单腿往后跳，另一腿后踢。

动作要领：膝盖弯曲，蹬地后，右脚踏入下一框，左脚抬起不落地，右脚继续跳在该框右侧，两脚落地，循环往前跳。

训练要求：训练2～3组，每组2次。

方法四：跨骑式跳向前/后。

训练目的：提高下肢的灵敏性。

训练方法：身体正对梯子，两腿分开跨步往前跳。

动作要领：面朝梯面，右脚在第一框内，右脚与左脚平行于框外。膝盖弯曲，两脚同时发力，左脚进入第二框，右脚在第二框外，交替往前跳。保持上体正直，充分发挥踝关节的力量。

训练要求：训练2～3组，每组2次。

方法五："卢克儿"式前/后移步。

训练目的：提高全身的协调性。

训练方法：身体正对梯子，并步加移步往前跑。

动作要领：面对梯子，站在左后方。右脚往右前方迈步，踏入第一框，顺势左脚踏入第二框。右脚接着往右侧上方迈步，落地的同时重心转到左脚上，向相反方向重复做动作，循环往复向前，身体放松。

训练要求：训练2～3组，每组2次。

（2）专项力量训练方法

核心力量、肌肉耐力练习，在乒乓球运动中用到腰腹力量是很多的，摆臂击球，都是用腰腹带动手臂，加上手臂力量，共同完成这一动作。腰腹部肌肉的训练方法如下：

方法一：

训练目的：锻炼腹直肌、股直肌和髂腰肌。

训练方法：仰卧屈膝，两手分开置于体侧，大小腿呈90度弯曲。

动作要领：上体放松，腹部控制平衡。

动作要求：训练3～4组，每组15～20次。

方法二：

训练目的：锻炼腹直肌、腹外斜肌、腹内斜肌、髂腰肌、臀大肌、股二头肌。

训练方法：俯卧肘支撑后交叉腿。俯卧，两手分开，肘关节支撑，背部保持正直，两脚交换后交叉，脚尖着地。

动作要领：腹部和髋部紧张，两手保持平衡。

动作要求：训练3～4组，每组15～20次。

方法三：

训练目的：锻炼腹直肌、腹内斜肌、腹外斜肌、背阔肌、竖脊肌、臀中肌、臀大肌、股二头肌。

训练方法：俯卧三点支撑。单手前平举，俯卧，肘关节平行撑地，两腿伸直，脚尖点地，背部、臀部和腿部平行于地面，单臂前平举，交替进行。

动作要领：腹、背部紧张，手伸直，腰腹部保持身体平衡。

动作要求：训练3～4组，每组15～20秒。

方法四：

靠墙倒：运动员面对墙站立，两手撑地，单脚摆起成靠墙倒立姿势，保持数秒钟直至上肌肉群产生疲劳感后，停下放松，休息2～5分钟后再做。发展肱二头肌、肱三头肌、肩带各肌群和韧带力量。

方法五：

训练目的：锻炼股四头肌，发展股四头肌的力量。

训练方法：负重深蹲，两腿开立略宽于肩，手握杠铃，一蹲一起。

动作要领：背部要紧张，两脚固定站立。

动作要求：训练3～4组，每组15～20次。

方法六：

动作要求：每组100～150次，训练5～8组，组间休息2～4分钟。

强度要求：55%～60%，动作规范。

方法七：

动作要领：结合专项技术动作，例如拉胶皮带做正手攻球、拉球动作。

动作要求：视运动员用力程度和水平来定次数和组数以及强度。

动作强度：55%～60%。

方法八：

动作要领：安排8～10个单项动作，滑步（左右滑2次）、交叉步（左右交叉2次）、跨步（向右还原再向左2次）、原地手持球拍正手攻球动作30次，直拍横打动作30次、拉球动作10次、推挡30次，搓球30次，挑打30次。反复循环进行。动作要求：做3～5组，组间休息5～10分钟。

强度要求：心率控制在140～160次/分，恢复到120次/分以下，开始下一组练习。40%～60%的强度。

四、羽毛球专项训练设计

1. 羽毛球专项训练设计

（1）一般身体素质训练

①立定跳远；②400米、1500米；③投掷实心球；④双摇。

（2）专项身体素质训练

①四方球训练；②20米折返跑；③两点多球，重复球训练；④组合球练习。

（3）技术训练

发球，接发球；击高（平）远球技术；上网步法和网前挑球技术，学习后场后退步法；吊球技术；上网步法和后退步法；网前击球技术；两侧移动步法；挡网前球、杀球技术；拉、吊上网练习（直线、斜线），杀球上网练习（直线、斜线）。

（4）战术训练

单打战术，双打战术（攻中路战术、后攻前封、接发球战术）。

（5）心理训练

集中注意力训练，心理稳定性与意志品质的训练，念动训练与想象训练，模拟训练。

2. 羽毛球专项体能训练设计

（1）平衡、移动素质训练计划

每周3次，预热练习（20分钟）：深蹲起身：10个*1组；屈膝抬腿：10次*3组；压腿：5分钟；肩部及手臂伸拉：5分钟；力量练习（20分钟）：俯卧撑：15个*3组；分腿侧蹲：12个*3组；分腿旅步蹲：12个*3组。

（2）有氧耐力训练计划

选择划船、慢跑或骑自行车，练习前有5分钟的热身时间，之后进行5次60秒钟的急速练习，组间休息2分钟。确定20分钟训练时的心跳次数在能承受的最大心跳率的70%左右。

（3）灵活、力量素质训练计划

每周3次，在确定自己肌肉足够强壮后，才能加重力量练习难度。预热练习（15分钟）：深蹲起身，10个*3组；提踵训练，10个*1组；力量练习（25分钟）；俯卧撑，10*3组；单腿深蹲，每侧腿8个*3组；俯身划船，每侧腿8个*3组；分腿侧蹲，每侧腿8个*3组。

学习自评

小球运动考核自评表

教师姓名		学生姓名		考核时间	____学年第____学期		
评价内容		评价要素	等级分值				评价得分
			A	B	C	D	
小球类专项素质（10分）		能够完成下列两项专项素质练习： 1. 折返跑10米×17趟。 2. 跳绳120分钟/次。	10	8	6	4	
网球（30分）	握拍技术	1. 掌握大陆式握拍法。 2. 掌握东方式正手握拍法。 3. 掌握半西方式正手握拍法。 4. 掌握西方式正手握拍法。 5. 掌握东方式反手握拍法。 6. 掌握双手反手握拍法。	10	8	6	4	
网球（30分）	脚步技术	1. 掌握开放式站位技术。 2. 掌握半开放式站位技术。 3. 掌握关闭式站位技术。 4. 掌握交叉步、滑步技术。 5. 掌握碎步、跳步技术。	10	8	6	4	
网球（30分）	战术种类	1. 掌握上网型打法战术。 2. 掌握底线型打法战术。 3. 掌握综合型打法战术。	10	8	6	4	
乒乓球（30分）	握拍技术	1. 掌握直握拍法。 2. 掌握横握拍法。	10	8	6	4	
乒乓球（30分）	脚步技术	1. 掌握近台快攻型打法的基本站位及姿势。 2. 掌握削攻结合型打法的基本站位及姿势。	10	8	6	4	
乒乓球（30分）	战术种类	1. 掌握单打基本战术。 2. 掌握双打基本战术。	10	8	6	4	
羽毛球（30分）	握拍技术	1. 掌握正手握拍法。 2. 掌握反手握拍法。	10	8	6	4	
羽毛球（30分）	基本技术	1. 掌握发球技术。 2. 掌握接发球技术。 3. 掌握击球技术。	10	8	6	4	
羽毛球（30分）	战术种类	1. 掌握单打基本战术。 2. 掌握双打基本战术。	10	8	6	4	
90～100分为优秀；80～89分为良好；60～79为合格；60分以下为不合格						总分	
学生自我评价等级：优秀（　　）良好（　　）合格（　　）不合格（　　）							
运动处方：							

任务拓展

一、网球规则

（一）发球

发球员在发球前应先站在端线后、中点和边线的假定延长线之间的区域内，用手将球向空中任何方向抛起，在球接触地面以前，用球拍击球。球拍与球接触时，就算完成球的发送。

1. 发球时的规定

发球员在整个发球动作中，不得通过行走或跑动来改变站位，两脚只准站在规定位置，不得触及其他区域。

2. 发球员的位置

（1）每局开始，先从右区端线后发球，得或失一分后，应换到左区发球。

（2）发出的球应从网上越过，落到对角的对方发球区内，或其周围的线上。

3. 发球失误

发球失误包括：未击中球；发出的球，在落地前触及固定物（球网、中心带和网边白布除外）；违反发球站位规定。发球员第一次发球失误后，应在原发位置上进行第二次发球。

4. 发球无效

发球触网后，仍然落到对方发球区内；接球员未作好接球准备，均应重发球。

5. 交换发球

第一局比赛终了，接球员成为发球员，发球成为接球。以后每局终了，均依次互相交换，直至比赛结束。

（二）通则

1. 交换场地

双方应在每盘的第1、3、5等单数局结束后，以及每盘结束双方局数之和为单数时，换场地。

2. 失分

发生下列任何一种情况，均判失分；

（1）在球第二次着地前，未能还击过网；

（2）还击的球触及对方场区界线以外的地面、固定物或其他物件；

（3）还击空中球失败；

（4）故意用球拍触球超过一次；

（5）运动员的身体、球拍在发球期间触及球网；

（6）过网击球；

（7）抛拍击球。

3. 压线球

落在线上的球都算界内球。

二、乒乓球规则

（一）场地、器材

1. 球台

（1）球台的上层表面称为比赛台面，应为与水平面平行的长方形，长2.74米，宽1.525米，离地面76厘米。

（2）比赛台面不包括与球台台面垂直的侧面。

（3）比赛台面可用任何材料制成，应具有一致的弹性，即当标准球从离台面30厘米高处落至台面时，弹起高度应约为23厘米。

（4）比赛台面应呈均匀的暗色，无光泽，沿每个2.74米的比赛台面边缘各有一条2厘米宽的白色边线，沿每个1.525米的比赛台面边缘各有一条2厘米宽的白色端线。

（5）比赛台面由一个网面与端线平行且与台面垂直的球网划分为两个相等的台区，各台区的整个面积应是一个整体。

（6）双打时，各台区应由一条3毫米宽的白色中线划分为两个相等的“半区”。中线与边线平行，并应视为右半区的一部分。

2. 球网装置

（1）球网装置包括球网、悬网绳、网柱以及将它们固定在球台上的夹钳部分。

（2）球网应悬挂在一根绳子上，绳子两端系在高15.25厘米的直立网柱上，网柱外缘离开边线外缘的距离为15.25厘米。

（3）整个球网的顶端距比赛台面15.25厘米。

（4）整个球网的底边应尽量贴近比赛台面，其两端应尽量贴近网柱。

3. 球

球应为圆球体，直径为40毫米，重为2.7克。球应用赛璐珞或类似的材料制成，呈白色或橙色，且无光泽。

4. 球拍

（1）球拍的大小、形状和质量不限，但底板应平整、坚硬。

（2）底板至少应含85%的天然木料。加强底板的黏合层可用碳纤维、玻璃纤维或压缩纸等纤维材料，每层黏合层不超过底板总厚度的7.5%，或不超过0.35毫米。

（3）用来击球的拍面应用一层颗粒向外的普通颗粒胶覆盖，连同黏合剂，厚度不超过2毫米；或用颗粒向内或向外的海绵胶覆盖，连同黏合剂，厚度不超过4毫米。

（4）普通颗粒胶是一层无泡沫的天然橡胶或合成橡胶，其颗粒必须以每平方厘米10～50颗的平均密度分布在整个表面。

（5）海绵胶即在一层泡沫橡胶上覆盖一层普通颗粒胶，普通颗粒胶的厚度不超过2毫米。

（6）覆盖物应覆盖整个拍面，但不得超过其边缘。靠近拍柄部分及手指执握部分可不予以覆盖，也可用任何材料覆盖。

（7）底板、底板中的任何夹层以及用来击球一面的任何覆盖物及黏合层均应为厚度均匀的一个整体。

（8）球拍两面不论是否有覆盖物，必须无光泽，且一面为鲜红色，另一面为黑色。

（9）意外的损坏、磨损或褪色，造成拍面的整体性和颜色上的一致性出现轻微的差异，只要未明显改变拍面的性能，均可允许使用。

（10）比赛开始时及比赛过程中运动员需要更换球拍，必须向对方和裁判员展示自己将要使用的球拍，并允许他们检查。

（二）比赛用语

回合：球处于比赛状态的一段时间。

球处于比赛状态：从有意识地发球前，球静止在不执拍手掌上的最后瞬间，到该回合被判得分或重发球。

重发球：本回合因擦网或裁判认为外部因素影响了比赛，不予判分，发球方需重发球。

一分：本回合判得一分。

执拍手：正在握着球拍的手。

不执拍手：未握着球拍的手。

击球：用握在手中的球拍或执拍手手腕以下部位触球。

阻挡：对方击球后，向比赛台面方向运动的球，在没有触及本方台区、也未越过端线之前，即触及本方运动员或其穿戴的任何物品。

发球员：在一个回合中，首先击球的运动员。

接发球员：在一个回合中，第二个击球的运动员。

裁判员：被指定管理一场比赛的人。

副裁判员：被指定在某些方面协助裁判员工作的人。

穿或戴的物品：运动员在一个回合开始时穿或戴的任何物品，但不包括比赛用球。

越过或绕过球网装置：除从球网和比赛台面之间通过及从球网和网架之间通过的情

况外，球均应视作已“越过或绕过”球网装置。

球台的“端线”：包括球台端线及两端的无限延长线。

（三）合法发球

发球开始时，球应放在发球员不执拍的手掌上，手掌张开，使球静止在本方端线之后和球拍同处在台面的水平面之上，然后将球几乎垂直地向上抛起，不得使球旋转，并使球在离开不执拍手手掌之后上升不少于16厘米。当球从抛起的最高点降落时，方可击球，使球先触及本方台区，然后越过或绕过球网再触及接发球员的台区。双打中，球应先后触及发球员和接发球员的右半区；在击球时，球应在发球员的端线之后，但不能超过发球员身体离端线最远的部分，球和球拍应在比赛台面的水平面上。运动员发球时，有责任让裁判员看清他是否按合法发球的规定发球。

（四）重发球

回合出现下列情况应判重发球：

（1）如果发球员发出的球，在越过或绕过球网装置时触及了球网装置，此后成为合法发球或被接发球员或其同伴阻挡。

（2）如果接发球员或接发球方未准备好，球已发出，而且接发球员或接发球方没有企图击球。

（3）由于发生了运动员无法控制的干扰，而使运动员未能合法发球、合法还击或遵守规则。

（4）裁判员或副裁判员暂停比赛。裁判员或副裁判员可以在下列情况下暂停比赛：

①要纠正发球、接发球次序或方位错误；

②要实行轮换发球法；

③警告或处罚运动员；

④比赛环境受到干扰，以致该回合的结果可能受到影响。

（五）合法还击

对方发球或还击后，本方运动员必须击球，使球直接越过或绕过球网装置，或触及球网装置后，再触及对方台区。

（六）失分

除重发球外，下列情况均判失1分：未合法发球或还击；阻挡或连续击球两次；球连续两次接触本方的台区；用不合规定的拍面击球；当球处于比赛状态时，运动员或其穿戴的任何物品使球台移动或触及球网装置以及不执拍手触及台面，用不执拍的手击球或球拍脱手后把球碰击过去；还击后，球没有过网或球没有击到对方台面而落地或碰到球网以外的其他物体（不包括阻挡）；在双打中，运动员未按发球员和接发球员规定的顺序击球。

（七）比赛次序

在单打中，首先由发球员合法发球，再由接发球员合法还击，然后二者交替合法还击。

在双打中，首先由发球员合法发球，再由接发球员合法还击，然后由发球员的同伴合法还击，再由接发球员的同伴合法还击。此后，运动员按此次序轮流合法还击。

（八）一局比赛

在一局比赛中，先得11分的一方为胜方：10平后，先得2分的一方为胜方。

（九）一场比赛

一场比赛应连续进行，采用七局四胜制。在局与局之间，任何一名运动员都有权要求不超过2分钟的休息时间。

（十）发球、接发球和方位的选择

选择发球、接发球和方位的权利应抽签决定。中签者可以选择先发球或先接发球，或选择先在某一方位。在一方运动员选择了先发球或先接发球，或选择了先在某一方位后，另一方运动员必须有另一选择。

在每获得2分后，接发球方即成为发球方，以此类推，直至该局比赛结束；或者直至双方比分都达到10分时，实行轮换发球法，此时发球和接发球次序仍然不变，但每人只轮发1分球。

在双打的第一局比赛中，先由先发球方确定第一发球员，再由先接发球方确定第一接发球员。在以后的各局比赛中，第一发球员确定后，第一接发球员应是前一局发球给他的运动员。在双打中，每次换发球时，前面的接发球员应成为发球员，前面的发球员的同伴应成为接发球员。一局中首先发球的一方，在该场下一局应首先接发球。在双打决胜局中，当一方先得5分时，接发球方应交换接发球次序。一局中，在某一方位比赛的一方，在该场下一局应换到另一方位。在决胜局中，一方先得5分时，双方应交换方位。

（十一）发球、接发球次序和方位的错误

裁判员一旦发现发球、接发球次序错误，应立即暂停比赛，并按该场比赛开始时确立的次序，按场上比分由应该发球或接发球的运动员发球或接发球：在双打中，则按发现错误时的那一局中首先有发球权的一方所确立的次序进行纠正，再继续比赛。

裁判员一旦发现运动员应交换方位而未交换，应立即暂停比赛，并按该场比赛开始时确定的次序、场上比分进行纠正，再继续比赛。

在任何情况下，发现错误之前的所有得分均有效。

三、羽毛球规则

（一）球场

羽毛球球场为一块长方形场地，长13.40米，宽6.10米（单打场地宽5.18米，双打场地宽6.10米）。中间悬挂球网（网两边的支柱顶端高1.55米，网中间高1.524米）。双打球场对角线长14.723米，单打球场对角线长14.366米。球场各线宽均为4厘米。

（二）球和球拍

羽毛球重4.74～5.5克，由16根羽毛插在半球形软木托上。球高68～78毫米，直径58～68毫米，分为1～10号。球拍由参赛运动员自备，球拍框总长度不超过68厘米、宽不超过23厘米，拍弦面长不超过28厘米、宽不超过22厘米。整个球场上空高度最低为12米，在这个高度以内不得有任何横梁或其他障碍物，球场四周2米以内不得有任何障碍物。任何并列的两个球场之间，最少应有2米的距离。球场四周的墙壁最好为深色，不能有风。

（三）比赛通则

1. 赛制

2006年5月，羽毛球世界联合会在日本东京举行的年度代表大会上决定实行21分的新赛制。21分制实行每球得分制，所有单项的每局获胜分皆为21分，最高不超过30分。每场比赛采取三局两胜制，先得21分的一方赢得当局比赛。如果双方比分为20平，需某一方超过对手2分才算取胜。如双方比分打成29平，则得分先上第30分的一方为胜者。首局获胜的一方在接下来的一局比赛中先发球。

2. 主要违例及其罚则

（1）过手违例。运动员发球时，在击球瞬间球拍的顶端未向下，整个拍框未明显低于握拍的整个手部，为过手违例。

（2）运动员发球时，发球员的球拍应首先击中球托，在球拍击中球的瞬间，整个球应低于场地地面上方1.15米。

（3）踩线、移动、触线违例。运动员发球时，两脚都必须站在规定的发球区内，保持与地面接触，不得移动、踩线、触线和出区，否则为移动、踩线、触线违例。

（4）触网违例。比赛进行中，运动员的身体、衣物或球拍触及球网、网柱或网柱的支撑物，均为触网违例。

（5）过网击球违例。比赛进行中，对方击来的球尚未过网，即以球拍过网击球，称过网击球违例。

（6）连击违例。一名运动员在击球时连续两次挥拍击球且击中两次，或在双打比赛中，两名同队运动员连续各击中一次球，即为连击违例。

（7）拖带或持球违例。运动员击球时，球停滞在球拍上，紧接着又有拖带现象，称为拖带或持球违例。

（8）阻挠违例。运动员在近网处企图阻挠对方合法还击，称为阻挠违例。

（9）重发球。裁判员虽已报分，但发球员在接发球员尚未做好准备时就发球，接发球员未予还击，此时，应判重发球。如果接发球方已挥拍击球或试图击球时身体或衣物触及球，则以已经做好准备论处。

（10）发球时，发球员与接发球员同时违例。例如，发球员发球动作不连贯，与此同时，接发球员接发球时移动，应判重发球。

项目十　武术运动

知识导航

一、武术的产生和发展

武术在我国有着悠久的历史，它源于远古时期祖先的生产劳动。在原始社会生产力极为低下的社会条件下，人们为了生存，必须依靠群体的力量同大自然作斗争。这些原始形态的攻防技能虽然是低级的，却是武术技能形成的物质基础。到了氏族公社时代，部落之间经常发生战争，使用武力就成为掠夺财富的重要手段。武术萌芽于原始社会时期，成形于奴隶社会时期，发展于封建社会时期。到了近代，武术适应时代的变化，逐步成为近代体育的有机组成部分。民国时期，民间出现了许多拳社、武士会等武术组织。中华人民共和国成立后，武术成为社会主义文化和人民体育事业的一个组成部分，得到了蓬勃发展。

二、武术的特点和作用

（一）武术的特点

武术寓技击于体育之中，具有内外合一、形神兼备的民族风格和广泛的适应性。

1. 寓技击于体育之中

武术作为体育项目，其动作具有攻防技击性。无论何种套路，其共同点是以踢、打、摔、拿、击、刺等攻防动作构成套路的主要内容。

2. 具有内外合一、形神兼备的民族风格

既讲究形体规范，又求精神传意、内外合一的整体观，是中国武术的一大特色。所谓“内”，指心、神、意等心志活动和气息的运行；所谓“外”，即手、眼、身、步等的形体活动。内与外、形与神是相互联系的、统一的整体，武术“内外合一，形神兼备”的特点主要通过武术功法和技法来体现。“内练精气神，外练筋骨皮”是各家各派练功的准则。武术套路在技术上往往要求把内在精气神与外部形体动作紧密相合，完整一气，做到“心动形随”“形断意连”“势断气连”，以“手眼身法步，精神气力功”八法的变化来锻炼心身。

3. 具有广泛的适应性

武术的练习形式、内容丰富多样，有竞技对抗性的散手、推手、短兵，有不同的拳种和器械，有不同的动作结构、技术要求、运动风格和运动量，分别适应不同年龄、性别、职业、体质人群的需求，人们可以根据自己的条件和兴趣爱好进行练习。同时，武术对场地、器材的要求较低，俗称“拳打卧牛之地”。

（二）武术的作用

1. 壮内强外的健身作用

中国人民千百年的习武实践和近年来的科学研究都说明，武术注重内外兼修，对身体有着多方面的良好影响，经常练习能收到壮内强外的效果。例如，长拳类套路，包括屈伸、回环、跳跃、平衡、翻腾、跌扑等动作，加上内在神情的贯注和呼吸的配合，人体的各个器官都参与了活动，特别是，坚持基本功训练能提高人体肌肉力量和伸展性，提高关节运动的幅度，有效地发展柔韧性。

2. 防身自卫的作用

无论是套路运动还是格斗运动，技击动作均是其主要内容。套路虽然以演练的形式出现，但它包含了许多攻防中可用的拳法、掌法、腿法、擒拿法及快摔法。经常训练，不仅能使动作熟练，机能和素质也能得以提高，如果再增强对距离、时机的判断能力，还可起到防身自卫的作用。散打、推手的技术与实践十分接近，许多动作可以直接体现防卫效果。

3. 修身养性的作用

在几千年绵延的历史中，武术一向重礼仪、讲道德。“尚武崇德”成为学武之人的一种传统教育。经常习武，可以培养和陶冶高尚的情操。初学武术十分艰苦、枯燥，对人的意志品质是很好的磨炼。武术为“终身不尽之艺”，艺无止境，更需要人们具有永不自满、砥砺精进的品质。长期训练，可以培养人们刻苦、坚韧、勇于进取、虚心好学等优良品质。

4. 娱乐观赏，丰富文化生活

武术运动具有很高的观赏价值，套路运动动迅、静定的节奏美，踢、打、摔、拿、跌巧妙结合的方法美，内外合一、形神兼备的和谐美，非常引人入胜。搏斗对抗中双方激烈的争夺、精湛的攻防技巧、敢打敢拼的斗志，都可以给人一种武术美的享受。

思政园地

作为中华优秀传统文化重要组成部分的中国武术，具有悠久的发展历史和深厚的道德积淀，在立德树人方面具有丰富的资源优势和扎实的实践积累。学校武术教育作为促进武术发展的重要途径，理应在立德树人根本任务的具体实践中发挥应有的作用。

传统武术文化具有深厚的文化底蕴、深邃的文化思想和广阔的文化视野。更为重要的是，中国传统武术文化中的自强不息、刚健有为、贵和尚中等文化精髓，是中华优秀传统文化的独特组成部分。武术在我国有着广泛的群众基础，它集健身性、技击性和艺术性于一体，是中华民族在长期的社会生产和生活实践中逐渐积累和发展起来的一项宝贵的文化遗产。

思维导图

学习任务一　长拳

一、长拳概述

（一）概念

长拳是查拳、华拳、炮拳、洪拳、花拳等拳术的总称。它以拳、掌、勾为主要手形，以弓步、马步、仆步、虚步、歇步为基本步形，是由蹿蹦跳跃、闪展腾挪、起伏转折和跌扑滚翻等动作和技术组成的姿势舒展、动作灵活、快速有力、节奏鲜明的拳术。其主要有各种适应普及的初级、中级套路，以及适应竞赛的规定套路和自选套路。

（二）运动特点

各种长拳风格各异，但概括起来，其共同特点是：姿势舒展、动作灵活、快速有力、节奏鲜明，并包括蹿蹦跳跃、闪展腾挪及起伏转折等动作和技术。

（三）锻炼价值

长拳的动作大多数由大肌肉群来进行，要求肌肉的活动量大，而且肌肉活动速度快，对肺活量的要求也较高，因此练习长拳对提高心脏血液循环系统和呼吸系统的机能可以起到积极的作用。长拳的结构也较复杂，有伸屈、回环、平衡、跳跃、翻腾及跌扑等动作，这些较为复杂的动作，对于中枢神经系统、内脏器官以及神经与肌肉的协调机能都提出了较高的要求。通过练习，能够提高这些系统的机能，全面发展身体素质。

（四）长拳技术

长拳技术讲究“四击”“八法”“十二形”。

1. “四击”

“四击”是指武术中的踢、打、摔、拿四种技法。

2. “八法”

“八法”是手、眼、身法、步、精神、气、力、功。具体来说就是，拳如流星，眼似电，身法要灵活，步要稳，精神要充沛，气要沉，力要顺达，功要深厚。

3. “十二形”

长拳在运动时，有动势、静势、起势、落势、立势、站势、转势、折势、轻势、重势、快势、缓势12种动静之势。动如涛、静如岳，起如猿、落如鹊，立如鸡、站如松，转如轮、折如弓，轻如叶、重如铁，缓如鹰、快如风，总称为“十二形”。

二、初级长拳（第一路）

【第一段】

预备势：两脚并拢站立，眼看前方。两手握拳，屈肘抱于两腰侧，拳心朝上；脸向左转，眼向左侧方平视。

要点：挺胸、直腰，两肩后张，两拳紧贴腰侧。

1. 马步双劈拳

（1）左脚向左开步，同时两拳从腰侧伸向腹前错臂交叉，左拳在里，右拳在外，拳心对着眼观。

（2）两腿屈膝半蹲呈马步，同时两拳向左右换臂侧劈，拳眼朝上。眼看左拳。

要点：开步、抡劈和半蹲的动作，必须同时进行。形成马步之后，两大腿要坐平，脚尖里扣，两膝里合。要挺胸、塌腰、两肩松沉，两拳与肩平行。

2. 拗弓步冲拳

左脚跟和右脚掌同时碾地，使上身左转，左腿屈膝，右腿蹬直，呈左弓步。在上身左转的同时，右拳先收抱于右腰侧（拳心朝上），继而臂内旋，使拳眼朝上，用力向前冲出，拳路比肩高；左拳和左臂外旋使拳心朝上，屈肘收抱于左腰侧。

要点：上述两个动作必须连贯。冲拳要用力，右肩前顺，左肩后牵，两脚脚掌全部着地。

3. 蹬腿冲拳

左脚不动，右脚屈膝提起，用脚跟向前平直蹬出，脚尖勾起。同时，右拳外旋使拳心朝上，屈肘收抱于右腰侧；左拳随之呈直拳向前冲出，拳眼朝上。眼看左拳。

要点：收拳、冲拳、蹬腿三个动作必须同时进行，协调一致。立地腿要站稳，两肩要松沉，左肩前顺，右肩后牵。

4. 马步冲拳

右脚向前落步，脚尖里扣；同时左脚前脚掌碾地使脚跟里转，上身随之左转，两腿屈膝半蹲呈马步。在形成马步的同时，左拳和左臂外旋，使拳心朝上，屈肘收抱于左腰侧；右拳随即向右侧方呈立拳平直冲出，略比肩高，拳眼朝上。眼看右拳。

要点：落步、转身和屈膝半蹲的动作必须与收拳、冲拳的动作协调一致。形成马步之后，两肩稍向后张，左肘向后牵引，挺胸、塌腰。

5. 马步双劈拳

上动稍停，两脚不动，两腿直起。左拳从左腰侧向腹前下伸，拳背朝前；在左拳下伸的同时，右臂内旋从右侧方向下、向腹前内收，收至腹前时，两臂成右外左内错臂交叉，拳心对着腹部。眼向右平视。两腿屈膝半蹲成马步，同时两拳向左右抡臂侧劈，拳眼朝上。眼看右拳。

要点：与本段的马步双劈拳相同。

6. 拗弓步冲拳

右脚跟和左脚掌同时碾地，使上身右转，右腿屈膝，左腿蹬直，呈右弓步。在上身右转的同时，左拳先收抱于左腰侧（拳心朝上），继而臂内旋，使拳眼朝上，用力向前冲出，拳略比肩高；右拳和右臂外旋，使拳心朝上，屈肘收抱于右腰侧。

要点：与本段的拗弓步冲拳相同，但左右相反。

7. 蹬腿冲拳

右脚不动，左脚屈膝提起，用脚跟向前平直蹬出，脚尖勾起。同时，左拳外旋使拳心朝上，屈肘收抱于左腰侧；右拳随之呈直拳向前冲出，拳眼朝上。眼看右拳。

要点：与本段的蹬腿冲拳相同，但左右相反。

8. 马步冲拳

左脚向前落步，脚尖里扣；同时右脚前脚掌碾地使脚跟里转，上身随之右转，两腿屈膝半蹲呈马步。在形成马步的同时，右拳和右臂外旋使拳心朝上，屈肘收抱于右腰侧；左拳随即向左侧方成立拳平直冲出，略比肩高，拳眼朝上。眼看左拳。

要点：与本段的马步冲拳相同，但左右相反。

【第二段】

1. 弓步推掌

上动稍停，上身左转，右脚随之向前上步，左腿蹬直，右腿屈膝，呈右弓步。在右脚上步的同时，左拳拳心朝上，屈肘收抱于左腰侧；右拳随之变为侧上掌向前平直推出，掌指朝上。眼看右掌。

要点：转身、上步、收拳、推掌的动作必须协调一致。推掌时，必须使腕关节向拇指一侧弯曲，以小指一侧用力向前推出；推出之后，腕关节尽量向上弯曲，肘臂伸直，肩部松沉并向前顺，挺胸、塌腰；掌指高与眉齐。

2. 拗弓步推掌

两脚不动，步形不变，上身右转。右掌变拳屈肘收抱于右腰侧，拳心朝上；同时左掌变为侧立掌向前平直推出，掌指朝上。眼看左掌。

要点：左肩前顺，右肩后牵，两脚不要拔跟或掀脚。

3. 弓步搂手砍掌

（1）上身从左向后转，右腿挺膝伸直，左腿屈膝半蹲，呈左弓步。左掌直腕呈俯掌，在转身的同时从左向后平摆横搂。眼随左掌。

（2）上动不停，左掌变拳，拳心朝上，屈肘收抱于左腰侧；同时右拳变掌，臂伸直从后由外向身前成仰掌平摆横砍。眼看右掌。

要点：转身、搂手、收拳、砍掌的动作必须协调一致，但不必过快。砍掌时，肘腕关节都需伸直，砍掌之后，掌心略高过肩，两肩松沉。

4. 弓步穿手推掌

（1）左拳变掌，由左腰侧经右掌上面向前穿出，掌心朝上；在左掌前穿的同时，右掌内旋，使掌心朝下呈俯掌，顺左臂下面屈肘收于胸前。

（2）上动不停，左臂内旋，左掌五指捏拢呈勾手，勾尖朝下；此时上身右转，左腿挺膝伸直，右腿屈膝半蹲，呈右弓步；同时右掌成侧立掌向前平直推出，掌指朝上。眼看右掌。

要点：穿掌与收掌的动作，转身、勾手与推掌的动作，必须同时进行，这两部分动作又必须协调连贯，中间不可停顿。推掌之后，手腕要尽量向上弯曲，掌指高与眉齐；勾手要尽量向下屈，手背略高过肩。

5. 弓步推掌

（1）上动稍停，左勾手变为倒掌，屈肘收抱于左腰侧，掌指朝下，掌心朝前。

（2）左脚向前上步，右腿挺膝伸直，左腿屈膝半蹲，呈左弓步。同时右掌变拳，屈肘收抱于右腰侧，拳心朝上；左掌随之成侧立掌向前平直推出，掌指朝上。眼看左掌。

要点：与本段的弓步推掌相同。

6. 拗弓步推掌

两脚不动，步形不变，上身左转。左掌变拳屈肘收于左膝侧，拳心朝上；同时右拳变为侧立掌向前平直推出，掌指朝上。眼看右掌。

要点：与本段的拗弓步推掌相同，但左右相反。

7. 弓步搂手砍掌

（1）上身从右向后转，左腿挺膝伸直，右腿屈膝半蹲，呈右弓步。右掌直腕呈俯掌，在转身的同时从右向后平摆横搂。眼随右掌。

（2）上动不停，右掌变拳，拳心朝上，屈肘收抱于右腰侧；同时左拳变掌，臂伸直从后由外向身前呈仰掌平摆横砍。眼看左掌。

要点：与本段的弓步搂手砍掌相同。

8. 弓步穿手推掌

（1）右拳变掌，由右腰侧经左掌上面向前穿出，掌心朝上；在右掌前穿的同时，左掌内旋使掌心朝下呈俯掌，顺右臂下面屈肘收于胸前。

（2）上动不停，右臂内旋，右掌五指捏拢呈勾手，勾尖朝下；此时上身左转，右腿挺膝伸直，左腿屈膝半蹲，呈左弓步；同时左掌呈倒立掌向前平直推出，掌指朝上。眼看左掌。

要点：与本段的弓步穿手推掌相同。

【第三段】

1. 虚步上架

上动稍停，左脚尖里扣，上身右转，右脚撤回半步以前脚掌点地，左腿屈膝略蹲，右膝稍屈，身体重量落于左腿，成左实右虚之虚步。左掌变拳，在上身右转成虚步的同时，向上屈肘横举在头顶上方，拳心朝向身前，拳眼朝下；右勾手随之变拳，臂内旋使拳下栽，屈肘附在右膝上面，拳心朝向身后，拳面朝下。眼向右前方平视。

要点：上架之拳，肘略向身后展开；下栽之拳，肘路向前牵引。做虚步时要挺胸、塌腰，左脚实踏地面，右脚虚点地面，虚实分明。

2. 马步下压

（1）左腿伸直立起，右腿屈膝提起。同时右拳从下经体前向外抡臂绕环，至右前方时呈仰拳平举，左拳下降至背后。

（2）上动不停，左脚蹬地纵起，同时上身从右向后转，右脚在转身后立即落于左脚的原位，左脚随之落于上身左侧，两腿屈膝半蹲呈马步。右拳在右脚落地的同时，屈肘收抱于右腰侧，拳心朝上；左拳由后向上抡臂，在形成马步的同时，臂外旋，屈肘以前臂为力点，从上向身前下压，左臂屈肘呈直角，拳心朝上。眼看左拳。

要点：纵跳时，先使左膝弯曲，然后蹬地纵起；纵起后，上身在空中向后转；转身后，右脚先落地，左脚随后落地。右拳外抡与提步动作、右拳屈肘抱腰与右脚落步动作、左前臂下压与左脚轻步动作必须分别同时进行。

3. 拗弓步冲拳

左脚跟和右脚掌同时碾地使上身左转，左腿屈膝，右腿蹬直，呈左弓步。同时左拳屈肘收抱于左腰侧，拳心仍朝上；右拳随即从右腰侧向前平直冲出，拳眼朝上。眼看右拳。

要点：与第一段第二动的拗弓步冲拳相同。

4. 马步冲拳

左脚尖里扣，右脚跟里转，上身右转，两腿屈膝半蹲呈马步。同时右拳和右臂外旋使拳心朝上，屈肘收抱于右腰侧；左拳随即向左侧方呈立拳平直冲出，略比肩高，拳眼朝上。眼看左拳。

要点：收拳和冲拳动作必须协调一致。形成马步后，两肩稍向后张，右肘向后牵引，挺胸、塌腰。

5. 虚步上架

上动稍停，右脚尖里扣，上身左转，左脚撤回半步以前脚掌点地，右腿屈膝略蹲，左膝稍屈，身体重量落于右腿，呈右实左虚之虚步。同时右臂向右向上屈肘横举于头顶上方，拳心朝向身前，拳眼朝下；左拳随之内旋使拳下栽，屈肘附在左膝上面，拳心朝向身后，拳面朝下。眼向左前方平视。

要点：与本段的虚步上架相同，但左右相反。

6. 马步下压

（1）右腿伸直立起，左腿屈膝提起。同时左拳从下经体前向外抡臂绕环，至左前方时平举，拳心朝上；右拳下降至背后。

（2）上动不停，右脚蹬地纵起，同时上身从左向后转，左脚在转身后立即落于右脚的原位，右脚随之落于上身右侧，两腿屈膝半蹲呈马步。左拳在左脚落地的同时，屈肘收抱于左腰侧，拳心朝上；右拳由后向上抡臂，在右脚落地形成马步的同时，臂外旋，屈肘以前臂为力点，从上向身前下压，上臂垂直，前臂平举，拳心朝上。眼看右拳。

要点：与本段的马步下压相同，但左右相反。

7. 拗弓步冲拳

右脚跟和左脚掌同时碾地使上身右转，右腿屈膝，左腿蹬直，呈右弓步。同时右拳屈肘收抱于右腰侧，拳心仍朝上；左拳随即从左腰侧向前平直冲出，拳眼朝上。眼看左拳。

要点：与第一段第二动的拗弓步冲拳相同，但左右相反。

8. 马步冲拳

右脚尖里扣，左脚跟里转，上身左转，两腿屈膝半蹲呈马步。同时左拳和左臂外旋使拳心朝上，屈肘收抱于左腰侧；右拳随即向右侧方呈立拳平直冲出，略比肩高，拳眼朝上。眼看右拳。

要点：与本段的马步冲拳相同，但左右相反。

【第四段】

1. 弓步双摆掌

上动稍停，右脚尖里扣，左脚尖外撇，上身随之左转，右腿蹬直，左腿屈膝，呈左弓步。同时左拳在身前下伸，并与右拳一起变掌，两掌从右向上、向左弧形绕环，至左侧方时均呈侧立掌，左掌直臂平举，右臂屈肘使掌心靠近左肘，掌指均朝上。眼看左掌。

要点：转身与两掌绕环的动作要同时进行、协调一致。两掌绕环时，肩关节要放松，摆掌动作结束时，左掌抬高与眉齐，右掌抬高与鼻齐，两肩松沉。

2. 弓步穿掌

（1）左脚跟稍向外展，左腿全蹲，右腿伸直平铺呈仆步，上身随之右转，向右脚处前探。在转身的同时，左掌和左臂内旋，反臂上举呈勾手，勾尖朝上；同时右掌成掌，从身前向右脚处横搂。眼随右掌。

（2）上动不停，右掌继续向身后搂去，至身后反臂呈勾手，勾尖朝上；同时上身前移，左腿挺膝伸直，右腿屈膝半蹲，呈右弓步；在上身前移的同时，左勾手变掌，臂外旋使掌心朝下，以掌心为力点，从后向下、向前撩起，呈仰掌平举，肘、腕伸直，掌高不过肩。眼看左掌。

要点：上述动作必须连贯。做仆步时，臀部尽量接近小腿，上身向平铺腿的一侧探伸。仆步转入弓步时，上身不要立起，要从低处向前探伸移动。撩掌时，肩要松。勾手肘，腕关节尽量上屈，臂向上举，上身要挺胸、塌腰。

3. 推掌弹踢

（1）右勾手变掌，屈肘收抱于右腰侧，屈腕使掌指朝下，掌心朝前；左掌开始变拳。

（2）上动不停，左掌变拳屈肘收抱于左腰侧，拳心朝上；同时右掌呈侧立掌从腰侧向前推出，掌指朝上。右脚不动，左脚随之向前水平弹踢，脚面绷平。眼看右掌。

要点：收拳、推掌、弹踢必须协调、连贯。弹踢时，先使弹踢腿屈膝，小腿后举，然后脚面绷平，膝关节猛然挺伸，使小腿向前弹出，整个腿与地面平行，立地腿站稳，上身稍前倾。

4. 弓步上架推掌

左脚向前落步，左腿屈膝，右腿蹬直，呈左弓步。同时右掌和右臂内旋，屈肘横架于头顶上方，呈横掌（掌指朝前，掌心向斜上方）；左拳随即变掌，向前呈侧立掌平直推出，掌指朝上。眼看左掌。

要点：落步要轻，推掌要快。

5. 弓步双摆掌

上动稍停，左脚尖里扣，右脚尖外撇，上身随之从右向后转，左腿蹬直，右腿屈膝，呈右弓步。同时两掌向上、向右弧形绕环，至右侧方时均呈侧立掌，右掌直臂平举，左臂屈肘使掌心靠近右肘，掌指均朝上。眼看右掌。

要点：与本段的弓步双摆掌相同，但左右相反。

6. 弓步撩掌

（1）右脚跟稍向外展，右腿全蹲，左腿伸直呈仆步，上身随之左转，向左脚处前探。在转身的同时，右掌和右臂内旋，反臂上举呈勾手，勾尖朝上；同时左掌成掌，从身前向左脚处横搂。眼随左掌。

（2）上动不停，左掌继续向身后搂去，至身后反臂呈勾手，勾尖朝上；同时上身前移，右腿挺膝伸直，左腿屈膝半蹲，呈左弓步。在上身前移的同时，右勾手变掌，臂外旋使掌心朝下，以掌心为力点，从后向下、向前撩起，呈仰掌平举，肘、腕伸直，掌高不过肩。眼看右掌。

要点：与本段的弓步撩掌相同。

7. 推掌弹踢

（1）左勾手变掌，屈肘收抱于左膝侧，屈腕使掌指朝下，掌心朝前；右掌开始变拳。

（2）上动不停，右掌变拳之后，屈肘收抱于右腰侧，拳心朝上；同时左掌呈倒立掌从腰侧向前平直推出，掌指朝上。左脚不动，右脚随之向前水平弹踢，脚面绷平。眼看左掌。

要点：与本段的推掌弹踢相同。

8. 弓步上架推掌

右脚向前落步，右腿屈膝，左腿蹬直，呈右弓步。同时左掌和左臂内旋，屈肘横架于头顶上方，成横掌；右拳随即变掌，向前成倒立掌平直推出，掌指朝上。眼看右掌。

要点：与本段的弓步上架推掌相同。

收势：

（1）右脚跟稍向外展，右腿蹬直立起，同时上身稍向左转，左脚随之向右脚处靠拢并步；在并步的同时，两掌变拳，屈肘收抱于两腰侧，拳心均朝上；脸向左转，眼向左侧方平视。

（2）脸转向正前方，两拳变掌，直臂下垂，做立正姿势。

要点：立正收势时，头须端正，收下颏，挺胸，直腰，松肩，呼吸平稳，精神振作。

学习任务二　简化太极拳

一、太极拳简介

（一）概述

太极拳是一项心静体松、柔缓自然、连绵不断、动中寓静，着重自我控制和意念诱导的武术项目。简化太极拳是由我国原国家体育委员会于1956年组织部分太极拳专家，在“杨氏太极拳”的基础上改编的太极拳普及和竞赛套路。这套拳分为8组，共24个动作，又称“二十四式”。全套动作易学易懂，既不复杂，又能充分体现太极拳动作柔和、缓慢、圆活、连贯的特点。

（二）运动特点

太极拳以技击动作为主体，核心是劲，并由此产生了逐项技术要求，是一种具有技击健身等多重功能的拳术。从运动表现来看，太极拳是一种比较柔和缓慢、重意、练内的拳术，是吸收各家拳法、结合古代导引吐纳之术，运用经络和阴阳学而形成的一种拳术。其典型运动特点可以概括为：“以柔克刚，以静待动，以圆化直，以小胜大，以弱胜强”。

（三）锻炼价值

随着社会的发展和进步，现代人在身体健康方面面临很多问题，包括伴随人口老龄化而来的老年性疾病，由于膳食失衡与营养过剩引发的糖尿病、高血压、心脑血管等疾病，求学、就业、社会竞争压力等造成的亚健康状态及心理和精神疾病等。太极拳运动强调放松入静、吐纳导引，而且动作舒缓、柔和，有助于疏通经络，促进人体微循环，改善人体脏腑器官及各系统的功能，在应对老年性疾病、改善亚健康状态、调整内分泌系统、提高心理及精神健康水平等方面有着非常积极的作用。

二、简化太极拳

预备势：身体自然直立，两脚并拢，两腿自然伸直，两手垂于大腿外侧，双眼平视前方。

1. 起势

左脚向左分开半步，与肩同宽，两臂慢慢向前平举，两手手心向下，指尖向前。两腿慢慢屈膝半蹲呈马步，同时两掌轻轻下按至腹前，两眼平视前方。

2. 左右野马分鬃

上体稍右转，右臂屈抱于右胸前，手心向下。左臂屈抱于腹前，手心向上，两手上下相对，左脚收至右腿内侧，脚尖点地。上体左转，左脚向左前方迈出一步，脚跟轻轻着地，左脚踏实，左腿屈膝前弓，右腿自然蹬直，呈左弓步，同时两掌前后分开，左手分至体前，手心斜向上，右手按至右胯旁，手心向下，指尖朝前，眼看左掌。重心稍向后移，左脚尖翘起外撇，上体稍左转，左手翻转成手心向下，右手翻转前摆，手心向上，两手上下相对，重心移至左腿，右脚收至左脚内侧，脚尖点地，右脚向右前方迈出一步，脚跟轻轻着地，右腿屈膝前弓，同时左腿自然蹬直，呈右弓步，两手前后分开，右手分至体前，手心斜向上，左手按至左胯旁，手心向下，指尖向前，眼看右手。

3. 白鹤亮翅

上体稍左转，右脚向前跟半步，同时两手翻转相对，上体后坐，两手开始交替分开，左脚前脚掌着地呈左虚步；同时右手向上分至右额前，掌心向内，左手按在左腿旁，眼平视前方。

4. 左右搂膝拗步

左搂膝拗步：上体右转，两臂交叉摆动，右手自头前下落，经右胯侧向右后方上举，与头同高，手心向上，左手自左侧上摆，经头前向右划弧落至右肩前，手心向下，左脚回收落在右脚内侧，脚尖点地，上体稍左转，左脚向左前方迈出一步，右臂屈肘，右手收至肩上头侧，虎口对耳，左手落在腹前，左腿屈弓，右腿自然蹬直呈左弓步。左手经左膝前向左搂过，按于左腿外侧，掌心向下，指尖向前；右手向前推出，掌心向前，指尖向上，眼看右手。

右搂膝拗步：同左搂膝拗步，只是左右相反。

5. 手挥琵琶

右脚向前收拢半步，右臂稍向前伸展，左手向左、向上划弧摆至体前，手臂自然伸直，掌心斜向下，右手屈臂后引，收至胸前，掌心斜向上，左脚稍向前移，脚跟随着地，呈左虚步，两臂外旋，屈肘合抱，两手前后交错，侧掌合于体前。右手与左肘相对，掌心向左，两臂呈犹如抱琵琶的样子，眼看左手。

6. 左右倒卷肱

右倒卷肱：上体稍右转，两手翻转向上，右手随转体向下经腰侧向后上方划弧，手与头同高，左手翻转停于体前，上体稍左转；左脚提收向后退一步，右手收至肩上耳侧，掌心斜向下方，左手开始后收，收至左腰侧，手心向上，上体继续左转；重心后移，左脚踏实，右膝微屈呈右虚步，右手推至体前，掌心向前，眼看左手。

左倒卷肱：上体稍左转，左手向左后上方划弧，掌心向上，右手翻转停于体前，上体稍右转，右脚提收向后退一步，右手开始后收，右手向后、向下划弧，收至右腰侧，掌心向上，左臂屈卷，左手收至肩上耳侧，左膝微屈成左虚步，左手推至体前，掌心向前。下两次动作同前（略）。

7. 左揽雀尾

上体微右转，右手屈臂抱于右胸前，掌心翻转向下，左手划弧下落，屈抱于腹前，掌心转向上，两手上下相对如“抱球”状，左脚收至右脚内侧，脚尖点地，左脚向左前方迈出一步，左腿屈膝前弓，右腿自然蹬直，呈左弓步，两手前后分开，左臂半屈向体前挪出，腕与肩同高，掌心向内，右手向下划弧按于右胯旁，掌心向下，五指向前，眼看左手。左手向左前方伸出，掌心转向下，同时右臂外旋，右手经腹前向上、向前伸至左前臂内侧，掌心向上，上体右转；两手同时向下经腹前向右后方划弧后捋，右手举于身体侧后方，与头同高，掌心向外，左臂平屈于胸前，掌心向内，上体左转，正对前方，右臂屈肘，右手收至胸前，搭于左腕内侧，掌心向前，重心前移，左腿屈弓，右腿自然蹬直成左弓步，右手推送左前臂向体前挤出，两臂撑圆，重心后移，上体后坐，右腿屈膝，左腿自然伸直，左脚尖翘起，右手经左腕上方向前伸出，掌心也转向下。两手左右分开与肩同宽，两臂屈收，两手后引，经胸前收到腹前，手心斜向下，重心前移，左腿屈弓，右腿自然蹬直呈左弓步，两手沿弧线推按至体前，两掌心向前，指尖向上，眼看前方。

8. 右揽雀尾

上体右转，左脚尖内扣，两手平举于身体两侧，右脚收至左脚内侧，脚尖点地，左手屈抱于左胸前，手心向下，右手屈抱于腹前，手心向上，两手上下相对，右脚向右前方迈出一步，右腿屈膝前弓，左腿自然蹬直，呈右弓步，两手前后分开。右臂半屈向体前挪出，掌心向内，左手向下划弧按于左胯旁，手心向下，指尖向前，右手向右前方伸出，掌心转向下。同时左臂外旋，左手经腹前向上、向前伸至右前臂内侧，掌心向上，上体左转，两手同时向下经腹前向左后方划弧后捋，左手举于身体侧后方，掌心向外。右臂平屈于胸前，掌心向内，上体右转，正对前方，左臂屈收，左手收至胸前，搭于右腕内侧，掌心向前，右前臂仍屈于胸前，掌心向内，呈右弓步，左手推送右前臂向体前挤出，两臂撑圆，两手左右分开与肩同宽，两臂屈收，两手后引，经胸前收到腹前，手心斜向下两手沿弧线推按至体前，两掌心向前，指尖向上，右腿屈弓，左腿自然蹬直呈右弓步，眼看前方。

9. 单鞭

上体左转，右脚尖内扣，左脚收至右脚内侧，脚尖点地，右手至身体右前方变成勾手，勾尖向下，左脚向左前方迈出一步，左手经面前向左划弧，左手经面前翻转向前推出，左腿屈弓，右腿自然蹬直，呈斜向左前方的弓步，眼看左手。

10. 云手

上体右转，左脚尖内扣，收至右脚内侧，左手向右划弧，经腹前至右肩前，掌心向内。上体左转，左脚向左横开一步，右脚向左脚并拢，两腿屈膝半蹲，两脚平行，两脚相距10厘米，左手经头前向左划弧云转，掌心渐渐翻转向外。右手向下经腹前同时向左划弧云转，掌心渐渐翻转向内，左掌停于身体左侧，视线随左手转移（再做两遍）。

11. 单鞭

上体右转，右手经头前向右划弧，至右前方掌心翻转变勾手，左手向下经腹前向右划弧转至右肩前，掌心转向内，左脚向左前方上步，脚跟落地，左手经面前向左划弧，掌心向内，眼看左手，上体继续左转，左腿屈弓，右腿自然蹬直，呈斜向左前方的弓步，左手经面前翻转向前推出，左肘与左膝上下相对，眼看左手。

12. 高探马

后脚向前收拢半步，重心后移，右腿屈坐，呈左虚步，右手屈收，经头侧再向前推出，手心向前，左臂屈收，左手收至腹前，掌心向上，眼看右手。

13. 右蹬脚

左脚提收向左前方迈出，右手稍向后收，左手经右手背向右前方穿出，两手交叉，腕关节相交，两手合举于头前，手心皆向外，两手同时向左右分开，两手向腹前划弧相交合抱，举至胸前，左腿支撑，右腿屈膝上提，右脚脚尖上勾，脚跟用力慢慢向右前上方蹬出。左腿微屈，右腿伸直，两手手心向外撑开，两臂展于身体两侧，右腿与右臂上下相对，方向为右前方约30°，眼看右手。

14. 双峰贯耳

右腿屈膝回收，脚尖自然下垂，右腿向右前方上步，两手收至两腰侧，掌心向上。右腿屈弓，左腿自然蹬直，呈右弓步。两手握拳从两侧向上、向前划弧摆至头前，两臂半屈呈弧形，两拳相对呈钳形，眼看前方。

15. 转身左蹬脚

上体左转，右脚尖内扣，两拳松开，两臂微屈于身体两侧，两手向下划弧，于腹前交叉合抱，举至胸前，右腿支撑，左腿屈膝高提，左脚脚尖上勾，脚跟用力向左前上方慢慢蹬出，两掌心向外，眼看左手。

16. 左下势独立

左腿屈收，左脚下垂收于右小腿内侧，上体右转，右手变勾手。左手摆至右肩前，右腿屈膝全蹲，左脚沿地面向左侧伸直呈左仆步，左手经腹前沿左腿内侧向左穿出并向上挑起，右勾手内旋，背手向后，勾尖朝上，右腿屈膝前提，脚尖自然下垂，左腿微屈独立支撑，呈左独立步，左手下落按于左胯旁，右勾手变掌，经体侧向前挑起，掌心向左，指尖向内。

17. 右下势独立

右脚落于左脚右前方，左脚以脚掌为轴随之扭转，左手变勾手提举于身体左侧，右手经头划弧摆至左肩前，右脚提收至左小腿内侧，沿地面向右伸直，左腿屈膝全蹲，呈右仆步，右掌经腹前沿右腿内侧向右穿出。右腿屈膝前弓。左腿自然蹬直，右手继续前穿并向上挑起，左勾手内旋，背于身后，勾尖向上，左腿屈膝前提，呈右独立步，右手下落按于右胯旁，左勾手变掌，经体侧向体前挑起，眼看左手。

18. 左右穿梭

左脚向左前方落步，手心翻转向下，眼看左手。右脚收于左踝内侧，两手在左肋前上下相抱。右脚向右前方上步，右手由下向前上方划弧，左手由上向后下方划弧，右转，右腿屈膝前弓，呈右弓步，右手翻转上举，架于右额角前上方，掌心斜向上。左手推至体前，上体右转，两手在右肋前上下相抱，左脚收至右脚内侧，上体左转，左脚向左前方上步，呈左弓步，左手由下向前上方划弧，右手由上向后下方划弧，左手翻转上举，架于右额角前上方，右手推至体前，眼看右手。

19. 海底针

右脚向前收拢半步，右腿屈坐，左脚跟提起，脚前掌着地呈左虚步，右手下落经体侧屈臂抽提至耳旁，向前俯身，右手从耳侧向前下方斜插，左手向右划弧下落至腹前，经左膝按至大腿外侧，掌心向下。

20. 闪通臂

左脚回收，以脚尖点地落至右脚内侧，左脚向前上步呈左弓步，两手内旋分开，右手上提至身前撑于头侧上方，左手屈臂收举推至体前，眼看前方。

21. 转身搬拦捶

右腿屈坐，左脚尖内扣，身体右转，右脚提收至左脚踝关节内侧，再向前迈出，两手向右侧摆动，右手摆至身体右侧，握拳收于右肋，拳经胸前向前搬压，拳心向上，左手摆至头侧，左手经右前臂外侧下落，按于左胯旁。左脚向前上步腿屈弓，右腿自然蹬直，成左弓步，左掌拦至体前，掌心向右，右拳自胸前打出，拳眼向上，左掌指附于右前臂内侧，掌心向右，眼看右拳。

22. 如封似闭

左手翻转向上，从右前臂下向前穿出，同时右拳变掌，也翻转向上，两手交叉伸举于体前，右腿屈坐，左脚尖翘起，两臂屈收，两手分至与肩同宽，收至胸前，左腿屈弓，右腿自然蹬直成左弓步，两手翻转，经腹前向上、向前推出，掌心向前，五指向上，眼看前方。

23. 十字手

上体右转，右脚尖外撇，右腿屈弓，左腿自然伸直，呈右横档步（侧弓步），左脚尖内扣，右手划弧，摆至身体右侧，两臂平举于身体两侧，掌心皆向外，上体左转，左腿屈弓，右腿自然伸直，脚尖内扣，两手下落划弧，在腹前交叉，抱于胸前，右手在外，掌心向内，上体转正，右脚轻轻向左收回半步，两腿慢慢直立，呈开立步，两手交叉合抱于体前，两腕交搭呈斜“十”字形，眼平视前方。

24. 收势

两臂内旋，两手翻转左右分开，两臂徐徐下垂，两手落于大腿外侧，左脚轻轻提起与右脚并拢，恢复成预备姿势，眼看前方。

学习任务三　武术专项体能训练设计

专项体能训练是与专项相结合，为高质量地完成套路演练而进行的各种身体素质训练。结合武术套路的特点，将武术专项身体素质训练分为四类，包括力量、速度、柔韧和灵敏协调性。柔韧、灵敏素质等是套路基本功训练的内容。

表10-1　武术专项身体素质训练

指标	内容
专项力量	30～60秒弹跳马步；30～60秒弓步交换跳；30～60秒弓马步交换；30～60秒手臂撑掌
专项速度	30～60秒快速冲拳；30～60秒乌龙盘打；30～60秒快速单拍脚；30～60秒快速正踢甩腿
专项柔韧	30～60秒立位体前屈；30～60秒坐位踝屈伸；30～60秒仆步踝内收；30～60秒转肩
专项灵敏协调	30～60秒仆步穿掌；30～60秒踢腿击掌；30～60秒提膝前侧展

一、专项力量

对于专项力量，选取了4种比较具有代表性的动作，即30～60秒弹跳马步、30～60秒弓步交换跳、30～60秒弓步马步交换和30～60秒的手臂撑掌。专项力量对下肢的和上肢的要求很高，下肢肌肉和关节之间的链接需要协作区间共同完成。

（一）马步弹跳

马步是武术训练中常用的动作之一，也是众多运动项目的经典惯用动作。具体要求：双手抱拳放于腰间，双肘关节夹紧，眼睛目视前方，上身保持中立位，屈膝屈髋，大腿屈于水平状态，与地面平行，脚尖朝前微微内扣，膝关节外展且垂直于脚尖。跳起环节要求身体保持正直，双腿空中并紧，下落成马步。马步弹跳，一方面可以增强下肢的肌肉力量，另一方面，对下肢的爆发力也是一个很好的发展。这种增强式的力量训练，可以使机体共同参与，使每一个环节都得到发展。

（二）弓步交换跳

弓步交换跳也是常见的动作之一。具体要求：一侧的腿屈曲成90度，与地面平行，膝关节与脚尖垂直，另一条腿伸直，两脚尖的位置一前一后成平行状态，上身保持中立位的姿势，双肩峰与髋关节在同一方向。弓步交换跳一定程度上增强了髋关节的承重能力。髋关节是人体技能核心链接环节，每一个动作的完成都必须以髋关节为中心，进一步过渡到其他环节。因此，弓步交换是巩固学生整体稳定性的一个重要动作。

（三）弓马转换

依照正确的动作要求做同一平面的弓步马步转换，左—中—右—中—左……。弓步和马步对下肢的稳定有很大的帮助，通过长时间的练习，可以增强下肢的肌肉力量和爆发力，大大增强对膝关节和髋关节的保护，进一步促进下肢本体感觉的建立。弓步与马步的转换，可以使得机体上下动力链达到一个很契合的状态。

二、专项速度

运动训练把速度分为动作速度、位移速度和反应速度。因武术专项的项目特点，这里主要是动作速度。

（一）快速冲拳

具体要求：双腿开立与肩同宽，抬头挺胸，眼睛目视前方，身体保持中立位，双手抱拳放于腰间，双肘夹紧，听到哨音后单手出拳，力达拳面后收回腰间换手臂。

（二）乌龙盘打

具体要求：双腿自然开立与肩同宽，身体保持中立位，双手成掌双臂自然端平，听到哨声时，顺时针或者逆时针做抡臂。抡臂过程中，眼睛随着身体微转方向做摆头，双臂始终相对称，成一条直线，仆步拍地后开始反方向的练习。

（三）快速单拍脚

双手抱拳于腰间，双脚自然前后分，不宜过大，宽度与两肩一样距离，听到哨音时，快速将后腿直腿上起过腰，同一侧手臂从腰间迎击脚面。注意上体保持中立位，不宜太过前倾，支撑腿伸直。

（四）快速正踢甩腿

双脚自然前后分，不宜过大，宽度与两肩一样距离，一手做撑掌动作，另一只手扶把杆，听到哨音时最大幅度地向上踢腿，过程中身体保持中立位且面向正前方，双眼目视前方，支撑腿伸直。

三、专项柔韧

柔韧素质跟动作的质量有着直接的关系，主要跟髋关节的韧带以及肌肉和肌腱的伸展性有关。柔韧性较好的学生，做动作可操控自如，舒展大方，刚柔相济。这项素质是武术训练中不可缺少的一部分。

（一）立位体前屈

学生成坐姿，双腿伸直并紧，双脚勾起，上身立直，最大幅度前倾，双臂伸直，尽可能地触碰脚尖。

（二）坐位踝屈

成坐姿姿势，双腿伸直并紧，身体中立位，目视前方，上臂后撑，做踝关节的屈伸练习。

（三）仆步踝内收

身体立直，一腿做全蹲，另一条腿伸直成仆步姿势，伸直的腿做踝内收练习。注意屈曲的膝关节外展，不内扣。

（四）转肩

成站立姿势，面向前方，一手臂内收屈臂放于对侧的肩膀上，另一只手屈臂握住内收手臂的肘关节，向同侧牵拉。过程中身体始终保持中立位，且身体面向前方。

四、专项灵敏协调

运动训练学将灵敏协调分为随机化灵敏协调和程序化灵敏协调。在项群训练理论中，武术套路属于难美型项群的固定组合技术动作，灵敏训练在武术套路的体现更多的是程序化灵敏协调。

（一）仆步穿掌

从提膝斜上插掌开始，下蹲做仆步亮张，顺着仆步重心前移成弓步，上步转身摆臂撤步下按掌，接反方向的斜上插掌。整个过程中，身体保持中立位，眼睛随手走。

（二）踢腿击掌

身体保持立正姿势，上臂自然放松垂直，哨声响起后，做一侧的向上直踢腿，同时手臂在踢腿的下方做击掌。回落后，上臂在头顶做击掌，重复多次。

（三）提膝前侧展

双手抱拳放在腰间，双肘夹紧，哨声响起时，一侧腿做提膝，过腰后落回原地然后接着做侧展。过程中身体始终保持中立位，支撑腿伸直，眼睛目视前方。

学习自评

武术套路考核自评表

<table>
<tr><td>教师</td><td></td><td>学生</td><td></td><td>考核时间</td><td colspan="5"></td></tr>
<tr><td rowspan="2">评价内容</td><td colspan="4" rowspan="2">评价要素</td><td colspan="4">等级分值</td><td rowspan="2">评价得分</td></tr>
<tr><td>A</td><td>B</td><td>C</td><td>D</td></tr>
<tr><td rowspan="3">动作演练（30分）</td><td colspan="4">姿势正确，动作连贯、协调。</td><td>10</td><td>8</td><td>6</td><td>4</td><td></td></tr>
<tr><td colspan="4">精神饱满、节奏明显、劲力充足、武术风格突出，能够熟练地完成全套动作。</td><td>10</td><td>8</td><td>6</td><td>4</td><td></td></tr>
<tr><td colspan="4">完成过程中没有遗漏、遗忘和明显失误。</td><td>10</td><td>8</td><td>6</td><td>4</td><td></td></tr>
<tr><td rowspan="14">动作规格（70分）</td><td colspan="4">弓步：前腿弓，后退绷，挺胸、塌腰、沉髋，前脚尖后脚跟成一条直线。</td><td>5</td><td>4</td><td>3</td><td>2</td><td></td></tr>
<tr><td colspan="4">马步：挺胸、塌腰、展髋，脚跟外蹬。</td><td>5</td><td>4</td><td>3</td><td>2</td><td></td></tr>
<tr><td colspan="4">仆步：挺胸、塌腰、沉髋。</td><td>5</td><td>4</td><td>3</td><td>2</td><td></td></tr>
<tr><td colspan="4">虚步：挺胸、塌腰，虚实分明。</td><td>5</td><td>4</td><td>3</td><td>2</td><td></td></tr>
<tr><td colspan="4">歇步：挺胸、塌腰，两腿靠拢贴紧。</td><td>5</td><td>4</td><td>3</td><td>2</td><td></td></tr>
<tr><td colspan="4">冲拳：挺胸、收腹、拧腰、顺肩，快速有力。</td><td>5</td><td>4</td><td>3</td><td>2</td><td></td></tr>
<tr><td colspan="4">劈拳：松肩、直臂，臂抡成立圆，力达拳轮。</td><td>5</td><td>4</td><td>3</td><td>2</td><td></td></tr>
<tr><td colspan="4">推掌：挺胸、收腹、立腰，拧腰、顺肩，出掌快速有力，力达掌外沿。</td><td>5</td><td>4</td><td>3</td><td>2</td><td></td></tr>
<tr><td colspan="4">亮掌：挺胸、收腹、立腰、抖腕。</td><td>5</td><td>4</td><td>3</td><td>2</td><td></td></tr>
<tr><td colspan="4">架掌：架掌时前臂内旋，松肩，上架以掌外沿为力点。</td><td>5</td><td>4</td><td>3</td><td>2</td><td></td></tr>
<tr><td colspan="4">挑掌：沉腕要快速有力，力达掌指。</td><td>5</td><td>4</td><td>3</td><td>2</td><td></td></tr>
<tr><td colspan="4">正踢腿：挺胸、收腹、立腰，腿上摆过腰后加速用力，收腹、收髋，上体正直。</td><td>5</td><td>4</td><td>3</td><td>2</td><td></td></tr>
<tr><td colspan="4">单拍脚：收腹、立腰，击拍脚要脆、快、响。</td><td>5</td><td>4</td><td>3</td><td>2</td><td></td></tr>
<tr><td colspan="4">弹腿：挺胸、立腰、收髋，弹踢要有寸劲。</td><td>5</td><td>4</td><td>3</td><td>2</td><td></td></tr>
<tr><td colspan="7">90～100分为优秀，80～89分为良好，60～79分为及格，60分以下为不及格</td><td colspan="2">总分</td><td></td></tr>
<tr><td colspan="10">学生自我评价等级：优秀（　　）良好（　　）合格（　　）不合格（　　）</td></tr>
<tr><td colspan="10">运动处方：</td></tr>
</table>

太极拳考核自评表

<table>
<tr><td>教师</td><td></td><td>学生</td><td></td><td>考核时间</td><td colspan="5"></td></tr>
<tr><td rowspan="2">评价内容</td><td colspan="4" rowspan="2">评价要素</td><td colspan="4">等级分值</td><td rowspan="2">评价得分</td></tr>
<tr><td>A</td><td>B</td><td>C</td><td>D</td></tr>
<tr><td rowspan="3">动作
（60分）</td><td colspan="4">姿势正确，动作连贯、圆活。</td><td>20</td><td>15</td><td>10</td><td>5</td><td></td></tr>
<tr><td colspan="4">重心低而稳定，绵绵不断，心静体松。</td><td>20</td><td>15</td><td>10</td><td>5</td><td></td></tr>
<tr><td colspan="4">没有遗漏、遗忘和明显失误，在整套动作中没有出现明显停顿。</td><td>20</td><td>15</td><td>10</td><td>5</td><td></td></tr>
<tr><td>精神状态
（10分）</td><td colspan="4">神态自然，速度均匀，风格突出。</td><td>10</td><td>8</td><td>5</td><td>2</td><td></td></tr>
<tr><td>动作与音乐的配合
（10分）</td><td colspan="4">套路熟练，能够完全合上音乐节奏。</td><td>10</td><td>8</td><td>5</td><td>2</td><td></td></tr>
<tr><td>整体面貌
（20分）</td><td colspan="4">动作准确到位、幅度大、协调、优美。</td><td>20</td><td>15</td><td>10</td><td>5</td><td></td></tr>
<tr><td colspan="6">90～100分为优秀，80～89分为良好，60～79分为及格，60分以下为不及格</td><td colspan="3">总分</td><td></td></tr>
<tr><td colspan="10">学生自我评价等级：优秀（　　）良好（　　）合格（　　）不合格（　　）</td></tr>
<tr><td colspan="10">运动处方：</td></tr>
</table>

任务拓展

一、武德守则

当代武德守则主要包括：

一、热爱人民，精忠报国；二、弘扬武术，以德为先；三、崇尚科学，求实创新；四、强身健体，文武兼备；五、遵纪守法，伸张正义；六、维护公德，尊师爱生；七、爱岗敬业，勤学苦练；八、团结友爱，谦虚谨慎；九、诚实守信，知行统一；十、仪表端庄，礼貌待人。

二、武术套路运动竞赛通则

1. 执行裁判人员组成：总裁判长1人、副总裁判长1～2人；裁判组设裁判长1人、副裁判长2人；A组评分裁判员2～3人，B组评分裁判员3人，C组评分裁判员2～3人。编排记录长1人，检录长1人。

2. 竞赛按类型可分为个人赛、团体赛、个人及团体赛。按年龄可分为成年赛、青少年赛、儿童赛。

3. 竞赛项目有长拳、太极拳、南拳、剑术、刀术、枪术、棍术、太极剑、南刀、南棍、传统拳术、传统器械、对练项目和集体项目。

4. 竞赛年龄分组：成年组、青少年组和儿童组。

5. 比赛顺序：在竞赛监督委员会和总裁判长的监督下，由编排记录组抽签决定比赛顺序。

6. 检录：运动员须在赛前40分钟到达指定地点报到，参加检录，并检查服装和器械。

7. 礼仪：运动员听到上场点名时和完成比赛套路后，应向裁判长行抱拳礼。

8. 得分相同的处理：个人分别以难度分高者、以完成高等级难度数量多者、以演练水平分高者、以演练水平扣分少者、以动作质量扣分少者顺序排列名次。全能或团体以比赛中获单项第一名多者列前，依次类推。

9. 竞赛有关规定：

（1）难度填报：参赛的运动员必须根据竞赛规则和规程要求选择难度和必选主要动作，于赛前20天在规定网站填报“武术套路难度及必选动作申报表”，并确认打印，签字、盖章后寄往赛会（以到达邮戳为准）。

（2）套路完成时间：长拳、南拳、剑术、刀术、枪术、棍术、南刀、南棍套路，成年不少于1分20秒，青少年（含儿童）不得少于1分10秒。太极拳、太极剑自选套路为3～4分钟，太极拳规定套路为5～6分钟。对练不得少于50秒。集体项目为3～4分钟。

传统项目，单练不得少于1分钟。

（3）比赛音乐：规程规定的配乐项目必须在音乐（不带歌词）的伴奏下进行，音乐可以根据套路的编排自行选择。

（4）比赛服装：裁判员应穿统一的服装，佩戴裁判等级标志；运动员应穿武术比赛服装。

（5）竞赛场地：个人项目14米长、8米宽，集体项目的场地为长16米、宽14米。场地四周内沿，应标明5厘米宽的白色边线。场地的地面空间高度不少于8米。两个比赛场地之间的距离在6米以上。

（6）比赛器械：国家体育总局武术运动管理中心指定的器械。

（7）比赛设备：大型比赛必须配备摄像机4台，放像设备3台，电视机3台，以及全套电子评分系统和音响系统。

项目十一　游泳运动

知识导航

一、游泳概述

游泳是一种凭借自身肢体动作和水的作用力，在水中活动或前进的技能活动，是深受人民群众喜爱的体育项目之一。1828年，英国在利物浦乔治码头修建了第一个室内游泳池。19世纪30年代，这种游泳池在英国各大城市相继出现。1837年，第一个游泳组织在英国伦敦成立，同时举办了英国最早的游泳比赛。1869年，大城市游泳俱乐部联合会（现为英国业余游泳协会）在伦敦成立，并把游泳作为一个专门的运动项目正式固定下来。

二、游泳分类

随着游泳运动的发展，游泳被分为实用游泳、竞技游泳和花样游泳三大类。实用游泳又分为侧泳、潜泳、反蛙泳、踩水、救护、武装泅渡，竞技游泳又分为蛙泳、爬泳、仰泳、蝶泳。从1896年第一届夏季奥运会起，竞技游泳被列为奥运会正式项目，发展到现在，各种锦标赛、国际大型比赛不断推动着竞技游泳的发展，使它的技术动作更加完善。花样游泳，也称为艺术游泳，是集舞蹈、体操、游泳等项目于一体的竞技体育项目，对运动员的身材、泳装、头饰、音乐、动作都有很高的要求。花样游泳分为单人、双人、集体等比赛项目，通过运动员的肢体在水面上运动并与音乐配合，展现出各种优美动作和各种造型的艺术性技巧，给人们美的享受，故有“水上芭蕾”的美誉。

思政园地

人生即燃烧：中国游泳功勋教练——徐国义

“游泳几乎占了我生命的全部，我喜欢这个事业，这辈子是离不开泳池了。”

“只要让我在泳池边多留一天，我就赚了一天……我宁愿开心地倒在泳池边，也不愿意躺在病床上，看着天花板、数着时钟一分一秒，郁闷等死。”

“为中国游泳奉献，就是我的本职工作，所有的辛苦都是值得的，也是心甘情愿的。”

徐国义始终把为国争光视作自己最高的人生理想，以扎扎实实的工匠精神，一辈子只为做好游泳这一件事；他以忘我的精神不懈奋斗，为了“国之大义”甘愿自我牺牲，为中国游泳留下了宝贵的精神财富。

“国义把游泳印在了生命里，刻在了血脉里。”徐国义的妻子、同为国家游泳队教练的楼霞如是说。在徐国义的好兄弟、国家游泳队教练王爱民的眼中，徐国义是个善良、谦逊、低调、大气、讲义气，做事认真细心，非常睿智和充满正能量的人。他对游泳事业执着、热爱，对朋友真挚，身边的人都深受感染。

徐国义有着远大的理想，始终保持着勇攀高峰的精气神。他视游泳事业为生命，喜欢潜心钻研训练，在研究技术方面特别痴迷，走在了行业最前沿。徐国义的身上有精益求精、追求卓越的工匠精神，他诠释了作为优秀教练的高尚情怀。他是一个好教练、好老师，一生潜心钻研、忘我工作，为国家游泳事业心甘情愿地奉献一生、奋斗一生。

徐国义执教26年来，以工匠精神锤炼游泳技术，好钻研、敢创新，点亮通往最高领奖台的路途。他培养了奥运冠军叶诗文、中国男子仰泳首个世界冠军徐嘉余，以及陈慧佳、李朱濠、朱梦惠、柳雅欣等众多游泳名将。不忘初心、执着追求、无私奉献是他的生命底色，牢记使命、为国争光是他的生命最强音。中国游泳功勋教练徐国义的人生即燃烧，他为热爱而燃烧，他因奉献而无悔。徐国义教练在事业上和人格上都值得我们去学习。

（李雪颖：《中国游泳功勋教练徐国义》，《中国体育报》2020年7月31日，有删改）

思维导图

学习任务一　游泳运动准备

熟悉水性是游泳运动初学者的一项重要技能和必经学习环节，其目的是了解水性，逐步适应水环境，消除怕水心理，掌握游泳的基本动作，如呼吸、浮体、滑行和站立等。熟悉水性和换气练习方法如下。

一、水中行走

（一）练习目的

对于初学者来说，在水中行走可体会水的浮力和阻力，掌握身体在水中维持平衡的能力，从而克服怕水心理。

（二）练习方法

1. 手扶池壁边行走练习。
2. 在同伴的协助下水中行走练习。
3. 各种方向的走、跳、转身、下沉等动作练习。

二、呼吸

（一）练习目的

了解在水中呼吸与在陆地上呼吸的不同，掌握游泳的呼吸方法、过程及节奏，适应头浸入水中的感觉，消除怕水心理。

（二）练习方法

1. 头浸入水中闭气练习。手扶池壁边，用嘴吸足气后闭气，慢慢下蹲，将头浸入水中，隔一段时间将头伸出水面换气，反复练习。
2. 呼吸练习。用嘴和鼻在水中慢慢呼气，在即将露出水面时用嘴将剩余的气体用力呼出，然后快速深吸一口气，再次浸入水中憋气，进行循环练习。
3. 两人手拉手水中呼吸练习。

三、浮体与站立

（一）练习目的

体会人在水中的浮力，学会控制身体平衡和在水中站立的方法。

（二）练习方法

1. 抱膝浮体练习。站立于水中，深吸气后闭气，低头收腹团身，双臂抱紧膝盖，随着浮力将背部自然漂浮于水面上。站立时松开两臂，两臂前伸下压并抬头，两腿伸直，以脚触水底站立，两臂在体侧自然放松。

2. 手扶池壁漂浮。手扶池壁，手臂、腿伸展放松，使身体在水中呈水平状态。

3. 展体浮体练习。深吸气，蹬地，放松肩，臂、腿伸直，仰卧漂浮于水中。站立时收腹，两臂向下压水并抬头，两腿屈膝前收，两脚站立在水底。

四、滑行

（一）练习目的

体会水的浮力，掌握在水中保持身体平衡和滑行的姿势。

（二）练习方法

1. 蹬池底滑行练习。直立于水中，手臂上举伸直，两臂夹耳朵，目视前方。深吸气后，屈膝、弯腰、低头，准备蹬池底。

2. 蹬池壁滑行练习。背对池壁，一臂前伸，一臂拉池壁，目视前方，大小腿尽量收紧，脚掌贴于池壁，臀部靠近池边。两臂于体侧后扶池壁，低头，双臂前伸，在背和臀部露出水面后，双腿蹬池壁。随即两臂前伸并拢，将头夹于两臂间，两脚用力蹬壁，使身体呈流线型向前滑行。

学习任务二　游泳技术分类与练习技术要点

一、蛙泳

蛙泳是一种模仿青蛙游泳动作的游泳姿势，是竞技游泳的姿势之一。蛙泳时，游泳者可以方便观察前方是否有障碍物，以避免撞上障碍物。游蛙泳有一个顺口溜，即“划手腿不动，收手再收腿，先伸胳膊后蹬腿，并拢伸直漂一会儿”。从顺口溜中可看出，手的动作先于腿的动作，要先收手再收腿，伸手后再蹬腿。蛙泳比较省力，易持久，实用价值大，常用于渔猎、泅渡、救护、水上搬运等。

（一）身体姿势

蛙泳时，身体位置不是固定不动的，而是不断变化的。在蛙泳游进过程中，将身体俯卧于水中，两臂向前伸直，两腿并拢后伸直。头略低，将脸浸入水中，水平齐额，眼睛注视水下，身体保持流线型姿态向前滑行，在完成手臂和腿的动作后身体几乎呈水平姿势。在一个动作周期（一次蹬腿、一次划手）结束后，有一个短暂的、相对稳定的滑行时间，此时两臂和两腿并拢伸直，身体较水平地俯卧在水面，头略微抬起，身体纵轴与水平面的较小夹角为5°～10°。身体保持一定的紧张度，以维持较好的流线型。当划手和抬头吸气时，头抬出水面，肩部上升，开始收腿，这时身体与水平面的夹角约15°。

（二）腿部技术

蛙泳的腿部技术非常重要，可使身体产生向前的推动力，正确的腿部动作可产生较大的推动力。腿部动作可分为四部分，即收腿、翻脚、蹬腿和滑行，这四个动作是紧密相连的完整动作。

1. 动作要求

（1）收腿

收腿会给身体带来阻力。收腿的同时屈膝屈髋，两膝边慢慢分开边向前收腿，小腿和脚应跟在大腿和臀部的后面，以较慢的速度和较小的力量使脚后跟向臀部靠拢，以减小阻力。收腿结束后，大腿与躯干之间呈130°～140°角，大腿与小腿之间呈40°～45°角。（图11-1）

（2）翻脚

在收腿没有结束时开始翻脚，翻脚时应脚尖朝外，并使脚和小腿内侧对准蹬水方向。翻脚结束时，两脚之间的距离要大于两膝之间的距离。（图11-2）

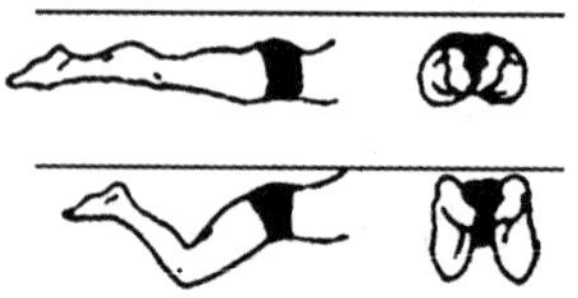

图11-1　收腿

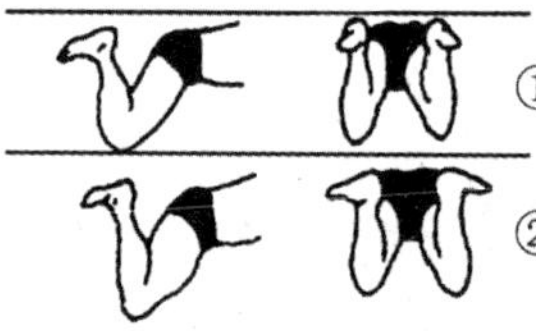

图11-2　翻脚

（3）蹬腿

蹬腿应该说是蹬夹水，先伸展髋关节，从大腿发力向后蹬水，小腿和脚掌做向下和向后的鞭水动作。腿在后蹬的同时向中间夹紧，蹬腿结束时两腿应并拢伸直，脚面伸直。用较大的力量快速完成蹬夹水动作，才能产生较大的推进力。（图11-3）

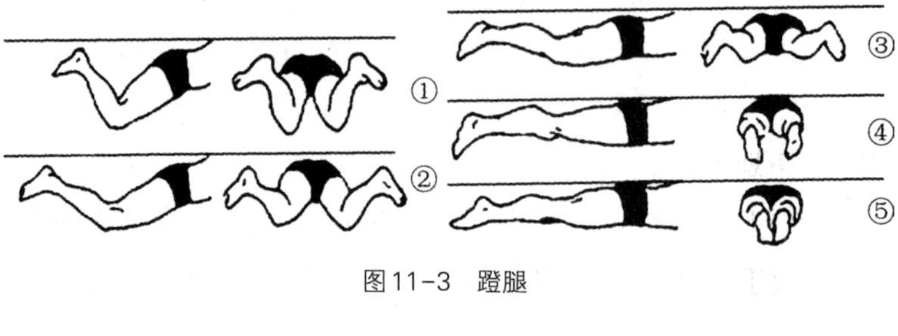

图11-3　蹬腿

（4）滑行

在完成蹬夹水动作后，由于惯性作用身体有一个短暂的滑行阶段，这时两腿伸直、自然放松，为下一个周期做好准备。

2. 练习方法

练习方法有：陆上模仿动作练习、池边蹬腿练习、双人蹬腿练习、滑行蹬腿练习、夹板蹬腿练习。

（三）手臂技术

蛙泳的手臂技术非常重要，特别是现代蛙泳技术，更加强调手臂技术的作用。蛙泳手臂动作可分为开始姿势、抓水、划水、收手、移臂等几个部分。

1. 动作要求

（1）开始姿势

两臂自然放松伸直，手指自然并拢，掌心向下，两手尽量接近水面。（图11–4）这种姿势可使身体在较高的位置上保持稳定，整个身体呈流线型。

图11–4　开始姿势

（2）抓水

抓水也叫滑下，滑行时五指自然并拢并向外、向下方勾手，应感觉到水对前臂和手掌的压力。（图11–5）

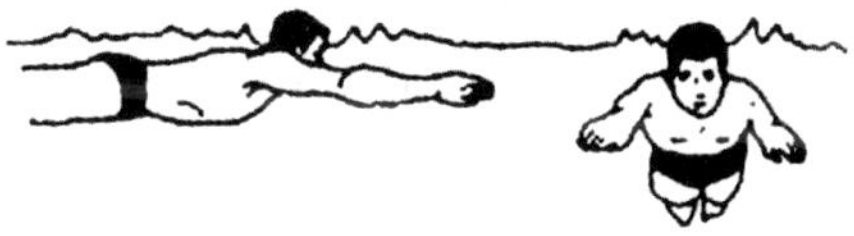

图11–5　抓水

（3）划水

划水开始时，两手继续外分，手臂向外旋转，同时屈肘、屈腕，保持高肘划水。整个过程肘高于手，肘前于肩。划水的前一部分，手臂同时向外、向下和向后运动，后一部分手臂同时向内、向下和向后运动。（图11–6）

图11–6　划水

（4）收手

收手是从结束划水开始的。结束划水后，手掌在向内上移动的同时，大臂外旋，向前推肘，即手向前内上，肘从向下到向内前，手肘相对移动，手提到下颏的下前方，掌心相对，斜向内下。收手结束时，肘的位置低于手，肘关节弯曲成较小的锐角。（图11–7）

图11-7　收手

（5）移臂

紧接收手，继续推肘伸臂。推肘，不是先伸肘关节，而是在伸肩关节的同时推动伸肘来完成的。通过向前伸肩和伸肘，两臂前移至开始姿势。移臂时，掌心可以向下，也可向内，在即将结束时再转为向下。（图11-8）

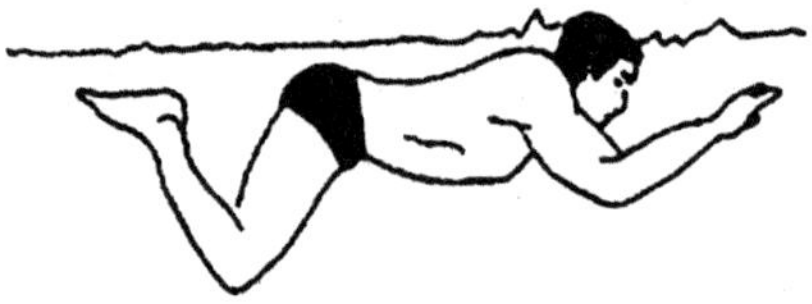

图11-8　移臂

2. 练习方法

练习方法有：陆上模仿动作练习、池边划手动作练习、水中原地划臂动作练习、走动时划臂动作练习。

（四）呼吸和动作配合

蛙泳时，靠颈后肌的收缩，向前抬头吸气，但不应抬头过猛，以保持身体的稳定。相对于划水来说，有早吸气和晚吸气两种配合形式。（图11-9）早吸气是指手臂刚开始划水时抬头吸气，吸气时间较长，收手和移臂时低头吸气，这种配合易于掌握，可以利用划水时的下压产生升力，有助于上身浮起，抬头吸气。晚吸气是指划水结束收手时吸气，吸气时间较短，移臂时低头呼气。这种技术有一定的难度，但由于抬头时间短，身体重心和浮心失去平衡的时间短，因此阻力小，一般被高水平运动员采用。

图11-9　早吸气和晚吸气

蛙泳臂腿配合技术较为复杂。为了保持游进速度的均匀性，臂腿的配合应尽量使游进过程中每个动作周期内的每个阶段都有推进力产生。正确的配合技术是手臂划水时腿自然放松伸直，收手时腿自然屈膝，开始移臂时收腿，并快速蹬腿。

练习方法有：陆上模仿动作练习、分解配合练习、腿臂配合练习、完整动作练习。

二、自由泳

自由泳是竞技游泳比赛项目之一，它严格地说不是一种游泳姿势。它的竞赛规则中几乎没有任何的限制，也就是说可以用任何姿势来游。比赛时，运动员多采用最快的爬泳技术，因此也称自由泳为爬泳。自由泳采用两臂交替划水和两腿交替打水配合，形成现代自由泳模式。这种姿势是速度最快也是目前唯一的姿势，其结构合理、阻力小、速度均匀，是最省力的一种游泳姿势。

（一）身体姿势

自由泳时身体几乎水平地俯卧于水面，呈流线型。身体自然伸直，上体位置尽量高一些。收腹，将脸和前额浸入水中，臀部接近水面，目视前下方。头部姿势对身体姿势和动作都有一定的影响，因此在游进中应保持头部平稳。身体要保持水平姿势，发际接近水面，髋部略低于肩，身体纵轴与水平面成很小的锐角。游进中身体往往随划水和呼吸动作绕纵轴做有节奏的转动，转动角度在40°左右。（图11-10）

扫一扫，观看录像视频“自由泳”

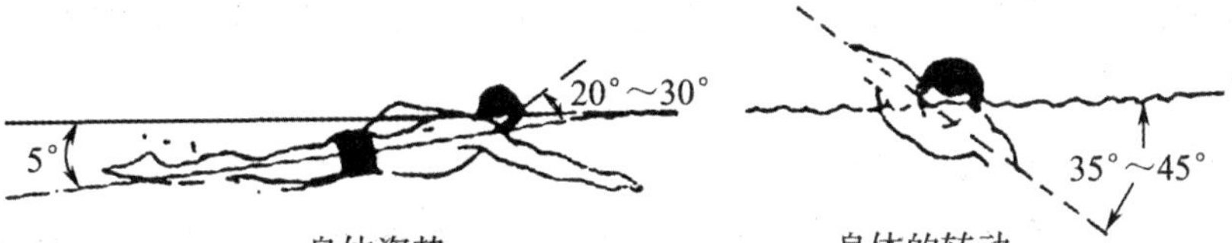

身体姿势　　身体的转动

图11-10　自由泳身体姿势

（二）腿部动作

自由泳时，起主要推进作用的是臂部动作，腿部动作也有一定的推进作用，但主要是起保持身体稳定和协调两臂的平衡作用。自由泳打腿基本上是在矢状面上完成的，由向下打腿和向上打腿两部分构成。

向下打腿主要产生推进力的作用，打腿时两脚应稍内扣，踝关节放松，由髋关节发力，传到大腿，带动小腿和脚，做有力而有弹性的鞭状打水。向上打腿时，大腿带动小腿向上移动，当整条腿移到水面并与水面平行时，大腿首先停止继续上移，转入向下打腿，但此时小腿和脚由于惯性的作用仍在继续上移，膝关节弯曲成140°～160°角，然后小腿和脚在大腿的带动下向下打水。当大腿向下打水到最低处并开始向上打水时，小腿仍未完成向下打水，直到小腿伸直，随打腿随转入向上打水。自由泳打水动作应该向下屈腿打水，向上直腿打水，打水幅度为30～40厘米。向下打水时，踝关节尽量伸直，不要勾脚，使脚背向后下方用力，使身体获得向前的反作用力。如果勾脚打水，不但不能推动身体前进，反而给了身体向后的反作用力，使身体倒退。

练习方法：陆上举腿模仿动作练习、水中手扶池壁打腿练习、滑行打腿练习。

（三）手臂动作

手臂动作是自由泳时推动身体前进的主要动力。为了便于分析动作，把一个周期分为入水、抱水、划水、出水和空中移臂五个不可分割的阶段。从侧面看，自由泳的划水动作像船桨一样，只是在一个平面向后划动，其实不然。手臂在向后划的同时，还经历了向外、向下、向内、向外、向上的三维动作，手的划水路线类似“S”形。（见图11-11中的虚线）

图11-11　自由泳手臂动作

1. 动作要求

（1）入水

完成空中移臂后，手在控制下自然放松地入水。手的入水点一般在身体纵轴和肩关节前方的延长线间。入水并不产生推进力，它的目的是使手臂伸展到适当的位置，为划水做好准备。入水阶段手的运动方向是向前、向下和向外，没有向后的分量。手臂入水时，肘关节微屈并高于手，手五指自然并拢伸直，由大拇指领先，斜插入水，然后前臂和上臂依次入水。（图11-12）

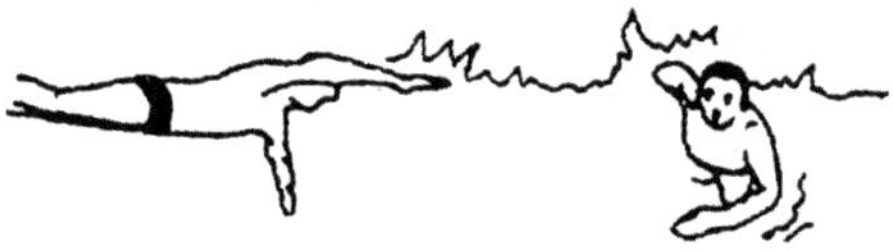

图11-12　入水

（2）抱水

臂入水后，再积极向前下方插入，使手臂伸直，然后逐渐屈肘，使肘高于手。高肘的目的是使前臂和手最大限度地向后推水。当手臂抱至与水平面约40°角、肘关节屈至约150°角时，抱水结束（图11-13）。整个动作手臂像抱一个大圆球，肩带肌肉群充分伸展，为加速划水做好准备。

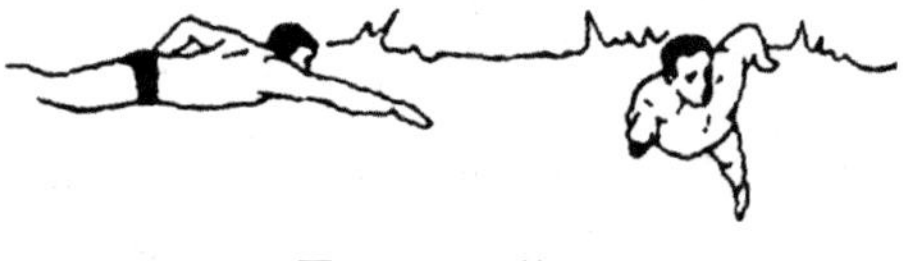

图11-13　抱水

（3）划水

划水是发挥最大推进作用的主要阶段，它可分为拉水和推水两个部分。

拉水时，手同时向内、向上和向后运动，保持高肘姿势。拉水结束时，手在身体下方靠近身体中线，手臂与水平面基本垂直，屈肘角度约90°（图11–14），继而进入推水阶段。

图11–14　拉水

推水时，手同时向外、向上和向后运动，在拉水的基础上加速连贯动作的完成，中间不能有停顿，特别是经过肩的垂直面时，大臂要保持内旋姿势，带动小臂，用力向后推水。同时，使肩部后移，以加长有效的划水路线。向后推水，有一个从屈臂到伸臂的加速过程，有一个手掌从内向外、从下向上的动作路线。当手臂在后方与水平面呈约20°角时，推水结束（图11–15），转入出水阶段。

图11–15　推水

（4）出水

划水结束后，臂由于惯性的作用很快靠近水面，这时，应立即在肩的带动下将手臂提出水面（图11–16）。出水的顺序是肩、上臂、前臂和手。出水动作应快速连贯，但前臂和手应尽量放松。

图11–16　出水

（5）空中移臂

紧接臂的出水，不停顿地进入空中前移。移臂要尽量放松，肘高于手，向外上方做提拉动作，将前臂和手提出水面（图11–17）。动作应借助于肩关节的自然转动，手的速度要快于前臂和上臂的速度，因为移臂开始时手落后于肘关节，而移臂结束时手应在最前方领先入水。

图11-17 空中移臂

（6）两臂的配合

自由泳两臂的配合是前进速度均匀性的重要条件。两臂的交叉划水配合有三种基本形式，即前交叉、中交叉和后交叉配合。

2. 练习方法

练习方法有：陆上模仿动作练习、单臂自由泳划水模仿练习、两臂连贯交叉划水配合练习、水中走动时以臂划水练习、双人配合练习。

（四）呼吸和动作配合

1. 呼吸与手臂的配合

自由泳的呼吸技术是一个难点，是因为它采用人们所不习惯的侧边转头吸气。吸气的时机要掌握好，如果向右转头，右手入水后，嘴和鼻开始徐徐呼气，右臂开始划水至肩上，开始向右侧转头和增大呼气量。右臂推水即将结束，则用力呼气。右臂出水时，张嘴吸气，至空中移臂的前半部为止，并开始转头还原。右手入水时，头部应已复原并保持稳定（图11-18）。

图11-18 右手入水，头部复原

2. 完整配合

自由泳配合技术有多种，其中6∶2∶1配合比较常见，即6次打腿、2次划水、1次呼吸。此外，还有4∶2∶1、2∶2∶1等配合。一般在短距离自由泳时采用6∶2∶1配合的较多。中长距离则多采用4∶2∶1和2∶2∶1的配合。6∶2∶1配合一般被初学者所采用，所以教学中多采用6∶2∶1的配合。

三、仰泳

仰泳是竞技游泳项目之一，又称背泳，是一种人体仰卧在水中的游泳姿势。仰泳包括反蛙泳和反自由泳，因为脸在水面上，呼吸很方便，动作简单易掌握，实用价值大，可在水中休息、托运物品、救护溺水者，深受初学者的欢迎。缺点是游泳者看不到在往哪里游，容易游错方向。

（一）身体姿势

仰泳时身体平直地仰卧于水中，自然伸展，头和肩部略高于腰部和腿部。（图11-19）头要稳定，后脑浸入水中，脸露出水面。腰腹部应保持适度的紧张，以保持身体的流线型。在游进过程中，身体随划水和打腿动作绕纵轴有节奏地转动，角度在45°左右，头部保持不动。

图11-19　仰泳身体姿势

（二）腿部动作

仰泳的腿部动作与自由泳的动作一样，有一定的推进作用，主要是保持身体平衡。腿的动作是大腿带动小腿下压和上踢，形成鞭状踢水动作。下压动作是大腿带动小腿直腿完成的，到一定深度时转入上踢过程，这时小腿和脚在惯性的作用下仍继续下压，使膝关节呈130°角左右，大腿带动小腿和脚依次完成下压动作。（图11-20）上踢动作产生推进力，当大腿上踢到一定高度，膝关节即将露出水面时，大腿结束向上移动，转为下压，小腿和脚仍上踢，形成鞭状踢水动作。（图11-21）

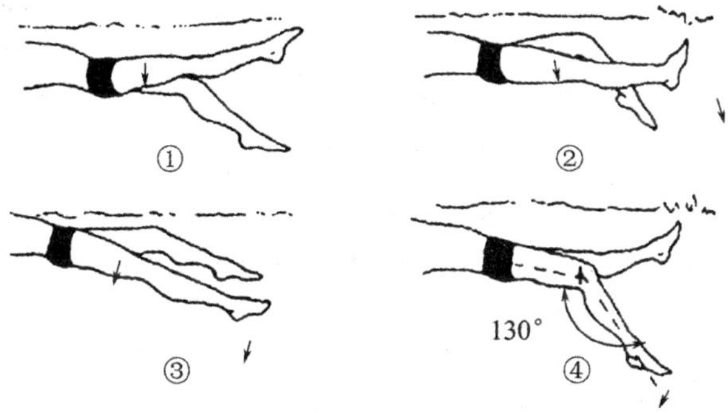

图11-20　仰泳腿部下压动作

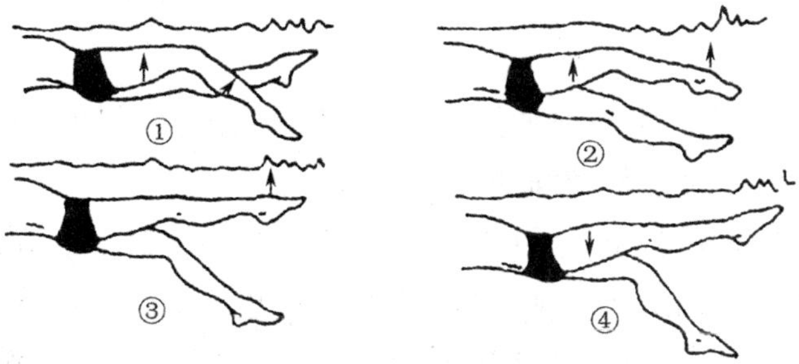

图11-21　仰泳腿部上踢动作

1. 动作要求

（1）以髋关节为轴，两腿上下交替打水。由腰和大腿发力并依次把力量传递到膝关节和踝关节，形成用脚背对水的、有节奏的、向后上方的鞭状打水动作。

（2）直腿下压。通过臀部肌肉群的收缩，在大小腿直腿下压至一定深度后，大腿停止继续下压，小腿和脚在惯性作用下继续下压，当膝关节弯曲成135°左右时，完成下压动作。

（3）屈腿上踢。下压动作结束后，小腿和脚形成较好的对水面，大腿带动小腿用力向后上方做踢水动作，注意膝关节和脚面不能露出水面。

2. 练习方法

练习方法有：陆上模仿动作练习、同伴帮助打腿练习、蹬壁滑行打腿练习、双臂前伸打腿练习。

（三）手臂动作

手臂动作是推进身体的主要动力。为了便于分析动作，把一个周期分为入水、抱水、划水、出水、空中移臂、两臂配合六个环节。

1. 动作要求

（1）入水

入水时手臂自然伸直，掌心朝外下方，小指领先入水。入水时手掌与前臂形成一个150°～160°角。

（2）抱水

手臂入水后应积极下滑抓水后转入抱水。身体围绕纵轴的转动和积极伸臂，手臂向外旋转，屈腕，使手臂对准水，以便划水时充分发挥力量。（图11-22）

图11-22　抱水

（3）划水

仰泳的划水动作提供身体前进的主要动力。整个动作从屈臂抓水开始，划到大腿下方为止。划水动作可分为拉水和推水两个部分。

紧接抱水，肘关节屈成150°，使手掌和小臂达到良好的对水姿势。随着身体绕纵轴继续转动，肘关节下降，手在向后划水的同时向上移动，使屈肘的程度逐渐加大，当手臂划到肩下与水平面垂直时，身体转动角度约45°，肘关节弯曲90°～100°，手掌距水面15厘米左右，拉水结束。（图11-23）

推水开始后，手领先于臂和肘关节用力向后推水，大臂带动小臂和手加速内旋推水，并以手的下压结束推水动作。推水结束时，手掌朝下，手臂伸直，手掌距水面40～50厘米。（图11-24）

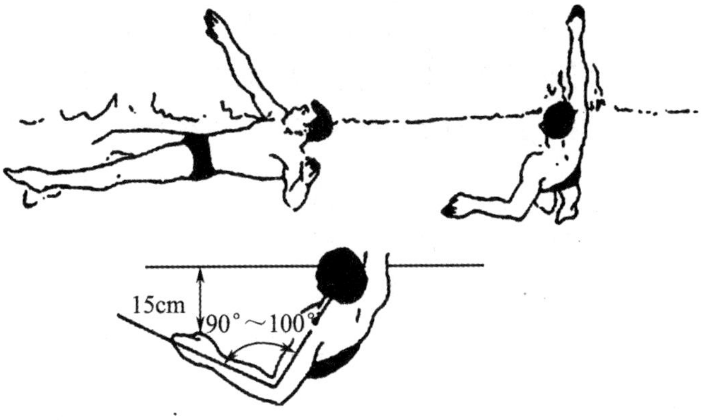

图11-23　仰泳拉水

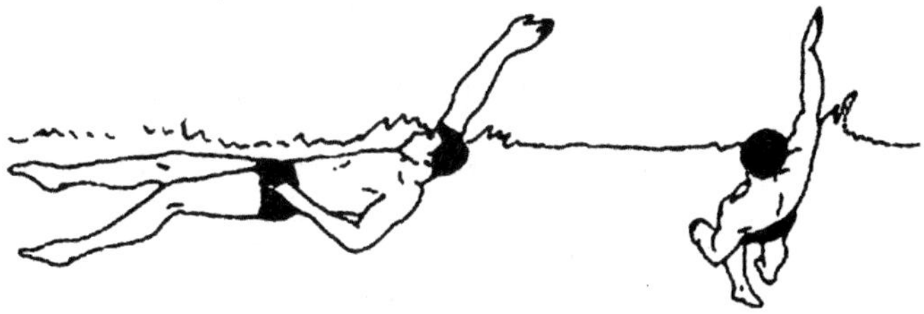

图11-24　仰泳推水

（4）出水

利用手臂内旋下压的反作用力和三角肌的适当收缩，手臂迅速提拉出水面。出水时，先压水后提肩，使肩露出水面后，由肩带动上臂、小臂和手依次出水。手出水最好以大拇指领先，这样阻力小，而且手臂较自然放松。

（5）空中移臂

臂出水后，手臂应迅速由后向前移动，臂要自然，放松伸直，上臂贴耳。手臂移过垂直部位后应向外旋转，使掌心向外，为入水做好准备。

（6）两臂配合

两臂动作始终是在对角交叉的位置上交替划水。一臂入水时，另一臂推水结束，两臂基本处于相反的位置，保证动作的连贯性和前进速度的均匀性。

2. 练习方法

练习方法有：陆上模仿动作练习和同伴帮助划臂练习。

（四）呼吸和动作配合

仰泳时，脸一直露出水面，呼吸技术简单、自然，张口有节奏地呼吸。现代仰泳技术中较常见的是6∶2∶1的配合技术，即6次打腿、2次划水、1次呼吸。

1. 动作要求

（1）保持水平身体姿势，躯干和肩随手臂动作围绕身体纵轴转动，始终有一肩不露出水面。一般每划水两次，腿打水六次，呼吸一次。

（2）呼吸虽不受限制，但最好采用有节奏的呼吸方式或固定在一臂移臂时吸气。划水及身体在水中行进时会有波浪和水花，随意呼吸易导致呛水。

（3）两腿交替上下打水。向上打水要快而有力，脚略内旋并绷直，向下打水时，腿和脚要自然放松。

2. 练习方法

练习方法有：陆上模仿动作练习、分解配合练习、腿臂配合练习、完整动作练习。

四、蝶泳

蝶泳是竞技游泳项目之一，蝶泳技术是在蛙泳技术动作基础上演变而来的。当蛙泳技术发展到第二阶段，也就是1937～1952年这一时期时，在游泳比赛中，有些运动员采用两臂划水到大腿后提出水面，再从空中迁移的技术，从外形看，好像蝴蝶展翅飞舞，所以人们称它为蝶泳。蝶泳在四种竞技游泳姿势中是最后发展起来的泳姿，由于蝶泳时的躯干和下肢动作像海豚在水中追逐，所以又被称为海豚泳。

（一）身体姿势

游蝶泳时，运动员俯卧于水中，躯干与腿联合有节奏地做上下鞭打动作，身体做波浪动作形成上下起伏，没有固定的身体位置。蝶泳的身体姿势应力求稳定，身体有节奏地起伏，给臂和腿部动作提供有利条件，身体不应起伏摆动过大，注意保持身体的相对平稳和流线型。

（二）躯干和腿部动作

蝶泳时，虽然主要推进力来自臂部动作，但腿部打水动作也起着明显的推进作用。打水时，两腿应自然并拢，两脚稍内扣，两腿的动作应同时进行。向下打腿时，用大腿带动小腿，屈膝，踝关节伸直，用脚背对准水向下快速打水。（图11-25）

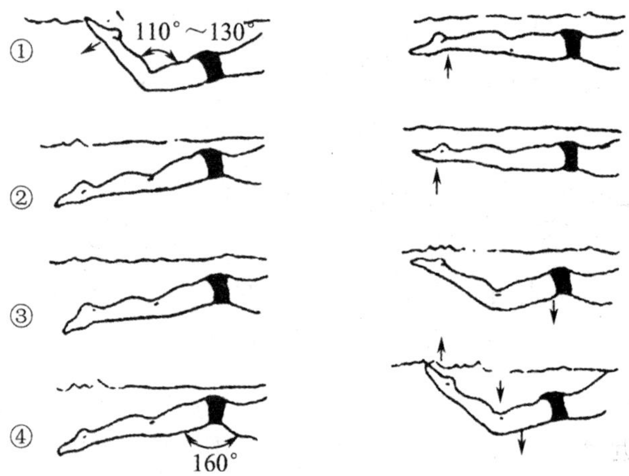

图11-25　蝶泳躯干和腿部动作

（三）手臂动作

蝶泳臂部动作提供推进身体的主要动力。蝶泳划水可分为入水、抱水、划水、推水、出水和空中移臂动作。

1. 动作要求

（1）入水

紧接空中移臂，保持臂内旋，高抬肘，掌心斜向外下方。入水应以大拇指领先，斜插入水，然后前臂和上臂依次入水。（图11-26）

图11-26　蝶泳手臂入水

（2）抱水

紧接入水，手和前臂向外旋转，手臂同时向外、向后和向下运动，手臂有支撑住水的感觉，像是用手抱个大圆球一样，开始屈肘、屈腕，为划水做好准备。（图11-27）

图11-27　蝶泳手臂抱水

（3）划水

紧接抱水，两臂屈臂向后加速划水。划水时，继续屈肘，并保持高肘姿势。手臂继续向外旋转，手同时向内、向上和向后划水，划水到肩的垂直平面时，屈肘90°～100°。继续向内划水到两手之间距离从宽到窄时，划水结束。（图11-28）

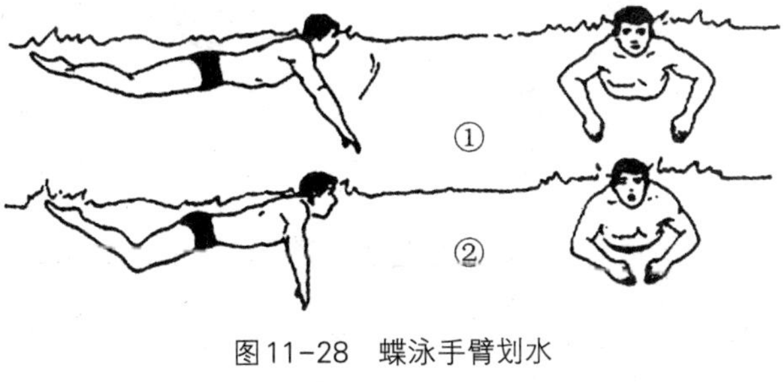

图11-28　蝶泳手臂划水

（4）推水

当两手距离最近时进入推水阶段。推水时，手臂同时向外、向后和向上运动，一直推到大腿两侧，推水结束。（图11-29）

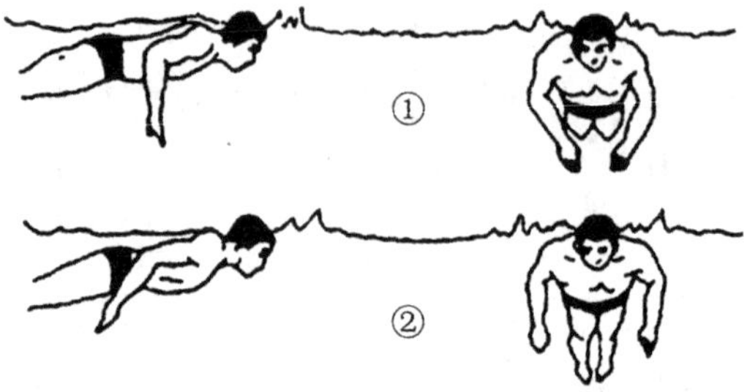

图11-29　蝶泳手臂推水

（5）出水

向后推水结束前，肘开始向上抬起，推水结束时，靠三角肌和斜方肌的适当收缩，顺推水的惯性，肘和肩带动手臂提拉出水。（图11-30）

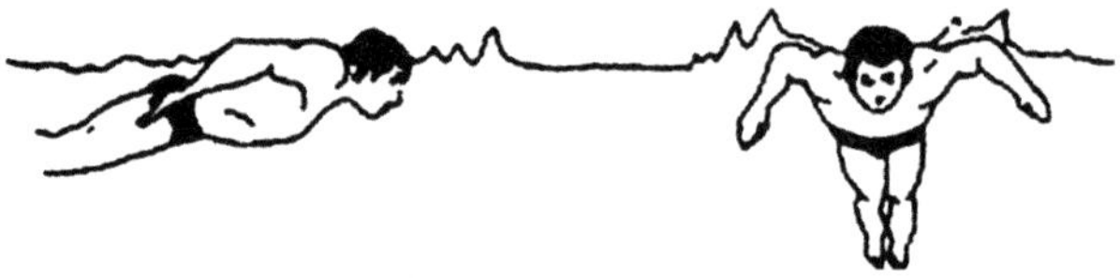

图11-30　蝶泳手臂出水

（6）空中移臂

出水后，在肩的带动下，手臂迅速从空中前移到头前，准备入水和下一个周期的动作。出水时，手掌几乎是向上的，移臂至肩的垂直面时向后，入水时则斜向外下方。（图11-31）

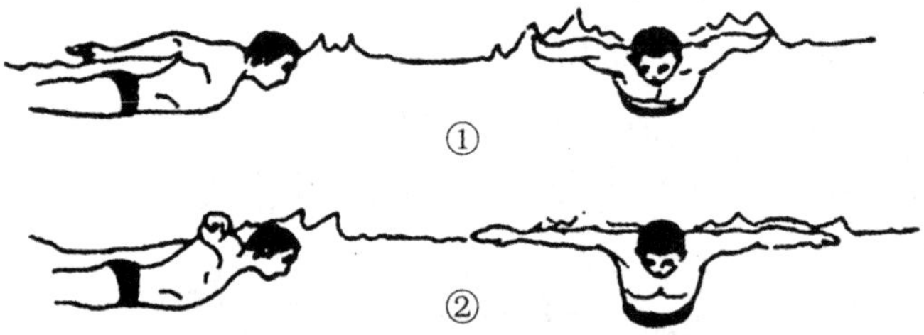

图11-31　蝶泳空中移臂

2. 练习方法

练习方法有：陆上模仿动作练习、池边划臂动作练习、水中原地划臂动作练习、蹬腿滑行划臂动作练习、夹板划臂动作练习。

（四）呼吸和完整动作配合

蝶泳的吸气有早吸气和晚吸气。初学者可采用早吸气技术，即在划水开始时就抬头吸气，臂出水和移臂时低头入水。蝶泳运动员多采用2∶1∶1配合技术，即2次打腿、1次划水、1次呼吸。臂腿配合时机：臂入水时打1次腿，臂划水至腹下时打2次腿（图

11-32）。划水路线一般为“钥匙孔”形，两手在胸下或腹下时的距离最近，这种前后划水路线比较均匀。注意，蝶泳的四肢动作是双臂、双腿同时协调发力。

图11-32　蝶泳呼吸和完整动作配合

练习方法有：陆上模仿动作练习、分解配合练习、腿臂配合练习、完整动作练习。

五、踩水

踩水也称立泳，是实用游泳姿势之一。采用立泳时，身体与水面构成的角度很大，接近于直立。（图11-33）

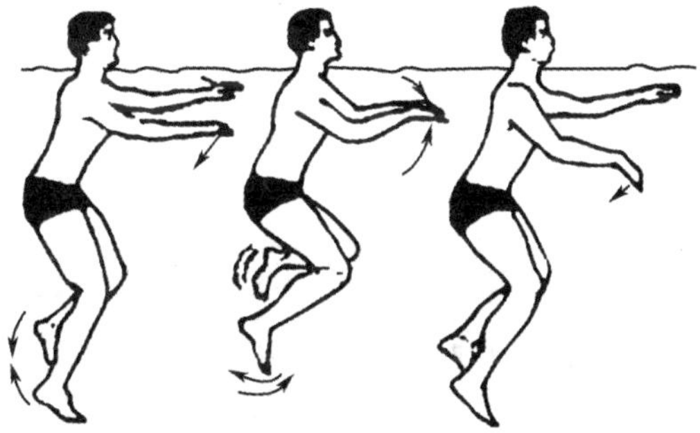
图11-33　踩水姿势

（一）身体姿势

整个身体几乎垂直于水面，稍前倾，头部始终露在水面，下颏接近水面。

（二）腿部动作

踩水的腿部动作几乎和蛙泳一样，只是需要注意的是它的收蹬腿的幅度要小。收腿时膝关节可外翻，蹬腿时膝关节向内扣压，同时小腿和脚内侧蹬夹，两腿尚未蹬直并拢即开始做第二次的收腿动作，动作熟练之后，也可进行两腿交替蹬夹水。

（三）臂部动作

两臂稍弯曲，在体侧前做向外、向内的摸压水的动作，动作幅度不能太大。向外时，手掌心向外侧下，有分开水的感觉；向内时，手掌心向内侧下，有挤水的感觉。向内摸压至肩宽距离即分开。两手掌摸压水的路线呈双弧形。

（四）腿、臂、呼吸配合

臂腿的动作配合要连贯、协调，一般是两腿做蹬夹水时，两臂向外做摸压水的动作，收腿时则向内摸压，呼吸要跟随臂腿自然进行。蹬夹水（臂向外）时吸气，收腿（臂向内）时呼气。可以一个动作做一次呼吸，也可以几个动作做一次呼吸。用踩水游进时，可以采用身体的不同侧向以及蹬夹和摸压的方向来改变游进的方向。向前，则身体稍前倾，脚稍向侧后蹬夹水，两臂稍向后拨水，反之亦然。踩水动作熟练后，仅用双腿的蹬踩动作也可使身体浮起，那么单手或双手就可以在水面上自由持物，人直立于深水中，两腿交替上抬下踩，使身体不下沉，并且能前进。

学习任务三　游泳时常见问题与自救

游泳是一项深受人们喜爱的运动，它不但能使人的身体素质得到全面的发展，而且可以培养人们勇敢顽强的精神和坚韧不拔的意志。游泳时我们要了解一些常见的问题和自救常识，以更好地进行游泳运动。

一、游泳时常出现的不适及其处理

（一）呛水及其处理

由于呼吸技术不够熟练，没有养成用嘴吸气的习惯，水容易从鼻腔进入呼吸道而呛水，这就会产生呼吸困难，连续呛水会产生溺水事故。呛水时不能惊慌，要马上做踩水动作，或抬头蛙泳，或仰浮水面，这样险情就会消除。

（二）耳朵进水及其处理

游泳时耳朵经常进水，让人们听力减弱、感觉不适。这时将头偏向进水耳朵的一侧，用手掌压在进水的耳朵上，反复几次提、压手掌就可将水吸出来；站在岸上，将头偏向有水一侧，用同侧单腿连跳几次，水就可从耳内流出来。

（三）肌肉拉伤及其处理

运动量过大、准备活动不充分、进行大强度的长时间游泳、肌肉和韧带承受不了超负荷的运动以及错误的游泳动作，都可能造成肌肉拉伤。要防止肌肉拉伤，游泳前要充分做好准备活动。

二、游泳注意事项

为确保游泳安全，应该掌握下列知识和技能：

1. 游泳的用具，如游泳衣裤、水镜等需经常清洗消毒。每次游泳后宜用清水洗眼，再滴几滴眼药水。对于耳中积水，可将头侧偏，用单腿原地跳动让水流出。

2. 训练时，不经教师同意不能擅自下水游泳。

3. 下水之前先做准备活动，以免不适。在救生员在场时方可下水。

4. 身体患病者不要去游泳。

5. 忌饭前、饭后游泳。空腹游泳会影响食欲和消化功能，也会在游泳中发生头昏乏力等意外情况；饱腹游泳也会影响消化功能，还会产生胃痉挛甚至呕吐、腹痛现象。

6. 初学游泳者不要到深水区游泳。

7. 不要在游泳池区域内奔跑。

8. 服从教师管理，严禁跳水，不能做危险的动作和游戏。

9. 参加高强度体力劳动或剧烈运动后，不能立即跳进水中游泳，尤其是在满身大汗、浑身发热的情况下，不可以立即下水，否则易引起抽筋、感冒等。

10. 不要在游泳池水浅的一边跳水。

11. 游泳后宜休息片刻再进食，否则会突然增加胃肠的负担，久之容易引起胃肠道疾病。

三、游泳时的自救

游泳者由于技术不熟练、游泳水平不高，到深水区游泳时，心理上过度紧张，偶尔呛水，会造成惊惶失措、乱抓乱蹬、身体下沉、动作变形。在得不到外人救护时，要保持心理放松，踩水吸气或仰卧水面，调整好呼吸后缓慢游进。

在身体不舒服的情况下，有的游泳爱好者还坚持游泳，较低的水温对身体的凉刺激较大，加上游泳时的能量消耗大，使身体更加虚弱，这就可能发生事故，故身体不舒服时不要下水游泳。

准备活动不充分，加上凉水的刺激和精神紧张，常引起小腿、大腿、手指、脚趾和腹部抽筋，如果不及时正确处理也会危及生命。当发生抽筋时，要镇静，可牵拉抽筋肌肉，让收缩的肌肉松弛和伸展。抽筋时的注意事项：

1. 手指抽筋时，将手指捏紧、张开，连续做，直至抽筋消除。

2. 手掌抽筋时，两掌心相对，连续做交替屈伸动作，直至抽筋消除。

3. 大臂抽筋时，握拳后以肘关节为轴做屈伸动作，直至抽筋消除。

4. 小腿和脚趾抽筋时，身体仰卧在水面，用抽筋腿的同侧手压住膝部，抽筋腿勾脚伸直，异侧手抓住脚趾用力做牵拉动作，直至抽筋消除。

5. 大腿抽筋时，身体仰卧在水面，两腿弯曲，双手抱住膝部，用力使大腿尽量靠近腹部，再将腿伸展。连续多次，直至抽筋消除。

6. 在水中解除各种抽筋后，要及时上岸保暖并做肌肉按摩和放松。

有的人在游泳时爱潜水。潜水次数过于频繁，潜水时间过长，常常因为大脑缺氧而休克。因此，潜水不要过于频繁和时间过长，同伴要互相照顾和提醒。

学习任务四　游泳专项体能训练设计

一、专项训练

（一）蛙泳专项训练

蛙泳专项训练练习方法：

①陆上模仿动作练习；

②池边蹬腿练习；

③双人蹬腿练习；

④滑行蹬腿练习；

⑤夹板蹬腿练习。

（二）自由泳

自由泳练习方法：

①陆上举腿模仿动作练习；

②水中手扶池壁打腿练习；

③滑行打腿练习。

（三）仰泳

仰泳练习方法：

①陆上模仿动作练习；

②同伴帮助打腿练习；

③蹬壁滑行打腿练习；

④双臂前伸打腿练习。

（四）蝶泳

蝶泳练习方法：

①陆上模仿动作练习；

②分解配合练习；

③腿臂配合练习；

④完整动作练习。

二、体能训练

（一）深蹲

游泳是速度和力量的结合体，深蹲可以发展下肢力量，提高游泳技术。采用负重杠铃深蹲，强度在85%～90%，运动强度3～5组（可根据运动员水平调节）。

（二）卧推

在仰泳和自由泳技术动作中，上肢力量的发展对提高游泳技术具有关键作用，训练方法可采用卧推，强度在85%～90%，运动强度3～5组（可根据运动员水平调节）进行训练。

（三）自由泳、仰泳手臂动作模仿

在陆地进行自由泳、仰泳上肢动作进行专项模仿，各进行50次练习，运动强度3～5组（可根据运动员水平调节）进行训练。

（四）坐姿仰踢腿

坐在地面上，将双腿脚踝处穿戴上弹力带，双腿进行上下100次专项动作练习，运动强度3～5组（可根据运动员水平调节）进行训练。

（五）悬垂举腿

在游泳技术动作中，抓水需要手指有劲，多练悬垂类抓握动作。每组15次动作练习，运动强度3～5组（可根据运动员水平调节）进行训练。

（六）推小车

蝶泳侧重腰腹，应多练核心发力动作。每组15次动作练习，运动强度3～5组（可根据运动员水平调节）进行训练。

三、建议

训练结束后，对受力肌群进行拉伸放松，可结合瑜伽拉伸动作放松。同时，训练后应供应充足的热能，补充足够的蛋白质、维生素、无机盐和水。

学习自评

游泳运动考核自评表

<table>
<tr><td>教师姓名</td><td></td><td>学生姓名</td><td></td><td>考核时间</td><td colspan="5">____学年第____学期</td></tr>
<tr><td colspan="2" rowspan="2">评价内容</td><td colspan="3" rowspan="2">评价要素</td><td colspan="4">等级分值</td><td rowspan="2">评价得分</td></tr>
<tr><td>A</td><td>B</td><td>C</td><td>D</td></tr>
<tr><td rowspan="2">游泳运动准备（10分）</td><td>游泳概述</td><td colspan="3">1. 掌握游泳概述。
2. 掌握游泳项目分类。</td><td rowspan="2">10</td><td rowspan="2">8</td><td rowspan="2">6</td><td rowspan="2">4</td><td rowspan="2"></td></tr>
<tr><td>游泳运动准备</td><td colspan="3">1. 游泳前熟悉水环境，克服恐惧心理。</td></tr>
<tr><td>游泳技术分类与练习技术要点（60分）</td><td>游泳技术分类与练习要点</td><td colspan="3">1. 掌握蛙泳、自由泳、仰泳、蝶泳身体姿势要点。
2. 掌握蛙泳、自由泳、仰泳、蝶泳腿部技术要点。
3. 掌握蛙泳、自由泳、仰泳、蝶泳手臂技术要点。
4. 掌握蛙泳、自由泳、仰泳、蝶泳呼吸和动作配合要点。</td><td>60</td><td>30</td><td>20</td><td>10</td><td></td></tr>
<tr><td>游泳时常见的问题与自救（30分）</td><td>游泳时常出现的不适及其处理</td><td colspan="3">1. 掌握呛水问题的处理方法。
2. 掌握耳朵进水问题的处理方法。
3. 掌握肌肉拉伤问题的处理方法。</td><td>30</td><td>20</td><td>10</td><td>5</td><td></td></tr>
<tr><td colspan="8">90～100分为优秀；80～89分为良好；60～79为合格；60分以下为不合格</td><td>总分</td><td></td></tr>
<tr><td colspan="10">学生自我评价等级：优秀（　　）良好（　　）合格（　　）不合格（　　）</td></tr>
<tr><td colspan="10">运动处方：</td></tr>
</table>

任务拓展

游泳竞赛的主要规则

一、仰泳

1. 运动员面向出发端，两端抓住握手器，两脚（包括脚趾）应处于水面下，禁止蹬在水槽内、水槽上或用脚趾钩住水槽边。

2. 出发和转身后，运动员应蹬离池壁，并在整个游进过程中呈仰卧姿势。除做转身动作外，运动员必须始终仰卧。仰卧姿势允许身体做转动动作，但必须保持与水平面小于90° 的仰卧姿势。头部位置不受此限。

3. 在整个游进过程中，运动员身体的某部分必须露出水面。在转身过程中，允许运动员完全潜入水中。但在出发和每次转身后，运动员潜泳距离不得超过15米，在15米前运动员的头必须露出水面。

4. 在转身过程中，当运动员肩的转动超过垂直面后，可进行一次连续单臂划水或双臂同时划水动作，并在该动作结束前开始滚翻。一旦改变仰卧姿势，就不允许做与连续转身动作无关的打水或划水动作。运动员必须呈仰卧姿势蹬离池壁，转身时运动员身体的某部分必须触壁。

5. 运动员在到达终点时，必须以仰卧姿势触壁。

二、蛙泳

1. 出发和每次转身后，从第一次手臂动作开始，身体应一直保持俯卧姿势。

2. 两臂和两腿的所有动作都应同时、在同一水面上进行，不得有交替动作。

3. 两手应同时在水面、水下或水上由胸前伸出，并在水面或水下向后划水。除最后一个动作外，在手臂的完整动作中，两肘不得露出水面。

4. 在蹬腿过程中，两脚必须做外翻动作，不允许做剪夹、上下交替打水或向下的海豚式打水动作。只要不做向下的海豚式打腿动作，两脚允许露出水面。

5. 在每次转身和到达终点时，两手应在水面、水上或水下同时触壁，触壁前两肩应与水面平行。在触壁前的最后一次向后划水动作结束后，头可以潜入水中，但在触壁前的一个完整或不完整的配合动作中，头应部分露出水面。

6. 在每个以一次划臂和一次蹬腿顺序完成的完整动作周期内，运动员头的某一部分应露出水面。只有在出发和每次转身后，运动员可在全身没入水中时，做一次手臂充分的向后划至腿部的动作和一次蹬腿动作。

三、蝶泳

1. 除在做转身动作时，身体必须始终俯卧外，从出发和每次转身后的第一次手臂动作开始，至下一个转身或到达终点止，两臂均应与水面平行。任何时候都不允许转成仰卧姿势。

2. 两臂必须在水面上同时向前摆动，并同时在水下向下划水。

3. 两脚的动作必须同时进行，允许两腿和两脚在垂直面上同时做上下打水动作。两腿或两脚可不在同一水平面上，但不允许有交替动作。

4. 在每次转身和到达终点时两手应在水面、水上或水下同时触壁，触壁前两肩应与水面平行。

5. 在出发和每次转身后，允许运动员在水下做一次或多次打水动作和多次划水动作，划水动作必须使身体升到水面。

四、游泳通则

1. 运动员必须在自己的泳道内比赛完毕，否则即算犯规。

2. 游出本泳道，或用其他方式干扰、阻碍其他运动员者，应取消其录取资格。

3. 由于某运动员犯规而影响了被干扰、阻碍的运动员获得优良成绩时，应准许受干扰阻碍的运动员补测成绩，或直接参加决赛。如在决赛中发生上述情况，应令该组重新决赛（犯规运动员除外）。

4. 比赛中运动员转身时必须使身体某部分触及池壁，转身必须从池壁完成，否则即算犯规。

5. 在比赛中除自由泳可在池底站立外，其他泳式（包括自由泳）均不得跨越或行走，否则即算犯规。

6. 在比赛中，运动员不得使用或穿戴任何有利于其速度、浮力的器具（如手、脚蹼等，但可戴护目镜），否则即算犯规。

7. 每一个接力队应有四名队员，接力比赛中任何一名队员犯规即算该队犯规。任何接力队员在一次接力比赛中只能参加一棒比赛。

8. 接力比赛时，如本队的前一运动员尚未触及池壁，而后一名运动员即离台出发，应算犯规。如该运动员重新返回并以身体任何部分触及池壁再行游出时，不作犯规论。

9. 接力比赛前三棒运动员游完后，应在不影响其他运动员比赛的情况下尽快离池，并不得触停其他泳道自动计时装置，否则即判犯规。

10. 比赛进行过程中，当所有比赛的运动员还未游完全程前，未参加比赛的运动员如果下水，应取消其原定的下次比赛资格。接力比赛中，当各队的所有运动员还未游完之前，除了应游该棒的运动员，任何其他接力队员如果进入水中，该接力队员将被取消录取资格。

休闲体育运动部分

项目十二 拓展训练与团建活动

知识导航

拓展训练是一种户外体验式训练，起源于二战时期。当时，英国在大西洋的船队屡遭德国纳粹潜艇的袭击，船被击沉后，大部分水手葬身海底。但人们发现每一次灾难后都会有一小部分人能够活下来。一些心理学家和军事专家对此进行研究发现：当劫难来临的时候，决定一个人能否生存下来的最关键因素不仅是体能，更是心理素质。那些少数幸存者大多有着丰富的经历和阅历，在灾难来临时沉着冷静，怀着坚定的信念，团结一致，互相依赖，最终战胜劫难。而其余的大部分人被灾难的恐惧和精神的沮丧击溃了心理的防线，体力急剧下降，在无序和混乱中挣扎，最终导致死亡。在某些关键时刻，决定命运的不是体能的强弱，而是心理和思维。1942年，在英国出现了一所阿伯德威海上训练学校。这所学校用野外活动的形式，模拟现实的环境，对学员进行心理意志及生存能力训练，用以提高心理素质。当时这所学校对二战的兵源保障起到了非常积极的作用。阿伯德威海上训练学校的活动项目就是拓展训练的雏形。

拓展训练自1995年被引入中国以来，备受推崇，不断发展，逐渐被列入国家机关、外资企业和其他现代化企业的日常培训课程。经过几十年的发展，拓展训练已经打破了传统的教育模式，它并不灌输某种知识或训练某种技巧，而是设定一个特殊的环境，让参训人员直接参与到整个教学过程中。在参与的同时去完成一种体验，进行自我反思，获得某些感悟，在解决问题、面对挑战的过程中达到“磨炼意志、开发潜能、熔炼团队、完善人格”的目的。

思政园地

百折不挠、力战到底——中国女篮

2022年女篮世界杯半决赛中，中国女篮罚球绝杀，以61∶59战胜东道主澳大利亚女篮，时隔28年重返世界杯决赛。决赛上，中国女篮以61∶83的比分获得亚军，这也是中国女篮28年后再次获得亚军，追平球队历史最佳战绩！最可亲可敬的是美丽女篮姑娘，最让人感动的是“女篮精神”，我们要汲取“女篮精神”，在自我成长和工作生活中学以致用，实现自己的人生价值。

汲取“团结一心”的女篮精神。女篮主教练郑薇多次强调，中国队要想表现出色，必须依靠整体发挥。能够打到世界杯决赛，当然离不开主力球员的稳定输出，更为关键的则是女篮整个团队的强大战斗力。本届世界杯半决赛和决赛，虽然主力得分手李梦因病没有出场，但其他队员都在尽最大努力做贡献。杨力维犀利的突破、王思雨精准的三分、韩旭有力的封盖、武桐桐拼到受伤离场……女篮的每一名队员，可以说都是赛场上的英雄。我们要汲取女篮的团结精神，牢记“团结就是力量”“人多力量大”，积极团结同事、团结群众、团结家人，团结一切可以团结的力量，团结一致、凝心聚力，为党和人民的事业奉献自己的力量。

思维导图

学习任务一　拓展训练的功能与特点

一、拓展训练的功能

（一）提高自信心，勇于超越自我

建立相互接纳、相互支持、相互信任的团体气氛，让参加者在活动中开放自我、超越自我，从而开发自身潜能，肯定自我价值，提高自信心。

（二）激发潜能，完善人格

认识自我潜在能力和极限，克服恐惧心理和思想障碍，锻炼动手能力和创造力，培养自信心和自我管束能力，完善人格。培养学生的上进心理，增强抗挫折和突破能力，使学生的个性变得坚强而富有韧性。

（三）学会合作，培养团队精神

引导学生发现在团体生活中合作的价值和团体中个人的责任。教学生明白团队的巨大力量与合作精神的重要性，克服排他情绪和性格孤僻心理，培养沟通融合能力，感受分享带来的无穷乐趣。

（四）学会沟通，融洽人际关系

拓展训练能让学生了解生活，学会沟通，学会感恩，学习正确建立人际关系的方式方法。

（五）自我教育的功能

培训师只是在课前把课程的内容、目的、要求及必要的安全注意事项向学生讲清楚，活动中一般不进行讲述，也不参与讨论，充分尊重学生的主体地位和主观能动性。即使在课后的总结中，培训师也只是点到为止，主要让学生自己来讲，达到自我教育的目的。

二、拓展训练的特点

（一）拓展训练是以体验为基础的训练

拓展训练抓住了人类学习习惯的要害，以各种方式模拟人们在实际工作和生活中可能会遇到的矛盾，虚拟各种场景让参与者去亲身感受。有研究表明，人类对听到的信息大约可以记住10%，对看到的信息大约可以记住25%，对亲身经历过的大约可以记住70%。

（二）拓展训练是一项综合活动

拓展训练的所有项目都以体能活动为引导的，引发出认知活动、情感活动、意志活动和交往活动，有明确的操作过程，要求学生全身心地投入。

（三）小游戏大道理

拓展训练所采用的活动看上去都非常简单，其实这些项目中绝大多数是经过几十年心理学、管理学、团队科学等方面论证，能够提升个人心理素质和团队实力的项目，其科学性不言自明。

（四）拓展训练实行分组活动

实行分组活动，强调集体合作，力图使每一名学生竭尽全力为集体争取荣誉，同时从集体中获取巨大的力量和信心，在集体中显示个性。拓展训练并非体育加娱乐，也不是所谓的“魔鬼训练”，它要告诉我们的是：知识和技能作为可衡量的资本固然重要，但人的意志和精神作为一种无形的力量往往更能起到决定性作用。以体验、分享为教学形式的拓展训练，是设定一个特殊的环境，调动学生的积极性，让学生全身心地投入每个项目中，体验、面对各种不同的环境及挑战，开发出潜藏在他们身上却从未真正被了解的力量。弄清自己与他人的沟通和信任到底能深到什么程度，有效地破除个人的自我中心概念，改变对他人和社会的冷漠态度，这才是拓展训练的真正意义所在！

三、拓展训练的分类与流程

（一）拓展训练的分类

拓展训练项目的分类方法很多，有按参与者类型分类的，有按训练活动项目分类的等等。从训练项目对心智、体能的影响和提升方面来分类，可将其分为心理素质拓展、体能素质拓展、沟通能力拓展、团队信任拓展、合作能力拓展、创新精神拓展、竞争意识拓展等。

（二）拓展训练的流程

1. 体验

任何一个训练项目的开始都是让学生去经历一种模拟的场景，去完成一项任务，并以观察、表达和行动的形式进行，这种初始的体验是整个过程的基础。

2. 感受

这个环节是极其重要的，因为从心理学的角度讲，感觉经过表达后会被强化。学生置身其中得到最真实的感受，这种感受将是全方位的、印象深刻的。这时学生将开始自发地回想刚才经历的过程，对这一过程进行分析，并产生一些观点。

3. 共享

有了体验以后，每个人都把自己的感受拿出来分享，每个人就会得到数倍的经验。在这个过程中，培训师会积极地鼓励学生发言，灵活运用提问等技巧，引导大家的思维在原有观点的基础上更进一步，群策群力，使众人的观点得以向着正确的方向被归纳。

4. 整合

当大家的观点趋于成熟时，培训师将根据大家讨论的结果，结合相关的理论知识，总结出原则或归纳提取出精华，把学生的认识由感性上升到理性，以帮助参加者进一步定义和认清体验中得出的成果。

5. 应用

这个过程是在培训之后的学习和生活中由学生自己完成的，完成认识由实践中来、最终用来指导实践的循环上升的过程。而应用本身也成为一种体验，有了新的体验，循环又开始了，因此参加者可以不断进步。这也是拓展训练的终极目的所在。

四、拓展训练的安全管理

（一）拓展训练的安全指导方针

“科学系统的课程设计、随时随地的安全意识、国际认证的器材装备、严格规范的操作方法、丰富实用的教学经验、灵活有效的安全预案”是拓展训练得以安全开展的保障。安全对拓展训练不仅意味着完善的体系、严密的制度，更是培训者思想意识的一部分，将融入参加拓展训练人员的日常生活习惯中。安全与不安全之间没有过渡，只要踏出100%的安全一步，就进入100%的不安全。

（二）拓展训练的安全原则

拓展训练因其选择的场地、器械的特殊性，活动内容的未知性以及特有的心理挑战等，决定了拓展训练具有一定的风险性。为了消除隐患，降低风险，需要遵守以下安全原则：

1. 双重保护原则。课程设计时所有需要安全保护的训练项目，都必须进行双重保护演练，其中任何一种保护方法均足以保证在实施过程中人员的安全。

2. 器械备份原则。任何需要器械保护之处，都必须安置备份器械。

3. 多次复查原则。所有的安全保护器械必须合理使用，完成后必须复查一遍，操作中部分保护器械要多次检查，消除操作失误的可能性。

4. 全程监护原则。培训师对项目进行中可能遇到的安全问题进行全程监护，将隐患消除在萌芽中。

五、拓展训练的行为管理

参加拓展训练，有以下注意事项：

1. 充分认识到拓展训练是一种体验式教育。

2. 参加拓展训练前需要将自己真实的状况和要求与组织方进行沟通。

3. 拓展训练出发前需要准确地填报自己的姓名、民族、身份证号、既往病史、有无伤病等情况。

4. 与组织方说明个人生活习惯的特殊要求。

5. 检查自己是否有意外伤害与医疗保险。

6. 根据环境因素，穿着合适的服装，准备自己常备的部分物品；准备常规药品，并知道其正确用法。

六、拓展训练的纪律要求

参加拓展训练活动必须遵守纪律，尤其在团队训练的项目中，纪律已经不仅仅是完成任务的基本保障，它更是团队精神的最直接体现。参加拓展训练应遵守以下纪律：

1. 按时作息，这是保证正常参加拓展训练的先决条件。

2. 各队队长有义务、有责任保证在集体活动时每一位队员及时、准确地来到集合地点。

3. 如果有人掉队，必须全体等待，除非达成默契，由专人管理。

4. 如无特殊情况而出现部分人员迟到、早退等情况，需在其归队后，全队接受“惩罚”。

学习任务二　团建常用与拓展训练典型项目

团建活动不仅仅是一种单纯的体能训练活动，它更重要的作用在于通过体验探索性训练的过程中深深体会到个人与个人、个人与团队、个人与社会的关系，发掘自我潜能，从而产生一种积极向上的人生观，同时提升员工对企业的忠诚度和荣誉感，增强员工、管理层对企业的忠诚度和信任度。很多企业会定期组织一些室外或者室内的企业团建活动。团建形式已经成为企业中不可缺少的一种展现企业文化的模式。

团建活动开展初期大多以体育游戏为内容支撑，结合体育游戏产生的一些活动形式。团建活动既具有体育运动的运动规律，又具有体育游戏的一般特征，同时还具有凝聚人心的作用。团建游戏在团建过程中，根据需要达到增进感情、团队凝聚力的效果，既培养企业员工的兴趣、释放其压力，又可以提高参与工作的积极性，尤其是对刚刚进入职业岗位的青少年来说，以游戏的形式，能够帮助他们认识同事、熟悉工作环境，快速融入企业。

一、破冰类项目

破冰类项目主要是起到团队成员相互认识、建立和谐气氛、增进了解的作用。

（一）踩轮胎

1. 游戏准备

10～15人一组为最佳，为“合作类”的破冰类游戏；时间约5分钟；需准备一只汽车备用轮胎，在空地上开展活动。

2. 活动目的

破冰类的游戏，既可以增加一些团队合作的气氛，也可以用来调节课堂上课氛围、缓解学员们的疲劳状态，也可以作为团队合作活动，用以加强团队意识，可以在此时通过喊口号来相互激励。

3. 操作程序

把一只备用轮胎放在空地上，而后让团队的全体成员一起站上去并至少能够停留5～10秒，在学员游戏过程中，教师要关注安全问题，进行安全提醒。

4. 有关讨论与反思

教师引导参与队员反思：在游戏过程中，好的主意是怎样产生的，你认为大伙在达成共识上是否容易，有没有冲突及争议出现，对于这些争议团队是怎样处理的？

（二）9个圆点的问题

1. 游戏准备

2人或1人最佳，为“问题解决”的破冰类游戏；时间约15～20分钟；需准备投影仪或黑板。

2. 活动目的

为了解决我们在思考问题时受到的束缚，解决问题过程中我们是怎样自己给自己设定假设的，从而找到解决问题的方法。

3. 操作程序

这是一个比较经典、常用的游戏，把准备好的资料发给学员，在纸上或投影仪上画出9个圆点，9个点形成一个正方形。让学员以最快速的一笔四条直线把9点连接起来。

4. 有关讨论与反思

你们当中有多少人在问题出现几分钟后就放弃了？你们当中有多少人尝试去改变或“歪曲”游戏规则？

5. 操作指导图形

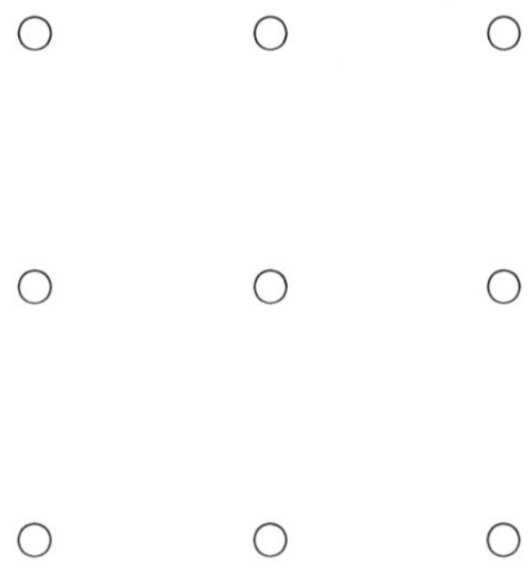

（三）寻人游戏

1. 游戏准备

25人至30人最佳，为“相互了解”的破冰类游戏；时间约15～20分钟；需准备寻人游戏工作表及教室。

2. 活动目的

增进学员之间的相互了解，活跃课堂气氛。

3. 操作程序

把寻人游戏工作表发给每一位学员；让每位学员以最快的速度找到与表格中相匹配的人，让其在表格中签名，每人只能签一个格子。最先获取全部签名者为胜利者。

4. 有关讨论与反思

通过这一活动，你是否对本班的同学有了进一步的了解，这对于增进同事之间的友谊及改善人际关系有什么作用？

5. 操作表格

当你找到这个人时，请他们将名字写在相应的表格里。

二、挑战与解决问题类项目

引导队员学习在新环境下如何打破坚冰，尽快组建团队，营造积极进取、主动参与的团队气氛及顺畅的沟通渠道，增强队员的归属感和凝聚力。

（一）有轨电车

1. 项目介绍：队员站在带有齐腰高拉绳的两块长条木板上，让两块长木板在所有队员的共同努力下“走”起来，以顺利到达预定目标为成功。在行进过程中，强调站在木板上的学生要步调一致，共同完成（木板的长度可根据参加的人数设定，一般5～10人为宜）。

2. 培训目标：确立团队目标，达成共同愿景；团队目标的完成需要所有团队成员的共同努力；成员间默契无间，成为高效团队。

（二）盲人方阵

1. 项目介绍：让所有队员戴上眼罩，在不能进行语言交流的情况下，根据教师的要求，在规定时间内将一根绳子拉成一个最大的正方形、三角形或长方形等。

2. 培训目标：培养团队成员的沟通意识；理解团队领导人及其领导风格对完成任务的影响和重要作用；培养团队决策能力，培养队员科学的思维方式；使队员理解角色定位及尽职尽责完成本职工作的重要性。

（三）雷区取水

1. 项目介绍：利用3根各长15米的绳子、若干个水瓶，在直径为5～6米的绳圈内，将所有水瓶放置在圆心。将所有队员按照每8～10人为一组进行分组，每组队员利用手中的绳子，在规定的时间内，采取一切方法，取出圆心的水瓶。

2. 培训目标：培养队员勇于创新的精神；培养在团队需要时勇于贡献自己力量的精神；使队员明白没有分工就无法协作，没有相互信任的团队精神就无法密切配合，要理解活动开始前的细致分工与活动进行中的相互信任是成败的关键。

（四）解手结

1. 项目介绍：将所有队员按照每8～12人为一组进行分组，每组站成一个向心圆。教师讲解的同时大家跟着做：先举起你的右手，握住对面那个人的手；再举起你的左手，握住另外一个人的手。现在大家面对一个错综复杂的手结，在不松开的情况下，想办法解开。大家一定可以解开，答案会有两种：一种是一个大圆，另外一种是两个套着的环。

2. 培训目标：认识解决团队问题的步骤；合理表达自己的观点；认识聆听和合作精神在沟通中的重要性。

（五）齐眉齐心

1. 项目介绍：将所有队员按每组10～12人分组。每组队员面对面站立，共同用食指托起一根棍子到眉心高度，按照教师的要求，将木棍降落到地面，任何队员手指离开棍子即失败。这是考察一个团队是否能够同心协力的项目。

2. 培训目标：（1）使队员们体会到队员间的抱怨对于团队的危害性，应找出正确的办法来处理工作中出现的问题。（2）在一个团队中如果遇到困难或出现了问题，很多人马上会找出别人的不足，却很少发现自己的问题。这个项目告诉大家：照顾好自己就是对团队最大的贡献。（3）培养队员对工作的责任感。（4）提高队员在工作中相互配合、相互协作的能力。（5）统一的指挥对于团队成功起着至关重要的作用。（6）培养队员创新的意识，并使其认识到合理分工的重要性。

（六）同舟共济

1. 项目介绍：将所有队员按照每组10～12人进行分组，每组队员集中站在一张报纸上，队员身体不得接触报纸以外的地面，否则重新开始。按照教师的要求，保持姿态达到规定时间即视为成功。站立过程中，不得借助任何外力。

2. 培训目标：（1）团队面临危机时，在积极思考解决办法的同时，更要注重思想的统一性，用强有力的执行去弥补思考、计划的不足。（2）团队沟通进入无序状态时，用最快的速度建立团队秩序，彰显领导者的领导力。（3）团队管理混乱的时候，能够迅速地树立领导权威，打造以人为本、以管理为准则、有凝聚力和执行力的核心团队。

三、团队活动类项目

（一）孤岛求生

1. 项目介绍：将所有队员平均分成三部分，分别交代各自背景情况（珍珠岛、哑巴岛、盲人岛），然后到各自的岛屿开始游戏。盲人岛要先蒙眼睛，后给课题纸。请队员按课题纸完成课题。

2. 背景说明：一艘船被海浪打翻，大家被分别冲至三个岛屿。

珍珠岛：所处的岛屿非常安全，衣食无忧。

哑巴岛：所处的岛屿将在30分钟内被海水淹没，某神秘原因使队员们失去了语言能力。请按课题纸完成课题，如发出声音将被扣分。

盲人岛：所处的岛屿将在30分钟内被海水淹没，某神秘原因使队员们失去了视觉。请按课题纸完成课题，如有偷看行为将被扣分。

3. 要求

珍珠岛：（1）用4根筷子、1张白纸、1卷胶带，将1个乒乓球架起来使它不落地；（2）请填出括号内横线上的数字（3、7、17、55、____、85、98）。可用物品有4根筷子、1张白纸、1根细绳、1个乒乓球、1支笔。任何物体落入水中都将被冲至盲人岛。

哑巴岛：（1）帮助盲人岛上的人完成课题；（2）帮助盲人岛上的人共同移动到珍珠岛。可用物品有泡沫板5块。任何物体落入水中都将被冲至盲人岛。

盲人岛：（1）将1个羽毛球丢入桶内；（2）在哑巴岛人的帮助下移动到珍珠岛。可用物品有羽毛球1个、桶1个。任何物体落入水中都将被冲至盲人岛。

4. 培训目标

（1）体验在不同工作岗位之间（例如学生会各个部之间或不同岗位人员之间）有效沟通的重要性；（2）认识群体的作用，增进对集体活动的参与意识，改善人际关系，学会关心他人，学会如何融洽地与他人合作；（3）改善自身形象，克服心理惰性，磨炼战胜困难的毅力，启发想象力与创造力，提高解决问题的能力。

5. 回顾总结

（1）充分认识个人和团队的竞争力来自每一个人不可替代的价值。局部利益服从整体利益，以双赢的心态创造最大动力。

（2）结合队员在实际学习和工作中的一些情况，请队员分析三个岛各代表高层、中层、基层的哪一个层级，并确认理由和获得其他队员的认同。如果争议较大，可以想一想“高层是不是决定、制订整体计划与目标的”“哪个岛知道最终的任务”“哪个群体需要别人不断指挥按要求工作”“投球的人没人指挥能完成吗”等问题。

（3）充分认识到主动性、创新、自我发展等积极的品质是成功的关键。

（4）认识群体的作用，增进对集体活动的参与意识与责任心。

（5）认识到积极主动的工作愿望、努力想办法完成任务的能力和懂得如何去开展工作的重要性，而不是瞎干、胡干。

（6）认识到师生之间、舍友之间、同学之间彼此的信任与全局观的重要性。

（二）穿越电网

1. 项目介绍

在全体队员面前悬挂一张“电网”，网上的洞口大小不一，要求队员在规定时间内从网的一边依次通过，到达另一边。在此过程中，队员身体的任何部位都不允许碰网，否则洞口将被封闭。每一洞口只能用一人次。此项目强调整体的协作与配合、资源的重要性，好胜与莽撞都将遭遇淘汰，只有依靠团队的力量才能顺利完成任务。

2. 培训目标

（1）加强队员在学习、生活和工作中合理计划、有效组织、统一行动、亲密协作的意识。

（2）培养队员充分利用和配置资源（图书资源、网络资源等）的能力。

（3）认识合理分工与服从组织安排的重要性。

（4）培养团队的科学决策方法和严谨细致的工作作风。

（5）认识合理节约时间的意义和作用。

3. 回顾总结

（1）成功来自每一个人的努力和贡献，是团队协作的结晶。团队成员应该共享成功的经验和有益成果。

（2）在专业技能的学习和自身综合素质全面提高等方面，是否做到了资源可利用效率的最大化。

（3）细节决定成败，良好的监督机制对完成任务起重要的作用。

4. 重点细节

（1）设置网眼时，三角形网眼不超过网眼总数的1/3，以适当降低对学生的心理冲击力。

（2）重点关注第一名和最后一名通过的学生，对第一名要求要严，对最后一名要根据情况适当掌握尺度。

（3）发现有体重过大的学员时，在腰高的部位适当调整出相对容易通过的网眼。

（三）信任背摔

1. 项目介绍

信任背摔是一项心理素质拓展的活动，目的是使同学之间建立起彼此信任的关系。同时，这个活动还可以锻炼胆量、克服恐惧，对学生心理素质提升有很大帮助。项目任务：全队每个人轮流登上背摔台，背向队友，双脚后跟1/3露出台面，身体重心上移，尽量挺直身体倒下去，下面的队员安全地把他接住即为完成。

2. 注意事项

（1）背摔队员在背摔台上必须严格按照动作要领来做才可以保证足够安全，特别要遵守以下四点：不要向后蹿跃，倒下时肘关节收紧不要打开，不要身体垂直向下跳，要控制自己的双脚不要上下摇动或打开。

（2）搭人床的第1组队员的肩膀距背摔台沿约30厘米，个子可以不用很高，通常可以安排女生，第2、第3组应安排强壮的4个人。如果背摔者的个子较高，则受力点应向后调节。每组队员的肩膀应紧密相连，勿留空隙，人床形状应保持由低渐高的坡状，剩下的队员要用双掌推住最后一组队友的肩膀处，以保护人床的牢固。所有队员在任何时候都不可以撤手或撤退。当听到背摔队员的询问“准备好了吗”时，人床的队员头要向后仰，同时侧向队友的背部。当队友倒下来后，一定要遵守“先放脚后将身体扶正”的原则。另外，做保护的队员不要迅速撤手或鼓掌，以免发生其他意外。最后，第2、第3组队员在承接几名队员后要互相交换组位，以免疲劳。

3. 培训目标

（1）培养团队内部的相互信任感。

（2）增强队员挑战自我的勇气。

（3）发扬团队精神，互相帮助。

（4）通过挑战懂得合理突破本能的重要意义。

（5）感悟制度的制定与保障对完成任务的价值。

（6）培养学生换位思考的意识。

4. 回顾总结

（1）通过此项目谈谈自信和互信的问题。以开放的心态应对变化，积极进取。

（2）突破本能，挑战自我。懂得取长补短，把理想和现实结合起来，才能取得成功。

（3）积极的工作态度和人生态度是拓展精神的核心。乐观自信，从我做起，环境因我而变。

5. 重点细节

（1）训练前要摘除身上佩戴的物品，取出口袋内的硬物。

（2）承接的队员做好右弓步，双手伸出，手掌掌心向上交叠放在对方锁骨上（要注意五指并拢，拇指不能向上），第1组的两个人要将脚和膝关节贴紧，腰挺直，抬头斜向上45°角看背摔者。

背摔者手部的准备动作：前伸、内翻、相扣、翻转抵住下颏。绑带后，令背摔者站在站台上进行以下动作：脚跟并拢、膝关节绷直、腰挺直、含胸、低头、手抵住下颏，准备背摔。

（四）胜利墙

1. 项目介绍

所有队员在规定的时间内翻越一面高4.2米的光滑墙面。该项目训练使队员懂得个人目标与团队目标的关系，只有团队获得胜利才是真正的胜利。训练过程中，不能借助任何外界工具，包括衣服、皮带、绳子等。所能用的资源只有每个人的身体。

2. 培训目标

（1）掌握危急时刻的生存技能。

（2）培养团队内部及团队之间成员的凝聚力。

（3）认同差异，合理分工，学习最优的资源配置方法。

（4）科学评估方案，不断创新。

3. 回顾总结

（1）将合理分工运用到自己的学习和工作中，提高自己的综合素质。

（2）在团队活动中，要具备应对挫折和自我心理调控、防御的能力。

（3）在学校生活中是否意识到自律原则的重要性，应将自律精神作为自己的一种生活习惯。

（4）人和事因认真而完美，注重细节是专业化的表现。坚守承诺，积累信用。

4. 重点细节

（1）教师应全程监控每一个轮换过程和细节。

（2）记录活动中的典型行为和关键点，以及关键人物发挥的作用。

（3）活动中强调纪律，禁止嬉笑打闹，强调注意力集中。

四、高空器械类拓展项目

（一）空中单杠

1. 项目介绍

空中单杠是一个以个人挑战为主的项目。设备为高约10米的铁架，一根和铁架相同高度的柱子。柱子顶端有一个仅能容下双脚的圆盘，离圆盘约1.2米远的空中悬挂着一根短棒（悬在空中的单杠）。参与队员要自己爬上铁架的顶端，并且成功站在柱子的圆盘上面，竭尽全力跳向目标“单杠”，并且双手要抓住单杠。它属于高空高难度项目，整个过程需队员独立完成。该项目不仅是对个人勇气的考验，也是对判断力和冒险精神的考验，培养参训者危急情况下的正确思维能力。

2. 培训目标

（1）克服恐惧心理，勇往直前，挑战自我，激发潜能。

（2）以积极的心态去争取和获得机会。

（3）培养面对困难时的互助精神。

（4）掌握目标管理与控制的成功经验。

（5）明确队员的挑战顺序与团队内部组织方法的关系。

3. 回顾总结

（1）开始接受任务时，心里渴望成功；面对困难时，不能选择放弃，依靠顽强的意志取得最后的成功。

（2）积极的心态促使自己完成了任务，是今后人生飞跃的关键。

（3）挑战自己的能力极限，跨越“极限”。

（二）高空断桥

1. 项目介绍

高空断桥是一个以个人挑战为主的项目。参训队员爬上9米高的断桥，站立于断桥桥面之上，从桥的一端跨到另一端，然后顺另一钢柱下来。它属于高空类高心理冲击的项目，整个过程需队员独立完成。该项目培养参训者冷静思考和精细操作的能力，“断桥一小步，人生一大步”浓缩了这个活动的精华。

2. 培训目标

（1）克服恐惧心理，勇往直前，认识自我，战胜自我。

（3）学会自我说服与自我激励，体会鼓励他人和获取鼓励的重要性。

（3）发扬面对困难时的互助精神，培养团队意识。

（4）明确队员的挑战顺序与团队内部组织方法的关系。

（5）了解心态对行动的影响，学会缓解心理压力。

3. 回顾总结

（1）每一名队员都讲讲自己的感受，与其他队员分享成功的经验。

（2）在地面跨越和在高空跨越的感觉有何不同？自己的心态在其中起了怎样的变化？

（3）自己想要放弃时，是靠什么说服自己完成项目的？勇于面对困难是取得成功的开始。

（4）人生一步一步前进的路途中难免会遇到困难和意外，要用积极的心态去面对。

（三）勇攀高峰

1. 项目介绍

勇攀高峰也叫垂直天梯，是一个以两人共同挑战和团队配合相结合的项目。参训的队员（2～3名）运用手的拉力和脚踩横梯的蹬力，使身体向上攀越，充分发挥队员之间的协作互助优势，共同到达预期目标。项目具有一定的难度和心理冲击力，需要消耗较大的体力。队员在执行任务时，团队协作意识和奉献精神是不可缺少的。该项目使受训队员对协作和风险意识产生更深层次的认识。

2. 培训目标

（1）全力以赴，合理分工，互相鼓励，充满信心，克服心理障碍实现目标。

（2）培养队员之间相互协作的意识。

（3）体会团队内部人员合理搭配对实现整体目标的价值。

（4）体会阶段性目标对于实现最终目标的重要意义。

（5）共同学习，总结经验，体会提高整体工作效率的重要性。

（6）珍惜别人的帮助，懂得感恩，是能够继续前进的无形动力。

3. 回顾总结

（1）克服心理惰性，磨炼战胜困难的毅力。在完成任务的过程中，哪些地方体现了相互合作的重要性？

（2）最困难的地方在哪里？自己的安危和别人需要帮助间，是如何选择？

（3）队员面对困难时应该合理分工、优劣互补，珍惜别人的帮助。

（四）攀峰越险

1. 项目介绍

攀峰越险是以个人挑战为主的项目。桥面距离地面8米，由短圆木连接铁索构成，桥长约5米。队员要在高空中努力控制自己的身体，保持平常心，勇往直前。有时困难不一定一闪而过，需要勇敢地一步一步走过。

2. 培训目标

（1）挑战自我，激发潜能，认识自我，战胜自我。

（2）克服恐惧心理，增强心理承受能力。

（3）培养自我说服与自我激励、面对困难的顽强拼搏精神。

（4）砥砺意志，强健体魄，感悟在特殊困境下脚踏实地战胜困难的心理过程。

3. 回顾总结

（1）感受队友的关爱和支持，从集体中吸取巨大的力量和信心。

（2）遇到困难时是怎样想的？准备放弃过吗？队员的激励对自己的成功起到了什么作用？今后如何帮助他人？

（3）学会换位思考，用积极的心态去争取和获得机会，实现奋斗目标。

（4）认识自身潜能，增强自信心，改善自身形象。

项目十三　花样跳绳运动

知识导航

跳绳是一项历史悠久的体育活动。跳绳运动简单易行，且能起到较好的健身效果，因此深受广大群众的喜爱和欢迎。随着人们对跳绳运动的深入研究，跳绳内容不断丰富和创新，跳绳花样繁多，在新时代全民健身背景下，人们把传统的民间跳绳与全民健身操舞进行完美的结合，形成具有中国特色的健身花样跳绳操舞，极大地提高了跳绳的趣味性。

花样跳绳是以民间传统跳绳的“跳”“甩”“摇”绳等基本动作为基础，以操舞结合的编排方法为手段，在音乐的伴奏下持绳进行“过脚”或“不过脚”的套路练习，从而达到强身健体、休闲娱乐的目的。花样跳绳的练习，能够改善人体形态机能和身体的协调性，同时对提高身体素质起到很好的促进作用。

思政园地

一所乡镇小学用一根跳绳“跳”进了世界！

3分钟跳绳1141次，平均1秒跳6.33次。2019年7月初，在挪威举办的跳绳世界杯比赛上，中国光速少年岑小林在3分钟单摇跳绳项目中夺冠。而他所在的花都跳绳队，共拿到85枚金牌，刷新了7项赛会纪录。被称为“跳绳天团”的花都队是广州七星小学的学生，他们的学生中大约60%是本地农村孩子，40%是外来务工人员子女。那么，这些农村孩子是怎样“跳”进世界的呢？“跳绳天团”花都有什么先天的优势吗？

“跳绳天团”花都队所在的广州七星小学，是一所农村学校。这所农村学校的跳绳之路，还要从教练赖宣治说起。

赖宣治是广州七星小学的体育老师。他来自农村，找工作时，想法很简单，找一份好工作，在广州立足。然而，赖宣治2010年初次来到广州七星小学，看到的景象和他的期望有很大落差。整个学校只有一座残破的教学楼，老师学生加起来不足150人，师资力量不足，学校设施落后，整个学校的气氛死气沉沉。学生其实是很缺乏自信心的，一看到老师走过来，就全躲到一边去。

赖宣治曾尝试在学校开展篮球、田径、足球、象棋等项目，但是后来他发现，在这个农村学校开展这些项目是“异想天开”：学校一年只有10多万杂费，哪有经费去开展这些体育活动？2012年，广州市花都区教育局开始大力推广跳绳项目。对于七星小学来说，这个简单又不占地方的运动是再适合不过的。但一个巨大的难题摆在眼前，赖宣治不会跳绳，怎么教学生们跳绳？很多人笑赖宣治，他自己跳绳都不及格。但赖宣治就是憋着一股劲，上网去找资料、看国外选手的视频，自己先掌握跳绳的各种方法，然后教学生们。学校当时没有钱，赖宣治就把电线等材料收集起来做跳绳。

2013年，赖宣治带着跳绳队第一次参加比赛，就包揽了80%的金牌。第二年，在全国性跳绳比赛中，他们拿到团体总分第一和36块金牌。七星小学花都跳绳队从此一鸣惊人。赖宣治和他的跳绳天团，用成绩证明了当初的选择是正确的，也诠释了有梦想谁都了不起、有勇气就会有奇迹。

思维导图

学习任务一　了解花样跳绳运动

一、花样跳绳的定义

花样跳绳是在传统跳绳的基础上，跳绳者通过各种方式跳过一根或多根绳子的运动。花样跳绳融合了舞蹈、技巧、武术、街舞和音乐等多种运动及艺术形式，将速度与力量、难度与花样相结合，逐步发展成集健身、娱乐、竞技、表演等多种功能于一体的体育运动项目。

二、花样跳绳溯源

绳子与人类生活密切相关，早在远古时代，人们结绳记事，用绳子来捆扎收获的农作物、搬运东西、驱使牛马等家畜，绳子是人类生活中重要的工具之一。跳绳历史悠久，流传广泛，在古中国、古埃及和古希腊时期，人们用麻制作绳索。在制作绳索的过程中，人们反复跨越绳索，孩子们感到这非常有趣，就用短的绳子模仿，逐渐摸索出一些简单的跳越绳子的动作，并当成一种游戏来玩耍，这就是跳绳的雏形。

跳绳是我国一项优秀的民间传统体育项目，承载着极其丰富的民族艺术文化，它与各地民俗习惯有关，是我国民族智慧的结晶，这些优秀的跳绳文化是值得传承的。

学习任务二　花样跳绳基本要求和内容

一、花样跳绳基本要求

（一）绳具功能要求

国内外绳具种类繁多，外形各式各样，功能各具特色。目前市面上的跳绳一般分为棉绳、塑料绳、竹节绳、钢丝绳等。

表13-1　各种类型绳具的性能对比

绳具类型	绳具性能
棉绳 	优点：取材简便，价格较低。 缺点：转动不好、阻力大、笨重，易磨损、易卷曲。
胶绳 	优点：重量轻、价格较低，既适合速度也适合花样。 缺点：易变形，气温低易变硬断裂。

续表

绳具类型	绳具性能
竹节绳 	优点：外观绚丽，轻重适中，不易卷曲，适合各类花样跳绳。 缺点：竹节磨损或断裂会产生危险，影响手和脚的速度。
钢丝绳 	优点：轴承设计，摇绳灵活；重量轻，摩擦力和阻力小，速度快。 缺点：绳体容易卷曲。

根据比赛形式，花样跳绳项目分为计数赛和花样赛。进行计数类的跳绳练习及比赛，一般选择钢丝绳，花样类的跳绳练习及比赛一般采用竹节绳，高水平花样跳绳练习及比赛者也会选择白胶绳。花样类跳绳根据参加项目的不同在长度上有所区别。

（二）服装要求

跳绳时，最好穿轻便舒适、透气性较好的运动服装，为避免影响跳绳时动作的灵活性，服装不能太过宽松。初学者可以穿长裤及长袖服装，以防止动作失误时绳子打到自己的身体。另外，女士练习跳绳时最好穿适合运动的胸罩。跳绳时最好穿软底、高帮、鞋底不容易挂绳、弹性较好的运动鞋，不可以穿高跟鞋和坡跟鞋。头发过长易缠到绳子，宜将头发扎起来为宜。

（三）音乐要求

音乐跳绳时，应选用一些节奏感较强的音乐，如现代舞音乐、摇滚乐、街舞音乐等。无论选择哪种音乐，能跟着音乐的节拍跳才是最重要的。共绳是一项节奏感很强的运动，音乐可以使跳绳更具有节律性和艺术性。初学者可以选用每分钟120～125拍的音乐，中等水平的跳绳者可以选用每分钟125～130拍的音乐，高水平跳绳者可以选用每分钟130～135拍的音乐。

（四）场地要求

普通跳绳对场地要求不高，只要能摇开绳子，地面平坦、柔软即可，但是要练习难度较高的花样跳绳，最好选择塑胶或木质地板等地面有弹性的场地，这样可以减少运动损伤。硬质水泥地不适宜长时间跳绳，尤其是青少年，跳绳者可以选择使用跳绳垫（如瑜伽垫）或做简易跳绳台。跳绳垫的大小根据所练习的动作而定，动作幅度较小的动作可以选择面积较小的跳绳垫；基本单摇跳步法花样，可以使用1.2米×1.2米的跳绳垫；

动作幅度较大的动作，可以选用面积较大的跳绳垫，如俯卧撑花样，可以使用2米×2米的跳绳垫。

（五）跳绳安全

对于任何一项运动来说，安全都是最重要的。建议初学者在从事这项运动之前先进行体质测试，以确定是否适合做此项运动，特别是老人及小孩以及曾经受过伤或有病史的初学者。此外，在跳绳开始之前要做好热身活动，避免运动中受伤。

二、花样跳绳内容

（一）单人

1. 并步跳

并步跳，俗称单摇跳、单直摇跳。

（1）动作方法

两手握住绳子绳柄，绳置于身后，由前向后摇动绳子，当绳子摇至脚前的瞬间，并脚跳过绳子。初学者可以先练习两弹一跳，即并脚跳跃两次，绳子过脚一次；熟练后，可练习一弹一跳，即并脚跳跃一次，绳子过脚一次。

（2）动作要领

①脚：并脚站立，两脚前后稍错开，易于掌握平衡；前脚掌压地后自然弹起。

②腿部：膝关节微屈，缓冲落地后的反冲力，保护脚踝和大脑，同时尽量避免前踢腿或后撩腿动作。

③上体：自然放松，挺直但不僵硬。

④手臂：两大臂夹紧，肘关节贴在两侧肋部，两小臂自然下垂，手心相对或向下，摇绳时用手腕协同前臂发力。

⑤呼吸：均匀自然，有节奏。

⑥两眼直视前方约5米处。

重点与难点：双手摇绳的节奏要与脚起跳的节奏吻合，两手臂张开幅度不宜过大。

2. 开合跳

开合跳，英文名为Straddle。

（1）动作方法

由并步在基本摇绳姿势的基础上，绳子过脚的同时，两脚在空中左右分开落地为绳时，左脚开，反之为合，开合连续交替跳动即为开合跳。

（2）动作要领

①手臂保持基本摇绳姿势，控制步法节奏；

②脚步左右打开时与肩同宽，合并时两脚并拢；

③由合到开时绳子先过脚再打开，由开到合时先合并两脚再过绳。

重点和难点：把握开合跳的节奏和开合跳过绳的时机。

3. 钟摆跳

动作方法类似于滑雪跳，摇绳过脚后右脚留在身体中间，左脚向左侧摆动，紧接着跳跃过绳，左脚摆动回身体中间落地，右脚向右侧摆动，两腿交替摆动，犹如钟表摆动。

4. 速度跳

速度跳，又称双脚轮换跳或者踏步跳。

（1）动作方法

在基本跳绳姿势的基础上，两脚做依次交替抬起、落地的踏步动作；理论上，踏步跳是单摇类跳绳中速度最快的一种跳法，因此世界跳绳比赛规则中规定，30秒速度单摇跳、3分钟耐力单摇跳等单摇跳速度比赛中必须使用踏步跳。

（2）动作要领

在手臂和上体保持基本跳绳动作的前提下，身体重心在两脚之间，保持稳定，一般稍低；腿部直起直落，不可有后踢或前伸等多余动作。

重点与难点：腿部动作直抬直落，无多余动作；手臂和上体保持基本跳绳姿势。

5. 弓步跳

（1）动作方法

在基本摇绳姿势的基础上，摇绳过脚后两脚在空中前后分开，落地后成弓步姿势，下一次跳跃落地可两脚并拢，也可连续左右弓步交替。

（2）动作要领

①手臂保持基本摇绳姿势，上体保持直立；

②落地时两脚分开成前后弓步动作，间距约两脚半；

③动作转换时，两脚跳起在空中并拢，落地时再成弓步动作分开。

重点和难点：把握弓步跳两脚前后落地位置；控制跳跃的节奏，保持动作稳定性。

6. 脚跟跳

脚跟跳，在基本摇绳姿势的前提下，摇绳过脚后一脚直接落地，另一脚向前伸出，脚跟着地，再次跳跃过绳后，两脚并拢，两脚交替进行练习。

动作要领：

①手臂保持基本摇绳姿势，上体保持直立；

②前脚伸出后，勾紧脚尖，让脚跟轻点地面，重心在支撑脚。

重点和难点：跳起后脚跟落地瞬间对重心的把握；控制跳跃的节奏，保持动作稳定性。

7. 提膝跳

提膝跳，在基本摇绳姿势的基础上，摇绳过脚同时腿做提膝动作，支撑腿跳起后伸直，再次跳跃过绳后，两脚并步落地，两脚交替进行练习。

动作要领：

①手臂保持基本摇绳姿势，上体保持直立；

②提膝腿脚面绷紧，重心在支撑腿；

③大腿抬平，上体与大腿、大腿与小腿均约成90°。

重点和难点：跳起后提膝瞬间对重心的把握；提膝幅度要到位；提膝和下落都要过绳；控制跳跃的节奏，保持动作稳定性。

8. 滑雪跳

滑雪跳，又称并脚左右跳。

（1）动作方法

在基本摇绳姿势的基础上，摇绳过脚后两脚在空中向左方并脚落地为左，反之为右，左右连续交替跳动即为左右跳；左右跳连贯时如滑雪动作。

（2）动作要领

①手臂保持基本摇绳姿势，上体保持在原垂直面跳动，脚步左右跳动；

②左右落地位置距起始位置约一脚距离。

重点和难点：把握左右跳两脚前后的落地位置；控制跳跃的节奏，保持动作稳定性。

（二）双人

1. 一带一

（1）动作方法

带人者持绳，两人协调配合，绳子同时过两人身体即为完成一次动作。两人可面对面站立，也可同向站立；跳绳者可位于带跳者体前或体后；可同时单摇跳或双摇跳。

（2）动作要领：节奏一致，相互配合。

2. 同摇单摇跳

（1）动作方法：两人并排站立（同向或异向），各握一绳柄，同时摇动绳子绕体一周，跳跃过绳。

（2）动作要领：两人节奏一致，相互配合，可从同向并排两弹一摇并脚跳开始练，过渡至一弹一摇并脚跳、踏步跳，熟练后可练习并排双摇跳。

3. 两人基本车轮跳

（1）动作方法

两人并排站立，相近绳柄交叉相握，绳置于身后；一绳先向前摇动，当摇者可至最高点时另一绳开始向前摇动，两人依次跳跃过绳，两绳始终相隔180°，可以一上一下、一前一后，看上去像“车轮”在转动。

（2）动作要领

首先确定谁先起跳，先跳者与后跳者每次跳跃相隔相同时间，两绳一上一下、一前一后，相隔相同距离；两人所摇的同一根跳绳保持节奏一致；初学者可以先练习双脚跳。

4. 两人同步单摇跳

（1）动作方法：两人并排站立，相近把柄交叉相握，将绳置于身后；两人同时向前摇动绳子，同时跳跃过绳；跳跃一次，绳子过脚一一次，重复进行。

（2）动作要领：两人必须节奏一致，交叉的绳子不可打结。

5. 同摇轮流跳

（1）动作方法：两人并排站立，各握一绳柄，同时摇动。依次轮流跳绳的动作，称为同摇轮流跳两人。

（2）动作要领：跳绳者注意进绳时机，绳子打地时进绳；配合者注意给跳绳者“送绳”到位，手臂做侧摆绳动作。

（三）多人

1. 车轮式摇绳

车轮式摇绳又称三人两绳，摇绳者摇绳动作可以借鉴车轮跳中的动作，两人相互配合，在保持两绳依次打地的前提下，跳跃过绳。

2. 交互绳跳（三/四人）

（1）动作方法：两人手握两绳，保持适当距离，相对站立，两脚分开略宽于肩，屈膝微蹲，两手于腰部高度，依次向内侧绕圈摇绳，两绳依次打地，间隔相同时间，跳绳者在中间依次跳过每根绳子。

（2）动作要领：①绳子开始摇动时，两人商定好哪根绳先摇，哪根绳后摇；②绳子中心位置依次打地，节奏明显且间隔相同时间。

3. 长绳“8”字跳

绕“8”字跳长绳是一项常见的跳长绳比赛项目，普及面非常广。一般要求在3分钟时间内2名运动员同步摇单长绳，其他8名运动员依次以“8”字路线绕过摇绳队员，并尽可能多地完成跑跳进出绳，这种跳绳方法称为长绳绕“8”字。

（1）动作方法：两人持一长绳相对站立，其余跳绳者在一名摇绳者身侧站成一纵队。第一个人进绳，跳跃1次，直线跑出，绕过另一个摇绳者，准备再次进绳跳跃。接着第二个人进绳，同样跳次后跑出，绕过另一个摇绳者排在第一个跳绳者身后，以此类推，一个接一个地进绳、跳绳、跑出。

（2）动作要领：首先，跳绳者要掌握进绳时机，初学者可以在看到绳子打地的瞬间进绳，熟练后可以在绳子经过面前后马上进绳；其次，要清楚跳绳者的运行路线，跳绳者站立的起始点为摇绳者身侧，尽量靠近摇绳者，以绳子恰好碰不到身体为准，沿斜直线运动，经过另一摇绳者身侧出绳；再次，要掌握好起跳点，进绳后起跳点尽量在绳子中间，落地在绳外，且出绳后要迅速前冲，离开绳子运行区域；最后，跳绳者两两之间的衔接十分重要，后一位跳绳者要紧盯前一位跳绳者，前一位跳绳者进行时，后一位跳绳者准备进绳，要做到思想集中、动作迅速。

4. 长绳集体跳

（1）动作名称

原地跳长绳，绳子所需长度根据跳绳者人数决定，一般3～10人可用4～5米长绳，10～20人可用10米左右长绳。

（2）动作方法

原地跳长绳指十跳绳者预先站在跳绳位置上，摇绳者开始插绳，当绳摇至跳绳者脚下时，跳绳者跳跃过绳。原地跳长绳时通常是跳绳者站在两个摇绳者的中间，在绳的一侧，排成一路纵队，面向一位摇绳者。开始可由一人发令，摇绳者一起向同一方向摇绳，跳绳者同时起跳，让绳子通过脚下。

（3）动作要领

初学者可以选用稍长的绳子，可以先练习荡绳跳，即摇绳者持绳沿地面左右摇动，跳绳者跳过左右摆动的绳子，绳向两侧摆起至腰侧为宜，熟练后绳子插转一周，连续跳绳。初学者可以先面对摇绳者跳绳，这样能够看到摇绳者的动作，便于更好地掌握节奏，等稳定后可以面向绳子外侧。

学习任务三　花样跳绳与大学生体育锻炼

跳绳是一项极佳的训练项目，不少大学生将跳绳作为日常减脂的途径之一。

一、速度训练

运动训练学中，速度素质是指人体的快速运动能力。速度训练主要是以无氧训练的形式进行的。因此，高水平的速度与无氧训练密切相关。在确定每次训练计划时，可以通过30、60、90或120秒的预测试确定每周的基准线。

跳绳方式：双脚交换跳。绳长达到胸部位置（初级阶段，熟练掌握之后可以调节到腹部）。

训练时间：做30秒快速双脚交换跳，休息30秒，重复5次。（初级阶段，适应之后

可以逐渐提高训练基准线）

表 13-2　预测试例 1 分钟 30 秒基准线确定

时间 3×30秒竞速跳	重复进行双脚交换跳次数 （只记录右脚，再乘以2）	基准线
30秒	50次 ×2=100	306次 ÷3=102（基准线）
30秒	52次 ×2=104	
30秒	51次 ×2=102	

表 13-3　预测试例 2 分钟 60 秒基准线确定

时间 3×60秒竞速跳	重复进行双脚交换跳次数 （只记录右脚，再乘以2）	基准线
60秒	100次 ×2=200	612次 ÷3=204（基准线）
60秒	104次 ×2=208	
60秒	102次 ×2=204	

二、心肺耐力训练

有氧心肺耐力训练能够增加血流和肌肉的氧合，带来更持久的体能耐力。

跳绳方式：并脚跳、双脚交换跳、并脚左右跳、高抬腿跳。绳长：齐肩位置。

训练时间：每2分钟进行一次30秒竞速，在竞速阶段，仅使用高抬腿跳绳，并努力提高基准线。进行3组连续跳，每组10分钟，共30分钟，每组之间进行2分钟的主动休息。

三、力量训练

力量训练中，力量素质指肌肉工作时克服阻力和对抗阻力的能力，通常分为绝对肌力、相对肌力和肌肉爆发力。跳绳力量训练主要是提高肌肉的爆发力，训练中主要采用双摇的方式。

跳绳方式：换脚跳、双摇跳。绳长：肩部位置。

表 13-4　前测样板 1 分钟 30 秒基准线确定

时间 3×30秒竞速跳	重复双摇跳次数	基准线
30秒	40次	126次 ÷3=42（基准线）
30秒	45次	
30秒	41次	

表13-5　预测试例2分钟60秒基准线确定

时间 3×60秒竞速跳	重复双摇跳次数	基准线
60秒	80次	252次÷3=84（基准线）
60秒	90次	
60秒	82次	

训练时间：做8次换脚跳（数右脚4个跳次），做4个连续的双摇跳，重复30秒。休息30秒，重复5组。

四、综合训练

除前三种可以作为大学生体能训练方法外，为提高大学生的训练兴趣，在训练中可以结合花样跳绳规则和要求，进行个人和集体专业的花样赛、自编赛和规定赛。学生可以根据自身水平选择不同难度的多摇、力量、体操、放绳、配合互动、步伐、缠绕、换位等基本花样跳绳元素进行动作创编。在训练体能的同时，也能够增添趣味性。

任务拓展

一、花样跳绳规则与评分办法

（一）目标

在规定的时间内，按照跳绳运动基本规律合理运用身体姿势的变化或人绳之间的配合，通过选手的想象力和创意将各种个人绳计数动作组合在一起，配以合适的音乐，全面展示个人绳项目的技巧性和艺术性。

（二）口令

花样赛、规定赛、集体自编赛及连续多摇跳比赛的开始口令为："裁判员准备——运动员准备——可以开始"。花样赛、规定赛和集体自编赛在给"停或时间到"的提示后，超时部分的展演，裁判不再评分。

（三）技术要求

1. 个人绳花样每人只限一绳，车轮花样每人一绳，交互绳花样每队一副绳子，不能添加其他器材或特殊装备。

2. 运动员在指定的场地内比赛为有效动作。

3. 在两人（或以上）团体个人绳花样中，只有动作同步时才评判难度分，互动配合等特殊动作编排除外，车轮跳动作不予评分。

4. 比赛中鞋带若出现松散，裁判将停止评分，直至运动员系好鞋带后，裁判继续开始评分。

（四）评分元素

个人绳花样跳绳评分因素由难度分、完成分、失误扣分、重复难度、规定元素构成。

1. 难度分：按照7个花样难度类别分6个不同的难度等级，每出现一个不同动作，按照0～6级动作难度等级进行累加。裁判将运动员完成一项难度等级技能的次数乘以相应技能水平的分值来计算。

2. 完成分：对运动员动作技术的评判以及整个套路编排、音乐使用的评判。

3. 失误扣分：将个人花样跳绳中规定元素中的失误和完成中的失误进行计算。

4. 重复难度：规定裁判将计算重复难度的次数，每一个3级（包含3级）重复的难度将从总难度分中扣除。每一个重复难度计算同难度分值计算。

5. 规定元素：每个规定元素的缺失都会导致2.5%的扣减。

（五）最后成绩

最后成绩（R）=［难度成绩（D）－重复难度（U）］×完成（P）×失误（M）×规定（Q）

二、集体自编赛评分办法

（一）目标

4～6分钟时间内由8～16名（大型集体自编赛）或者在3分钟～3分30秒内由3～7名（小型集体自编赛）运动员通过多样的表现形式，丰富的表现内容，高超的技术展现，默契的团队配合，全面展示跳绳运动的多样性、观赏性、创意性和娱乐性。

（二）口令

花样赛、规定赛、集体自编赛及连续多摇跳比赛，开始口令为“裁判员准备——运动员准备——可以开始”；花样赛、规定赛和集体自编赛在给“停或时间到”的提示后，超时部分的展演，裁判不再评分。

（三）技术要求

1. 表演的长绳至少有一根为6米，可以用任何的摇绳和跳绳方式。

2. 整个队伍中完成的规定元素至少要有75%的队员参与才会被认定。

（四）评分元素

集体自编赛也是由难度、完成、失误、重复、规定进行评分，规定赛的最后成绩（R）=［难度成绩（D）-重复难度（U）］×完成（P）×失误（M）×规定（Q），但以下情况除外：

1. 完成分值

完成分值可能会对难度分值产生影响，影响系数为Fp=50%

技术动作完成产生的影响值为Fp，F=1/4Fp

形式风格产生的影响值为Fp，S=1/4Fp

娱乐编排完成的影响值为Fp，E=1/4Fp

音乐完成的影响值为Fp，M=1/4Fp

2. 规定元素类别

规定元素中，每少一项元素类别的分数可能会受到5%的影响。

三、规定赛评分办法

（一）规定赛项目设置

1. 个人花样规定套路（参赛人数为1人，规定音乐）。

2. 个人花样集体规定套路（每队参赛人数为8～12人，规定音乐，参赛人员性别不限）。

3. 车轮花样集体规定套路（每队参赛人数为6～12人，规定音乐，即上场3～6组两人车轮花样，来完成同步动作）。

4. 交互绳花样集体规定套路（每队参赛人数为9～15人，规定音乐，即上场3～5组三人交互绳花样，来完成同步动作）。

5. 广场舞花样集体规定套路（每队参赛人数为8～12人，规定音乐，参赛人员性别不限）。

6. 集体自编赛规定套路（每队参赛人数为6～10人，规定音乐，参赛人员性别不限）。

7. DDC交互绳规定套路（每队参赛人数为5～8人，规定音乐，参赛人员性别不限）。

（二）评分元素

规定赛主要由主裁判、创意编排、完成质量三部分评分组成。

（三）最后成绩

规定赛成绩总分=创意编排分＋完成质量分－失误分

3个创意分的评价分为创意分值，记作T1。

3个完成分的平均分为完成分值，记作T2。

违规由主裁判单独判定，从100分扣除，记作T3。

项目十四　民族传统健身项目

知识导航

导引类养生法是养生健身操的主要形式。导引可简释为疏导、通导、引神、引导。导引类养生法在我国源远流长，最早见于先秦典籍《庄子·刻意》，其文云："吹呴呼吸，吐故纳新，熊经鸟伸，为寿而已矣。"此导引之术，《黄帝内经·异法方宜论》《吕氏春秋·古乐篇》都有较详细记载。导引术由最开始仿生活动姿态，逐渐发展加入了气的意识，即呼吸之气和意念之气。后来出现了多种导引养生术，如五禽戏、八段锦、六字诀等。导引术是以肢体运动为主要特征，结合呼吸吐纳静功，引申经脉，以气血为理论指导，依经络循环为动力，达到以意导气、形助潜能、祛病健身的养生保健目标。五禽戏、八段锦、六字诀等是习练人群较多、开展最为普遍的养生健身操，尤其深受广大中老年人的喜爱，对于提高中老年人群的体质健康、弘扬和传承中华优秀传统文化有着重要的作用和深远的影响。

思政园地

传统养生体育是传承优秀传统文化、提升文化自信的重要途径

传统养生体育的发展，有利于丰富人民群众的文化生活，进一步满足人们日益增长的精神需求。传统养生体育活动轻竞技、重养生的特点让其更适合于大规模地向大众普及与推广。不论是由体育社会团体组织，还是自发组成的体育小团体，或者是个人参与的传统养生体育活动中，人们都可以得到充足的参与感与获得感。人们在参与体育活动获得身体锻炼的同时，也增进了相互之间的交流与沟通，这对于丰富文化生活、缓解精神压力、促进社会的和谐稳定都具有正向积极的意义。尤其是在当今高强度的生活节奏中，这种身体与精神层面满足感的协调统一是更加难能可贵的。

传统养生体育的发展也有利于文化对外交流与传播，提高人民群众的文化自信与民族自豪感。太极拳、五禽戏等一系列有代表性的传统养生体育项目都在我国对外文化交

流活动中占据着重要地位。截至2016年，在全球78个不同国家中，已有超过240多所的孔子学院专门开设了太极拳专业课程。在我国最新推行的“一带一路”倡议中，太极拳等传统养生体育项目也都被列入为“新亚欧大陆桥经济文化走廊”“中蒙俄经济文化走廊”“中南半岛经济文化走廊”等一系列体育文化传播路线战略中的重要组成内容。体育文化的对外传播，不仅是对我国优秀传统体育文化的继承与发展，在更高层面上是民族文化自信与自豪感的提升。

思维导图

学习任务一　五禽戏

一、五禽戏概述

五禽戏是以肢体运动为主，辅以呼吸吐纳与意念配合的导引类功法。它是模仿五种禽兽——虎、鹿、熊、猿、鸟的动作而编创成的气功功法。

修炼五禽戏，能够帮助学生在体育锻炼中享受乐趣、增强体质、健全人格、锤炼意志。

五禽戏由东汉名医华佗根据西汉淮南王刘安的六禽戏改编而成，整套动作形象、生动、活泼，乐趣盎然，具有一定的强壮身体和医疗保健功效。它体现了华佗“人身常动摇，则谷气消，血脉流通，病不得生，人犹户枢不朽也”的健身防病理论。

二、习练要领

习练五禽戏，必须把握好“形、神、意、气”四个环节。

（一）形

“形不正则气不顺，气不顺则意不宁，意不宁则神散乱”，这说明姿势在练功中的重要性。开始习练每戏时，要根据动作的名称含义做出与之相适应的动作造型，动作到位，合乎规范，努力做到“演虎像虎”“学熊像熊”。

（二）神

神即神态、神韵。养生之道在于“形神合一”。戏有玩耍、游戏之意，只有掌握五禽的神态，进入玩耍、游戏的意境，神韵方能显现出来，动作形象才可能逼真。虎戏要仿效虎的威猛气势，虎视眈眈；鹿戏要仿效鹿的轻捷舒展，自由奔放；熊戏要仿效熊的憨厚刚直，步履沉稳；猿戏要仿效猿的灵活敏捷，轻松活泼；鸟戏要仿效鹤的昂首挺立，轻盈潇洒。

（三）意

意即意境。《黄帝内经》指出：“心为五脏六腑之大主，心动则五脏六腑皆摇。”开始练功时，要思想集中，排除杂念，做到心静神凝。习练每戏时，逐步进入“五禽”的意境。练“虎戏”时，要意想自己是深山中的猛虎，伸展肢体，抓捕食物；练鹿戏时，要意想自己是原野上的梅花鹿，众鹿戏抵，伸足迈步；练熊戏时，要意想自己是山林中的黑熊，转腰运腹，自由慢行；练猿戏时，要意想自己是置于花果山中的灵猴，活泼灵巧，摘桃献果；练鸟戏时，要意想自己是江边的仙鹤，伸筋拔骨，展翅飞翔。

（四）气

气即练功时对呼吸的锻炼，也称调息。习练健身气功五禽戏时，呼吸与动作的配合有以下规律：起吸落呼，开吸合呼，先吸后呼，蓄吸发呼。其主要呼吸形式有自然呼吸、腹式呼吸提肛呼吸等，可根据姿势变化或劲力要求而选用。但是，不管选用何种呼吸形式，都要求松静自然，不能憋气。同时，呼吸的“量”和“劲”都不能太过、太大，以不疾不徐为宜，逐步达到缓慢、细匀、深长的程度。

三、手形、步形和平衡

（一）基本手形

1. 虎爪

五指张开，虎口撑圆，第一、二指关节弯曲内扣。

2. 鹿角

拇指伸直外张，食指、小指伸直，中指、无名指弯曲内扣。

3. 熊掌

拇指压在食指指端上，其余四指并拢弯曲，虎口撑圆。

4. 猿钩

五指指腹捏拢，屈腕。

5. 鸟翅

五指伸直，拇指、食指、小指向上翘起，无名指、中指并拢向下。

6. 握固

拇指抵掐无名指根节内侧，其余四指屈拢收于掌心。

（二）基本步形

1. 弓步

两腿前后分开一大步，横向之间保持一定宽度，右（左）腿屈膝前弓，大腿斜向地面，膝与脚尖上下相对，脚尖微内扣；左（右）腿自然伸直，脚跟蹬地，脚尖稍内扣，全脚掌着地。

2. 虚步

右（左）脚向前迈出，脚跟着地，脚尖上翘，膝微屈；左（右）腿屈膝下蹲，全脚掌着地，脚尖斜向前方，臀部与脚跟上下相对。身体重心落于左（右）腿。

3. 丁步

两脚左右分开，保持间距10～20厘米，两腿屈膝向下蹲，左（右）的脚跟微微提起，脚尖虚点地面，放在右（左）足弓处；左（右）脚掌全部着地。

（三）平衡

1. 提膝平衡

左（右）腿直立站稳，上体正，右（左）腿在屈膝上提，小腿自然下垂，脚尖向下。

2. 后举腿平衡

右（左）腿蹬直站稳，左（右）腿伸直，向体后举起，脚面绷平，脚尖向下。

学习任务二　八段锦

一、八段锦概述

“八段锦”是一套动作简单、易学易练的传统运动功法。“八段”，是指其动作共八节；“锦”，有典雅华美之意，谓其珍贵。八段锦这一名称，最早见于宋人洪迈所编的《夷坚志》中。八段锦在我国民间流传十分广泛，并在实践中不断加以修改、创新。本节主要介绍由国家体育总局健身气功管理中心收集、整编的“健身气功·八段锦”。八段锦功能柔筋健骨、养气壮力，有行气活血、调和五脏六腑的功能，男女老幼皆可锻炼。八段锦养生操动作连贯圆活、柔和缓慢，松紧自然、动静相兼，易于学习。持续锻炼能够起到强身健体的作用，有利于提高机体的耐受性，减轻疾病及其治疗造成的负面影响，提升生活质量。

二、手形和步形

（一）基本手势

1. 握固：大拇指抵掐无名指根结，其余四指屈拢与掌心。

2. 荷叶掌：五指张开，并拢。

3. 柳叶掌：五指伸直，并拢。

4. 虎爪：虎口撑园，五指分开，第一、第二指关节弯曲内扣。

（二）基本步形

1. 弓步：两腿前后分开一大步，横向之间保持一定宽度，前腿屈膝前弓，大腿斜向地面，膝与脚尖上下相对，脚尖微内扣；后腿自然伸直，脚跟蹬地，脚尖微内扣，全脚掌着地。

2. 丁步：两脚左右分开，间距10～20厘米，两腿屈膝下蹲，前脚脚跟提起，脚尖着地，虚点地面，置于后脚足弓处；后脚全脚掌着地踏实。

3. 马步：开步站立，两脚间距为本人脚掌长的2～3倍，屈膝半蹲，大腿略高于水平。

三、习练要点

1. 松静自然

松静自然是练功的基本要领，也是最根本的法则。松，是指精神与形体两方面的放松。这里的“自然”决不能理解为“听其自然”“任其自然”，而是指“道法自然”。

2. 准确灵活

准确，主要指练功时的姿势与方法要正确，合乎规格。灵活，指习练时对动作幅度的大小、姿势的高低、用力的大小、习练的数量、意念的运用、呼吸的调整等都要根据自身情况灵活掌握。

3. 练养相兼

练，指形体运动、呼吸调整与心理调节有机结合的锻炼过程。养，是通过上述练习，身体出现的轻松舒适、呼吸柔和、意守绵绵的静养状态。

4. 循序渐进

只有经过一段时间和数量的习练，才会做到姿势逐渐工整，方法逐步准确，动作的连贯性与控制能力得到提高，对动作要领的体会不断加深。

学习任务三　易筋经

一、易筋经概述

易筋经，源于我国古代中医导引术，具有强健体魄、预防疾病的效果，长期在道家、佛家及民间习武人士中间广为流传。

易筋经共计十二势，其预备式为：两腿开立，头端平，口微闭，调呼吸。含胸，直腰，蓄腹，松肩，全身自然放松。

二、动作详解

（一）第一势：韦驮献杵第一势

两臂曲肘，徐徐平举至胸前成抱球势，屈腕立掌，指头向上，掌心相对（10厘米左右距离）。此动作要求肩、肘、腕在同一平面上，合呼吸，酌情做8～20次。

诀曰：立身期正直，环拱手当胸，气定神皆敛，心澄貌亦恭。

动作要领：①预备桩功：两脚平行站立，与肩等宽，双膝微屈，两臂自然下垂于身体两侧，五指自然并拢微屈，两眼平视前方，继而放松，轻轻闭合，眼若垂帘。心平气和，神能安详，洗心涤滤，心澄貌恭。全身自上而下头颈、肩、臂、平、胸、腹、臀、大腿、小腿、脚依次放松，躯体各关节及内脏放松，做到身无紧处，心无杂念，神意内收。

继而再做内观放松，神意内收，导引气血内观泥丸，自觉头脑清新，清莹如晨露。

引气下行，内观咽喉，自觉颈项放松。

引气下行，内观小丹田，自觉心胸开阔，神清气爽。

引气下行，内观脾骨，自觉中焦温润，胃脘舒适。

引气下行，内观下丹田，自觉命门相火温煦，元气充沛，腹内暖意融之。

引气下行，内观会阴，自觉会阴放松。

引气沿两腿内侧下行，内观涌泉，自觉无限生机自足下涌出。

②拱手当胸：两臂徐徐前手举，掌心相对与肩等宽，两臂平直，再屈肘，肘节自然向下提坠，两手慢慢内收，距胸约一拳后，两手指尖相叠，拇指轻触，掌心向内。此时要求沉肩坠肘，含胸拔背，气沉丹田，舌抵上腭，面带微笑。

（二）第二势：横担降魔杵

两足分开，与肩同宽，足掌踏实，两膝微松；两手自胸前徐徐外展，至两侧平举；

立掌，掌心向外；吸气时胸部扩张，臂向后挺；呼气时，指尖内翘，掌向外撑。反复进行8～20次。

诀曰：足指挂地，两手平开，心平气静，目瞪口呆。

动作要领：接上势，翻转掌心向下，指尖相对，在体前缓缓下按至小腹前，同时引气下导。两掌左右分开，翻转掌心朝上，缓慢上抬呈侧平举，意念在无限远处。两手微高于肩，两眼平视前方，极目远眺，舌尖放下平铺，松腰松胯，两足趾抓地，似要生根之状，全身放松，心平气和，排除杂念，摒弃诸缘。

（三）第三势：掌托天门

两脚开立，足尖着地，足跟提起；双手上举高过头顶，掌心向上，两中指相距3厘米；沉肩曲肘，仰头，目观掌背。舌舐上腭，鼻息调匀。吸气时，两手用暗劲尽力上托，两腿同时用力下蹬；呼气时，全身放松，两掌向前下翻。收势时，两掌变拳，拳背向前，上肢用力将两拳缓缓收至腰部，拳心向上，脚跟着地。反复8～20次。

诀曰：掌托天门目上观，足尖着地立身端。力周腿胁浑如植，咬紧牙关不放宽，舌可生津将腭舐，鼻能调息觉心安。两拳缓缓收回处，用力还将挟重看。

动作要领：①掌托天门目上举：接上势，两臂上举，掌心相对，翻转掌心向上，十指相对，舌抵上腭，仰面观天，眼看九天之外，脚跟提起，足尖着地。

②俯掌贯气：两掌心翻转朝下，肘微屈，头正，眼平视前方，舌尖放下，两身在身前缓缓下按至小腹前，神意自九天之外收回，自头顶白会穴透入，径咽喉，脊髓至尾闾，沿两腿直达涌泉。下导时，足跟随之着地。

（四）第四势：摘星换斗势

右脚稍向右前方移步，与左脚形成斜八字，随势向左微侧；屈膝，提右脚跟，身向下沉，右虚步。右手高举伸直，掌心向下，头微右斜，双目仰视右手心；左臂曲肘，自然置于背后。吸气时，头往上顶，双肩后挺；呼气时，全身放松，再左右两侧交换姿势锻炼。连续5～10次。

诀曰：只手擎天掌覆头，更从掌内注双眸。鼻端吸气频调息，用力回收左右侔。

动作要领：①双手擎天掌覆头：右手经身体右侧缓缓向上举起，掌心朝天，五指朝左弓，松肩直臂左手臂外劳宫紧贴命门。舌抵上腭，仰面上观手背，透过手背看九天之上，身体自命门起上下双向伸展。

②俯首贯气：右掌翻转向下，生屈肘，头正，舌尖自上腭自然放下，眼平视前方或轻闭，同时“神返身中”。久练后与双手擎天连续练习时有“人在气中，气在人内”、内外一气的感觉。松腰，则左掌劳宫穴发气，与上式俯掌贯气同。

左手动作与右手动作相同，唯左右相反。

（五）第五势：倒拽九牛尾势

右脚前跨一步，屈膝成右弓步。右手握拳，举至前上方，双目观拳；左手握拳；左臂屈肘，斜垂于背后。吸气时，两拳紧握内收，右拳收至右肩，左拳垂至背后；呼气时，两拳两臂放松还原为本势预备动作。再身体后转，成左弓步，左右手交替进行。随呼吸反复5～10次。

诀曰：两腿后伸前屈，小腹运气空松；用力在于两膀，观拳须注双瞳。

动作要领：①左脚向左侧迈出一步成左弓步。同时，左手握拳上举，拳稍过头顶，拳心向内，屈肘。前臂与上臂所成角度略大于直角。肘不过膝，膝不过足，成半圆形，两腿观左拳。右手握拳，直肘向后伸展，拳心向后，前后两拳成绞绳状，称为螺旋颈。松肩，两肩要平而顺达。背直，塌腰收臀，胸略内含，藏气于小腹，鼻息调匀，舌尖轻抵上腭。

②导气下达两拳放松成半握拳状。舌尖自上腭放下，肩、腰放松，左手劳宫穴发气，闭目。气自天目穴遂入，依次贯穿脑髓、脊髓、两腿骨髓，直达两脚涌泉穴。

③转身向右，与前式相同，唯左右相反。

（六）第六势：出爪亮翅势

两脚开立，两臂前平举，立掌，掌心向前，十指用力分开，虎口相对，两眼怒目平视前方，随势脚跟提起，以两脚尖支持体重。再两掌缓缓分开，上肢成一字样平举，立掌，掌心向外，随势脚跟着地。吸气时，两掌用暗劲伸探，手指向后翘；呼气时，臂掌放松。连续8～12次。

诀曰：挺身兼怒目，推手向当前；用力收回处，功须七次全。

动作要领：①握拳护腰由第一势预备桩功，上身前俯，两臂在身前松垂，两手握拳，由身前缓缓提起，置于腰间，拳心朝上。同时配合顺气，身直胸展，舌尖轻抵上腭，青少年，年轻力壮或以增强力量为目的者，提起握紧拳。

②两拳变掌，缓缓向前推出，至终点时掌心朝前，坐腕屈指，高与肩平，两眼平视指端，延展及远。

③松腕，虚掌，十指微屈，屈肘，两手缓缓向胸胁收回，势落海水还潮，两眼轻闭，舌尖轻抵上腭，配以缓缓吸气。

（七）第七势：九鬼拔马刀势

脚尖相衔，足跟分离成八字形；两臂向前成叉掌立于胸前。左手屈肘经下往后，成勾手置于身后，指尖向上；右手由肩上屈肘后伸，拉住左手指，使右手成抱颈状。足趾抓地，身体前倾，如拔刀一样。吸气时，双手用力拉紧，呼气时放松。左右交换。反复5～10次。

诀曰：侧首弯肱，抱顶及颈；自头收回，弗嫌力猛：左右相轮，身直气静。

动作要领：①右手后背，掌心朝外，置于腰部。左手上举过头，屈肘贴枕部抱头，手指压拉右耳，左腋张开。同时头颈腰背拧转向左后方，眼看右足跟。舌尖轻抵上腭，稍停片刻。

②拧身复正，侧头上观，两眼延展及远。舌尖轻抵上腭，身直气静。两手沿体前缓慢下落，恢复预备桩功。动作3、4与1、2同，唯左右相反。

（八）第八势：三盘落地势

左脚向左横跨一步，屈膝下蹲成马步。上体挺直，两手叉腰，再屈肘翻掌向上，小臂平举如托重物状；稍停片刻，两手翻掌向下，小臂伸直放松，如放下重物状。动作随呼吸进行，吸气时，如托物状；呼气时，如放物状。反复5～10次。收功时，两脚徐徐伸直，左脚收回，两足并拢，成直立状。

诀曰：上腭坚撑舌，张眸意注牙；足开蹲似踞，手按猛如拿；两掌翻齐起，千斤重有加；瞪目兼闭口，起立足无斜。

动作要领：①同第一式预备柱功，屈腰下蹲，同时两掌分向身侧胯旁，指尖朝向左右侧方（微微偏前），虎口撑圆，眼看前方，延展及远。上虚下实，空胸实腹，松腰敛臀，气蓄小腹。要做到顶平、肩平，心平气静。练虚静功者可闭目敛神，铜钟气功即脱胎于比式，故亦可做单独桩法练之。

②两腿伸直，翻掌托起，如托千斤。同时及气，舌抵上腭，眼向前平视，全身放松。

③俯掌屈膝下按（恢复马步蹲按），配以呼吸，如此反复蹲起3次。年青体壮者则宜全蹲，站起进宜缓，同时握拳上提。

（九）第九势：青龙探爪势

两脚开立，两手成仰拳护腰。右手向左前方伸探，五指捏成勾手，上体左转。腰部自左至右转动，右手亦随之自左至右水平划圈，手划至前上方时，上体前倾，同时呼气：划至身体左侧时，上体伸直，同时吸气。左右交换，动作相反。连续5～10次。

诀曰：青龙探爪，左从右出；修士效之，掌气平实；力周肩背，围收过膝；两目平注，息调心谧。

动作要领：①上身微俯，两手握拳，缓缓自身前提起，置于腰间，拳心朝上，同时配合吸气。舌尖轻抵上腭。右拳以拳面抵于章门穴，左拳变掌上举过头，腰身缓缓屈向左侧，使左腰充分收缩，右腰极度伸展。掌心朝下，舌尖轻抵上腭，自然呼吸，眼看左掌。

②屈膝下蹲，左手翻转掌心朝上，手背离地面少许，沿地面自左方，径前方划弧至左脚外侧；右拳变掌落下，同时身体亦随之转正，两握拳。直立，左掌同时提置左章门穴。右手动作与左手动作同，唯左右相反。

（十）第十势：卧虎扑食势

右脚向右跨一大步，屈右膝下蹲，成右弓左仆腿势；上体前倾，双手撑地，头微抬起，目注前下方。吸气时，同时两臂伸直，上体抬高并尽量前探，重心前移；呼气时，同时屈肘，胸部下落，上体后收，重心后移，蓄势待发。如此反复，随呼吸而两臂屈伸，上体起伏，前探后收，如猛虎扑食。动作连续5～10次后，换左弓右仆脚势进行，动作如前。

诀曰：两足分蹲身似倾，屈伸左右腿相更；昂头胸作探前势，偃背腰还似砥平；鼻息调元均出入，指尖着地赖支撑；降龙伏虎神仙事，学得真形也卫生。

动作要领：①上身微俯，两手握拳，缓缓自身前提起，径腰间肘掌心朝上，身直胸展。不停，两拳顺着胸部向上伸至口手，拳心转向里，同时屈膝、屈胯、微蹲蓄势，配以深长吸气。

②左脚踏前一步，顺势成左弓步，同时臂内旋变掌向前下扑伸，掌高与胸齐，眼视两手。在扑伸的同时发“哈”声吐气。不停，身体前倾，腰部平直，将胸中余气呼尽，顺势两手分按至左脚两侧。头向上略抬，两眼平视及远，极目远眺。

③前两个动作要协调一致。两脚不动，起身后坐同时两手握拳，沿左腿上提。其他动作与前述之动作同。如此共扑伸3次，左脚收回，右弓步动作与左弓步同，唯左右相反。

（十一）第十一势：打躬势

两脚开立，脚尖内扣。双手仰掌缓缓向左右而上，用力合抱头后部，手指弹敲小脑后片刻。配合呼吸做屈体动作：吸气时，身体挺直，目向前视，头如顶物；呼气时，直膝俯身弯腰，两手用力使头探于膝间作打躬状，勿使脚跟离地。根据体力反复8～20次。

诀曰：两手齐持脑，垂腰至膝间；头惟探胯下，口更齿牙关；掩耳聪教塞，调元气自闲；舌尖还抵腭，力在肘双弯。

动作要领：①两臂展直，自身侧高举过头，仰面观天，头颈正直，屈肘两手抱后脑，掌心掩耳，两肘张开，与肩平行。

②上身前俯成打躬状，头部低垂，大约至两膝前方。两膝勿屈，微微呼吸，掌心掩耳。两手以指（食、中、无名指）交替轻弹后脑（风池穴附近）各36次。

③缓缓伸腰站直，先左侧拧腰侧转，再向右侧拧腰侧转，往返7次，两脚勿移，腰直目松，膝直不僵，舌尖自然放下，面带微笑。

④在身体转至正中后，抬起脚跟，同时两手自脑后高举过头，仰掌呈擎天状，躯体充分舒展，并配合吸气。

（十二）第十二势：掉尾势

两腿开立，双手仰掌由胸前徐徐上举至头顶，目视掌而移，身立正直，勿挺胸凸腹；十指交叉，旋腕反掌上托，掌以向上，仰身，腰向后弯，目上视；然后上体前屈，双臂下垂，推掌至地，昂首瞪目。呼气时，屈体下弯，脚跟稍微离地；吸气时，上身立起，脚跟着地；如此反复21次。收功：直立，两臂左右侧举，屈伸7次。

诀曰：膝直膀伸，推手自地；瞪目昂头，凝神一志；起而顿足，二十一次；左右伸肱，以七为志；更作坐功，盘膝垂眦；口注于心，息调于鼻；定静乃起，厥功维备。

动作要领：①两手分别自身侧高举过头。两掌相合，提顶、伸腰、展臂，提起脚跟极力高举。

②脚跟落地，两脚踏实，同时两掌落至胸前。十指交叉翻转，掌心朝外，两臂也随之前伸，展直。翻掌朝下，在身前徐徐下降至裆的部位后，弯腰前俯，继续下按至地。膝不可屈，如有未达，不可勉强。下按至终点时，昂头，舌抵上腭。如此俯仰躬身，重复举按3～5次。天长日久，掌可逐渐靠近地面，则腰身柔若童子。

③转腰向左方，两脚不移，仅左脚步变虚，右腿变实，右膝微屈。同时两手保持交叉状态，沿地面划弧移至左脚外侧。两臂保持伸展，自左方高举转头，掌心朝上，仰面观天，拧腰180度转向右方，徐徐弯腰右方俯身，下按至右脚步外侧，如未达到，不可勉强，可继续俯仰3～5次，以后逐渐靠近地面。

④最后一次下按右脚外侧时，伸舒腰身，两臂随之高举过头。继之拧腰转身至正前方。两掌相合，徐徐降至胸前。两掌缓缓分开，十指相对，下按，两手分开，自然下垂于两胯旁，恢复成预备桩功势。两脚跟起落顿地3～21次。

三、习练要领

（一）精神放松，形意合一

习练本功法要求精神放松，意识平静，不做任何附加的意念引导。通常不意守身体某个点或部位，而是要求意随形体动作的运动而变化。即在习练中，以调身为主，通过动作变化导引气的运行，做到意随形走、意气相随，起到健体养生的作用。同时，在某些动作中，需要适当地配合意识活动。如“韦驮献杵第三势”中双手上托时，要求用意念关注两掌；“摘星换斗势”中要求目视上掌，意存腰间命门处；“青龙探爪”时要求意存掌心。而另一些动作虽然不要求配合意存，却要求配合形象的意识思维活动。如“三盘落地势”中下按、上托时，两掌有如拿重物；“出爪亮翅势”中伸肩、撑掌时，两掌有排山之感；“倒拽九牛尾势”中拽拉时，两膀如拽牛尾；“打躬势”中脊椎屈伸时，应体会上体如“勾”一样的卷曲伸展。这些都要求意随形走，用意要轻，似有似无，切忌刻意、执着于意识。

（二）呼吸自然，贯穿始终

习练本功法时，要求呼吸自然、柔和、流畅，不喘不滞，以利于身心放松、心平气和及身体的协调运动。相反，若不采用自然呼吸，而执着于呼吸的深长绵绵、细柔缓缓，则会在与导引动作的匹配过程中产生“风”“喘”“气”三相，即呼吸中有声（风相），无声而鼻中涩滞（喘相），不声不滞而鼻翼扇动（气相）。这样，习练者不但不受益，反而会导致心烦意乱，动作难以松缓协调，影响健身效果。因此，习练本功法时，要以自然呼吸为主，动作与呼吸始终保持柔和协调的关系。此外，在功法的某些环节中，也要主动配合动作进行自然呼或自然吸。如“韦驮献杵第三势”中双掌上托时自然吸气；“倒拽九牛尾势”中收臂拽拉时自然呼气；“九鬼拔马刀势”中展臂扩胸时自然吸气，松肩收臂时自然呼气，含胸合臂时自然呼气，起身开臂时自然吸气；“出爪亮翅势”中两掌前推时自然呼气，等等。因为人体胸廓会随着这些动作的变化而扩张或缩小，吸气时胸廓会扩张，呼气时胸廓会缩小。因此，习练本功法时，应配合动作，随胸廓的扩张或缩小而自然吸气或呼气。

（三）刚柔相济，虚实相兼

本功法动作有刚有柔，且刚与柔是在不断相互转化的。有张有弛，有沉有轻，是阴阳对立统一的辩证关系。如“倒拽九牛尾势”中，双臂内收旋转逐渐拽拉至止点是刚，为实；随后身体以腰转动带动两臂伸展至下次收臂拽拉前是柔，为虚。又如“出爪亮翅势”中，双掌立于胸前呈扩胸展肩时，肌肉收缩的张力增大为刚，是实；当松肩伸臂时，两臂肌肉等张收缩，上肢是放松的，为柔；两臂伸至顶端，外撑有重如排山之感时，肌肉张力再次增大为刚，是实。这些动作均要求习练者在用力之后适当放松，松柔之后尚需适当有刚。这样，动作就不会出现机械、僵硬或疲软无力的松弛状况。因此，习练本功法时，应力求虚实适宜，刚柔相济。要有刚和柔、虚与实之分，但习练动作不能绝对地刚或柔，应做到刚与柔、虚与实的协调配合，即刚中含柔、柔中寓刚。否则，用力过“刚”，则会出现拙力、僵力，以致影响呼吸，破坏宁静的心境；动作过“柔”，则会出现疲软、松懈，起不到良好的健身作用。

（四）循序渐进，因人而异

个别动作配合发音习练本功法时，不同年龄、不同体质、不同健康状况、不同身体条件的练习者，可以根据自己的实际情况，灵活地选择各势动作的活动幅度或姿势，如“三盘落地势”中屈膝下蹲的幅度、“卧虎扑食势”中十指着地姿势的选择等等。习练时，还应遵循由易到难、由浅到深、循序渐进的原则。另外，本功法在练习某些特定动作的过程中要求呼气时发音（但不需出声）。如“三盘落地势”中的身体下蹲、两掌下按时，要求配合动作口吐“嗨”音，目的是下蹲时气能下沉至丹田，而不因下蹲造成下肢紧张，引起气上逆至头部；同时口吐“嗨”音，气沉丹田，可以起到强肾、壮丹田的作用。因此，在该势动作中要求配合吐音、呼气，并注意口形，吐“嗨”音口微张，音从喉发出，上唇着力压于龈交穴，下唇松，不着力于承浆穴。这是本法中“调息”的特别之处。

任务拓展

健身气功竞赛规则

一、竞赛通则

第一条　竞赛类别

一、个人赛。

二、集体赛。

三、团体赛。

第二条　竞赛项目

一、国家体育总局编创的健身气功。

（一）健身气功·易筋经。

（二）健身气功·五禽戏。

（三）健身气功·六字诀。

（四）健身气功·八段锦。

二、四种健身气功每套功法为一个比赛项目。

第三条　背景音乐

以不带口令词的原配乐曲为演示四种健身气功相应的背景音乐。

第四条　参赛服装

裁判人员、参赛队员应着大会指定的服装，并佩戴相应的标志。

第五条　比赛顺序

在竞赛委员会和总裁判长的组织下，由编排记录组实施抽签，决定参赛队（队员）的比赛顺序。

第六条　赛前检录

参赛队员在赛前30分钟到达指定地点报到，参加第一次检录，赛前10分钟进行第二次检录，未能按时参加检录或上场比赛，按弃权处理。

第七条　参赛礼仪

参赛队员听到上场点名和完成比赛项目后，应向裁判长施礼。

第八条　示分办法

个人赛和集体赛的比赛成绩实行公开示分。

第九条　名次确定

一、个人单项或集体单项名次。

（一）按比赛成绩由高到低排列名次。

（二）比赛成绩得分相等时演示水平得分高者列前；如仍相等，以动作规格得分高者列前；如仍相等，以动作规格分平均值计算前的最高分高者列前；如仍相等名次并列。

二、团体名次。

（一）按比赛成绩由高到低排列名次。

（二）团体总分相等时以集体项目总分高者列前，如仍相等以单项赛名次高者列前，如仍相等名次并列。

二、评分方法与标准

第十条　评分方法

一、每个比赛项目满分为10分，其中动作规格分值为5分，演示水平分值为5分。

二、采取裁判长、A组裁判员扣分制和B组裁判员给分制相结合的评分方法。

第十一条　评分标准

一、动作规格扣分累计不超过4分（含4分），A组裁判员根据下列错误类型每出现一次扣0.1分；同一错误在同一动作中出现多次，同一动作出现多种错误或多人次在同一动作中出现错误，累计扣分最高为0.4分。

（一）动作类：动作不符合功法规格标准，存在不规范的口型和发音。

（二）平衡类：不属规范动作内的肢体移动、晃动。

（三）呼吸类：明显的气喘或憋气。

（四）神态类：意念不集中的分神、走神。

（五）其他类：遗忘动作，动作与背景音乐不合拍。

二、演示水平分值为3个档次，每个档次分为3级，共分9个分数段。给分的方法是先确定给分的档次再确定给分的级别，尔后在对应的分数段中以0.05为单位的倍数给分（小数点后第二位数或者是0或者是5）。

表14-1　评分档次

档次	级别	分数
优秀	1级	5.00至4.80
	2级	4.75至4.50
	3级	4.45至4.10
良好	1级	4.00至3.80
	2级	3.75至3.50

续表

档次	级别	分数
良好	3级	3.45至3.10
一般	1级	3.00至2.80
	2级	2.75至2.50
	3级	2.45至2.10

凡动作规范、呼吸顺畅、意念集中、演示神韵与项目规格标准及特点融合、动作和队形整齐、动作与背景音乐和谐一致者，视为优秀。

凡动作较规范、呼吸较顺畅、意念较集中、演示神韵与项目规格标准及特点较融合、动作和队形较整齐、动作与背景音乐配合较一致者，视为良好。

凡动作不规范、呼吸不顺畅、意念不集中、演示神韵与项目规格标准及特点不融合、动作和队形不整齐、动作与背景音乐配合不一致者，视为一般。

三、裁判长扣分

（一）比赛中因参赛队员个人因素造成的重做扣1分。

（二）参赛队员演示结束时间每提前或滞后3秒扣0.1分，累计扣分不超过0.3分。

（三）集体赛每多或缺1名参赛队员扣0.5分。

（四）着装不符合指定的式样，扣0.1～0.3分。

第十二条　得分计算

一、动作规格的平均分和演示水平的平均分以及参赛队（队员）的最后得分分别计算到小数点后第二位数，小数点后第三位数不做四舍五入。

二、A组3名裁判员评分的平均值为参赛队（队员）动作规格得分。

三、B组3名裁判员评分的平均值为参赛队（队员）演示水平得分。

四、参赛队（队员）动作规格得分与演示水平得分之和减去裁判长扣分为其最后得分。

项目十五　体育游戏

知识导航

体育游戏既具有体育运动的运动规律，又具有体育游戏的一般特征。在训练过程中，根据训练的目的、计划，有组织地结合游戏进行趣味性协同活动，既可以培养运动员的兴趣、释放运动员的天性，又可以提高训练的积极性，尤其是对大学生来说，以游戏的形式，帮助他们掌握体育运动中的基本技能、战术、手段，使体育教学训练达到事半功倍的效果。

思政园地

“友谊，从运动开始”体育游戏思政教学

为了丰富大学生的业余生活，给大家一个体现团队精神及凝聚力的空间，在体育游戏活动中让大家体验运动和游戏的趣味和快乐，从中学会团结。组织开展体育游戏，既可以培养全体学生的集体荣誉感，又能够培养学生的合作精神、竞争意识，以及不怕困难、勇往直前的品质。打造一个大学生相互交流、相互学习的平台，组织开展以“友谊，从运动开始”的体育游戏竞赛，加深同学之间的友谊，构建团结友爱的校园气氛。

思维导图

学习任务一　体育游戏概述

一、体育游戏的概念

体育游戏是在体育运动特定的规则范围内实施的某种游戏活动形式和运动方法的总称。体育游戏形式多样、内容多变，具有竞争因素且娱乐性强、操作性简易，学生的参与热情较高，容易掌握技术，深受学生欢迎。

二、体育游戏的作用

（一）体育游戏可以降低技术学习过程中的乏味性

体育运动要求运动员掌握较强的技术、具备较好的体能，但是体能与技能的训练需要多次、反复训练，训练过程乏味枯燥，降低了运动员练习热情与质量，导致体育技能提升缓慢，甚至止步不前。体育游戏的运用，不仅可以提升各运动项目训练过程中的趣味性，还可以提升学生运动技能，这样就使得比较枯燥的技术练习转变成游戏的形式，提升了教学质量。

（二）体育游戏可以提高学生的学习积极性

游戏本身就具备趣味性和竞技性，合理安排一些基本技术的组合游戏，可以很好地促进学生参与的积极性，保持学生的兴奋和求知的欲望，减缓学生疲劳感，使学生在兴奋中获得技能，提高教学质量。

（三）体育游戏可以模拟球类、田径类等运动项目，培养运动意识

体育游戏是对运动项目的模拟。通过体育游戏模拟运动环境，能够培养学生感官和机能的灵敏性和稳定性。

三、体育游戏的创编原则

（一）针对性原则

创编体育游戏要依据创编环境的情况，教学训练的内容和目标，学生具体情况，教学客观环境，诸如场地、器材设备、人数、天气等进行创编。

在体育教学、训练中运用和组织游戏是一种手段。通过体育游戏，能够掌握运动技术，发展与专项体育运动有关的各种素质能力。

（二）教育性原则

体育游戏作为教学中的辅助手段，在组织体育游戏的过程中，应立足于教育价值，在游戏设计、命名、形式、方法到具体要求和建议等方面都应包含思想品德教育、集体主义精神、团结友爱、勇于争先的精神等。

（三）练与学统一性原则

体育游戏运用到教学中，应当把兴趣的培养与学生体质的增强、技术与战术的提高相结合。运动技术训练需要进行无数次的反复练习，容易使学生在训练中感到枯燥乏味，在训练中产生注意力不持久、练习效果不好的现象。因此，以运动技术、战术等为体育游戏的创编素材，使学生通过趣味的游戏练习相应的技术动作，可以降低训练过程中的枯燥感。并且在一般性训练中难以理解、掌握的技战术能力，通过游戏的形式往往更容易被学生理解掌握。但是运用这种手段会有一定的缺点，例如在游戏过程中学生会产生过度兴奋的情绪以及过于松散的运动状态，难以注重动作的要领以及规范，因此，在创编游戏时可以通过游戏规则的设定保证动作的规格，使学生在娱乐状态下完成相应的练习，达到又学又练又提高的目的。

（四）趣味性原则

体育游戏的基本属性就是趣味性。体育游戏的趣味性表现为有较强对抗性下的竞争性趣味游戏。这种游戏能够有效激发学生的参与性和积极性，不论在游戏中的失败者或胜利者，都能体会享受游戏带来的乐趣，并在游戏的过程中得到启发和激励。体育游戏的竞争性越强，带来的趣味性也就越大，在体育教学训练过程中，一些练习通过游戏的形式开展，往往会得到意想不到的效果。

（五）公平性原则

体育游戏同其他游戏一样，多带有竞争性，因此体育游戏在设计过程中有严格的规则和要求，使参与游戏的游戏者能够在平等的条件下进行体育游戏。体育游戏过程中，对游戏的胜方要给予鼓励，对游戏的负方应进行相应的惩罚。

四、体育游戏的创编步骤

（一）游戏目的明确

体育游戏设计、编创有一定的针对性和目的性。每种体育游戏的设计都带有具体的目的。比如，针对篮球某项技能、技术的学习或巩固，或提高某项身体素质等。

（二）选择游戏素材

体育游戏素材的选择取决于游戏目的的本体内容。游戏中学习某项技术，便将这项技术动作巧妙地柔和到一个游戏中进行，尤其是动作较复杂、综合性、对抗性较强的篮球技术战术的学习与训练，更应如此。

（三）确定游戏方法

游戏方法是游戏开展的基础。游戏方法包括前期准备、组织形式、活动时间、活动空间以及动作要求等。

（四）制定游戏规则

游戏规则的制定是保证游戏顺利开展的前提条件，是评判胜负的依据。体育游戏规则的制定是建立在竞赛规则的基本要求之上的，符合运动技术、战术的规范，并制定惩罚措施。在制定游戏规则时，要条理明确，公正公平，有利于维护游戏安全，保证学生在游戏中思考和创新。

（五）确定游戏名称

游戏命名要具有教育性、象征性、形象性、激励性，且能简单明了地反映游戏的主要特征。

（六）进行游戏试演

在游戏试演中，要注意发现游戏中出现的具体问题，及时进行记录与分析，找出存在的问题，依据问题的产生原因及时完善游戏。

五、组织体育游戏的教学要求

（一）紧密配合运动技术教学

制定运动教学计划时，要注意培养学生顽强拼搏、团结互助的体育精神，注重学生身体素质的全面发展，增强学生体质，提高对运动基本技术的掌握能力。在制订体育游戏的教学计划时，要紧密配合运动技术教学进程，并符合学生的心理、年龄和生理特征，在提高学生运动兴趣的同时，使学生的技能得以提高。

（二）发展学生思维能力

体育游戏带有游戏的特征，因此不同于运动技术教学。在教师的指导下，学生可以通过游戏认识和发现技术的重要性和规律。并在进行游戏过程中，充分发挥想象力和创造力，主观理解游戏所带来的益处，提高认识能力。

（三）对学生进行思想品德教育

通过体育游戏进行思想品德教育，一般应注意以下几点：

1. 思想品德教育要因材施教

教师在制订计划时，要对学生的个性心理和思想状况进行分析，针对学生特点制定有针对性的思想品德教育。根据学生性格特点安排在游戏中的角色，做到既发挥了学生的特长，又融洽了学生们的关系和团结。思想品德教育避免用生硬的批评进行，可代之以鼓励性、启发性的方式。

2. 要尊重、关心和热爱学生，成为学生的良师益友

既要严格要求学生，又要尊重学生，在教学中加以耐心指导。在进行游戏时，对技能体能较弱的学生应给予更多的指导和鼓励，使游戏进行过程成为其提高学习技能、增强信心和兴趣的过程。教师也可参与到游戏当中，和学生同娱同乐。教师在应对突发状况时，应耐心寻找事件产生的前因后果，处理时把握程度，做到动之以情晓之以理。

3. 公正裁判，准确评定成绩

体育游戏也带有竞争性和对抗性。学生在进行游戏的过程中，他们也向往胜利，重视游戏的结果。游戏过程中的公平判罚，不仅关系到游戏的胜负，而且会影响学生的竞争意识、拼搏意识等，会直接影响到学生的思想品德教育。

裁判可由教师或教师指定学生担任。但要注意做到几点：

（1）裁判在游戏前应讲明游戏的目的、过程和规则，避免在游戏中出现混乱现象

（2）在游戏分组中，注意各组运动员的身体素质和技术水平情况，使比赛更具有竞争性，避免实力悬殊的情况出现，以免影响运动员的参赛兴趣和积极性。

（3）裁判在游戏规则执行中必须公平、公正。执行过程中要及时、准确，善于识别是否有意犯规，并根据性质作出合理处理。

（4）每次游戏课，教师都应认真总结，做到：

①每次游戏课结束之前，留出足够的时间带领学生进行放松整理活动。

②要公布游戏的成绩和结果。

③课堂小结时，要对优胜者提出表扬，保持学生追求胜利的心态。同时也要对失败者进行鼓励，同时分析失败的原因，鼓励学生不要丧失信心，再接再厉。在批评不足时，尽量不要点名批评。

④注重发挥集体的聪明才智，在进行总结和分析胜负原因时，鼓励学生多发言。

⑤提出对下一次游戏课的要求和希望。

学习任务二　体育游戏设计类别

体育游戏的基本方法较多，选用与组编时应与本教材基本教学内容相对应，通常可以将体育游戏按发展基本技术和基本技能进行分类。例如，可以按移动、投篮、传接球、运球等几类基础性技术动作组编游戏。

一、奔跑类

（一）穿梭跑

1. 目的：培养灵活性和判断能力。

2. 场地器材：足球场、篮球场均可。

3. 方法

将学生分成人数相等的甲、乙两队，两队前后相距2米，均成一路纵队站立。

游戏开始，乙队根据教师的动作，不断迅速地变换方向和做定位操。甲队队员从乙队每人中间做曲线穿梭跑，当甲队队员全部通过后，甲乙两队同时交换任务。

4. 规则

乙队队员必须根据教师的动作做统一操，不得有意打击甲队队员。甲队队员通过时，不得碰触乙队队员，碰一次者得负1分。但如遇到难以通过时可稍停片刻，待机而动，负分少的队员为胜。

5. 建议

可根据学生的年龄、技术水平、参与人数等，适当增减跑动的次数和跑动的距离。

（二）抛球喊数

1. 目的：培养学生的灵敏性，提高行动能力和快速起动能力。

2. 场地器材：篮球场1个、标枪1根。

3. 方法

学生间隔两臂距离，成圆形队形站立，报数并记住自己的号码。教师在圈中央手持篮球，下达开始口令后，学生绕圈跑动，教师随意叫出某一号数，同时将手中篮球向高空抛起，被叫到号的学生立即跑入圆圈中央，将要落地的篮球接住，并呼叫任意一号。游戏继续，未来得及接住篮球使球落地的同学接受惩罚。

4. 规则

（1）向高空抛球时不得有意降低抛球高度，抛球后要注意躲避被喊号同学的跑动路线。

（2）接到球的同学任意叫的号不能是上一位刚接过球的同学。

5. 建议

游戏人数不宜过少，建议10～15人为宜。

（三）抢三线

1. 目的：提高起动速度，练习急停和转身起跑技术。

2. 场地：篮球场1个。

3. 方法

将学生分为人数相等的若干组，每组以10人为宜。学生成几列横队站于端线后，听信号后，第一组起跑，至后场罚球线及其延长线时急停手触线，然后折回至端线手触端线再次起跑，触及中线后折回触及端线，继续折回触及前场罚球线及延长线后快速冲刺，返回端线结束。所有组做完后，每组最后三位到达端线的学生受罚。

4. 规则

手没有触及地面的同学应返回原处触及地面后重新起跑。

5. 建议

可让两组学生从两端线同时开始游戏，但要考虑运动员的间隔距离，以免跑动中发生碰撞。

（四）曲线跑接力

1. 目的：培养学生的集体荣誉感，提高爆发力练习，提高侧身跑、快速跑能力。

2. 场地器材：篮球场1块、标志物若干。

3. 方法

将若干运动员分成人数相等的两支队伍，分别站于罚球线后。教师将标志物按后场罚球线延长线与两侧三分线的交点处、中圈的两侧、前场三分线45度的位置放于球场中。哨声响起后，两组排头同学同时出发，以靠近边线一侧为外侧，第一名运动员先从第一个标志物的外侧绕过，然后从第二个标志物的内侧绕过，最后从第三个标志物的外侧绕过后冲刺回罚球线，第一名运动员与站在罚球线后面的第二名运动员击掌后接力，以此类推。率先全部完成组获胜。

4. 规则

要求学生按标志物摆放顺序进行跑动，跑动过程中，不得触及、碰倒标志物。

5. 建议

标识物摆放的数量、位置可进行调整，可缩短标志物与标志物之间的距离，练习学生的避障能力，提高跳动难度。

（五）攻关

1. 目的

游戏目的：发展灵敏、速度素质。培养克服困难的精神和对时间、空间的判断能力。

2. 场地器材：足球场1块、跳绳若干。

3. 方法

画两条相距25米的平行线，中间每隔5米画一条长3米的平行线，每条短线的一端画一个直径2米的圆。将学生分成人数相等的4～6队；第一轮比赛第一队先守“关”，守“关”队每两从持一条长绳，分别站在四条短线两端适当的位置上，组成四道有防守的“关”，其余人担当裁判工作；第二、三、四等队站在场地一端横线后。

游戏开始，各“关”开始按同方向正摇绳，同时数数，数到5！的时候，第二队开始攻关，攻关者可通过各种方法通过摇动的长绳（如跳过、从绳下跑过），以不被绳触及、安全冲过四道“关”者为“破关”，而得1分；攻“关”时若触及长绳就算被捉住，应退出游戏，并站在该“关”旁边的小圆圈内；第二队做完后，站在另一端线后；然后第三、第四队依次攻“关”，以得分多的队名次列前，以上为一轮比赛，还可以进行循环赛，计算各队得分，以得分多或捉住攻“关”者多的队为胜。

4. 规则

摇绳者必须按规定的方向、幅度和适当节奏摇绳，不得忽快忽慢，或改变摇绳速度；摇绳者数到“5！”时，攻“关”队必须及时攻“关”，不得拖延时间。攻关队员不得绕“关”过去。

（六）放、捡球接力比赛

1. 目的：增强学生的团队竞争意识，提高学生快速起跑，急停转身的能力。

2. 场地器材：篮球场1块、篮球6个。

3. 方法

将学生分成人数相同的两队，每队两个球，成纵队共同站在球场一端限制区两侧底角与底线相交的位置。教师需提前在篮球场地内规划2个圆圈。游戏开始后，两队排头抱起两个篮球迅速出发，分别将两个球放入两个圆圈中，然后跑至另一端底线，手触对面底线后迅速折回起点。折回后，与下一名同学击掌接力，第二名同学出发后首先跑至另一端底线，手触底线后折回，并分别进入两个圆圈内将球抱起。将球传递给下一名同学，第三名同学再次抱球出发，将球放置在各圆圈内，手触另一端底线后折回，以此类推，直至全队所有人完成游戏。率先完成的一队获胜。

4. 规则

（1）放球者要将球平稳地放在圆圈内，若球滚离圆圈，则放球者需重返放置。放球过程中，不可有意破坏，将他队球弄出圈外。

（2）携带球时如球脱离手中，需将球重新抱起后从原地重新出发。

（3）跑至另半场端线必须用手触摸端线才算完成，两队相互监督。

5. 建议

（1）参与人数过多时，可分为若干队进行。

（2）教师在设计场地圆圈位置时，可根据篮球的技术特点，将两队圆圈进行交叉摆放。

（七）急起急停

1. 目的：练习学生的反应能力与急停技术。

2. 场地：篮球场1个。

3. 方法

将参与的同学分成人数相等的若干组，每组同学横队排列，站于球场端线。教师有“启”“停”两种口号，当教师下达“启”的口令时，本组同学迅速从一端底线跑去另一端；当教师下达“停”的口令时，所有同学急停并保持不动。以此类推，在最后一声口令下达后，率先抵达端线的同学为胜。分组进行，对每组最后三名抵达端线的同学进行惩罚。

4. 规则

听到“停”的口令后，学生应马上急停，否则视为犯规，取消当次游戏资格并进行惩罚。

5. 建议

（1）可充分利用篮球技术，急停可选用跨步急停或跳步急停技术。

（2）为延长跑动路线，游戏可改为在两端线之间进行。

（八）摸高快跑

1. 目的：提高学生的快速跑和弹跳能力，练习急停、转身跑技术。

2. 场地：篮球场1个。

3. 方法

将参与的同学分成人数相等的两组，每组纵队排列面向场内，站于端线外。游戏开始后，每组排头同学迅速跑至球场中线处，并手触中线后返回，到达篮板下，单脚起跳。能摸到篮筐的同学起跳两次手触篮筐；能摸到篮板的同学起跳三次手触篮板；触及不到篮板、篮筐的同学，需尽力起跳五次。完成起跳摸高后，与下一名同学击掌接力，以此类推。率先全部完成一组获胜。

4. 规则

（1）跑至中线处，必须手触中线才能够返回，否则该名同学重新开始。

（2）达到篮板高度的同学只能手触篮板，不能抓筐。

5. 建议

（1）一轮游戏后可改为双脚起跳摸高。

（2）起跳的次数可根据学生的年龄和身体情况进行增减。

（3）摸高方式可采取单手、双手摸高。

二、跳跃类

（一）跳障碍

1. 目的：提高快速跑动中的灵敏性。

2. 场地器材：在场地上划出若干间隔为40、90厘米的格线和直径为40厘米的圆。可以按人计算时间分胜负，也可以分成几个组进行比赛。

3. 方法

每个格和圆允许单脚着地一次，可以按人计算分胜负，也可以分成几个组进行比赛。游戏的要求也可以变化，比如，过横线时并脚跳过，过圆时必须用远侧的脚交叉步跨进圆内等。

4. 规则

（1）如有犯规动作或触线，即扣1分。

（2）用时最短、扣分又最少者获胜。

（二）三步上篮连中比快

1. 目的：提高学生快速运球上篮技术运用能力。

2. 场地器材：篮球场一个，两人一个篮球。

3. 方法

把学生分为甲、乙两人一组的若干组，每组一个篮球。比赛开始，各组的甲首先上场，在两个球篮间快速运球上篮，如甲能按规定连中四球，则算完成一组，可由本组的乙再上场以同样方法进行；若甲未能按规定连中四球（或是第一球就不中，或是第二、三球不中）则算该组未完成一组，由乙上场以同样方法进行，直到甲、乙两人完成规定的组数。先完成的组为胜。

4. 规则

（1）只能是“上篮”，否则投中无效。

（2）游戏过程也要遵循篮球规则，如出现走步、两次运球等违例情况，则取消其游戏成绩并重新开始。

5. 建议

由于每次选派两名同学进行游戏，所以此游戏适用于参与游戏人数较少时，或也可增加每次选派的人数或分成若干队进行。

（三）钻跳赛

1. 目的：发展灵敏性和弹跳力。

2. 准备：排球场一个。

3. 方法

人数相等的两路纵队站在端线外，各队第一人进入场内，两腿分立，弓背弯腰，双手扶膝站稳，第二人以双手按第一人背作分腿腾跃后，前跨一步，做与第一人相同的姿势；第三人从第一人背上作分腿腾跃后，再从第二人腿下钻过，并前跨一步与第一、第二人作同样姿势。以下第四、第五人……同样作跳跃、钻过动作连续进行。先完成者为胜。

4. 规则

（1）教师鸣笛开始，不能先行起动。

（2）障碍之间距离不得大于2米。

（3）必须依次序先后跳、钻，不得绕过。

（四）跳起投篮晋级赛

1. 目的：改进和提高跳起原地投篮技术动作，提高命中率。

2. 准备

篮球4个。在四块半场的罚球圈虚线处、罚球线、罚球线弧顶三处各画一标志点，从虚线处标志点算起分别为一级、二级、三级，再把学生分为人数相等的4个队，成纵队面向球篮站立于三分线内，排头持球。

3. 方法

游戏开始排头在一级点跳起投篮，无论投进与否自己抢篮板球并将球传给第二人，自己站队尾，依次进行，每投中一球得1分，全队累积得10分后，升级到二级点位置投篮，在三级点位置先得够10分的队为胜。

4. 规则

（1）规定逐级投篮，不可越级。

（2）投篮方式可提前规定。

（五）转圈跳

1. 目的：发展弹跳能力。

2. 场地器材：长皮筋几根。皮筋的一端都束在一立柱上。

3. 方法

学生出几人牵拉皮筋，组成圆圈，其他人成纵队站在场外。比赛口令发出后，排头先跑入圆圈内做跳皮筋动作，完成规定动作后，转入第二根皮筋处继续跳过。这时第二人跟进至第一皮筋处做跳皮筋动作。游戏者不断地跟进、转移，至跳完最后一根皮筋，依次退出场外。

4. 规则

（1）中断跳皮筋者，与牵皮筋的学生对换。

（2）能完成一周跳跃者为胜。

5. 建议

胜负方式可改为先得够规定分的队为胜。

（六）行进间投篮积分比赛

1. 目的：提高学生的接球三步上篮技术和命中率，增强上下肢协调发力。

2. 场地器材：篮球场1个、篮球2个。

3. 方法

将学生分为两组，各自面对一个球篮。在两边线与中线交接处，由边线向场内横排站立。指定每队中的两人站于3秒区内，其中一人持球。游戏开始，排头沿边线向篮下弧线跑动，接3秒区内同学的传球后投篮，传球的运动员抢篮板球或补篮。球进后迅速传球给3秒区内另外一名不拿球的运动员，准备下一次传球，接球投篮的运动员站在该同学后面，而传球的同学回到本组的排尾，以此类推。上篮投中得2分，补中得1分，在规定时间内，先得50分的队为胜。

4. 规则

违例或接球后又运球再投中的算无效。

5. 建议

可规定上篮时的投篮方式。

三、反应类

（一）三传两抢

1. 目的：提高学生在对抗中传接球的准确性和动作速度。

2. 准备

在足球场进行，学生分为5人一组，每组1个足球。每组5人中3人为传球方，2人为防守方。传球者三人呈等边三角形站立，两人相距3～4米，防守者位于三角形中间进行防守。

3. 方法

游戏开始，3名传球者利用各种方式进行传球，传球过程要尽量不让2名防守者抢到球。而2名防守者要积极抢断传球者的球，直到球被防守者抢到，或防守者明显改变了球的运行方向，或接球者接球失误。防守成功者与传接球失误者交换位置，游戏重新开始。

4. 规则

（1）外围3个传球者不得拉大相互间的距离，但可以在原地运球躲避防守抢球。

（2）不能用手触碰球的方式进行防守。

（二）集体跳绳传球

1. 目的：提高学生传接球的动作速度。

2. 场地器材：篮球场1个，篮球2个，长跳绳4条。

3. 方法

把学生分为人数相等的两队，每队选出4人摇绳，每两人摇一条长绳，其余运动员分成两组分别站于两条跳绳旁边，其中一侧排头手持一个篮球。游戏开始，持球运动员迅速跑上跳一次绳，立即把球传给对侧运动员，然后跑至对侧队尾，对侧同伴接球后同样跳一次绳，并把球传给另一跳绳的同伴……，如此循环进行。

（1）全队每人轮一次，先完成的队为胜。

（2）在规定时间内的跳-传球累加次数多的队为胜。

（3）在规定时间内连续跳-传球次数多的队为胜。

4. 规则

（1）未持球跳绳为失败。

（2）凡被跳绳碰到或缠绕均为失败。

5. 建议

可改为每三人一组，一摇一跳，两组不间断地传接球。

（三）触摸球

1. 目的：提高学生传球的机动性。

2. 场地器材：篮球场1个，篮球1个。

3. 方法

学生绕中圈围成一个大圆圈，并有两名同学立于中圈内，在中圈内的运动员要积极移动，以获得较好的接球位置，在大圈和中圈内，根据人数的多少设置防守运动员。游戏开始，大圆圈上的学生相互传球调动防守，伺机将球传给中圈内的学生，几名防守运动员则积极阻断传球。如阻断成功，则与传球者交换位置。

4. 规则

（1）大圆圈上的同学不能移动自己的位置。

（2）防守运动员只要用手触及传出的球，就视为阻断成功。

（3）使用5秒违例规则。

5. 建议

教师可根据游戏情况随时增减防守的人数。

四、球类游戏

球类运动中球性练习是重中之重，篮球、足球的运球技术是一项单独的个人进攻技术等各种综合性技术动作的重要组成部分；既是直接得分、组织全队进攻的方法，更是衡量球队和运动员控制支配能力高低的重要标志。合理运用运球技术，可创造有利的进攻机会。

运用游戏形式进行运球技术的教学训练，其目的不外乎让学生在游戏中掌握运球的基本技术，培养其勇猛、顽强、果断的作风，提高其运用运球技术的意识，使他们学会判断和掌握运球或突破时机，扩大视野，在提高个人实力的同时，提高球队的整体实力。

（一）对抗出局

1. 目的：提高学生在对抗条件下的运球能力。

2. 准备：篮球场1个，每人1球，依人数多少在场地内画一些与中圈等大的圆圈。

3. 方法

根据对抗能力，将运动员分为两人一组，占一个圆圈。游戏开始，学生在控制运球的情况下，用肩膀互相挤推，力争把对方挤出圆圈。在规定时间内将对方挤出次数多的同学为胜。

4. 规则

（1）只能用身体对抗，不能用手推。

（2）在用力对抗的过程中，运球失控视为出圈一次。

5. 建议

分组时，要遵循两人实力均等的原则。

（二）叫号运球

1. 目的：训练灵敏反应，提高运球速度。

2. 准备

在篮球场上画一直径为6米左右的圆圈，以18人为一组均匀地分布在圆周上，圆圈内放6个篮球。学生一至三报数，并记住自己的号数。

3. 方法

游戏开始，教师发出数字信号，所有代表该号的同学立即跑至圆圈内拿一球运到圆圈外，然后沿逆时针方向运球一周，再运至圆心，将球放回原处，慢者为败。

4. 规则

学生拿到球后必须运球到圆圈外，放回时也必须运球。

5. 建议

圆周的直径和分组人数依全班人数多少而定。

（三）有轨电车

1. 目的：提高学生在快速运球中随意变向的能力。

2. 场地器材：足球场1块，每人1球。

3. 方法

事先约定，球场上所有的线构成“电车轨道”，两线交点为“轨道”的拐弯点，三个圆圈为“停车场”，但只能各停一辆“电车”。全队每人运一球，分散于各条“轨道”，其中两人扮演“交警”，也各运一球。游戏开始，两“交警”运球追逐“电车”，追上后推其后背，“电车司机”与“交警”交换角色，游戏继续。

4. 规则

（1）必须运球沿线追逐。

（2）被追上的同学不能立即返回追“交警”，必须改追其他人。

项目十六　校园新兴体育项目

知识导航

一、新兴运动项目概述

新兴运动项目是指在国际上比较流行，但在国内开展不久的或国内新创的、深受青少年喜爱并适合在学校开展的运动项目，如轮滑、独轮车、攀岩、滑板、毽球、街舞等。然而，还有一些项目如保龄球、台球、高尔夫球、山地自行车、冲浪等等，也属于新兴运动类项目。

二、新兴运动项目对健康的影响

1. 提高身体素质，使身体更加健壮。新兴运动项目包括的内容十分广泛，如自行车越野、轮滑运动等等，对提高人的身体机能，发展体能都有积极的作用。

2. 锻炼人的意志品质，提高克服困难、战胜自我的信心和勇气。许多新兴运动类项目都带有一定的挑战性，其复杂度较大。在参加运动的过程中，将体会到战胜困难后的成就感，心里会感到十分愉悦，从而增强自信心和勇气。

3. 能够丰富社交生活，陶冶情操。新兴运动类项目具有很强的趣味性，有的属于娱乐性质，有的属于休闲性质，有的具有相当高的文化品位，而有些项目又是在天然条件下进行。参与其中，有助于丰富生活内容，提升幸福感。

思政园地

小毽球担起大使命——山西繁峙打出“体育+”脱贫组合拳

2020年11月6日，国家体育总局扶贫工作组副组长、山西省繁峙县副县长魏灵敏忙里忙外，操办了一场毽球赛。这项连续四年在当地举办的中国繁峙毽球公开赛，让全县拧成一股绳，为打通脱贫攻坚最后一公里“加足了油儿”。

“靠体育聚人心、促扶贫，效果可不赖。”魏灵敏的底气，来自两年多的工作经验，即将体育赛事融入扶贫，以体育产业助力脱贫攻坚战，让更多贫困群众共享体育事业发展成果，加快了繁峙脱贫致富的步伐。

位于山西省东北部、拥有30万人口的繁峙县，是国家体育总局定点扶贫县，从1994年定点扶贫以来，从兴建体育基础设施到改造学校、增加公共服务建设，当地群众得到了实实在在的好处。近些年，该县积极探索出“赛事+扶贫”的发展思路，相继举办毽球公开赛、环五台山徒步大会、全国青少年啦啦操精英赛、老年人登高大会、健身气功扶贫走基层等活动。这些活动推动了体育工作和扶贫工作的深度融合。繁峙赛事扶贫成为脱贫攻坚路上的一抹靓色。

赛事扶贫是体育扶贫的独特优势，以“体育+”理念助力脱贫，变“授鱼”为“授渔”，逐渐为繁峙发展寻找新引擎。魏灵敏介绍毽球项目时说：“在众多体育项目中，毽球有着悠久历史，流传广泛，极具民族传统特点，并且在繁峙有着非常深厚的群众基础，企业竞相支持。毽球很适合开展竞赛活动，并具备可持续发展的条件，以毽球赛事为积淀，扶贫工作也越干越顺畅。”

体育运动不仅是强身健体的保障，还成为群众致富增收的有效路径。

（冯蕾、轧学超：《小毽球担起大使命——山西繁峙打出“体育+”脱贫组合拳》，《中国体育报》2020年11月5日。）

思维导图

学习任务一　轮滑

一、轮滑运动概述

轮滑运动是从滑冰运动发展而来的。据记载，轮滑是荷兰人在18世纪发明的。最初，有位荷兰的滑冰运动员为了在不结冰的季节还能继续进行训练，尝试把木线轴安在皮鞋下，在平坦的地面上滑行，经多次失败和改进后，终于获得成功，创造了用轮子鞋“滑冰”的历史，从此轮滑运动在欧洲诞生，并得到了较快的发展。

1863年，美国人詹姆斯·普利姆普顿用金属轮子代替木质轮子，滑行起来具有更多的优越性，深受欢迎，他的发明推动了各国轮滑运动的发展。

1892年4月1日，国际轮滑联盟在瑞士成立，轮滑运动向正规化、国际化发展迈出了坚实的一步。1937年，美国制定了第一个速度轮滑比赛规则，同年，第一届世界速度轮滑锦标赛在意大利蒙扎举办，国际轮滑联合会确定每年举办一次速度轮滑锦标赛（包括公路赛和场地赛）。1940年4月28日，在罗马举行的第43届国际奥林匹克委员会会议正式承认了轮滑项目的国际联合会，速度轮滑委员会设在意大利罗马。从此，速度轮滑在世界各地蓬勃发展起来，并真正地走上了轮滑竞赛的道路。1980年，我国成为轮滑协会会员，我国轮滑运动从此进入快速发展时期，全国各地纷纷开设了“溜冰场”。

速度轮滑是一项将速度和力量相结合的运动。滑行时要脚穿轮滑鞋，佩戴头盔、手套、护膝、护肘等，采用蹲屈身体姿势，靠两腿交替向侧方蹬地产生动力，臂、腿及其他动作配合滑行。速度轮滑运动水平的提高，对器材性能的依赖性较大。近年来，出现了新型活轴轮滑鞋，从而使轮滑的运动水平大幅提高。速度轮滑以其特有的魅力吸引着越来越多的人参与。速度轮滑能全面地发展人体的速度、力量、耐力、灵敏度、柔韧性等身体素质，又能培养人们勇敢、顽强、勇于拼搏的优秀品质。

二、初学者基本技术

（一）基本站立技术

两脚呈“八”字形自然分开，两脚跟靠近，上体稍前倾，身体重心落在两脚之间，两臂自然下垂。

（二）原地移动重心练习

1. 原地左右脚间转换重心

由预备姿势开始，两脚相距5～10厘米，平行开立或呈内“八”字形，两眼看前方4～5米处，上体微前倾，腰背部放松，含胸收腹，两臂自然下垂或背于腰后，重心落在两脚中间。逐渐将重心移至一脚，另一脚抬起，两脚交替进行，逐渐延长单脚支撑时间。

2. 原地蹲起

两脚与肩同宽，重心在两脚之间，两臂自然下垂，做下蹲起练习。

3. 左右跨步移动

由预备姿势开始，重心移至一腿，另一腿以抬膝、脚平抬平落的方式向侧跨30～50

厘米，迅速将重心移至落地腿，支撑腿以同样的方式向落地腿并拢一步，连续向左、向右移步练习。

（三）行进间的移动技术

1. 向前踏步移动

由预备姿势开始，重心移至左腿，右腿以抬膝、脚平抬平落的方式向前踏出10～15厘米，落地后迅速将重心移至右腿，同时左腿以同样方式向前踏出一小步落地并支撑重心。

2. 向后踏步移动

由向后滑行的基本预备姿势开始，重心移至左腿，右腿以抬膝、脚平抬平落的方式向后踏出10～15厘米，即右脚的脚尖落放在左脚的足弓附近，落地后迅速将重心移至右腿，同时，左腿以同样的方式向后踏出一小步，落地并支撑重心。

3. 单脚蹬地双脚支撑滑行

两脚呈外“八”字形站立，一脚用轮内刃（轮内侧）向侧后蹬地，然后迅速收回成两脚平行支撑滑行，接着换另一只脚蹬地练习。如此反复进行练习。

4. 两脚交替蹬地单脚支撑滑行

两脚呈“八”字形站立，右脚蹬地把身体重心推向滑行的左脚，呈左脚单支撑滑行姿势，右脚前收同时左脚用内侧蹬地，右脚落地支撑至右脚支撑滑行。如此反复进行练习。

（四）停止法基本技术

1. 借助制动器停止法

（1）停止向前滑行

在向前滑行的过程中，身体重心落在两脚间，呈两脚平行开立的向前基本姿势，惯性向前滑行时准备开始制动。制动时，重心下降，将装有制动器的滑行脚向前伸出20～30厘米，脚尖抬起，使制动器与地面接触摩擦地面，以达到减速制动直到停止的目的。

（2）停止向后滑行

在向后滑行的过程中，身体重心落在两脚间，呈两脚平行开立的向后基本姿势，惯性向后滑行时准备开始制动。制动时，重心下降，将装有制动器的滑行脚向前伸出20～30厘米，脚尖抬起，使制动器与地面接触摩擦地面，以达到减速制动直到停止的目的。

2. 借助滑轮停止法

（1）向前“八”字形制动

在向前滑行的过程中，身体重心落在两脚间，呈两脚平行开立的向前基本姿势，惯性滑行时准备开始制动。制动时，重心下降，上体根据滑行的速度和制动距离稍后倒，双脚分开略比肩宽，两脚尖内扣，脚跟外张，呈内“八”字形，用轮滑鞋内侧轮与地摩擦，以达到减速制动直到停止的目的。

（2）向后“八”字形制动

在向后滑行的过程中，身体重心落在两脚间，呈两脚平行开立的向后基本姿势，惯性滑行时准备开始制动。制动时，重心下降，上体根据滑行的速度和制动距离稍前倒，双脚分开略比肩宽，两脚尖外张，脚跟向内，呈向后“八”字形，用轮滑鞋轮子的内侧轮与地摩擦，以达到减速制动直到停止的目的。

（3）向前“T”字形制动

在向前滑行的过程中，将重心落在左脚上，左膝微屈，上体根据滑行的距离、滑行的速度和制动的距离稍后倒，同时抬起右脚，脚尖外转，横放在左脚后呈“T”字形，用右脚轮滑鞋内侧轮与地摩擦，减轻滑行速度，同时重心继续下降，并逐渐移向右脚，加大摩擦直到停止滑行。以同样的方法可进行左右脚交换后的“T”字形制动。

三、速度轮滑基本技术

速度轮滑的滑跑技术，指在规定的距离内，以最快的速度、最省力的方法滑完全程所采用的合理动作。速度轮滑的滑跑技术包括直道滑跑、弯道滑跑、起跑及冲刺等。

（一）直道滑跑技术

直道滑跑技术包括身体姿势、蹬地、收腿、着地、惯性支撑滑进、摆臂及整体动作配合等。

1. 滑跑基本姿势

速度轮滑直道滑跑采用上体前倾的半蹲式姿势，髋、膝、踝三关节呈屈的状态。正确的滑跑姿势：上体前倾与地面呈15°～30°角，上体自然放松，肩略高于臀部，在滑行中重心落在脚心处，膝关节角度一般为117°～135°，踝关节角度一般为76°～85°，两手放于背后，头微抬起，目视前方20～30米。选择合理的蹲屈角度，应与个人的训练水平和腿部力量相适应：蹲屈较高，体力消耗小，但推进力不大；蹲屈姿势较低，蹬地力量大，效果好，有效地减小空气阻力，但体力消耗大。

2. 蹬地技术

速度轮滑的蹬地是在向前滑进的过程中进行的，蹬地动作包括开始蹬地、蹬地的最大用力和蹬地结束三个阶段。

（1）当惯性滑进结束时，进入蹬地阶段，运动员开始由轮子平刃面滑进，过渡到轮子内刃滑行。这时，运动员呈现身体倾斜状态的滑进，转入开始蹬地阶段。开始蹬地阶段对运动员腿部动作的技术要求：在伸展髋关节的同时膝关节向前压，踝关节的前屈角度略有缩小，并保持这个姿势开始向身体的侧后方蹬地。

（2）当完成开始蹬地阶段的技术动作后，就进入蹬地最大用力阶段。此阶段，运动员的蹬伸腿位于身体的侧方，身体倾斜度达到最适宜角，即上体前倾与地面呈15°～20°角，大腿与躯干呈40°角，膝关节弯曲125°左右，踝关节前屈50°～70°。这时，运动员快速伸展膝关节，同时伸展髋、踝关节。

（3）结束阶段是运动员完成了蹬地的最大用力阶段后，髋、膝、踝三关节完全伸直并准备收腿的蹬地最后阶段。此时，应最大限度地用力伸展踝关节，充分发挥踝关节的最后蹬地力量。

3. 收腿技术和着地技术

当蹬地腿完成蹬地技术后，浮腿抬离地面至再次着地前的过程称为收腿。收腿的动作方法：浮腿的大腿带动小腿，以最短的路线拉回，使浮腿的膝关节靠近支撑腿。收腿时髋关节内收，膝关节弯曲形成自然的钟摆动作。收腿的任务是连接蹬地与着地动作，配合身体重心的移动，保持平衡及放松等。

着地包括两个动作阶段：一是向前摆腿，二是滑轮着地。着地动作的方法：以大腿屈的动作为主，从后向前提拉，以后轮领先，在靠近蹬地腿内侧的前方着地，着地时小腿有明显的积极前送下落动作并使浮腿充分放松，浮腿滑轮着地的开角不要过大，浮腿滑轮在着地的瞬间浮腿暂不承担体重，在蹬地腿蹬地结束的一刹那才迅速地承担体重。

4. 惯性滑进技术

惯性滑进是一腿蹬地结束后，另一腿承接身体重量，维持好身体的平衡，借助惯性向前滑进的动作。自蹬地脚离开地面起到移动重心止，惯性滑进动作持续的时间与不同的项目有关，其技术动作也有区别。长距离滑跑时，滑进持续时间比短距离滑跑的长，一般占一个单步幅的1/2长，而短距离滑跑则占一个单步幅的1/3或1/4左右。在支撑滑进过程中，最好利用滑轮正面支撑，减少轴向用力导致对轴承压力过大造成的速度损失。

5. 直道滑跑摆臂技术

摆臂是与支撑腿的蹬地动作协调配合的动作，是配合蹬地获得速度的重要因素，从短距离到长距离滑行都采用摆臂。摆臂主要用于短距离滑跑和终点冲刺。长距离滑跑根据需要采用单臂或单、双臂交替摆臂。摆臂的方法：左腿蹬地时，左臂向右前上方摆，而右臂向右后上方摆；右腿蹬地时，右臂向左前上方摆，左臂向左后上方摆，以肩为轴，协调地配合支撑腿的蹬地用力动作。

6. 直道滑跑配合技术

配合技术在滑跑过程中起着动作之间相互协调，促进、带动和节能的重要作用，同时配合技术效果也有利于完成和发挥技术的意图。直道滑跑动作由两腿动作及两臂动作配合构成。

（1）两腿间配合。以一侧腿的动作为例，其动作顺序是蹬地、收腿、着地。动作配合：右腿开始蹬地，左腿开始收腿，右腿蹬地最大用力后，左腿滑轮着地；左腿开始蹬地，右腿开始收腿，左腿最大用力后，右腿滑轮着地。

（2）臂与腿动作配合。两臂的摆动与腿部动作配合：蹬地腿的同侧臂向前摆动，异侧臂向后摆动，两臂摆至前后最高点时，蹬地腿蹬地动作结束，浮腿的滑轮着地，两臂前后交替摆动配合。

（二）弯道滑跑基本技术

弯道滑跑是轮滑运动最重要的技术部分，既要保持高速滑行，又要保持平衡。弯道滑跑的基本动作是由弯道滑跑基本姿势、蹬地、收腿、着地、摆臂及全身动作配合构成的，但没有单脚支撑自由滑行阶段。

1. 基本姿势

弯道滑跑采用身体向左侧前方倾斜的姿势，是由圆周运动力学关系所决定的。上体前倾，支撑腿髋、膝、踝三关节保持屈的状态。在弯道滑跑过程中，身体始终向圆心倾斜，并使鼻与支撑腿的膝关节、前轮都处在同一纵轴平面上，倾斜的幅度较大，蹬地角为40°～45°，单臂或双臂前后自然摆动，身体重心的位置以落在滑轮的中部位置为宜。

2. 蹬地技术

弯道滑跑技术动作与直道滑跑技术动作相比有明显的不同。身体重心投影点始终在身体的左侧，并在离心力与向心力的作用下，形成了维持身体平衡使身体重心沿弧线方向运动的规律，自然形成了左脚外侧和右脚内侧交替、连续、快频率向右蹬地的动作技术。右腿的蹬地动作是以伸髋、展髋、伸膝的动作为主完成的，左腿的蹬地动作是以伸髋、内收髋关节、伸膝的动作为主完成的。

3. 收腿技术

弯道收腿动作是弯道滑跑周期动作的一个阶段，是蹬地腿滑轮从离开地面起，将浮腿收至支撑腿左侧某一点的过程。为适应弯道滑行的特性，两腿的收腿动作不相一致：右腿的收腿动作是以内收、屈髋、屈膝关节的动作为主，以背屈踝关节动作为辅，膝关节领先，滑轮贴近地面向左移，跨过左腿和左脚滑轮至左脚滑轮左侧稍偏前的适宜位置；左腿的收腿动作是以外展髋、屈髋和屈膝动作为主，以背屈踝关节为辅，使左踝关节保持放松状态，滑轮贴近地面向左上方做提拉腿的动作，将左腿收至支撑腿的左侧较适宜的位置。

4. 着地技术

弯道滑跑滑轮着地动作过程只是滑轮着地的瞬间动作，在滑跑中起到确定滑行方向、调节蹬地时机、协调配合蹬地动作、建立和保持平衡等作用。右腿滑轮的着地动作：在右腿收腿动作结束后，利用右脚踝关节的背屈动作使滑轮的正面后轮在支撑腿（左腿）前内侧较适宜的位置轻轻着地。左腿滑轮着地动作：在左腿的收腿动作结束后，左腿踝关节背屈，使前滑轮稍稍翘起，利用滑轮外侧后部在右脚滑轮的前内侧较适宜的位置轻轻着地。

5. 摆臂技术

弯道摆臂的动作，右臂摆动与直道滑跑基本相同，但摆臂的幅度要稍大，方向更向左侧前方一些；左臂摆臂动作是上臂贴靠上体，前臂做前后摆。左臂的摆动只起平衡协调作用，因而也可置于体侧或背于身后。

6. 全身配合技术

两腿之间的动作配合技术：右腿开始蹬地，左腿开始收腿，右腿蹬地最大用力后，左腿滑轮着地，左腿开始蹬地，右腿开始收腿，左腿蹬地最大用力后，右腿着地。两臂的摆动与腿部动作配合：蹬地腿的同侧臂向前摆动，异侧臂向后摆动，两臂摆至前后最高点时，蹬地腿蹬地动作结束，浮腿滑轮着地，两臂前后交替摆动配合，下肢蹬地、收腿着地构成完整的弯道滑行动作。

（三）起跑技术

起跑是各项距离滑跑的开始，其任务是在最短的时间内获得较高的速度。起跑由预备姿势、起动、疾跑、衔接四部分动作组成。

1. 预备姿势

预备姿势目前有多种，如“丁”字形预备姿势、平行预备姿势、“八”字形预备姿势、前点地预备姿势等。前点地预备姿势更优越一些。它的特点：面对起跑方向，两腿分开，两脚间相距35～55厘米，两脚间开50°～70°角；前脚与起跑线呈65°～70°角，后脚与起跑线呈10°～15°角；上体前倾，两臂自然下垂，身体重心放于两脚中间或偏前一些，蹲屈程度可根据腿部力量、个人特点而定。

2. 起动

当听到发令枪声，迅速抬起前脚，后脚用力蹬地迅速伸直后腿，上体前倾，髋关节前送，两臂用力摆动，整个身体迅速向前冲去。由于预备姿势的不同，第一步起动也有所不同。

3. 疾跑

第一步起动后，运动员就进入紧张的疾跑段。疾跑段身体重心较高，频率快，蹬地有力。随着滑速的提高，身体重心由高变低，滑出角度由大变小，蹬地用力方向逐渐向侧后改变，步伐由小变大，逐渐向滑跑过渡。疾跑技术常用的有切跑式和扭滑式。

4. 衔接

运动员在疾跑段已经获得了相当大的速度，如何将这一速度转移为途中滑跑的速度，这就是衔接技术的任务。衔接技术的关键在于获得速度后1～2步的调整，将疾跑与途中滑跑有机地衔接起来。

（四）终点冲刺技术

冲刺是全程最后跑程上的拼搏，是比赛决定胜负的最后一关，因而冲刺也是非常重要的。运动员在越来越疲劳的情况下，应努力保持最合理的滑跑技术。为了避免速度的下降，可以通过改变滑跑姿势、缩短惯性滑进时间、加快节奏、提高频率来赢得多次的蹬地加速。在所有的比赛项目中，冲刺时运动员都要摆臂滑跑，应像短距离滑跑那样，力求提高速度。

学习任务二　毽球

一、毽球运动概述

（一）毽球运动的历史

毽球是一项起源于中国古代、成长于全球、发展于世界的同场隔网对抗性运动。毽球的前身是我国民间盛行的踢毽子运动，它的起源可追溯到汉代，盛行于六朝、隋、唐，距今已有2000多年的历史，到20世纪中期发展成为毽球运动。

1987年9月，中国毽球协会成立，标志着毽球运动进入新的发展阶段，每年举行的全国毽球锦标赛和中小学比赛已形成竞赛制度。至20世纪90年代，毽球运动已成为全国大学生运动会、全国中学生运动会、全国少数民族运动会、全国农民运动会等全国体育大会的正式比赛项目。毽球运动包含了毽球和花毽两种竞赛形式，根据踢毽子的参与人数、踢击形式、场地限制等的不同，毽球运动又分为网毽、花毽、大众毽三种不同的运动形式。随着国际、国内赛事的不断举办，毽球正以它独特的基础性、趣味性、精彩性和观赏性吸引着越来越多的人接受、参与及喜爱。

（二）毽球运动的特点

毽球运动对身心健康极为有益。其主要用下肢做接、落、跳、绕、踢等动作，使下肢的关节、肌肉、韧带都得到很大的锻炼，也使腰部得到锻炼。而跳踢时，则不但要跳，腰部动作也很重要，上肢随着摆动，有时颈部也要运动。经常参加这项运动，不仅可使下肢肌肉、韧带富有弹性，关节灵活，而且也可使心、肺系统得到全面锻炼，起到增进身体健康的作用。

二、毽球运动技术

（一）准备姿势和移动

准备姿势和移动是学习掌握毽球技术的基础之一，正确的准备姿势是为了更好地移动。对于学习者来说，学习毽球应从移动姿势开始，脚步灵活之后，才能顺利完成其他动作。

1. 技术要领

准备姿势是运动员进入比赛状态的开始，目视来球方向，两腿弯曲，两脚左右开立与肩同宽，前脚掌着地，身体前倾，双手自然垂放于体侧。

移动以站立点为中心，身体重心下降，利用侧滑步或者交叉步向左、右、前、后方向，进行“十”字、“米”字等方向的步伐移动练习。

2. 练习方法

（1）徒手模仿练习。

（2）听口令做准备姿势和各种移动步伐的练习。

（3）两人一组，一人向不同方向抛球，另一人移动接球。

（4）在传、接球练习中，应用各种准备姿势和移动步伐进行练习。

（二）击球

1. 技术要领

（1）脚内侧击球（以下均以右脚击球为例）。选择好击球方向，目视来球，支撑腿左脚向前迈出一小步的同时，脚尖向内扣45°～60°，屈膝同时抬起击球腿，大腿与小腿之间的夹角以90°为宜，膝关节外展，踝关节用力向上使足弓端平，看准来球，用足弓正中间向上发力连续击球，将毽球控制在身体能够再次击球的有效范围。

（2）脚背击球。选择好击球方向，目视来球，正足背颠球有两种：一种是练习球性，近似足球的脚背颠球；另一种是毽球比赛中用到的脚背击球方法，脚背绷直，抬起右脚，大腿与小腿形成大于90°的角固定住，正面击球，击球部位在脚趾根向脚背方向3～5厘米，熟练时可抖动脚踝发力向上垂直连续击球，将毽球控制在身体能够再次击球的有效范围。

（3）脚外侧击球。选择好击球方向，目视来球，支撑腿屈膝，击球腿根据来球由大腿与小腿形成40°～160°夹角调整位置，同时使膝关节向身体内侧自然内旋，大腿外展，同时脚尖勾起，用脚外侧正中间向上垂直连续击球，将毽球控制在身体能够再次击球的有效范围。

（4）大腿击球。选择好击球方向，目视来球，击球腿抬起，大腿正面迎球，小腿自然放松，用大腿正面前段，由膝关节向身体方向10～15厘米作为击球部位连续向上击球，将毽球控制在身体能够再次击球的有效范围。

2. 练习方法

（1）自抛自垫，要求掌握脚与球接触的部位及击球的时机。

（2）两人一组对面站立，一人用手抛，一人接各种空中球的练习，逐渐加大距离、加大力量以适应各种来球。

（3）两人网前用不同的方式传球，一脚一传，两脚一传，左脚接球，右脚传球。

（4）4～6人一组，站成圆圈，做垫球练习，随时注视来球，做好准备姿势，预先判断好球的落点，迅速移动，尽量使球不落地。

（5）分组进行垫球比赛。

（三）发球

1. 准备姿势

（1）低位发球准备姿势。单手持毽，双脚前后开立，将毽球向上抛起，距离身体不超过50厘米。支撑腿屈膝，击球腿大腿带动小腿后摆，大腿内侧朝向对方发球区，看准击球点。击球时，踝关节用力外展，用脚内侧正中间击球，击球同时大腿带动小腿由身后向身前发力，动作连贯。

（2）高位发球准备姿势。侧身站在发球区，单手持毽，双脚前后开立，将毽球向上抛起，高度尽量超过头，支撑脚屈膝。击球时，支撑脚脚尖朝向对方发球区域，击球腿大腿和髋关节外展，带动小腿利用柔韧性达身体最高点，小腿折叠做鞭打发力，脚背绷直，用脚背前端脚趾根前后3～5厘米处作为击球部位，击球同时，身体向场地内前倾，腰腹和摆腿发力，动作充分连贯。

2. 练习方法

（1）徒手做发球前的准备姿势，模仿抛球及发球的动作。

（2）两人对练发球或用多球做发球练习。

（3）在端线发球区进行相对发球练习，抛球要稳，击球部位要准，控制击球的力量和球的飞行弧度。

（四）拦网

1. 技术要领

选择站位，做好准备姿势，目视来球方向，调整好步伐，找准起跳时机，双脚开立，下蹲起跳。起跳后，双手紧贴身体两侧，目视来球，挺胸正面迎球，触球后将胸前毽球向对方场地做下压动作，或将毽球接起在本方场地内，拦网结束后还原准备姿势。

2. 练习方法

（1）徒手做各种拦网步伐的练习。

（2）自抛自拦练习。

（3）一人站在高处抛球，练习者原地起跳拦网。

（4）根据手势或者信号提示做完整的拦网动作练习。

（五）攻球

1. 技术要领

（1）脚底踏球技术。准备姿势，双脚开立，单手持毽，将毽球抛向身体的正面过头，身体与球留1～2米的距离，看准击球点，将腿抬到最高点，脚背勾起，髋关节上挺，支撑脚前脚掌着地，调整好与球的距离，大腿带动小腿上摆的同时收腹，右脚踝关节迅速由勾脚转变为下压，用脚底击球。右腿大腿带动小腿直腿下压的同时展腹发力，动作连贯充分，恢复起始状态。

（2）外摆扣球技术。准备姿势，身体背向球网，双脚开立，单手持毽，将毽球抛向身体右侧过头，身体与球留1～3米的距离，看准击球点，助跑起跳，右腿作为起跳腿，左腿作为摆动腿，右腿大腿带动小腿向身体右后方摆腿，脚背绷直，髋关节上挺，此时双脚腾空，右腿大腿带动小腿以髋关节为轴向身体右后方向外摆，把击球点控制在扣球的最高点，脚背绷直，用力击球的同时脚背下压。击球时，右腿小腿和踝关节做抽打动作，击球动作连贯充分，恢复起始状态。

2. 练习方法

（1）先做无球摆腿练习，做攻球动作，注意摆动腿和起跳腿动作要领。

（2）脚靶练习，一人手持脚靶，另一人测量好脚靶击球高度，做攻球动作。

（3）网前多球练习，一人在网前抛球，进攻队员准备连续进攻扣球。

三、毽球基本战术

（一）阵容配备

阵容配备指比赛时队员在场上位置的合理搭配，形成最有效的攻防体系，目的是合理地把全队的技术、战术最大化，更为有效地发挥每一位队员的技术、战术和临场表现能力，取得最终的胜利。

1. 三人赛队员阵容配备场上分一名主攻手、一名二传手和一名副攻手，在进攻过程中，既可以一名主攻为主，也可由副攻做进攻战术调整；在防御过程中，主要以二传手、副攻手参与一传、二传、接发球和扣球。

2. 双人赛队员配备场上分一名主攻手和一名二传手，以主攻手为主，二传手通过观察对手场上变化、传球路线改变进攻打法。

（二）防守战术

1. 接发球防守战术。三人接发球按照规则两前一后形成倒三角形站位，开局主攻手应站在左前的位置上，在轮换位置时，保证主攻手有两次前排进攻机会；在一般情况下，主攻手不参与接发球，由其他两名队员来接，主攻手把更多的精力投入进攻战术中。

2. 弧形防守战术。这种阵形与接发球站位队形相似，前排两名队员要撤到进攻线后，和后卫队员形成弧形包围圈，准备防守和防守后的反攻。

3. 接拦回球防守战术。主攻手扣球，另外两名队员加强保护对方拦回来的球，接拦回球的保护阵形应在本方扣球人左、右两侧网前区域，盯紧扣球路线和拦网队员动作，判断来球落点，做好防守。

（三）进攻战术

1. 强攻战术强攻打法在比赛中是最直接、最有效的得分手段。强攻传球的高度较高，根据不同的传球路线，可以分为集中进攻、高举高打、拉开进攻、调整进攻等。

2. 快攻战术快攻是毽球比赛中重要的得分手段。快攻战术节奏快，有较大突然性，出其不意、声东击西、避实就虚。快攻主要有短平快、平拉开、远网快、自传自扣等。在比赛中，将快攻和强攻配合使用，使本方的进攻战术打法不会被对方轻易识破，让对方无法及时应对。

3. 发球遮挡技术，即发球前先与前排队员协商，预先确定球的发球路线，前排队员掩护遮挡对方视线，发球队员将球发给对方队员、对方队员之间结合部空挡区域，通过和队友之间的遮挡战术，迷惑和偷袭对手，增加发球直接得分概率。

学习任务三　街舞

一、街舞运动概述

街舞最初起源于美国，是基于不同的街头文化以及音乐风格而产生的多个不同种类舞蹈的统称。街舞的动作是由各种走、跑、跳组合而成的，并通过头、颈、肩、上肢、躯干等各关节的屈伸、转动、绕环、摆振、波浪形扭动等连贯组合而成，各个动作都有其特定的健身效果，锻炼了上肢与下肢、腹部与背部、头部与躯干的动作协调能力，又组成了各环节以及各部分的独立运动。

街舞自20世纪80年代传入中国后，逐渐作为健身活动传播开来。现在街舞是一系列舞蹈形式的总称，它们的共同特点是肢体摆动幅度较大，对穿着打扮的要求不是那么严格。

2020年12月7日，国际奥委会同意将霹雳舞列为2024年巴黎奥运会正式比赛项目。

二、街舞的种类及锻炼价值

（一）种类

如果以时代特色为标准，街舞可以分为Old School（老派）和New School（新派）两类，前者为20世纪80年代的街舞风格，后者产生于90年代，在音乐和动作上都有相当大的改观。如果以动作类型为标准，可以分为Hip-Hop、Breaking、Poping、Locking、Jazz、House和Free Style。

Hip-Hop：以大幅度而简单的步伐风靡全球，一般来说学生都会比较愿意选择这个舞蹈。它以手和脚的协调作出许多漂亮的组合动作，也有较少的地板动作。这是最常见的街舞类型，动作帅气，步伐多变，有很强的表演性。

Breaking：霹雳舞，大体上可以分为大地板、小地板两种类型。用手、头、身体在地上旋转，称为大地板；用肢体在地上踩出复杂变化的脚步动作，加上刁钻的倒立，称为小地板。当然，跳舞的同时也可以随意搭配你所想表现的动作。这种舞蹈的难度性和技巧性较高，对舞者的力量、柔韧度和协调性都有较高的要求，跳这种类型舞蹈的青少年叫做B-Boy和B-Girl。

Poping：现代街舞的一种，是一种通过肌肉的放松和绷紧来达到视觉效果的复杂舞蹈。基本动作是肌肉的震动。最重要的一点就是肌肉的放松和绷紧，也就是大家长说到的POP震或者爆点。

Locking：锁舞，身体各部位（以手部转动为主）做出快速的动作，然后在某一位置做出准确的停顿，像突然被锁住一样，产生令人眼花缭乱的美感和力度感。

Jazz：这里所指的主要Street Jazz，是一种由美国百老汇的Morden Jazz演化而来的街头舞蹈风格，它的表现形式不局限于课堂上的东西，而是更中和70年代以来的各种舞蹈元素；比如Funky Style、New Jack Swing、Reggea等。练习Jazz对塑造全身的体形、气质、姿态非常有好处，能提高全身的协调性，很适合爱美的女孩子。

House：即随着House音乐，运用复杂而神奇的步伐表现的一种舞步。它可以加上拉丁舞的扭腰、武术的空翻、踢踏舞的基本步以及芭蕾的转圈，跳起来既可以十分优雅，也可以相当狂野。

Free Style：这是一种出神入化的舞步，它将各种类型的舞蹈混合在一起，随心所欲地表现，没有舞蹈风格的限定，脱离一般舞蹈的规范，可以说是一种个性化的街舞。

（二）锻炼价值

1. 健身价值

（1）提高运动能力

经常进行街舞锻炼，可以提高人体的灵活性，特别是能够提高小关节的灵活性和各肌肉群之间的协调性，使肌肉力量增大、弹性增强，使韧带、肌肉等组织更富有弹性，可以有效避免运动损伤。

（2）增强心血管系统的机能

参加街舞锻炼者的心率一般在120～160次/分钟，长期参加街舞锻炼，可以使心肌的收缩力增强、心输出量增大、供血能力提高，有助于向脑细胞供氧，增强大脑的思维创造能力；而且循环系统能力的加强也可以加速体内新陈代谢，减少脂肪沉淀，延缓血管硬化，有益于生命健康。

（3）减肥、减脂的效果

每天40～60分钟的街舞运动，能消耗体内多余的脂肪，起到控制体重、健美形体的作用。

2. 健心价值

研究证明，长期的精神压力不仅会引起各种心理疾病，还会引起许多身体疾病，如高血压、心脏病、癌症等。科学研究表明，体育运动不仅可以缓解精神压力，还可以预防各种疾病。作为一项体育运动，街舞动作优美、协调，可以全面锻炼身体；同时，有节奏的音乐伴奏能缓解精神压力，起到健心的作用。

3. 经济价值

街舞运动能够增强体质、强身健体，因而受到人们的欢迎和喜爱，其经济价值是通过健身价值转化而来的。国际运动医学联合会前主席普罗科普曾指出，不锻炼的人，30岁起身体机能就开始下降，到55岁，身体机能只相当于他最健康时的2/3。而经常锻炼的人，到四五十岁，身体机能还相当稳定，当他60岁时，心血管系统的功能相当于20岁不锻炼的人。由此可见，经常锻炼的人可以有效延缓衰老，有更充沛的精力进行工作和学习，从而创造更丰富的经济价值。

4. 推进流行街舞发展

街舞的发展为流行街舞做好了铺垫和支持。流行街舞以竞技为目的，对爱好者的身体素质、技术水平、艺术表现等方面有更高的要求，有助于培养人们吃苦耐劳和持之以恒的精神。近年来，我国已经举办了多次全国性的街舞大赛，而省、市级的街舞比赛更是不计其数。随着世界街舞运动的广泛开展，成立国际街舞组织将不再是梦想，街舞成为全球性的赛事更是指日可待。

三、街舞的技术要领

（一）律动技术

律动是街舞的基本动作技术形式，身体随着音乐起伏和摇摆，胸腔有重拍地、连续不断地双向运动，配合气息的运动上下起伏，一般分为重拍向上和重拍向下两种。

Up是上的意思。Up律动就是整个身体向上拉。这个动作的姿态主要靠胸、腰、腿和手臂的同时配合完成。颈部向上提，下巴向内收；胸部尽量向斜上方挺出，收腹；两腿拉直；手臂半握拳下垂。

Down是下的意思。Down律动就是整个身体向下压。这个动作的姿态同样需要颈、胸、腰、腿和手臂同时配合完成。向下律动其实就是在向上的基础上把以上身体部位向相反的方向做运动。具体动作为颈向下放、下巴上抬；胸部尽量向斜下方收回，腰向前挺出；双腿弯曲；手臂提起，半握拳。

Up-down律动连接：掌握了向上和向下的身体姿态后，就可以把“up”和“down”按照匀速连接起来做。注意每一组“Up-down”是用一拍完成的，即“up”半拍、“down”半拍，整个躯干在做“Up-down”的时候始终呈S形。掌握了“Up-down”律动后，就可以学习舞步了。

（二）弹动技术

身体的弹动主要体现在各个关节（踝、膝、髋、肩、肘、胸）上，包括膝关节的弹动、踝关节的缓冲、髋关节的屈伸。运动技术可以让舞者把握住街舞的动作特点，尤其是肢体放松，双膝始终处于微屈或弹动的状态，整个身体动作的感觉是结合胸腔的“上下起伏”一起做的，身体其他部位的弹动也要靠相关肌肉的控制及交替收缩来实现，使动作律动感很强且收弛自然。它特别强调舞者的肢体自控能力和极度夸张的表现力，对身体关节起一定的保护作用，避免运动损伤。在学习街舞动作时，按照教练员的分解动作进行，比如先学好下肢的动作，再逐渐加强上肢、头部的动作，先慢后快，不要急于求成。例如，在最基本的点地和提膝动作中，踝关节的缓冲和髋关节的屈伸动作往往与之协调配合，使动作的律动感很强且松弛自然。

（三）控制技术

街舞的控制技术主要表现在肌肉的用力方式和用力顺序两个方面。街舞的多数动作都有很强的动感和力度美，为了表现这一特色，需要频繁地使用肌肉的爆发力。因此，肌肉的紧张与松弛必须协调控制，才可以达到应有的动作效果。

（四）重心的移动和转换技术

街舞的重心移动技术主要表现在动作的方向变化上，通过前、后、左、右的移动，使身体运动的路线发生丰富的变化。街舞的重心转换技术主要是靠左、右脚支撑的变化过渡来实现的，除了上肢和躯干的动作外，这一技术动作占据了很大的比例，它使街舞具有律动感和技巧性，从而展现街舞的基本特色。

四、练习街舞的注意事项

练习街舞时，要注意以下几点。

1. 初学街舞时，切记不可一下子就加大运动量，要循序渐进。通常先做热身活动，将身体的各个关节、韧带，尤其是膝、踝关节充分活动开，以免跳动时造成身体损伤；而后进行一定强度和时间的练习，最好不要少于30分钟；最后采用各种伸拉练习使身体完全放松。

2. 由于每个人的年龄、体能和健康状况不同，因此每个人的运动强度也各不相同。

3. 服饰提示。只要整体搭配自然、休闲，时尚、个性，自己足够爱好街舞，味道自然就出来了。

任务拓展

一、速度轮滑规则

速度轮滑比赛在“封闭环形式”公路跑道或场地跑道上，按逆时针方向进行竞赛。它包括场地速度轮滑和公路速度轮滑两种，具体分为计时赛、淘汰赛、群滑赛、定时赛、计分赛、接力比赛、分段赛和追逐赛等。

（一）起点出发

所有比赛的起跑均为站立式，用发令枪或哨子发出起跑信号。

发令员在起点召集运动员时，如运动员未到，1分钟后重新召集，仍不到者立即取消比赛资格。

起跑信号应在运动员站在起跑线后面、间距50厘米、身体稳定后才能发出。运动员所站的位置由抽签决定。

集体出发的起跑，运动员在起跑线后按抽签顺序依次站好。

（二）抵达终点与终点名次

计时性比赛和集体出发的比赛（淘汰赛、计分赛、接力赛及其他集体出发的比赛），要根据运动员的轮子触及终点线的先后顺序决定运动员的终点名次。先通过终点线的前脚轮子必须接触地面，否则以后脚轮子通过终点的时刻为到达终点。

在自由换人的接力比赛中，以各队最后一名运动员的轮子首先通过终点线的队为优胜。

在定时比赛中，如规定时间已到，则运动员所滑到的地点即为终点。

在场地或在“封闭环形式”公路跑道上集体出发时，已被超越或即将被超越的运动员应及时淘汰。被超越运动员的名次顺序为被淘汰的逆顺序。运动员通过最后一圈时摇铃示意，但只给第一名运动员摇铃。

在集体出发的比赛中，若有数名运动员一起抵达终点，无法确切地区分他们的名次顺序，此时可认定他们的名次相同，其顺序可按其姓氏笔画排列。运动员扣圈或被扣圈都应报剩余圈数，第一名运动员滑最后一圈时摇铃。

如果有两名或有更多运动员到达终点的时间相同，则要重新组织一次确定名次顺序的计时对抗赛，每个运动员的比赛成绩在到达终点后立即宣布。

运动员到达终点前的最后一个直线跑道上，领先的运动员要保持直线滑行，切不可以任何方式妨碍紧跟其后的运动员的正常滑行。假如违背，则领先运动员的名次列在受影响运动员的名次之后。

公路比赛最长时间的限制是第一名运动员所用时间加上25%，大众参与的公路赛最长时间可以为第一名运动员所用时间加上50%～100%。

（三）速度轮滑的比赛场地

速度轮滑的比赛场地分为场地跑道和公路跑道两类。

场地跑道为椭圆形，由两条长度相等的直线和两个对称具有相同半径的弯道组成。跑道周长不小于125米、不超过400米，宽度最小为5米。标准比赛场地的长度为200米，宽度为6米。场地的地面可用任何材料铺成，但要求完全平坦，有一定的光滑度，不易摔倒。一般比赛场地用水磨石、硬木地板、合成塑料较好，但也有用沥青、水泥等铺成的。比赛跑道要求完全平坦，但弯道可有一定的倾斜度。有倾斜度的部分要从内侧边缘逐渐均匀平稳地升高，直到外侧边缘。终点线要用5厘米的白线标出，一般情况下终点线不能设在弯道处。

公路跑道分为起点与终点不衔接的直线开放式、起点与终点相衔接的封闭环形式两种。封闭式环行公路，路线最短不小于250米，最长不超过1000米。公路的宽度全程不得小于5米。公路的路面应平坦而光滑，没有断裂，路面不平坦部分不应超过其宽度的3％。公路跑道斜坡部分不得超过全长的5％，即使在特殊情况下其倾斜部分也不得超过全部路线的25％。终点线与起点线均以5厘米宽的白色线标出，起、终点线不能设在弯道处（除非无法避开时），起点线应设在距离弯道50米以外的地方，终点线应设在距最后一个弯道的直弯道分界线前50米处。

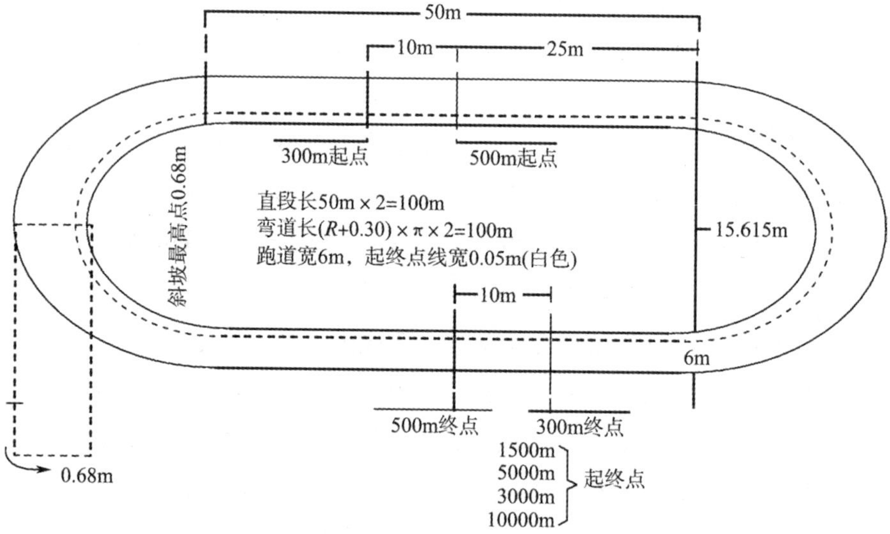

图16－1 速度轮滑比赛200米跑道场地示意图

二、毽球竞赛主要规则

（一）场地、器械

1. 场地比赛场地采用羽毛球双打场地，长11.88米、宽6.1米。场地上空6米以内为无障碍空间，场地四周至少2米为无障碍区。

2. 网高男子为1.60米，女子为1.50米。

3. 界线场地所有界线为4厘米，线的宽度包括在各个场区内。

4. 发球区距两端线中点两侧各1米处向场外各画一条长20厘米并与端线垂直的短线，称发球区线，向后无限延长的区域称发球区。

5. 器材毽球由毽毛、毽垫构成。毽毛为4支桃红色鹅翎成十字插在毛管内，每只羽毛宽3.20～3.50厘米，毽球的高度为13～15厘米，毽球的质量为（13±0.5克）。

（二）比赛规则

1. 局数、得分、场地选择。比赛一般采用三局两胜，单人赛、双人赛每局15分，团体赛每局21分；比赛前，抽签选择场地和发球权，第一局结束后双方交换场地和发球。决胜局比赛中，单人赛和双人赛任何一方先得8分时两队交换场地，团体赛中任何一方先得10分应交换场地。

2. 比赛间断。比赛成死球时，可向裁判员请求暂停。每局比赛中，每队有两次暂停，每次暂停时间不得超过30秒，两局比赛之间有2分钟休息时间。

3. 发球。发球队员必须站在本方发球区内发球，用手持球，将球抛起，用脚将球从网上踢入对方场地，在球发出后方可进入场地。比赛若出现14平，则采用轮换发球法。

4. 触网。比赛进行中，队员身体任何部位触及两标志杆以内的球网，均为触网，若击球后，队员触及标志杆以外的物体，不判为例。

5. 换人。单人赛、双人比赛中途不得替换；三人赛允许换人，每队每局换人不得超过3人次。

6. 比赛中击球。在本方场地内，单人赛为二次击球过网；双人、混合双人赛为三次击球过网；三人赛为四次击球过网；每队队员可触球一次也可连续触球两次。比赛进行中，除脚以外，身体任何部位不得触及中线，脚不得完全越过中线。

7. 队员在场上的位置。单人赛、双人赛要求队员必须站在本方比赛场地，三人赛中靠近端线的队员为1号，靠近球网的队员从右至左分别为2号和3号，场上队员的位置必须与比赛时登记的轮转顺序相符。

8. 计胜方法。单人赛、双人赛先得15分为胜局，若比分为14平时，实行轮换发球法，继续比赛，直至某队领先2分，为胜一局，最高比分为21分；三人比赛先得21分为胜一局，若比分为20平时，实行轮换发球法，继续比赛，直至某队领先2分，为胜一局，最高比分为29分。

附录　大学生体质健康测试与评价

体质及体质测定与评价

一、体质的概念

体质是人体的状态和适应能力，它是在先天遗传和后天获得的基础上表现出来的人体形态结构、生理功能和心理因素的综合性的、相对稳定的特征。

体质是人们从事一切生命活动的基础，它在形成和发展的过程中，具有明显的个体差异和阶段性。在人的生命活动的各个阶段，从儿童、青少年到中老年，体质状况不但具有某些共同的特征，而且是不断变化的。

二、体质的范畴

体质包括身体形态发育水平、生理生化功能水平、身体素质和运动能力发展水平、心理发育水平以及适应能力等多个方面。

（1）身体形态发育水平，即体格、体型、姿势、营养状况及身体组成成分等。

（2）生理生化功能水平，即机体的新陈代谢水平以及各器官、系统的效能等。

（3）身体素质和运动能力发展水平，即速度、力量、耐力、灵敏度、柔韧性等素质，以及走、跑、跳、投、攀爬等身体活动能力。

（4）心理发育（或发展）水平，即本体感知能力、判断力、意志力、情感、行为、个性、性格等。

（5）适应能力，即对内外环境条件的适应能力、应急能力和对疾病的抵抗力等。

三、体质测定与评价的目的和意义

进行体质测定与评价的目的是掌握测定对象体质的状况及其发展变化，检查、评定体育教学和体育锻炼对增强体质的效果，分析研究影响体质强弱的各种因素，并从加强科学的体育教学和锻炼以及改善营养、卫生条件等方面及时采取适宜的措施，从而更有效地增强体质。体质测定与评价的重要意义如下：

（1）可以方便学校和有关部门了解和掌握学生体质的现状；体质测定和评价获得的数据，经过分析研究，可了解学生体质变化的内在规律，并可检查、衡量体育教学和身体锻炼对增强体质的效果。

（2）为制订切合实际的体育教学大纲、计划，确定适宜的教育内容和方法提供科学的依据，同时为制订科学的锻炼计划提供客观依据。

（3）使学生了解自己的发育程度、机能水平、身体素质和运动能力，以及各个时期体质的发展和变化。增强学生关注自己体质状况的意识，激发和培养学生科学锻炼身体的自觉性和积极性。

（4）体质测定和评价过程中收集和积累的数据资料能促进学校体育卫生工作的科学研究。

（5）能更有效地完善学校体育、卫生、营养、生活制度并改进相关工作，从而进一步增强学生体质，提高健康水平。

学生体质健康评分标准

现将《国家学生体质健康标准》（2014年修订）的“健康标准”部分摘录如下：（略有改动）

1.《国家学生体质健康标准》（以下简称《标准》）是国家学校教育工作的基础性指导文件和教育质量基本标准，是评价学生综合素质、评估学校工作和衡量各地教育发展的重要依据，是《国家体育锻炼标准》在学校的具体实施，适用于全日制普通小学、初中、普通高中、中等职业学校、普通高等学校的学生。

2.本标准的修订坚持健康第一，落实《国家中长期教育改革和发展规划纲要（2010—2020年）》、《国务院办公厅转发教育部等部门关于进一步加强学校体育工作若干意见的通知》（国办发〔2012〕53号）和《教育部关于印发〈学生体质健康监测评价办法〉等三个文件的通知》（教体艺〔2014〕3号）有关要求，着重提高《标准》应用的信度、效度和区分度，着重强化其教育激励、反馈调整和引导锻炼的功能，着重提高其教育监测和绩效评价的支撑能力。

3.本标准从身体形态、身体机能和身体素质等方面综合评定学生的体质健康水平，是促进学生体质健康发展、激励学生积极进行身体锻炼的教育手段，是国家学生发展核心素养体系和学业质量标准的重要组成部分，是学生体质健康的个体评价标准。

4.本标准将适用对象划分为以下组别：小学、初中、高中按每个年级为一组，其中小学为6组、初中为3组、高中为3组。大学一、二年级为一组，三、四年级为一组。

5. 小学、初中、高中、大学各组别的测试指标均为必测指标。其中，身体形态类中的身高、体重，身体机能类中的肺活量，以及身体素质类中的50米跑、坐位体前屈为各年级学生的共性指标。

6. 本标准的学年总分由标准分与附加分之和构成，满分为120分。标准分由各单项指标得分与权重乘积之和组成，满分为100分。附加分根据实测成绩确定，即对成绩超过100分的加分指标进行加分，满分为20分；小学的加分指标为1分钟跳绳，加分幅度为20分；初中、高中和大学的加分指标为男生引体向上和1000米跑，女生1分钟仰卧起坐和800米跑，各指标加分幅度均为10分。

7. 根据学生学年总分评定等级：90.0分及以上为优秀，80.0～89.9分为良好，60.0～79.9分为及格，59.分及以下为不及格。

8. 每个学生每学年评定一次，记入《〈国家学生体质健康标准〉登记卡》(附表1～2)。特殊学制的学校，在填写登记卡时可以按规定和需求相应地增减栏目。学生毕业时的成绩和等级，按毕业当年学年总分的50%与其他学年总分平均得分的50%之和进行评定。

9. 学生测试成绩评定达到良好及以上者，方可参加评优与评奖；成绩达到优秀者，方可获体育奖学分。测试成绩评定不及格者，在本学年度准予补测一次，补测仍不及格，则学年成绩评定为不及格。普通高中、中等职业学校和普通高等学校学生毕业时，《标准》测试的成绩达不到50分者按结业或肄业处理。

10. 学生因病或残疾可向学校提交暂缓或免予执行《标准》的申请，经医疗单位证明，体育教学部门核准，可暂缓或免予执行《标准》，并填写《免予执行〈国家学生体质健康标准〉申请表》(附表3)，存入学生档案。确实丧失运动能力、被免予执行《标准》的残疾学生，仍可参加评优与评奖，毕业时《标准》成绩需注明免测。

11. 各学校每学年开展覆盖本校各年级学生的《标准》测试工作，《标准》测试数据经当地教育行政部门按要求审核后，通过“中国学生体质健康网”上传至“国家学生体质健康标准数据管理系统”。测试和数据上传时间由教育行政部门确定。

12. 本标准由教育部负责解释。

附表：

附表1 《国家学生体质健康标准》登记卡（高中样表）

学校＿＿＿＿＿＿

姓名		性别					学号				
班级		民族					出生日期				
单项指标 成绩	高一			高二			高三			毕业成绩	
	成绩	得分	等级	成绩	得分	等级	成绩	得分	等级	得分	等级
体重指数（BMI）（千克/米^2）											
肺活量（毫升）											
50米跑（秒）											
坐位体前屈（厘米）											
立定跳远（厘米）											
引体向上（男）/ 1分钟仰卧起坐（女）（次）											
1000米跑（男）/ 800米跑（女）（分·秒）											
标准分											
加分指标	成绩	附加分		成绩	附加分		成绩	附加分			
引体向上（男）/ 1分钟仰卧起坐（女）（次）											
1000米跑（男）/ 800米跑（女）（分·秒）											
学年总分											
等级评定											
体育教师签字											
班主任签字											
家长签字											

注：中等职业学校参照本样表执行。

学校签章：　　　　　　　　　　　　　　　　　　　　年　　月　　日

附表2 《国家学生体质健康标准》登记卡（大学样表）

学校＿＿＿＿＿＿

姓名		性别		学号	
班级		民族		出生日期	

单项指标成绩	大一			大二			大三			大四			毕业成绩	
	成绩	得分	等级	成绩	得分	等级	成绩	得分	等级	成绩	得分	等级	得分	等级
体重指数（BMI）（千克/米^2）														
肺活量（毫升）														
50米跑（秒）														
坐位体前屈（厘米）														
立定跳远（厘米）														
引体向上（男）/1分钟仰卧起坐（女）（次）														
1000米跑（男）/800米跑（女）（分·秒）														
标准分														
加分指标	成绩	附加分		成绩	附加分		成绩	附加分		成绩	附加分			
引体向上（男）/1分钟仰卧起坐（女）（次）														
1000米跑（男）/800米跑（女）（分·秒）														
学年总分														
等级评定														
体育教师签字														
辅导员签字														

注：高等职业学校、高等专科学校参照本样表执行。

学校签章：　　　　　　　　　　　　　　　　　　年　　月　　日

附表3　免予执行《国家学生体质健康标准》申请表(样表)

<table>
<tr><td>姓名</td><td></td><td>性别</td><td></td><td>学号</td><td></td></tr>
<tr><td>班级/院(系)</td><td></td><td>民族</td><td></td><td>出生日期</td><td></td></tr>
<tr><td>原因</td><td colspan="5">申请人：
年　　月　　日</td></tr>
<tr><td>体育教师签字</td><td colspan="2"></td><td>家长签字</td><td colspan="2"></td></tr>
<tr><td>学校体育部门意见</td><td colspan="5">学校盖章：
年　　月　　日</td></tr>
</table>

注：中等职业学校及普通高等学校的学生，“家长签字”由学生本人签字。

一、单项指标与权重

表 1　单项指标与权重

测试对象	单项指标	权重（%）
小学一年级至大学四年级	体重指数（BMI）	15
	肺活量	15
初中、高中、大学各年级	50米跑	20
	坐位体前屈	10
	立定跳远	10
	引体向上（男）/1分钟仰卧起坐（女）	10
	1000米跑（男）/800米跑（女）	20

注：体重指数（BMI）= 体重（千克）/ 身高^2（米^2）。

二、评分表

1. 单项指标评分

表 2　男生体重指数（BMI）单项评分　　单位：千克/米^2

等级	单项得分	高一	高二	高三	大学
正常	100	16.5～23.2	16.8～23.7	17.3～23.8	17.9～23.9
低体重	80	≤16.4	≤16.7	≤17.2	≤17.8
超重		23.3～26.3	23.8～26.5	23.9～27.3	24.0～27.9
肥胖	60	≥26.4	≥26.6	≥27.4	≥28.0

表 3　女生体重指数（BMI）单项评分　　单位：千克/米^2

等级	单项得分	高一	高二	高三	大学
正常	100	16.5～22.7	16.9～23.2	17.1～23.3	17.2～23.9
低体重	80	≤16.4	≤16.8	≤17.0	≤17.1
超重		22.8～25.2	23.3～25.4	23.4～25.7	24.0～27.9
肥胖	60	≥25.3	≥25.5	≥25.8	≥28.0

表4　肺活量单项评分　　单位：毫升

男生肺活量单项评分							女生肺活量单项评分						
等级	单项得分	高一	高二	高三	大一大二	大三大四	等级	单项得分	高一	高二	高三	大一大二	大三大四
优秀	100	4540	4740	4940	5040	5140	优秀	100	3150	3250	3350	3400	3450
	95	4420	4620	4820	4920	5020		95	3100	3200	3300	3350	3400
	90	4300	4500	4700	4800	4900		90	3050	3150	3250	3300	3350
良好	85	4050	4250	4450	4550	4650	良好	85	2900	3000	3100	3150	3200
	80	3800	4000	4200	4300	4400		80	2750	2850	2950	3000	3050
及格	78	3680	3880	4080	4180	4280	及格	78	2650	2750	2850	2900	2950
	76	3560	3760	3960	4060	4160		76	2550	2650	2750	2800	2850
	74	3440	3640	3840	3940	4040		74	2450	2550	2650	2700	2750
	72	3320	3520	3720	3820	3920		72	2350	2450	2550	2600	2650
	70	3200	3400	3600	3700	3800		70	2250	2350	2450	2500	2550
	68	3080	3280	3480	3580	3680		68	2150	2250	2350	2400	2450
	66	2960	3160	3360	3460	3560		66	2050	2150	2250	2300	2350
	64	2840	3040	3240	3340	3440		64	1950	2050	2150	2200	2250
	62	2720	2920	3120	3220	3320		62	1850	1950	2050	2100	2150
	60	2600	2800	3000	3100	3200		60	1750	1850	1950	2000	2050
不及格	50	2470	2660	2850	2940	3030	不及格	50	1710	1810	1910	1960	2010
	40	2340	2520	2700	2780	2860		40	1670	1770	1870	1920	1970
	30	2210	2380	2550	2620	2690		30	1630	1730	1830	1880	1930
	20	2080	2240	2400	2460	2520		20	1590	1690	1790	1840	1890
	10	1950	2100	2250	2300	2350		10	1550	1650	1750	1800	1850

表5　50米跑单项评分　　单位：秒

男生50米跑单项评分							女生50米跑单项评分						
等级	单项得分	高一	高二	高三	大一大二	大三大四	等级	单项得分	高一	高二	高三	大一大二	大三大四
优秀	100	7.1	7.0	6.8	6.7	6.6	优秀	100	7.8	7.7	7.6	7.5	7.4
	95	7.2	7.1	6.9	6.8	6.7		95	7.9	7.8	7.7	7.6	7.5
	90	7.3	7.2	7.0	6.9	6.8		90	8.0	7.9	7.8	7.7	7.6
良好	85	7.4	7.3	7.1	7.0	6.9	良好	85	8.3	8.2	8.1	8.0	7.9
	80	7.5	7.4	7.2	7.1	7.0		80	8.6	8.5	8.4	8.3	8.2
及格	78	7.7	7.6	7.4	7.3	7.2	及格	78	8.8	8.7	8.6	8.5	8.4
	76	7.9	7.8	7.6	7.5	7.4		76	9.0	8.9	8.8	8.7	8.6

续表

男生50米跑单项评分							女生50米跑单项评分						
等级	单项得分	高一	高二	高三	大一大二	大三大四	等级	单项得分	高一	高二	高三	大一大二	大三大四
及格	74	8.1	8.0	7.8	7.7	7.6	及格	74	9.2	9.1	9.0	8.9	8.8
	72	8.3	8.2	8.0	7.9	7.8		72	9.4	9.3	9.2	9.1	9.0
	70	8.5	8.4	8.2	8.1	8.0		70	9.6	9.5	9.4	9.3	9.2
	68	8.7	8.6	8.4	8.3	8.2		68	9.8	9.7	9.6	9.5	9.4
	66	8.9	8.8	8.6	8.5	8.4		66	10.0	9.9	9.8	9.7	9.6
	64	9.1	9.0	8.8	8.7	8.6		64	10.2	10.1	10.0	9.9	9.8
	62	9.3	9.2	9.0	8.9	8.8		62	10.4	10.3	10.2	10.1	10.0
	60	9.5	9.4	9.2	9.1	9.0		60	10.6	10.5	10.4	10.3	10.2
不及格	50	9.7	9.6	9.4	9.3	9.2	不及格	50	10.8	10.7	10.6	10.5	10.4
	40	9.9	9.8	9.6	9.5	9.4		40	11.0	10.9	10.8	10.7	10.6
	30	10.1	10.0	9.8	9.7	9.6		30	11.2	11.1	11.0	10.9	10.8
	20	10.3	10.2	10.0	9.9	9.8		20	11.4	11.3	11.2	11.1	11.0
	10	10.5	10.4	10.2	10.1	10.0		10	11.6	11.5	11.4	11.3	11.2

表6　坐位体前屈单项评分　　单位：厘米

男生坐位体前屈单项评分							女生坐位体前屈单项评分						
等级	单项得分	高一	高二	高三	大一大二	大三大四	等级	单项得分	高一	高二	高三	大一大二	大三大四
优秀	100	23.6	24.3	24.6	24.9	25.1	优秀	100	24.2	24.8	25.3	25.8	26.3
	95	21.5	22.4	22.8	23.1	23.3		95	22.5	23.1	23.6	24.0	24.4
	90	19.4	20.5	21.0	21.3	21.5		90	20.8	21.4	21.9	22.2	22.4
良好	85	17.2	18.3	19.1	19.5	19.9	良好	85	19.1	19.7	20.2	20.6	21.0
	80	15.0	16.1	17.2	17.7	18.2		80	17.4	18.0	18.5	19.0	19.5
及格	78	13.6	14.7	15.8	16.3	16.8	及格	78	16.1	16.7	17.2	17.7	18.2
	76	12.2	13.3	14.4	14.9	15.4		76	14.8	15.4	15.9	16.4	16.9
	74	10.8	11.9	13.0	13.5	14.0		74	13.5	14.1	14.6	15.1	15.6
	72	9.4	10.5	11.6	12.1	12.6		72	12.2	12.8	13.3	13.8	14.3
	70	8.0	9.1	10.2	10.7	11.2		70	10.9	11.5	12.0	12.5	13.0
	68	6.6	7.7	8.8	9.3	9.8		68	9.6	10.2	10.7	11.2	11.7
	66	5.2	6.3	7.4	7.9	8.4		66	8.3	8.9	9.4	9.9	10.4
	64	3.8	4.9	6.0	6.5	7.0		64	7.0	7.6	8.1	8.6	9.1
	62	2.4	3.5	4.6	5.1	5.6		62	5.7	6.3	6.8	7.3	7.8
	60	1.0	2.1	3.2	3.7	4.2		60	4.4	5.0	5.5	6.0	6.5

续表

男生坐位体前屈单项评分							女生坐位体前屈单项评分						
等级	单项得分	高一	高二	高三	大一大二	大三大四	等级	单项得分	高一	高二	高三	大一大二	大三大四
不及格	50	0.0	1.1	2.2	2.7	3.2	不及格	50	3.6	4.2	4.7	5.2	5.7
	40	−1.0	0.1	1.2	1.7	2.2		40	2.8	3.4	3.9	4.4	4.9
	30	−2.0	−0.9	0.2	0.7	1.2		30	2.0	2.6	3.1	3.6	4.1
	20	−3.0	−1.9	−0.8	−0.3	0.2		20	1.2	1.8	2.3	2.8	3.3
	10	−4.0	−2.9	−1.8	−1.3	−0.8		10	0.4	1.0	1.5	2.0	2.5

表7　立定跳远单项评分　　单位：厘米

男生立定跳远单项评分							女生立定跳远单项评分						
等级	单项得分	高一	高二	高三	大一大二	大三大四	等级	单项得分	高一	高二	高三	大一大二	大三大四
优秀	100	260	265	270	273	275	优秀	100	204	205	206	207	208
	95	255	260	265	268	270		95	198	199	200	201	202
	90	250	255	260	263	265		90	192	193	194	195	196
良好	85	243	248	253	256	258	良好	85	185	186	187	188	189
	80	235	240	245	248	250		80	178	179	180	181	182
及格	78	231	236	241	244	246	及格	78	175	176	177	178	179
	76	227	232	237	240	242		76	172	173	174	175	176
	74	223	228	233	236	238		74	169	170	171	172	173
	72	219	224	229	232	234		72	166	167	168	169	170
	70	215	220	225	228	230		70	163	164	165	166	167
	68	211	216	221	224	226		68	160	161	162	163	164
	66	207	212	217	220	222		66	157	158	159	160	161
	64	203	208	213	216	218		64	154	155	156	157	158
	62	199	204	209	212	214		62	151	152	153	154	155
	60	195	200	205	208	210		60	148	149	150	151	152
不及格	50	190	195	200	203	205	不及格	50	143	144	145	146	147
	40	185	190	195	198	200		40	138	139	140	141	142
	30	180	185	190	193	195		30	133	134	135	136	137
	20	175	180	185	188	190		20	128	129	130	131	132
	10	170	175	180	183	185		10	123	124	125	126	127

表8　男生引体向上单项评分　　单位：次

等级	单项得分	高一	高二	高三	大一大二	大三大四
优秀	100	16	17	18	19	20
	95	15	16	17	18	19
	90	14	15	16	17	18
良好	85	13	14	15	16	17
	80	12	13	14	15	16
及格	78					
	76	11	12	13	14	15
	74					
	72	10	11	12	13	14
	70					
	68	9	10	11	12	13
	66					
	64	8	9	10	11	12
	62					
	60	7	8	9	10	11
不及格	50	6	7	8	9	10
	40	5	6	7	8	9
	30	4	5	6	7	8
	20	3	4	5	6	7
	10	2	3	4	5	6

表9　女生1分钟仰卧起坐单项评分　　单位：次

等级	单项得分	高一	高二	高三	大一大二	大三大四
优秀	100	53	54	55	56	57
	95	51	52	53	54	55
	90	49	50	51	52	53
良好	85	46	47	48	49	50
	80	43	44	45	46	47
及格	78	41	42	43	44	45
	76	39	40	41	42	43
	74	37	38	39	40	41
	72	35	36	37	38	39
	70	33	34	35	36	37

续表

等级	单项得分	高一	高二	高三	大一大二	大三大四
及格	68	31	32	33	34	35
	66	29	30	31	32	33
	64	27	28	29	30	31
	62	25	26	27	28	29
	60	23	24	25	26	27
不及格	50	21	22	23	24	25
	40	19	20	21	22	23
	30	17	18	19	20	21
	20	15	16	17	18	19
	10	13	14	15	16	17

表10　耐力跑单项评分　　单位：分·秒

男生耐力跑单项评分							女生耐力跑单项评分						
等级	单项得分	高一	高二	高三	大一大二	大三大四	等级	单项得分	高一	高二	高三	大一大二	大三大四
优秀	100	3′30″	3′25″	3′20″	3′17″	3′15″	优秀	100	3′24″	3′22″	3′20″	3′18″	3′16″
	95	3′35″	3′30″	3′25″	3′22″	3′20″		95	3′30″	3′28″	3′26″	3′24″	3′22″
	90	3′40″	3′35″	3′30″	3′27″	3′25″		90	3′36″	3′34″	3′32″	3′30″	3′28″
良好	85	3′47″	3′42″	3′37″	3′34″	3′32″	良好	85	3′43″	3′41″	3′39″	3′37″	3′35″
	80	3′55″	3′50″	3′45″	3′42″	3′40″		80	3′50″	3′48″	3′46″	3′44″	3′42″
及格	78	4′00″	3′55″	3′50″	3′47″	3′45″	及格	78	3′55″	3′53″	3′51″	3′49″	3′47″
	76	4′05″	4′00″	3′55″	3′52″	3′50″		76	4′00″	3′58″	3′56″	3′54″	3′52″
	74	4′10″	4′05″	4′00″	3′57″	3′55″		74	4′05″	4′03″	4′01″	3′59″	3′57″
	72	4′15″	4′10″	4′05″	4′02″	4′00″		72	4′10″	4′08″	4′06″	4′04″	4′02″
	70	4′20″	4′15″	4′10″	4′07″	4′05″		70	4′15″	4′13″	4′11″	4′09″	4′07″
	68	4′25″	4′20″	4′15″	4′12″	4′10″		68	4′20″	4′18″	4′16″	4′14″	4′12″
	66	4′30″	4′25″	4′20″	4′17″	4′15″		66	4′25″	4′23″	4′21″	4′19″	4′17″
	64	4′35″	4′30″	4′25″	4′22″	4′20″		64	4′30″	4′28″	4′26″	4′24″	4′22″
	62	4′40″	4′35″	4′30″	4′27″	4′25″		62	4′35″	4′33″	4′31″	4′29″	4′27″
	60	4′45″	4′40″	4′35″	4′32″	4′30″		60	4′40″	4′38″	4′36″	4′34″	4′32″
不及格	50	5′05″	5′00″	4′55″	4′52″	4′50″	不及格	50	4′50″	4′48″	4′46″	4′44″	4′42″
	40	5′25″	5′20″	5′15″	5′12″	5′10″		40	5′00″	4′58″	4′56″	4′54″	4′52″
	30	5′45″	5′40″	5′35″	5′32″	5′30″		30	5′10″	5′08″	5′06″	5′04″	5′02″
	20	6′05″	6′00″	5′55″	5′52″	5′50″		20	5′20″	5′18″	5′16″	5′14″	5′12″
	10	6′25″	6′20″	6′15″	6′12″	6′10″		10	5′30″	5′28″	5′26″	5′24″	5′22″

注：高中、大学男生为1000米跑，高中、大学女生为800米跑。

2. 加分指标评分

表11　男生引体向上评分　单位：次

加分	高一	高二	高三	大一大二	大三大四
10	10	10	10	10	10
9	9	9	9	9	9
8	8	8	8	8	8
7	7	7	7	7	7
6	6	6	6	6	6
5	5	5	5	5	5
4	4	4	4	4	4
3	3	3	3	3	3
2	2	2	2	2	2
1	1	1	1	1	1

注：引体向上为高优指标，学生成绩超过单项评分100分后，以超过的次数所对应的分数进行加分。

表12　女生1分钟仰卧起坐评分　单位：次

加分	高一	高二	高三	大一大二	大三大四
10	13	13	13	13	13
9	12	12	12	12	12
8	11	11	11	11	11
7	10	10	10	10	10
6	9	9	9	9	9
5	8	8	8	8	8
4	7	7	7	7	7
3	6	6	6	6	6
2	4	4	4	4	4
1	2	2	2	2	2

注：1分钟仰卧起坐为高优指标，学生成绩超过单项评分100分后，以超过的次数所对应的分数进行加分。

表13　男子100米跑评分　　单位：分·秒

加分	高一	高二	高三	大一大二	大三大四
10	−35″	−35″	−35″	−35″	−35″
9	−32″	−32″	−32″	−32″	−32″
8	−29″	−29″	−29″	−29″	−29″
7	−26″	−26″	−26″	−26″	−26″
6	−23″	−23″	−23″	−23″	−23″
5	−20″	−20″	−20″	−20″	−20″
4	−16″	−16″	−16″	−16″	−16″
3	−12″	−12″	−12″	−12″	−12″
2	−8″	−8″	−8″	−8″	−8″
1	−4″	−4″	−4″	−4″	−4″

注：1000米跑为低优指标，学生成绩低于单项评分100分后，以减少的秒数所对应的分数进行加分。

表14　女子800米跑评分　　单位：分·秒

加分	高一	高二	高三	大一大二	大三大四
10	−50″	−50″	−50″	−50″	−50″
9	−45″	−45″	−45″	−45″	−45″
8	−40″	−40″	−40″	−40″	−40″
7	−35″	−35″	−35″	−35″	−35″
6	−30″	−30″	−30″	−30″	−30″
5	−25″	−25″	−25″	−25″	−25″
4	−20″	−20″	−20″	−20″	−20″
3	−15″	−15″	−15″	−15″	−15″
2	−10″	−10″	−10″	−10″	−10″
1	−5″	−5″	−5″	−5″	−5″

注：800米跑为低优指标，学生成绩低于单项评分100分后，以减少的秒数所对应的分数进行加分。

项目一　体育与健康意识的培养

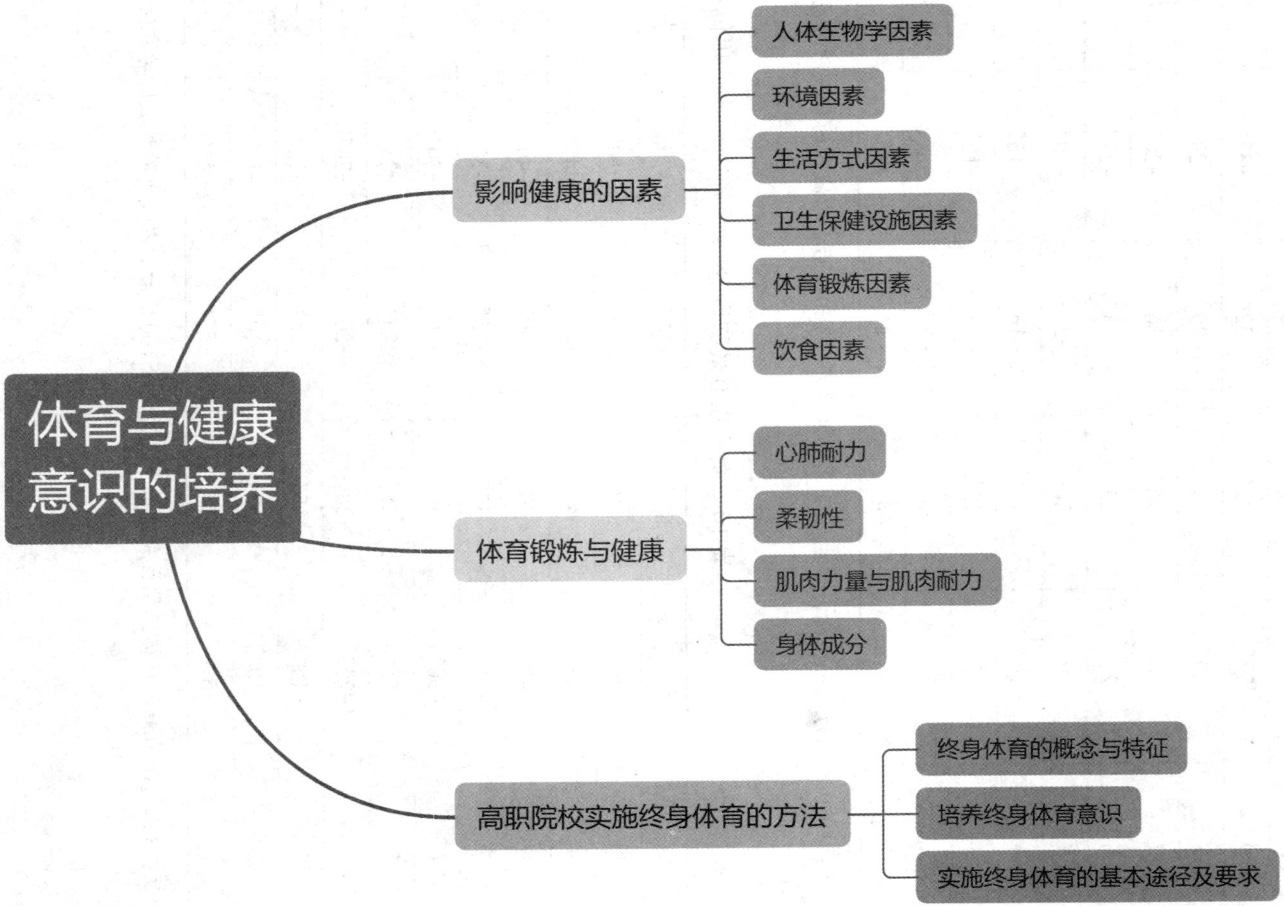

项目二　体育赛事编排与欣赏

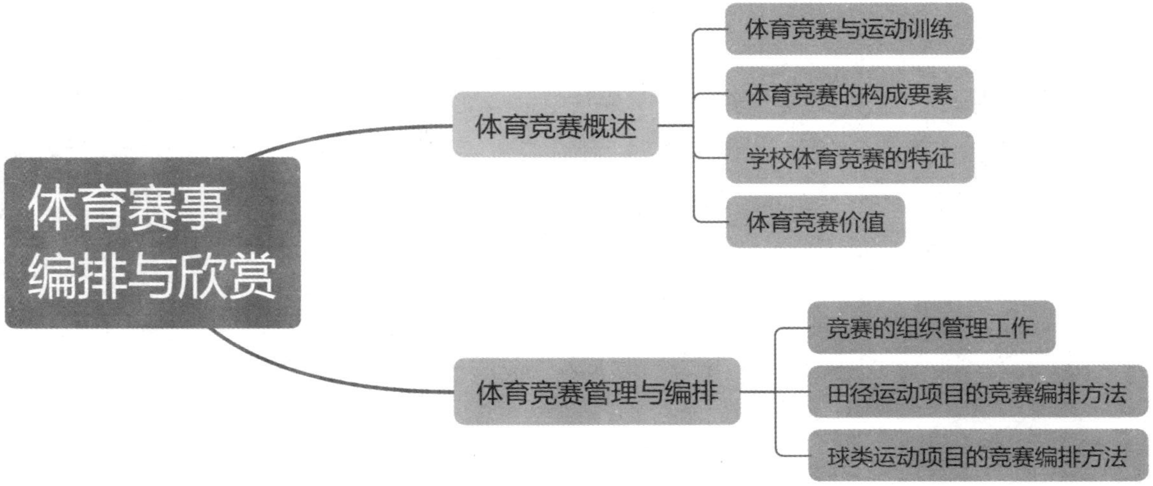

项目三　职业分类与体育锻炼

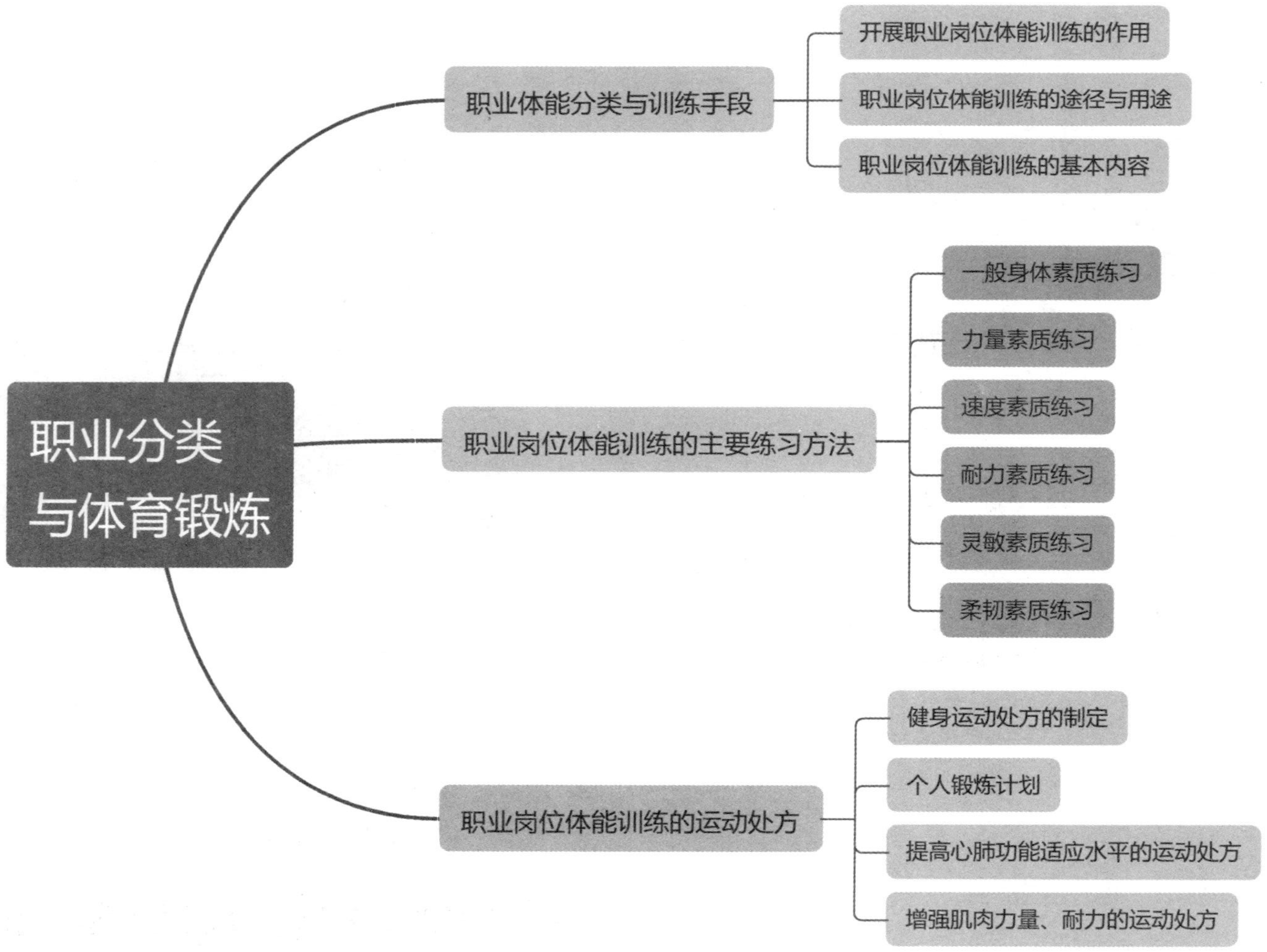

项目四　校园常见病急救知识教育

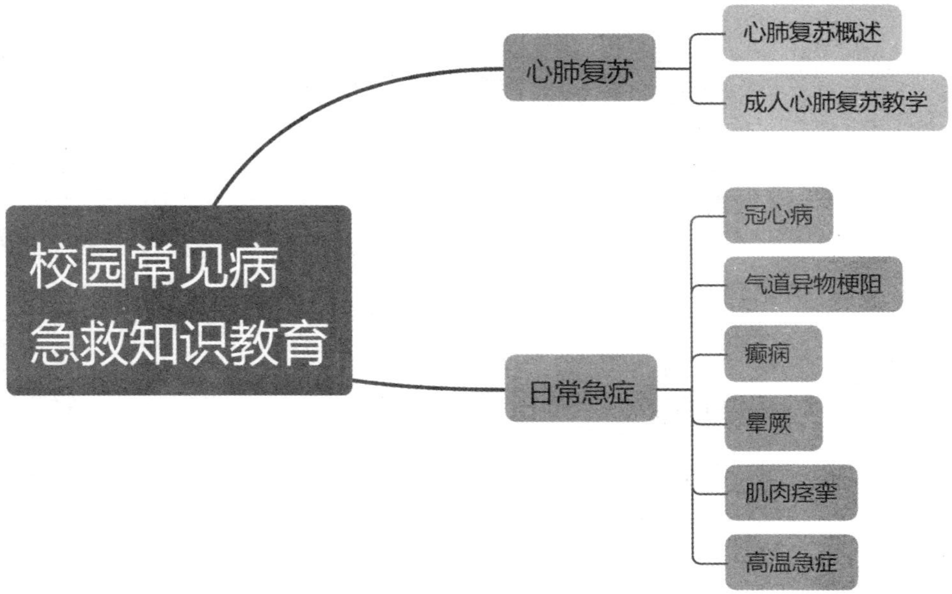

项目五　田径运动

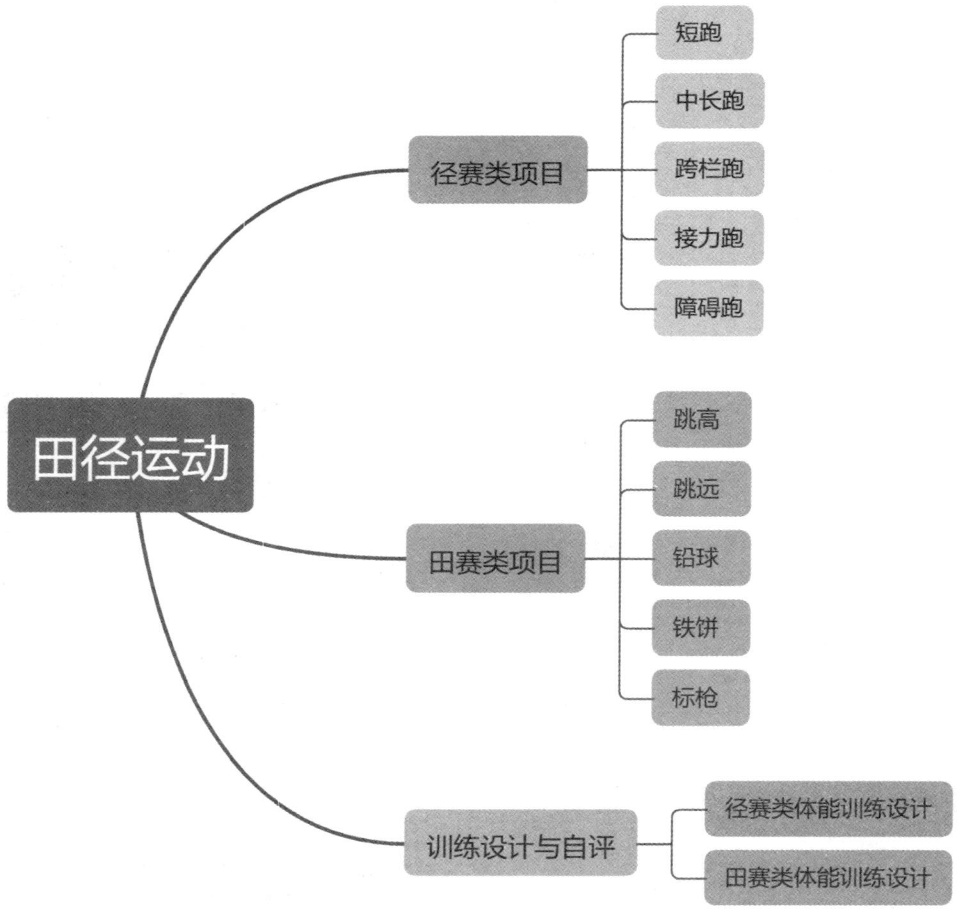
田径运动
径赛类项目
短跑
中长跑
跨栏跑
接力跑
障碍跑
田赛类项目
跳高
跳远
铅球
铁饼
标枪
训练设计与自评
径赛类体能训练设计
田赛类体能训练设计

项目六　篮球运动

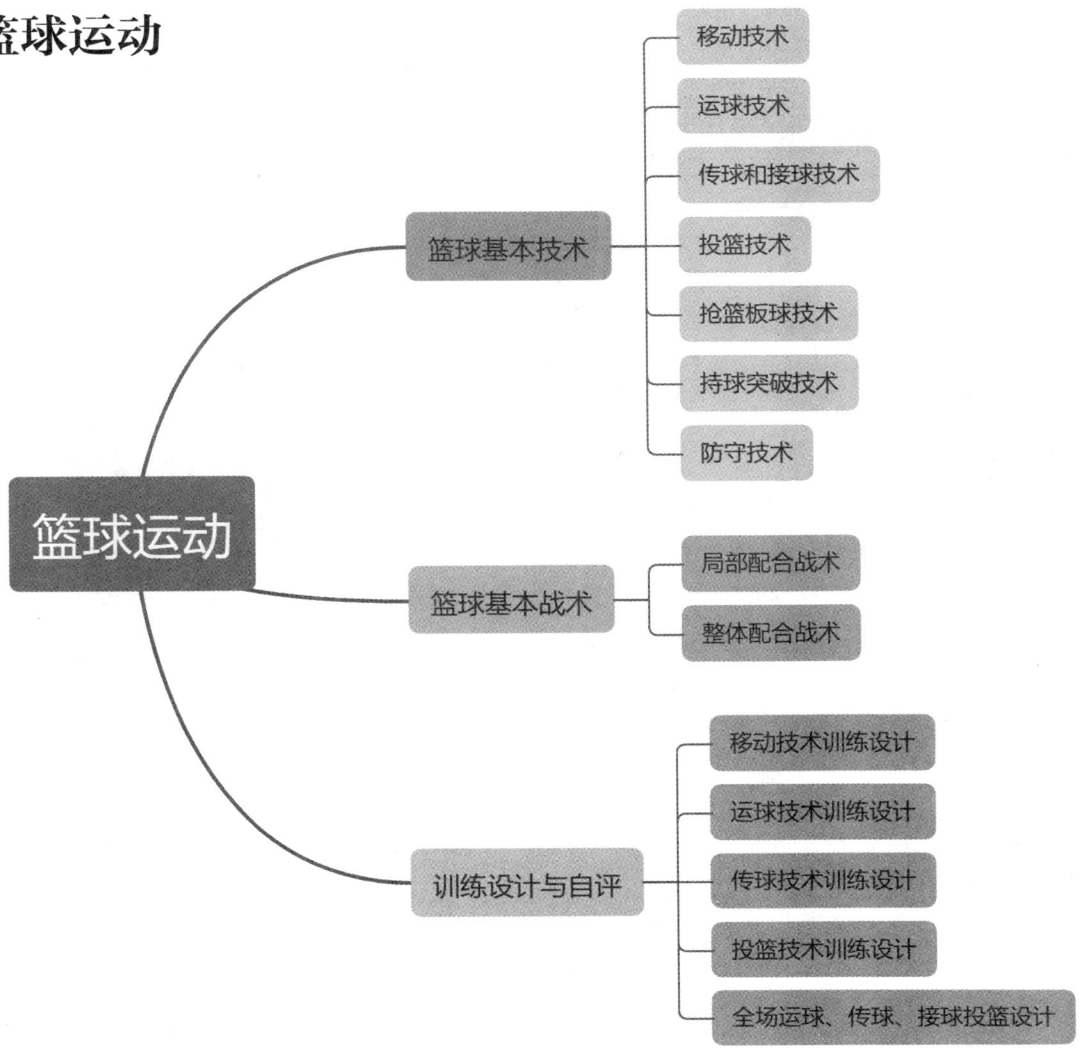
篮球运动
篮球基本技术
移动技术
运球技术
传球和接球技术
投篮技术
抢篮板球技术
持球突破技术
防守技术
篮球基本战术
局部配合战术
整体配合战术
训练设计与自评
移动技术训练设计
运球技术训练设计
传球技术训练设计
投篮技术训练设计
全场运球、传球、接球投篮设计

项目七　排球运动

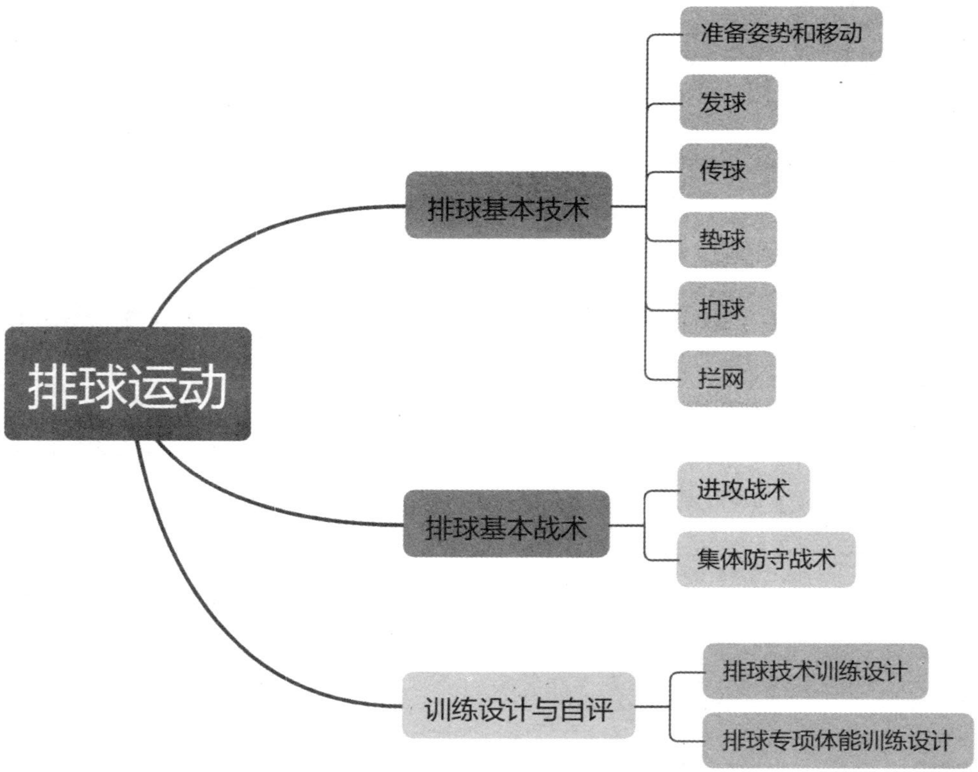
排球运动
排球基本技术
准备姿势和移动
发球
传球
垫球
扣球
拦网
排球基本战术
进攻战术
集体防守战术
训练设计与自评
排球技术训练设计
排球专项体能训练设计

项目八　足球运动

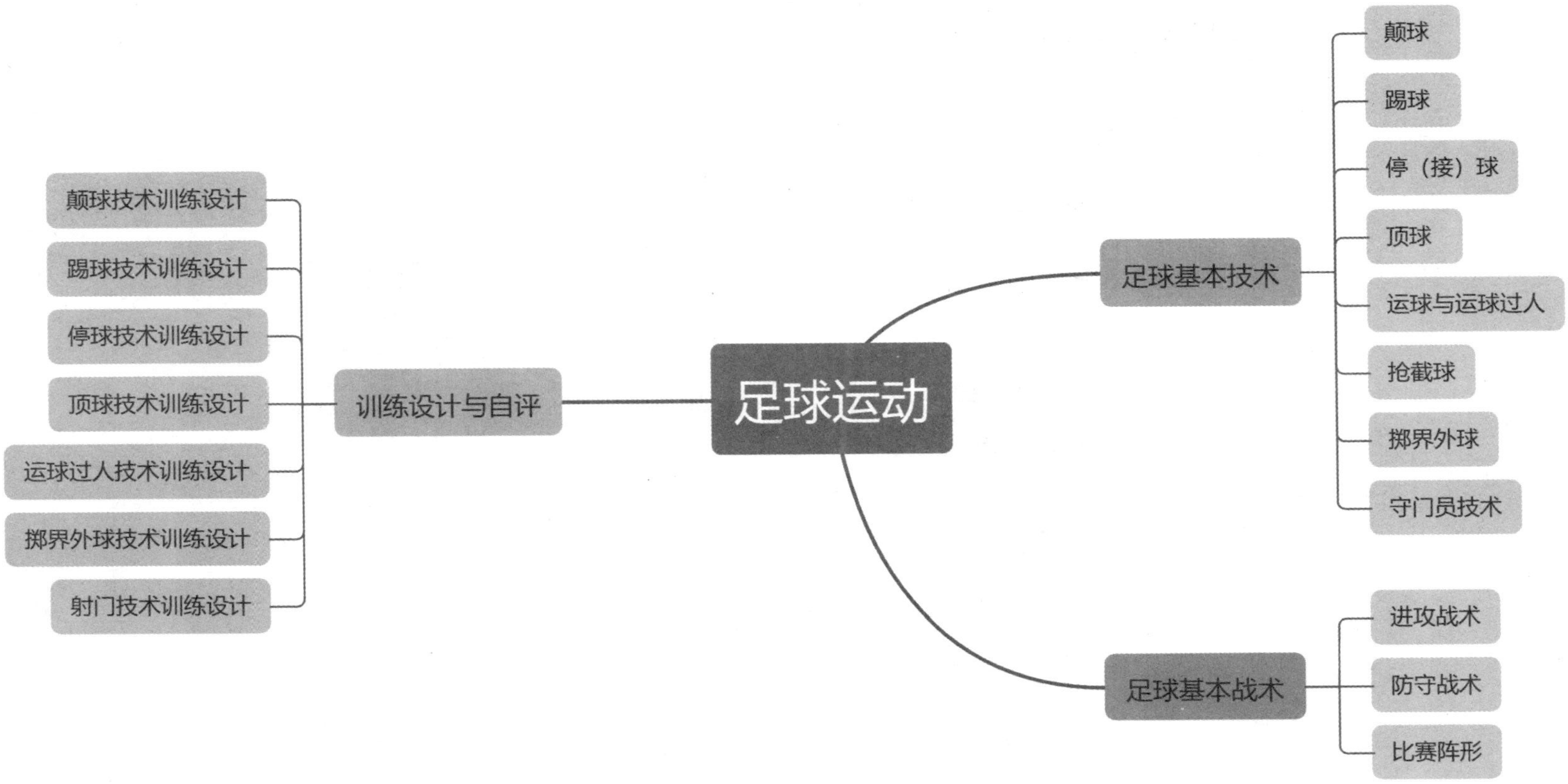

足球运动
足球基本技术
颠球
踢球
停（接）球
顶球
运球与运球过人
抢截球
掷界外球
守门员技术
足球基本战术
进攻战术
防守战术
比赛阵形
训练设计与自评
颠球技术训练设计
踢球技术训练设计
停球技术训练设计
顶球技术训练设计
运球过人技术训练设计
掷界外球技术训练设计
射门技术训练设计

项目九　小球运动

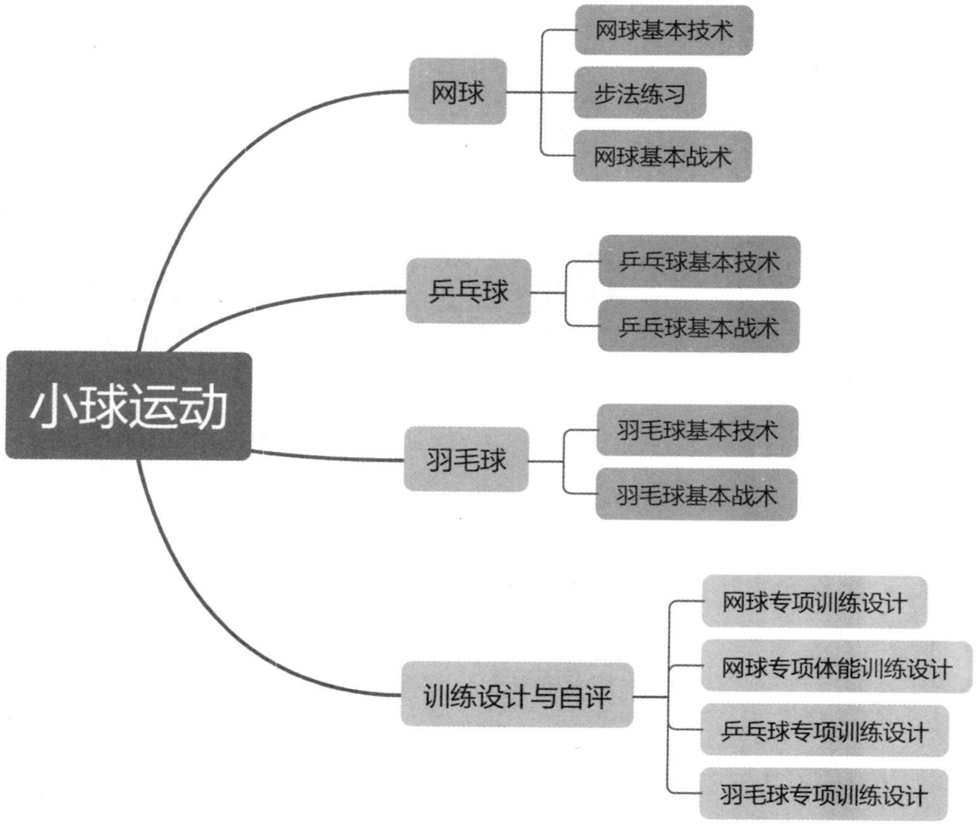
小球运动
网球
网球基本技术
步法练习
网球基本战术
乒乓球
乒乓球基本技术
乒乓球基本战术
羽毛球
羽毛球基本技术
羽毛球基本战术
训练设计与自评
网球专项训练设计
网球专项体能训练设计
乒乓球专项训练设计
羽毛球专项训练设计

项目十　武术运动

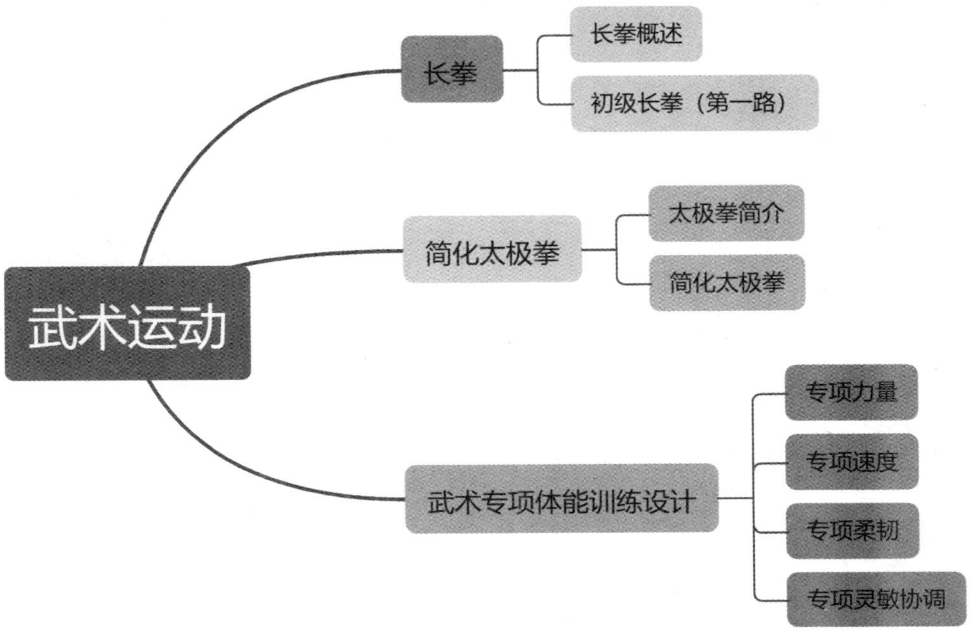

武术运动
长拳
长拳概述
初级长拳（第一路）
简化太极拳
太极拳简介
简化太极拳
武术专项体能训练设计
专项力量
专项速度
专项柔韧
专项灵敏协调

项目十一　游泳运动

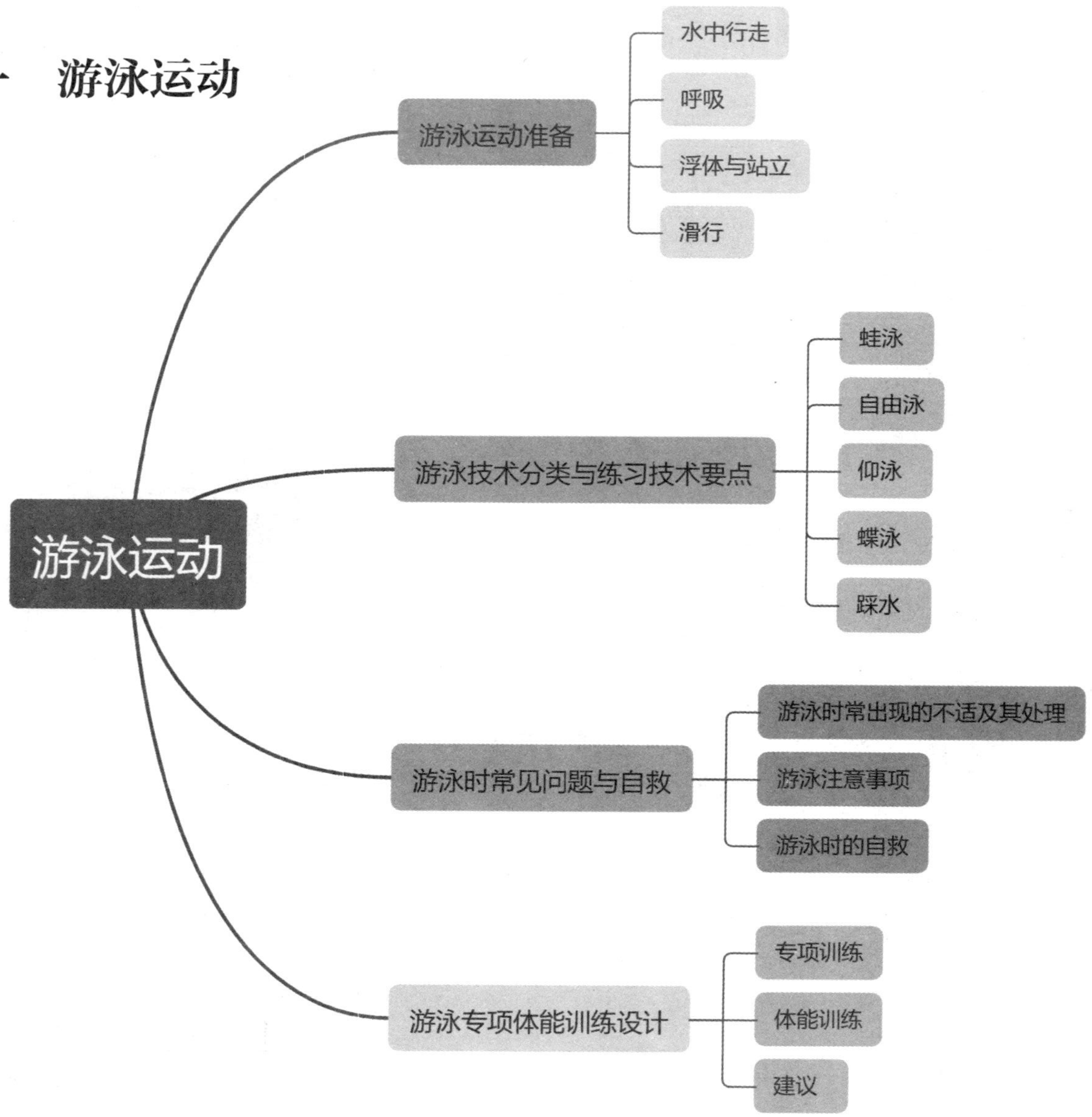
游泳运动
游泳运动准备
水中行走
呼吸
浮体与站立
滑行
游泳技术分类与练习技术要点
蛙泳
自由泳
仰泳
蝶泳
踩水
游泳时常见问题与自救
游泳时常出现的不适及其处理
游泳注意事项
游泳时的自救
游泳专项体能训练设计
专项训练
体能训练
建议

项目十二　拓展训练与团建活动

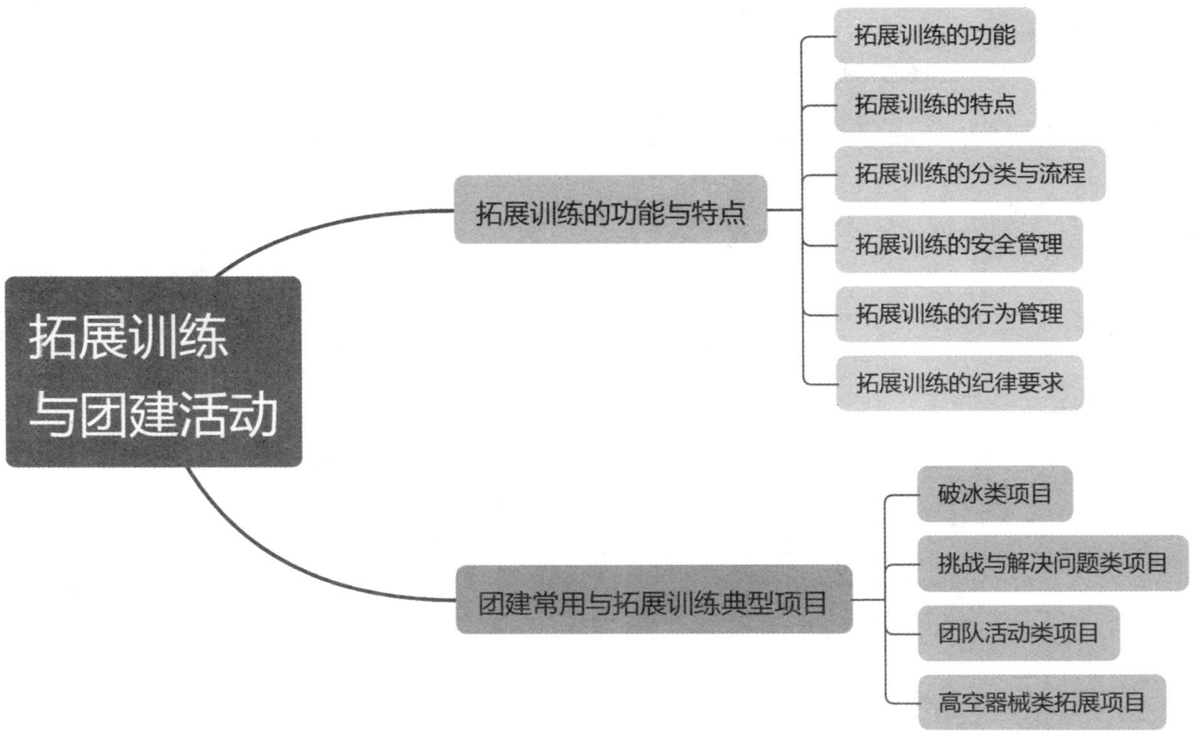

项目十三　花样跳绳运动

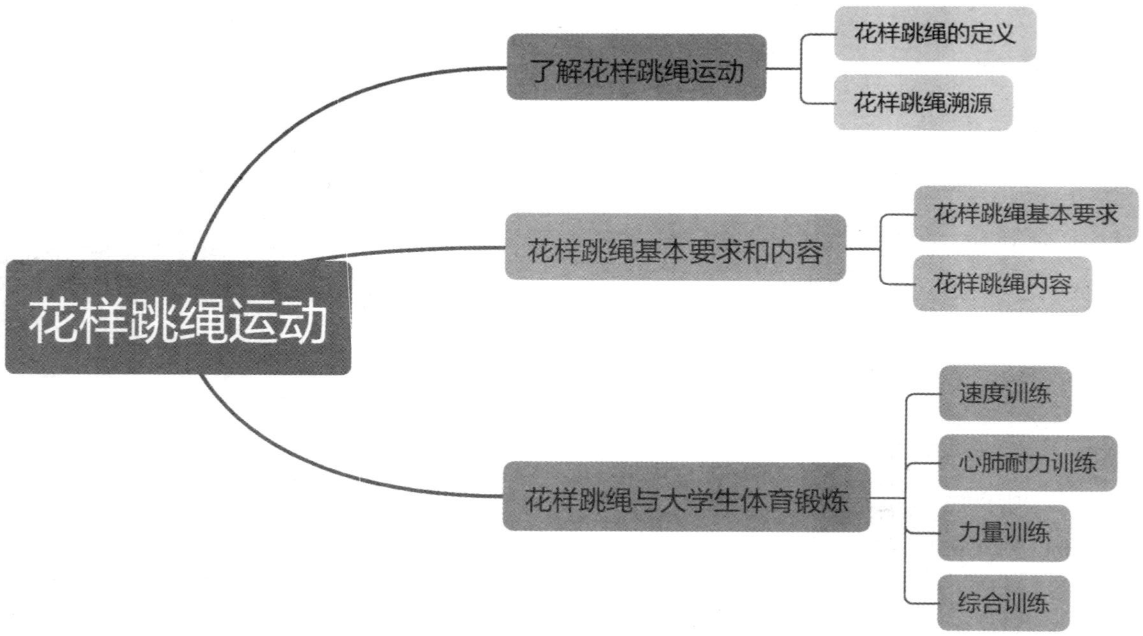
花样跳绳运动
了解花样跳绳运动
花样跳绳的定义
花样跳绳溯源
花样跳绳基本要求和内容
花样跳绳基本要求
花样跳绳内容
花样跳绳与大学生体育锻炼
速度训练
心肺耐力训练
力量训练
综合训练

项目十四　民族传统健身项目

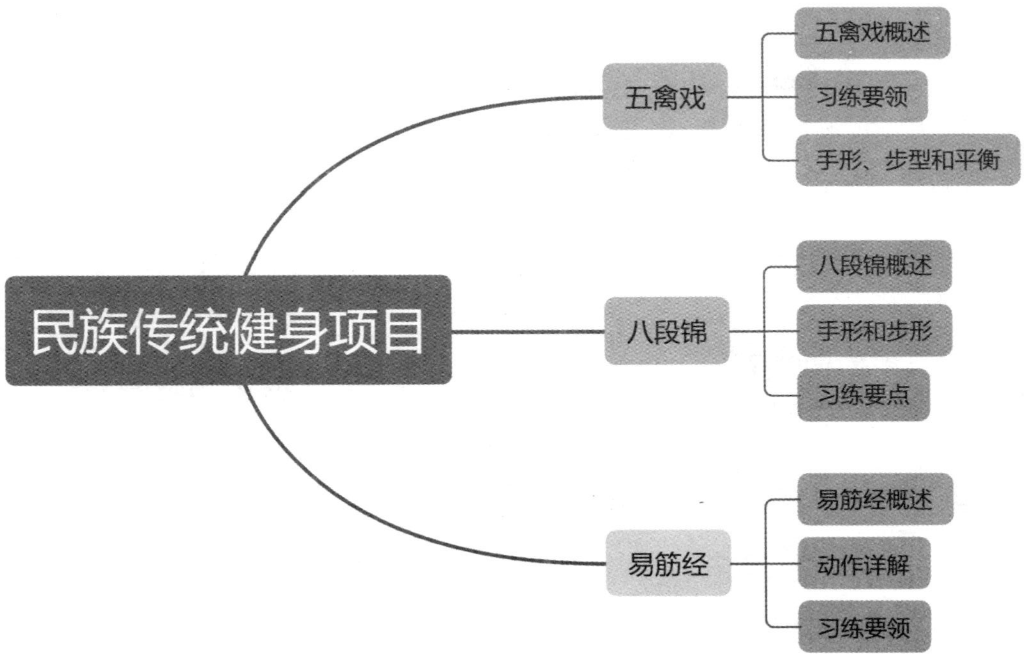

项目十五　体育游戏

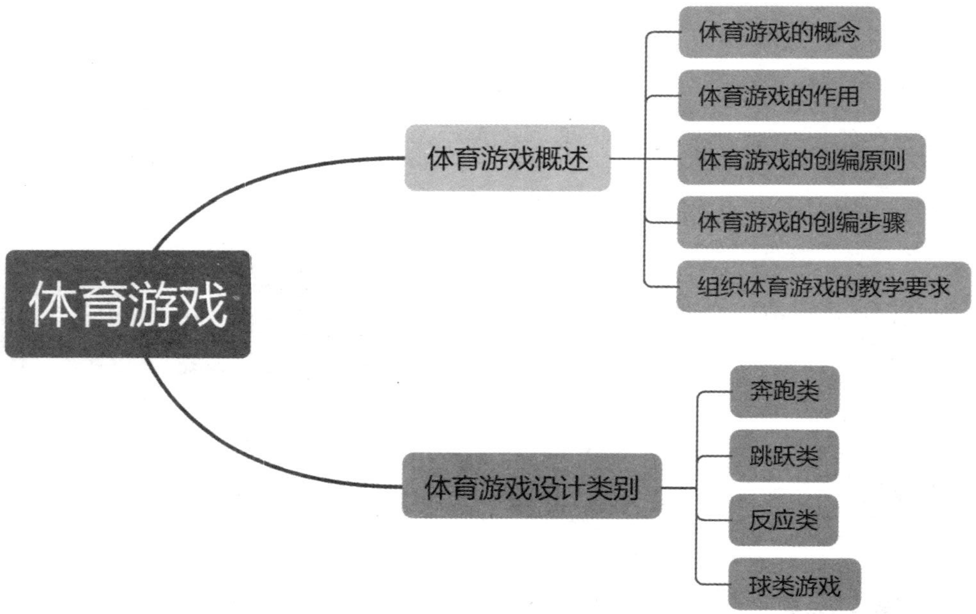
体育游戏
体育游戏概述
体育游戏的概念
体育游戏的作用
体育游戏的创编原则
体育游戏的创编步骤
组织体育游戏的教学要求
体育游戏设计类别
奔跑类
跳跃类
反应类
球类游戏

项目十六　校园新兴体育项目

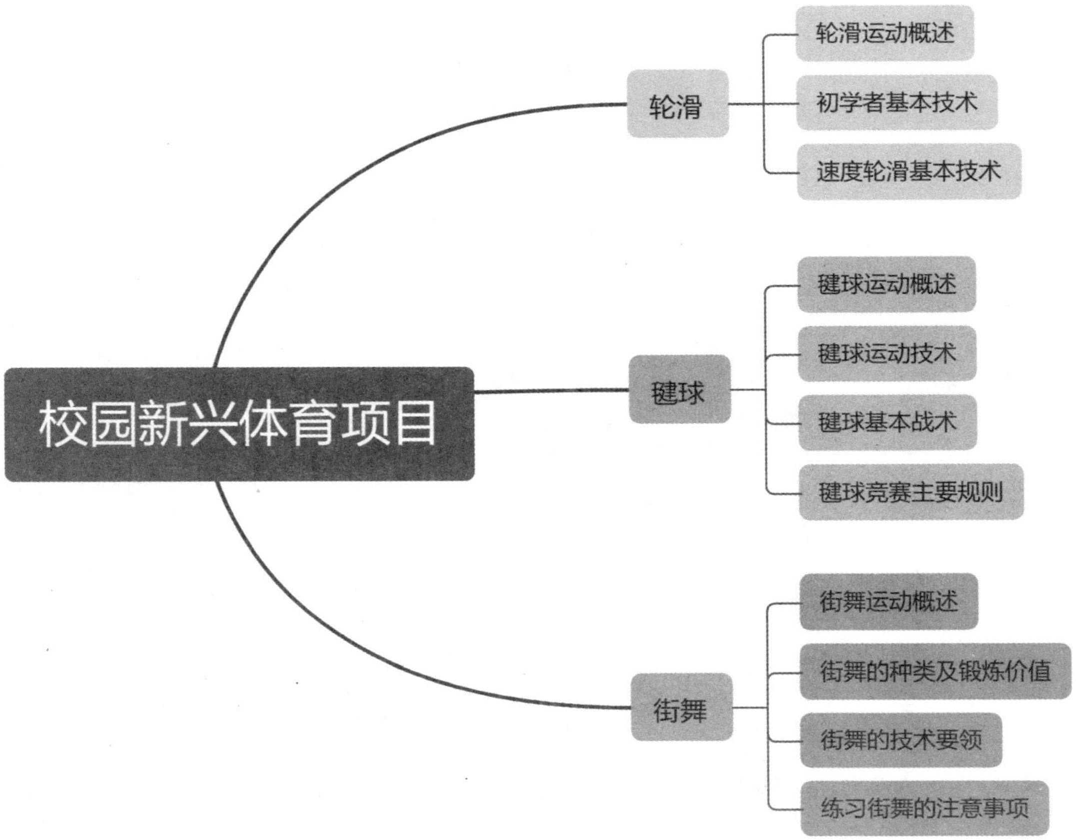

参考文献

［1］王家宏. 球类运动——篮球［M］. 3版. 北京: 高等教育出版社, 2015.

［2］胡亮, 刘凯, 周兴富. 新编大学体育与健康［M］. 西安: 西北工业大学出版社, 2013.

［3］张瑞林. 大学体育［M］.济南: 山东大学出版社, 2012.

［4］周松青. 大学生体育教程［M］.长沙: 湖南科学技术出版社, 2017.

［5］李鸿江. 田径教学［M］. 北京：高等教育出版社, 2012.

［6］刘秀东.体育与健康［M］. 北京：中国农业出版社, 2016.

［7］刘秀东, 徐之军. 体育与健康［M］. 济南: 山东人民出版社, 2017.

［8］栾伟元, 纪谦茂. 高职体育与健康［M］. 北京: 中国人民大学出版社, 2021.

［9］李晨. 大学体育选修教程［M］. 天津: 天津科学技术出版社, 2019.

［10］杨焕海.新编大学体育与健康［M］. 天津: 天津科学技术出版社, 2021.